国家哲学社会科学成果文库
NATIONAL ACHIEVEMENTS LIBRARY
OF PHILOSOPHY AND SOCIAL SCIENCES

中世纪西欧基督教文化环境中 "人" 的生存状态研究

刘 城 著

北京师范大学出版集团
BEIJING NORMAL UNIVERSITY PUBLISHING GROUP
北京师范大学出版社

刘城 历史学博士。现为首都师范大学教授、博士生导师。作为"在历史学领域作出独创性研究并具有卓越贡献的历史学家",在 2009 年入选英国皇家历史学会会士。主要研究领域是中世纪与近代早期欧洲史,尤其擅长英国中世纪教会与 16 世纪宗教改革研究、基督教思想与文化传统研究。完成国家教委出国留学人员科研资助项目一项,国家社科基金项目两项。专著《英国中世纪教会研究》获北京市第五届哲学社会科学优秀成果一等奖。在权威刊物《历史研究》、《世界历史》发表学术论文十余篇,代表作有《英国爱德华六世与伊丽莎白一世时代的神学教义革命》、《缓慢而微小的变革:亨利八世时代国教会宗教信条解读》、《职业功能的转变:从演绎宗教礼拜仪式到宣讲上帝之言》、《十六世纪英国"王权至尊"的确立与教皇权的衰落》、《20 世纪英国宗教改革史学》、《英国教会:从双重纳税义务走向单一纳税义务》等。

《国家哲学社会科学成果文库》
出 版 说 明

为充分发挥哲学社会科学研究优秀成果和优秀人才的示范带动作用，促进我国哲学社会科学繁荣发展，全国哲学社会科学规划领导小组决定自 2010 年始，设立《国家哲学社会科学成果文库》，每年评审一次。入选成果经过了同行专家严格评审，代表当前相关领域学术研究的前沿水平，体现我国哲学社会科学界的学术创造力，按照"统一标识、统一封面、统一版式、统一标准"的总体要求组织出版。

全国哲学社会科学规划办公室
2011 年 3 月

目　　录

CONTENTS

前　言

1421 年，一位英格兰医生向议会提交请愿书，希望政府对未持有执业证书的非法行医者加以制裁。请愿书在对其主张加以论证的时候，把人生事务分成三类——灵魂事务（Soule）、身体事务（Body）、世俗事务（Worldly Goudes）。请愿书认为应当对这三类事务实行分门别类的管理：灵魂事务由上帝（Divinite）掌管，身体事务由医生（Fisyk）掌管，世俗事务由法律（Lawe）掌管。① 这种人生事务分类方法把"人"分解成三重身份——上帝的人，自然的人，社会的人。每一个人都兼有三重身份，面对人生的三类事务：作为"上帝的人"，接受教会的管理；作为"自然的人"，接受医生的管理；作为"社会的人"，接受法律的管理。

基督教会作为信仰的载体，负有传播与维系宗教信仰的使命，其中包括：阐述宗教信条、主持礼拜仪式、管理宗教活动。教会在履行上述各项使命时，其最终目标是帮助基督徒实现灵魂的救赎。涉及"灵魂"的事务由教会掌管，在中世纪的基督教世界是僧俗两界通行的概念。英格兰国王威廉一世在 1072 年发布的一件诏书中，要求将"对灵魂加以约束"的事务交予教会掌管，俗界不得干预。② 1166 年 5 月，坎特伯雷大主教托马斯·贝克特在写给国王亨利二世的书信中也指出：教会负有"促进灵魂救赎"的责任。③

---

① Robert E. Rodes, *Lay Authority and Reformation in the English Church: Edward I to the Civil War*, Notre Dame: University of Notre Dame Press, 1982, p. 2.

② David C. Douglas & George W. Greenaway (edited), *English Historical Documents 1042—1189*, London: Eyre Methuen, 1981, p. 647.

③ ibid., p. 793.

教会掌管灵魂事务的出发点，是对于人类本性的评判。这样的评判关注于"人"的社会性，是从社会群体的角度对人类共有的本性做出解释。在基督教关于人类本性的评判中，"人"承担了对罪恶的全部谴责。从"原罪"的理论出发，基督教最终发展成"人生充满罪恶"的教义。尘世生活中的人可谓"罪恶深重"，不仅有继承自人类始祖的"原罪"，在尘世生活的过程中还有可能不断地犯罪。更为严重的是，罪恶经由"人"进入世界进而弥漫了整个世界，并且在此后的岁月里对人类的历史施加影响。

基督教神学意义上的"罪"（sin），不同于刑法概念中的"罪"（crime），具有以下一些特点：（1）抽象。基督教神学意义上的"罪"并非指向具体的行为，而是行为背后的思想动机或性格特征。这是基督教思想家（尤其是早期教父）对日常的社会生活进行高度概括与提炼，在头脑中经过深思熟虑之后得出的结论。（2）深入。基督教思想家看到了动机与行为之间错综复杂的因果关系，因而更加注重寻找行为背后的思想动机。基督教神学意义上的"罪"确定的是思想标准，是透过各种行为看到了思想动机，因而显得更为深入。（3）对行为的约束非常宽泛。基督教神学意义上的"罪"确定的是抽象的思想动机标准而不是具体的行为标准，为进一步的解释与发挥提供了相当大的空间。不仅同一种行为有可能是出于不同的思想动机，同一种思想动机也有可能导致多种行为表现，从而将大量的行为表现纳入了"罪"的范围。

基督教要求人们"爱上帝，爱上帝的创造物"，因而对"上帝"与"上帝创造物"的态度就成为评判"罪"与"非罪"的标准。一个人如果缺少甚至丧失了对于"上帝"和"上帝创造物"的爱以及爱的能力，就意味着灵魂犯下了罪恶。既然"罪恶"是作为"爱"的对立物而存在，那么其严重程度也是依照对于"爱"的威胁和伤害程度而排列，伤害越深，罪恶越严重。这样的评判标准把人的社会行为视为宗教信仰行为，从而将社会伦理道德规范纳入了基督教神学的范畴之内，具有浓厚的"宗教性"。

"人之初，性本善"，是中国文化传统关于"人"的基本评价。与此不同的是，基督教神学的核心问题却是"人性之恶"，也就是"人生充满罪恶"。这样的解释带有强烈的悲观主义色彩，表现出对"人"与"人性"的彻底失望，与之相关联的则是对"人"与"人性"的极度不信任。然而，基督教神学关于人类本性的悲观评价，并未导致对人的嫌弃。出于对"上帝"与"上帝创造物"的热爱，教会并未坐视"罪恶的人类"自生自灭，而是将人类灵魂的救赎作为信仰追求的终极目标。基督教的本质，是先将人的本性定义为"罪"，指出人性中的邪恶之处，然后对之加以改造或扼制，从而实现对人的思想和行为加以规范的目的。

"罪"与"灵魂救赎"，是中世纪西欧基督教文化环境中"人"的生存状态。基督教的一切宗教活动大体都是衍生于劝导人们洗清"罪恶"，从而实现"灵魂得救"的目标。从早期基督教神学家开始，基督教哲学始终把人之罪恶置于思辨的中心位置，"罪"与"拯救"成为基督教神学思想与神学教义的核心内容，一切宗教行动也都围绕着这一内容展开，由此而形成了一整套思想体系与行动体系。揭示并且论述"罪"与"救赎"的思想体系与行动体系，是本书研究的核心内容。本书第一章从思想概念入手，阐述了基督教神学关于"人"的基本定义。第二章至第五章，揭示了基督教会为灵魂救赎而设计的路径和方式，其中包括：礼拜仪式与宗教庆典，忏悔苦行，教会法庭的司法审判，圣徒与圣徒崇拜。这些宗教行动与基督徒的日常生活密切相关，甚至在很大程度上决定了人们日常生活的节奏。宗教行动是信仰的外在表现，在阐述上述宗教行动的过程中，本书也对涉及的宗教思想做出了相应的阐述。

本书内容涉及的时间概念是"西欧中世纪"，大体的时间范围是公元8世纪至16世纪宗教改革前夕。公元787年第二次尼西亚宗教会议（Second Council of Nicaea）以后，西方拉丁基督教会与东方希腊基督教会之间的关系更加趋向紧张，最终导致各自独立发展。马丁·路德在1517年发表《关于赎罪券效能的辩论》（*Disputatio pro Declaratione Virtutis Indulgentiarum*），标志着16世纪宗教改革的开始，最终在拉丁基督教世界发展起基督新教的传统。本书内容涉及的地理概念是"中世纪的西欧"，大体的地域范围是古代西罗马帝国存在的地区或民族大迁徙之后日耳曼人居住的地区，其中包括不列颠、法兰西、西班牙、意大利、德意志等现代西欧国家。本书内容也涉及在中世纪奉行拉丁基督教的一部分斯拉夫人，其居住地区大体包括隶属于神圣罗马帝国的波希米亚，还有波兰。这样的时间界定与地理界定，意味着将东方的希腊基督教传统，以及16世纪以后产生的基督新教传统排除在本书的叙述范围之外。本书集中阐述的是存在于西欧中世纪的拉丁基督教对于人的思想与行为的规范，考虑到历史发展的延续性，本书中有大量内容也不可避免地论及圣经时代与早期教父时代的基督教。

刘　城

2011 年 10 月

第　一　章

基督教神学关于"人"的定义

基督教神学关于"人"的定义，既关注于"人"的社会性，又关注于"人"的本性。换言之，基督教神学关于"人"的定义，是从社会群体的角度对人类共有的本性做出解释。这样的解释带有强烈的悲观色彩，表现出对"人"与"人性"的彻底失望，与之相关联的是对"人"与"人性"的极度不信任。

第一节　人之"原罪"：一个悲观的起点

"原罪"是基督教神学思辨的出发点，没有"原罪"的命题，基督教信仰乃至基督教神学的思辨就无从展开。这是因为，"原罪"的命题确立了上帝意志的权威性，将上帝的意志视为判定"善"与"恶"的唯一标准和尺度。使徒(A-postle)保罗(Paul)在《以弗所书》中有过这样的论述："你们之必死缘于越过了界限并且犯下了罪恶，你们曾经永生过，却遵从了尘世的风俗，遵从了虚妄者的权势，也就是遵从了现今在悖逆者中运行的邪恶。"①依照《以弗所书》的上述定义，"罪恶"就是忽视并且越过了上帝为人类设定的界限，"罪恶"就是撒旦(Satan)引诱人类向上帝的意志表现出怀疑造成的恶果，"罪恶"就是失去

---

① Ephesians，2：1. Bruce M. Metzger & Roland E. Murphy（edited），*The New Oxford Annotated Bible*：*New Revised Standard Version*，New York：Oxford University Press，1989. 本书中的经书引文均引自此版《圣经》，并且参考了中译本《圣经》。

了对于上帝的恐惧、热爱、信任。希波主教奥古斯丁（Augustine of Hippo，354—430）也曾经对"罪恶"的本质展开评论，认为"罪恶"的产生，在于违背了上帝的指令而选择了低等之物的引诱："人看到在他面前的两种选择：一个从上帝的命令而来，另一个从蛇的试探而来。""上帝的命令见于优越之物中，蛇的试探见于低等之物中。"人类始祖本应遵从高等之物的命令，但是却做出了错误的选择，受到低等之物的引诱，从而铸下大错。①

是何种因素造成人的堕落从而产生"原罪"？对于这个问题，基督教思想家大体上有两种解释。一种解释认为，"原罪"是失误造成的，是所谓"一念之差"而造成了人的堕落。这种解释将人类灵魂之堕落归于某种偶然的因素，否定了人之原罪的必然性，进而也就减轻了原罪的严重性。另一种解释认为："罪恶"是出于人的本性，也就是人之堕落是必然的、不可避免的；人在出生的时候，恶就存在于人的本性之中，这种状况一代又一代连续不断地传给全人类。中世纪的基督教正统神学持第二种解释，认为"原罪"是人类不可避免的共同命运。也正是由于人类犯下了"原罪"，才使上帝的存在和权威成为必然。

一、人类始祖的"堕落"

依照基督教的世界观，人是上帝的创造物。上帝在创造世界万物的第六天，依照自己的形象造出了人。先是用泥土造出了一个男人，称为"亚当"（Adam）。"耶和华用地上的尘土造人，将生气吹在他鼻孔里，他就成了有灵的活人，名叫亚当。"耶和华又取下亚当的一根肋骨造出了一个女人，取名夏娃（Eve）。②受基督教文化的影响，中世纪西欧妇女的地位低，其中的一个神学原理就是：夏娃是用亚当的肋骨造出来的，应当处于对男人的依附地位。

在伊甸园（Eden）里生长着两种树：生命之树（tree of life）与分辨善恶之树（tree of the knowledge of good and evil）。上帝告诫亚当不要吃分辨善恶之树的果子，如果吃了，就必死无疑："园中各种树上的果子，你可以随意吃，只是分辨善恶树上的果子，你不可吃，因为你吃的日子必定死。"③但是夏娃受

① 奥古斯丁：《独语录》，成官泯译，上海社会科学院出版社1997年版，第210—211页。
② Genesis，1：26—1：27，2：7，2：21—2：22.
③ Genesis，2：9，2：16—2：17.

到一条狡猾的蛇(serpent)的诱惑，渴望得到智慧，就吃了智慧树上的果子，也怂恿亚当吃下了。"女人见那棵树的果子好作食物，能使人有智慧，就摘下果子来吃了；又给她丈夫，她丈夫也吃了。"①夏娃是首先受到邪恶势力诱惑的人，自己上当受骗还促使亚当上当受骗。在基督教看来，女人易于被魔鬼利用，成为邪恶势力的工具，是通向灵魂得救的障碍。中世纪的基督教会要求教职人士保持独身，不得缔结婚姻，其中的原因很多，"远离女人"恐怕是一个重要的心理因素。

在这个事件发生之后，上帝发布了对于尘世的第一次宣判：蛇"必用肚子行走，终生吃土"；夏娃与其后的女人，"必承受怀胎与生育的苦楚"；亚当与其后的男人，"必终生劳苦，才能从地里获得吃的。地必给你长出荆棘和蒺藜来，你也要吃田间的菜蔬。你必汗流满面才得以糊口饱腹"②。

马克思主义关于"劳动创造人类"的命题，对于"劳动"在人类进化方面的作用做出了积极的评价。相比之下，《创世记》对于"劳动"的解释却是消极的，将劳动视为对"原罪"的惩罚。被驱逐出伊甸园之后，没有了生命之树的果子充饥饱腹，亚当不得不拿起锄头耕地，靠自己的劳动生活。《创世记》的这一命题在基督教世界是如此深入人心，以至于杰弗里·乔叟(Geoffrey Chaucer, 1340—1400)在14世纪撰写的《坎特伯雷故事》(Canterbury Tales)中，借一位教士之口依然在重述"以劳动惩罚罪恶"的命题："亚当是在大马士革(Damas-cus)平原上由上帝亲手创造的，他并非由人们的腹中污浊地出生，他做了整个乐园之主，除却禁树一棵。世上的人③没有比他的地位更高的了，直到因为犯下滔天大罪，被逐出高洁的乐园，而贬进了劳苦厄运的境地，幽深的冤狱④。"

亚当与夏娃受到上帝的诅咒之后，被逐出伊甸园。《创世记》对这一事件的描述，体现了古代希伯来人的传统：将特定的人群"边缘化"，等同于被社会流放，排斥在社会群体的生活之外。古代其他文化传统中也有这样的思路，

① Genesis, 3：6.
② Genesis, 3：14—3：19.
③ 依照《创世记》的记载，此处应为"世上万物"。
④ 杰弗里·乔叟：《坎特伯雷故事》，方重译，上海译文出版社1995年版，第310页。

例如，古代希腊社会的"贝壳放逐法"；古代印度四大种姓之外的"不可接触者"。

从上帝造人的故事中可以看出，上帝理想中的人类具有以下一些特点：

(1)生理上很完美。上帝创造的世界万物没有经历过进化的过程，上帝造的人也无需经历从猿到人的演进过程。亚当和夏娃一经创造，在生理上就是完美的。"上帝造人"的理论受到了近代科学的质疑，从17世纪这个被学术界认定为"科学的世纪"开始，关于生物演化的理论逐渐开始流行。法国学者拉马克(Chevalier de Lamarck，1744—1829)、英国学者查尔斯·达尔文(Charles Darwin，1809—1882)相继提出了相对完整的生物进化理论，认为生物经历了从简单到复杂、从低级到高级的进化过程，"人"的形成也经历了漫长的生物进化过程。

(2)在尘世享有永恒的生命。上帝希望人类永远不死，享受永恒的寿命。这是因为，上帝的伊甸园中有生命之树，亚当和夏娃以生命之树的果子为食物，可以永远不死。上帝在将亚当和夏娃逐出伊甸园时说的一句话，可以证明这一点："那人已经与我们相似，能知道善恶。现在恐怕他伸手又摘生命树的果子吃，就永远活着。"①

(3)在尘世享有高位。上帝把亚当和夏娃安置在伊甸园中生活、繁殖，让他们统治尘世上的一切生物，其中包括"海里的鱼，天空的鸟，地上的牲畜和昆虫，还有一切的植物"②。在人与世界万物的关系中，人处于尘世万物的中心地位。依照基督教神学的解释，上帝之所以赋予人如此的高位，是因为上帝按照自己的样子塑造了人。

(4)处于某种蒙昧状态。这样的蒙昧状态在三个方面表现出来：第一，亚当和夏娃在伊甸园里赤身露体地生活着，并不感到羞耻③；第二，依靠采集植物(生命之树的果实)生存，并不掌握耕种的技能；第三，亚当和夏娃在智力上有欠缺，不具备分辨善恶的能力，轻而易举就受到了邪恶势力的诱惑。《创世记》关于人类蒙昧状态的描述，导致基督教神学关于"人"在世间万物秩

---

① Genesis，3：22.

② Genesis，2：8，1：26—1：28.

③ Genesis，2：25.

序中的定位：人虽然是上帝的创造物，但不是上帝最伟大的杰作；上帝最伟大的杰作是天使，因为天使具备识别鲁西弗(Lucifer)之类邪恶势力与反叛阴谋的能力；人在智力上不如天使，在道德上不如其他动物，因为动物永不犯罪。

奥古斯丁提出，人在受造之初并不是处于愚昧状态，而是介于智慧与愚拙的中间状态。在这里，奥古斯丁将"智慧"与"理性"做出了区分。他说："有理性是一回事，成智慧是另一回事。借理性人能够接受他应该信奉的诫命以便遵行。理性的本性是理解命令，而遵行命令则带来智慧。"在奥古斯丁看来，获得理性在先，凭借理性才可以从造物主那里获得智慧。亚当与夏娃未能凭借理性遵行造物主的命令，从而失去了获得智慧的机会，"若人受造时尚不是智慧的，但也有能力接受他应遵行的命令，他能受诱惑便不奇怪，他为不遵行命令付出代价也并非不公正"①。

但是上帝的意志没有能够贯彻到底，上帝理想中的"人"发生了变化。由于伊甸园中一条蛇的引诱，夏娃和亚当误食了分辨善恶之果，因为违背了上帝的意志而使上帝深感失望，导致了人的"堕落"。第四次拉特兰宗教会议(Fourth Lateran Council)对人类堕落的原因做出了概括："人之犯下罪恶是出自于邪恶的建议。"②

初始之人亚当和夏娃"堕落"的直接后果是非常严重的：

(1)尘世上的人不再享受永恒的寿命，成为"必死的"。这是因为亚当和夏娃被逐出了伊甸园，不再有机会以生命之树的果子作为食物。使徒保罗对于亚当和夏娃带来的这一后果有过论述，"……罪是从一人入了世界，死又是从罪来的；于是死就临到众人，因为众人都犯了罪"③。奥古斯丁也有类似的论述，"魔鬼既欺骗了女人，又通过她欺骗了男人，就有权据有人类的所有后代，使他们服从死的律法，因为他们是罪人"④。

(2)亚当和夏娃获得了智慧。《创世记》说："他们二人的眼睛就明亮了，

---

① 奥古斯丁：《独语录》，成官泯译，第208页。

② Norman P. Tanner, S. J. (edited), *Decrees of the Ecumenical Councils*, volume one (Nicaea I to Lateran V), London: Sheed & Ward, 1990, p.230.

③ Romans, 5：12.

④ 奥古斯丁：《独语录》，成官泯译，第180页。

才知道自己是赤身露体,便拿无花果树的叶子,为自己编作裙子。"①　人类始祖穿上了衣服,意味着走出了愚昧状态。

(3)亚当和夏娃以肉体的贪欲实现了对精神的反叛,误用人的意志反对上帝的意志,从而造成与上帝的疏离隔阂,不能与上帝和谐一致,犯下了"原罪"(original sin)。由于"原罪",人类失去了伊甸园中优越的生存条件,只能依靠自己的双手自食其力。依照《新约全书》的安排,《旧约全书》中记载的先贤也因为"原罪"而滞留在一个特殊的地方,直到耶稣为他们解除"原罪",才得以进入天国。②

从亚当和夏娃堕落的过程看,人类最初的生存环境伊甸园,不是单一的自然环境,也存在着"善"与"恶"这类社会内容。从世界的初始阶段,在尘世就展开了善与恶之间的斗争,人在尘世的生活就是善与恶的战场。亚当与夏娃受到"善"与"恶"两种因素的诱惑,最终未能抵挡住"恶"的影响力。由于"原罪"来源于诱惑,所以基督教要求人们不要受到诱惑。从社会学的角度看,《创世记》的作者借助于人类始祖堕落的过程,揭示了人类本性中的弱点。或许《创世记》的作者阅尽人间沧桑,对人性中的"恶"有过深刻的体验,因而对人之本性彻底失望了。

二、"原罪"论

从人类始祖亚当与夏娃堕落的事件,基督教演绎出了"原罪"的理论。"原罪"是人类与生俱来的,人一出生就有罪,这是从人类始祖那里继承下来的罪。奥古斯丁曾经从三个方面展开论证,试图说明人类始祖的后代如何延续了"原罪":第一,若唯有一个灵魂受造,而此后的一切人类灵魂都是它的后代,谁能说在亚当犯罪的时候而自己没有犯罪呢?第二,倘若灵魂在每人出生时分别受造,说先前灵魂犯下的"恶"是后世灵魂的一部分,……就不是错误的。第三,倘若创造主愿意让一个灵魂在另一个灵魂堕落到的层次上出生,但也还是超过有形造物的尊荣,那怎么会是不应当呢?③ "原罪"论是奥古斯

---

① Genesis,3:7.
② Luke,16:22—16:23.2 Corinthians,12:2—12:4.Ephesians,4:8—4:10.
③ 奥古斯丁:《独语录》,成官泯译,第197页。

丁神学体系的两大支柱之一。① 与同时代的教父神学不同的是，奥古斯丁的原罪论不仅是逻辑思辨的结果，而且建立在个人的生活经历之上，因而带有很多经验的成分。奥古斯丁撰写的自传体《忏悔录》(*Confessions*)，记载了他本人的人生体验，其中着重讲述了"罪恶"与"获救"的人生经历。

在奥古斯丁之后，另一位对原罪理论展开深入思辨的基督教思想家是"伟大的格里高利"(Gregory the Great，c. 540—604)②。除了重复奥古斯丁的思想，格里高利更多地论述了原罪的遗传与继承问题。格里高利将亚当之罪与人类普遍的原罪比喻成"树根"与"枝叶"之间的关系：原罪来自于亚当，人类作为亚当的后代，也因为亚当的堕落行为而败坏，这就好比根系腐烂了，枝叶也因此而枯萎。为了使原罪的遗传与继承理论更加具有说服力，格里高利将亚当的行为看做人类集体的行为：亚当之罪不是个人犯下的罪，象征着人类集体的罪恶，因而所有的人类都应当对亚当的行为负有责任，每一个人在出生的那一刻都被亚当的罪恶依附于身。③

格里高利的上述理论被后代研究者称为"灵魂遗传论"(traducianism)。这一理论的基本思路是：灵魂与肉体都产生自生殖行为；人类的灵魂与肉体最终可以追溯至初始之人亚当的生殖行为。后世基督教神学家大多从这一概念出发，推导出原罪的遗传与继承理论。然而这种理论在思维逻辑上有一个矛盾之处：既然灵魂与肉体出自于同样的来源，当肉体死亡的时候，灵魂为何不死？基督教神学曾经尝试着化解这个矛盾之处，化解的办法是将灵魂与肉体分离，其中肉体必朽坏，而灵魂永存。

第二节 个人犯下的罪恶：七项永劫之罪

从"原罪"的理论出发，基督教最终发展成"人生充满罪恶"的教义。尘世生活中的人可谓"罪恶深重"：不仅有继承自人类始祖的"原罪"，在尘世生活

① 奥古斯丁的神学体系建立在两大支柱上，一个是原罪论，另一个是上帝恩典论。
② "伟大的格里高利"在公元590年当选为教宗，是为格里高利一世。
③ F. Homes Dudden, *Gregory the Great：His Place in History and Thought*，volume Ⅱ，New York：Russell & Russell，1967. p. 387.

的过程中还有可能不断地犯罪。在基督教关于"人"的定义中，"人"承担了对罪恶的全部谴责：罪恶经由"人"进入世界进而弥漫了整个世界，并且在此后的岁月里对人类的历史施加影响。基督教神学的核心问题即"人性之恶"，亦即"人生充满罪恶"。基督教的一切神学思辨，都是围绕着"人之罪恶"展开。

然而，什么是人性中最严重的罪恶？从教父时代（Patristic Age）开始，基督教神学家就开始探讨这个问题，直至几百年后才形成统一、系统的理论。

一、七项永劫之罪：学说的起源

基督教的宗教神学将人在尘世生活过程中犯下的罪恶称为"个人犯下的罪"（personal sin），并且将这种罪恶划分成两类：一类是"可宽恕之罪"（venial sins）；另一类是"永劫之罪"（mortal sins），也称为"不赦之罪"（capital sins）或"必死之罪"（deadly sins）。"可宽恕之罪"是轻微的罪，是在不经意间犯下的罪，这类罪恶无需经过忏悔即可以得到上帝的宽恕。"必死之罪"是严重的罪，其严重性在于，这是在十分清醒的情况下刻意犯下的罪过。这类罪恶如果不经过忏悔，灵魂必将被罚入地狱。正是由于这类罪恶的后果极其严重，基督教思想家注重对"必死之罪"展开深入的思辨，思辨的结果是产生了"七项永劫之罪"（the seven deadly sins）的学说。

1.《旧约全书》与《新约全书》关于罪恶的分类

在《旧约全书》时代，众多先知揭露并且谴责以色列人的恶习，对罪恶做出了初步的分类，其中较为集中与全面的阐述，当数"摩西十诫"（Ten Commandments）。

据《出埃及记》（*Exodus*）记载，摩西奉耶和华之命率领留居在埃及的犹太人逃离埃及，途中在西奈山（Mount Sinai）上接受耶和华指令，颁布了十条戒律，后人把这十条戒律称为"摩西十诫"。"摩西十诫"是以上帝耶和华的口气，以正面告诫的方式，历数了十条基本的行为准则：（1）"除了我之外，你们不应当有其他的神……"（2）"你们不可以制作任何样式的偶像……你们不可以顶礼膜拜偶像……"（3）"你们不可以妄称你们的主上帝的名……"（4）"记安息日为圣日。你们用六天的时间劳作，做一切事情，但是第七日是你们的主的安息日。在这一天你们不能做任何事情，无论你本人，还是你的儿子或女儿，你的男仆与女仆，你的牲畜，你家大门之内的一切外来人，都不可以劳作。"（5）"孝敬你们的父亲和母亲，只有这样做，你们才能在主上帝给予你们的土地上生存长久。"(6)"你们不可以杀戮。"(7)"你们不可以奸淫。"(8)"你们不可以偷盗。"(9)"你们不可以作假见证陷害他人。"(10)"你们不可以贪恋他人的房屋。你们不可以贪恋他人的妻子,他人的男仆、女仆,他人的牛、驴,以及他人一切所有的。"①

"摩西十诫"中的前三诫涉及人与神之间的关系:要求犹太人坚持一神教信仰,奉耶和华为唯一的神;要求犹太人放弃偶像崇拜;要求犹太人尊重耶和华的名。"摩西十诫"中的后七戒涉及人与人之间的关系,主要是人在尘世应当承担的社会责任,为人处世的禁忌和行为规范。由此可见,"摩西十诫"包含两个方面的内容:前三诫属于宗教生活中的神学观念,后三诫是社会生活中的道德规范。"摩西十诫"列举的十项罪恶既有对神的伤害(sin)也有对人的伤害(crime),既有内在的灵魂罪恶也有外在的行为罪恶,既有宗教观念,又有道德规范,可以称为社会伦理宗教化。

然而,上述两个方面的内容并不具有同等的重要性。《旧约全书》中的几部早期先知书(如《约书亚记》、《士师记》、《撒母耳记》、《列王记》),更为强调前三诫,对一神教的宗教观念做出了充分的论述。造成这一现象的原因是,早期犹太教信仰中物化的成分很多,注重跪拜偶像,注重献祭,不大注重精神的因素。"摩西十诫"的规定以及早期先知书的阐述旨在改变这种状况,弱化物质的因素,强化精神的因素。对于犹太教来说,这是一种信仰的变革。

这种情形到了晚期先知书时代有了些许改变。《耶利米书》、《以赛亚书》继续早期先知书的思路,对伤害"神"的诸多行为和观念加以严厉谴责。晚期先知书尤其痛恨以下一些伤害"神"的行为和观念:远离耶和华,奉从虚无的神②;用牲畜禽兽献祭③;雕刻偶像,跪拜外邦人的神④;交鬼行巫术⑤。与早期先知书不同的是,晚期先知书更为强调社会生活乃至人际交往中的道德内容,尤其注重对于伤害"人"的社会行为加以谴责。这类受到谴责的社会行

---

① Exodus, 20：2—20：17.

② Jeremiah, 2：4. Isaiah, 1：4.

③ Isaiah, 1：11.

④ Isaiah, 2：8. Jeremiah, 8：19.

⑤ Isaiah, 8：19.

为包括：女人不守妇道①；男人行奸淫②；酗酒作乐③；不行公义，不诚实④；贪婪，幻想不劳而获⑤；偷盗，杀人，奸淫，用假誓言作证，向外邦神巴力（Baal）⑥献祭；说谎话，欺哄邻人⑦。

　　继《旧约全书》之后，《新约全书》同样以大量的篇幅论述人之罪恶，并且将"善"与"恶"的冲突置于更为广大的背景之中，在上帝与世界、耶稣与撒旦这样宏大的主题之下展开对于"恶"的围剿。在这样的背景之下，对罪恶以及罪恶的化身"撒旦"的谴责，也提炼到了一个新的高度。《约翰福音》把"罪恶"定义为对于"爱"的否定、对于"光明"的否定："神爱世人，甚至将他的独生子赐给世人，叫一切信他的人不至灭亡，反得永生。……光来到世间，世人因为自己的行为是恶的，不爱光反而爱黑暗，定他们的罪就是因为此。"⑧《约翰福音》将撒旦及其追随者视为"谋杀"、"欺骗"、"仇恨"的始作俑者，正是这类罪恶最终导致了对上帝之子耶稣的谋杀："你们是出于你们的父魔鬼，你们处心积虑地践行你们父的私欲。你们的父从初始就是谋杀之人、不守真理，因为在他心目中就不存在真理。他说谎是出于自己的本性，因为他本来是说谎的，也是说谎之人的父。"⑨

　　如果说《旧约全书》关注对外在行为中的罪恶加以谴责，那么《新约全书》则开始关注对内在思想中的罪恶加以谴责，关于罪恶的指向也更加抽象化。使徒保罗在《加拉太书》中列举了犹太人犯下的罪恶，其中包括：奸淫（fornication）、污秽（impurity）、放荡（licentiousness）、拜偶像（idolatry）、巫术魔法（sorcery）、仇恨（enmities）、争斗（strife）、忌恨（jealousy）、愤怒（anger）、争吵（quarrels）、不和（dissensions）、结派（factions）、嫉妒（envy）、酗酒

---

① Isaiah，2：16.

② Jeremiah，5：7—5：8.

③ Isaiah，5：11.

④ Jeremiah，5：1.

⑤ Jeremiah，6：13.

⑥ 巴力为古代闪米特语，是古代腓尼基人与迦南人中广为流传的"丰饶之神"。

⑦ Jeremiah，9：5.

⑧ John，3：16，3：19.

⑨ John，8：44.

(drunkenness)、狂宴(carousing)。① 在保罗列举的罪恶之中，诸如"仇恨"、"忌恨"、"愤怒"、"嫉妒"之类的提炼，已经把对于罪恶的谴责指向了人的内心世界。

对于罪恶的分类不仅是使徒个人的行为，也是众多使徒集体的行为。《使徒行传》提到：保罗与门徒(Disciple)巴拿巴(Barnabas)曾经前往耶路撒冷，与耶稣门徒和长老们聚在一起，为皈依基督教的外邦人定规。② 这一事件通常被称为"使徒会议"(Apostolic Council)或"耶路撒冷会议"(the Council of Jerusalem)，这次聚会形成的决议称为"使徒决议"(Apostolic Decree)③。由"使徒决议"产生了《新约全书》时代关于人之罪恶的最初分类，亦即基督徒必须远离并且加以戒绝的三类行为：(1)祭拜偶像之物。具体所指是归附于异教或多神崇拜的行为，也包括不敬神。古代希伯来人处于周边居民多神教崇拜的社会环境之中，维持本民族的一神教信仰是一件非常困难的事情。在走出埃及的路上，以色列人经常偏离上帝为之设计的路线图，而且发生过崇拜金牛、推崇肉食作为吗哪(manna)的事件。"摩西十诫"因此强调古代希伯来人的传统，第一诫与第二诫要求坚定对耶和华的信仰，不可雕刻和跪拜偶像。基督教继承了犹太教的一神教信仰，将亵渎神圣、蔑视神圣视为不可赦免的罪恶。④ (2)奸淫。奸淫是一个包罗广泛的概念，如果细化分类，奸淫涉及血亲乱伦(incest)，已婚者之间通奸(adultery)，未婚者之间性过失(fornication)，以及其他性犯罪行为。在旧约时代，"摩西十诫"要求人们禁绝奸淫的行为，新约时代比之更进一步，不仅禁绝奸淫的行为，也要求人们禁绝奸淫的意念。耶稣曾经论及这一点："你们听见有话说，'不可奸淫'。只是我告诉你们：凡看见妇女就动淫念的，这人心里已经与她犯奸淫了。"⑤ (3)嗜杀成性。在《启示录》中，杀人者与淫乱的、行巫术魔法的、拜偶像的……同被视为受到惩治的

---

① Galatians，5：19—5：21.

② Acts of the Apostles，15：2—15：6.

③ 《使徒行传》多次提到这项决议的内容，分别见第 15 章 28、29 节，第 15 章 20 节，第 21 章 25 节。

④ Matthew，12：31—12：32. Mark，3：28—3：30.

⑤ Matthew，5：27—5：28.

灵魂，在末日审判时被投到燃烧着硫黄的火湖里。①

保罗本人关于罪恶的论述更加系统化，不仅论述人之罪恶，而且论述了律法与人之罪恶之间的关系。②《罗马人书》列举了一系列罪恶与道德的缺失，其中最为严重的罪恶是偶像崇拜："将不能朽坏之神的荣耀变为偶像，仿佛必朽坏的人和飞禽、走兽、昆虫的样式。……他们将神的真实变为虚谎，去敬拜侍奉受造之物，不敬奉建造物的主。"③在保罗的观念中，除却偶像崇拜之外，男女性行为不端，以及妨碍社会公义的行为，也是严重的罪恶。④

根据《新约全书》的记载，众多使徒对于罪恶的认定和分类大同小异，约翰(John)将世上存在的"恶"分成三组：肉体的情欲，眼目的情欲，今生的骄傲。⑤《启示录》也将"吃祭偶像之物，行奸淫之事"列为严重的罪恶。⑥

尤其发人深省的是，使徒时代不仅把某些外在的行为，如杀人(murder)、奸淫(adultery)、休妻(divorce)、不守约定(break oath)，视为触犯律法的行为，而且要求人们戒绝某些内心活动，如"以眼对眼、以牙还牙的报复心理"，"对敌人的愤怒与仇恨心理"⑦。诸如此类的言论已经超越了"摩西十诫"对于人类外在行为的约束，开始着眼于针对人的内心世界立法，要求人们在内心世界与精神世界中实现自我完善。

《新约全书》列举人之罪恶，目的是告诫基督徒：赎罪的使命是艰巨的。因为，"人"既然生活在一个必死的躯体中，就不可避免地受到罪恶的诱惑，坠入罪恶的深渊。

2. 基督教思想家关于"人之罪恶"的思辨

基督教思想家热衷于对人性中的"恶"进行思辨，一个重要的方法是列举人之罪恶并且为之分类，这是继续《旧约全书》与《新约全书》的传统。随着教会指导人类心灵的阅历增加，思想家们对于人类在思想与行为两个方面对上

---

① Revelation，21：8.
② Romans，1：18—1：31，7：7—7：13.
③ Romans，1：23，1：25.
④ Romans，1：26—1：31.
⑤ 1 John，2：16.
⑥ Revelation，2：14.
⑦ Mark，7：20—7：23. Revelation，21：8. Colossians，5：19—5：23.

帝的严重冒犯保持着高度的警惕，并且要求冒犯者为之做出补偿。

使徒时代的教父——罗马的赫马斯（Hermas of Rome，公元1世纪或2世纪）在《牧羊人耶稣》（The Shepherd，亦称 Angel of Penitence）一文中，为了对基督徒的日常行为加以指导，构建了一个道德体系，列举出人的12项行为准则：（1）信奉上帝；（2）生活有节制，避免丑闻，慷慨施舍；（3）诚实，不诽谤他人；（4）远离通奸行为；（5）坚忍，不沮丧，不激愤；（6）每一个人都被两种天使光顾，一种是善，一种是恶，在言行中避恶趋善；（7）畏惧上帝，不畏惧邪恶；（8）在邪恶面前自我约束，在良善面前行动自如；（9）向上帝祈祷；（10）扼制抑郁沮丧；（11）提防假预言家；（12）以善良的愿望驱逐邪恶的愿望。罗马的赫马斯认为，尽管有种种邪恶存在，只要在心中存有上帝，即可遵守上述行为准则。①

赫马斯将遵行上述12项行为准则的美德比喻成12位虔诚的童贞女，其中将前四项美德概括为虔诚（faith），自我约束（self-control），强大（power），坚忍宽容（forbearance），将其余八项美德概括为简朴（simplicity），清白无辜（innocence），纯洁（purity），乐观（cheerfulness），真诚（truth），理解（understanding），和谐（concord），慈善（charity）。赫马斯确信：拥有这些美德的人，最终得以进入上帝的王国。②

在《模拟之物》（the Similitudes）一文中，赫马斯将12项罪恶比喻成12个身穿黑衣的女人。在这12项罪恶中，有四项罪恶的严重程度超过其他八项罪恶：不信上帝（unbelief），缺乏自我克制（absence of self-control），不顺从（disobedience），欺诈（deceit）。其余八项罪恶是：抑郁（Moroseness），心怀恶念（evil purpose），恣意淫乱（wantonness），刻薄易怒（sharpness of anger），虚伪（falsehood），愚蠢（folly），诽谤（backbiting），仇恨（hatred）。赫马斯认为，如果在尘世生活的过程中不对这些罪恶进行补偿（repented），就将被逐出

---

① Oscar Daniel Watkins, *A History of Penance：Being a Study of the Authorities*, volume Ⅰ (The whole Church to A. D. 450)，New York：Burt Franklin, 1961，p. 56.

② ibid. , p. 67.

上帝的王国①。

撒斯修斯·西普里安(Thascius Cyprian)大约在公元 200 年出生在迦太基(Carthage)，在迦太基长老西塞留斯(Caecilius)的影响下，于 246 年前后皈依基督教。在 248—258 年间，西普里安担任迦太基"主教"(Bishop)。公元 257年的宗教迫害期间，西普里安被逐出迦太基，并且在 258 年被斩首处死，成为基督教殉教者(martyr)。西普里安的著述展示了早期基督教团体中流行的宗教情感，以及这种情感在社会生活中的应用，因而对于教会史研究具有重要的价值。

在《论必有一死》(On the Mortality)②一文中，西普里安列举的罪恶有：贪婪(avarice)，贪色(lust)，野心(ambition)，愤怒(anger)，傲慢(pride)，嫉妒(envy)。西普里安提出，上述罪恶的发生是一个连续的过程，是一种连锁反应：人的心智受到围困，每一个角落都受到邪恶势力的攻击；面对每一次攻击，人的心智几乎无力抵挡与反击；一旦贪婪被挫败，贪色就跳出来；一旦贪色受到克制，野心就取而代之；一旦野心受到贬损，愤怒就揭竿而起，傲慢膨胀增大，酒瘾发作，羡慕打破和谐，嫉妒割断了友谊。罪人迫不得已发出诅咒，而这是神法禁止的。人们因受到胁迫而起誓保证，而这并非合法。③

在阐述这种连锁反应的过程中，西普里安试图依照严重程度为人性中的罪恶排出顺序。依照罪恶之间的递进关系，西普里安排列的顺序可以归纳为：贪婪引发贪色，贪色引发野心，野心引发愤怒，愤怒引发傲慢，傲慢引发嫉妒。在这样一组递进关系链中，由傲慢引发的嫉妒是最为严重的罪恶。

在基督教早期发展史上，修道士更加热衷于针对人性中的罪恶展开思辨，因为修道生活的一项重要内容就是与人性中的弱点搏斗，最终达到抵制诱惑进而避免罪恶的目标。这样的思辨以现实生活为源泉，从个人的生命历程中

---

① Oscar Daniel Watkins, *A History of Penance: Being a Study of the Authorities*, volume I, p. 67.

② 西普里安还有一篇论述人性之罪恶的文章，题目是《论嫉妒与羡慕》(*On Jealousy and Envy*)。

③ Robert Ernest Wallis(translated), *The Writings of Cyprian*, Edinburgh: T & T Clark, 1868—1869, p. 455.

寻找罪恶的表现，经过高度概括和提炼之后，再依照罪恶的程度排列出顺序。埃瓦古修斯·本都古斯(Evagrius Ponticus，346—399)与约翰·卡西安(John Cassian，c.360—435)，就是这样的修道士。

公元382年，埃瓦古修斯开始了在埃及旷野中的隐修。在孤寂的生命环境中，他有充分的时间对于人性中的"恶"展开深入思考。埃瓦古修斯著作的内容涉及一位隐修士的信仰历程，以及关于人性之恶的论述。埃瓦古修斯著作的原件已经散佚，只有片断残存于拉丁文与叙利亚文的译本之中，其中隐约可见埃瓦古修斯关于"恶"的思辨成果。埃瓦古修斯列举了八项"诱惑"或八项人类情感中的"恶"。这八项罪恶依照冒犯上帝的程度，由轻渐重的排列是——暴食(gluttony)、淫色(fornication)、贪婪(avarice)、沮丧悲伤(sorrow)、愤怒(anger)、萎靡不振(acedia)、虚荣(vainglory)、傲慢(pride)①。在这八项罪恶中，"傲慢"是最为严重的罪恶，而"萎靡不振"有特定的含义，指的是在宗教信仰问题上的懒惰不作为。② 埃瓦古修斯的这项思想成果对约翰·卡西安发挥了直接的影响力。

约翰·卡西安大约在公元360年出生于达契亚(Dacia，大体相当于今天的罗马尼亚)，年轻时接受过古典教育。大约在二三十岁的时候，约翰·卡西安离开家乡，与朋友格曼纽斯(Germanus)一道来到伯利恒(Bethlehem)，进入一所修道院开始了修道生活。在相当长的一段时间里，约翰·卡西安与格曼纽斯是形影不离的朋友，他们曾经两次结伴访问埃及，在埃及前后逗留十年时间，对当地著名的遁世苦修生活有相当深入的了解。大约在公元5世纪初叶(约402年)，约翰·卡西安离开埃及，来到君士坦丁堡，在那里接受祝圣成为教会的一名执事(deacon)。几年以后，约翰·卡西安离开君士坦丁堡(Constantinople)，携带当地教职界写给教宗因诺森(Innocent I)的信，来到了罗马(Rome)。在罗马，约翰·卡西安受邀撰写过一篇批驳聂斯托利(Nestorius)主张的文章，并且接受祝圣成为教会的一名司祭(priest)。

① http://en.wikipedia.org/wiki/Evagrius_Ponticus(2009年12月15日，9：55)。
② 《世间万物的神圣起源：世界宗教之仪式与仪仗背后的故事》(Charles Panati, *Sacred Origins of Profound Things：The Stories Behind the Rites and Rituals of the World's Religions*，New York：Penguin，1996)一书，对埃瓦古修斯的这项思想成果有深入的阐述。

由于缺少确切的历史记载,约翰·卡西安此后的经历模糊不清。有一种推测认为,在离开罗马之后,约翰·卡西安来到了安条克(Antioch),在那里行使司祭的职务有几年之久。大约在公元415年,约翰·卡西安来到了马赛(Marseilles),在这里创建了一所修道院,并且为修道生活制定了严格的规章制度,对此后的《本尼狄克修道条例》(Benedictine Rule)产生了直接影响。约翰·卡西安虽然承袭了东方的修道传统,但是他的修道理想对西方的修道生活有引领作用。可以认为,约翰·卡西安是联结东方修道传统与西方修道生活的一座桥梁。在他看来,修道生活的最高境界是实现对于上帝的沉思冥想。为了达到这个境界,必须全身心地投入到对《圣经》的研读之中,必须从尘世的社会生活引退以便远离一切世俗的诱惑,并且在行动上实现"爱"与"谦卑"①。约翰·卡西安在他创建的修道院里度过余生,大约在公元435年去世。

约翰·卡西安撰写的一篇文章《论八项首要之恶》(On the Eight Principal Vices),对人性中的罪恶展开了充分的讨论,其成果对于基督教关于"人之罪恶"的理论做出了多方面的贡献。

首先,约翰·卡西安概括出人的本性中八种重大罪恶,并且为之列出顺序。值得注意的是,约翰·卡西安并不是依照八项罪恶的严重程度排序,而是依照与之相反的人性品德排序。依照这样的排序原则,第一种罪恶是"暴饮暴食"(gluttony),第二种罪恶是"通奸"(fornication),第三种罪恶是"贪婪"(avarice),第四种罪恶是"愤怒"(anger),第五种罪恶是"沮丧悲伤"(sadness),第六种罪恶是"萎靡不振"(acedia),第七种罪恶是"虚荣自负"(vainglory),第八种罪恶是"傲慢"(pride)。②

其次,约翰·卡西安分析了八种罪恶之间的内在关联,并且在此基础之上将罪恶进行了多种分类:(1)根据起源和性质,将八种罪恶分成两类:一类是出自人的天性,这样的罪恶有"暴饮暴食"、"通奸";一类并非出自人的天性,这样的罪恶有"贪婪"等。(2)根据活动方式,将八种罪恶分为四类:第一

---

① Lavinia Cohn-sherbok, *Who's Who in Christianity*, London: Routledge, 1998, p. 50.

② Boniface Ramsey, O. P. (translated & annotated), *John Cassian: The Conferences*, New Jersey: Paulist Press, 1997, p. 183.

类是为了肉体享乐而造成的罪恶，如"暴饮暴食"、"通奸"；第二类是为了追求精神愉悦而造成的罪恶，如"傲慢"、"虚荣自负"；第三类是由于外部原因而造成的罪恶，如"贪婪"、"愤怒"；第四类是由于自身原因而造成的罪恶，如"萎靡不振"、"沮丧悲伤"。①

约翰·卡西安提出，前六种罪恶之间存在着一种联动关系：第一种罪恶的实施启动第二种罪恶，第二种罪恶的实施启动第三种罪恶……如"暴饮暴食"启动"通奸"，"通奸"启动"贪婪"，"贪婪"启动"愤怒"，"愤怒"启动"沮丧悲伤"，"沮丧悲伤"启动"萎靡不振"。由于这种联动关系的存在，在克服了第一种罪恶之后，第二种罪恶不可能被启动，就没有实施的机会。以此类推，在克服了第二种罪恶之后，第三种罪恶不可能被启动，就没有实施的机会……例如，征服了"暴饮暴食"的人，不可能受到"通奸"的诱惑；抵御了"通奸"诱惑的人，不可能受到"贪婪"的诱惑。如果逆向推断上述联动关系，可以得出这样的结论：要想征服第六种罪恶，必须克服第五种罪恶；要想征服第五种罪恶，必须克服第四种罪恶。例如，要想克服"萎靡不振"，必须先克服"沮丧悲伤"；要想驱逐"沮丧悲伤"，必须先驱逐"愤怒"②；……由于存在着这样的联动关系，战胜初始的第一种罪恶显得至关重要，因为只要第一种罪恶没有实施，其他的罪恶就没有启动的机会。

在约翰·卡西安看来，后两种罪恶——"虚荣自负"、"傲慢"与前六种罪恶之间没有关联，只是这两种罪恶之间存在着联动关系："虚荣自负"的泛滥启动"傲慢"；要克服"傲慢"，必须先克服"虚荣自负"。比之前六种罪恶，"虚荣自负"与"傲慢"是更加危险的罪恶。尤其是"傲慢"，它虽然列在八种罪恶之末，但是卡西安把它视为最严重的罪恶，这项罪恶是其他一切罪恶之源头③。

战胜八种罪恶不能仅凭个人的力量，需要上帝的援助。约翰·卡西安指出：我们不能以自身的力量战胜这些强大的敌人，只能借助上帝的支持与帮

---

① Boniface Ramsey, O. P. (translated & annotated), *John Cassian：The Conferences*, p. 183.

② ibid., pp. 189—190.

③ ibid., pp. 189—190.

助，因而也必须将每日战胜罪恶的胜利归于上帝。①

"伟大的格里高利"撰写过一篇著名的神学论文——《"约伯记"的伦理道德》(Moralia in Job)，对人类本性中的罪恶展开思辨。在这篇论文中，格里高利提出了两个重要的论点：第一，罪恶不具备独立的物质基础，不能单独存在；第二，在本质上，罪恶是对"善"的侵蚀和败坏。从这两个论点出发，格里高利得出的结论是：上帝的创造物虽然受到了罪恶的侵蚀，但是它依然是完好的。有研究者认为，格里高利关于罪恶的定义不是非常确切，因为他并未真正从哲学的角度对"邪恶"(evil)进行深入的探讨，基本上是重复奥古斯丁的哲学模式。②

与约翰·卡西安一样，格里高利也认为罪恶的实施是一种连锁反应，他对这种连锁反应进行了更为深入的阐述。罪恶的连锁反应之所以发生，根本的原因在于——罪恶的本性是"累积"。格里高利具体阐述了罪恶的累积过程：首先，前一项罪恶是后一项罪恶的起因，例如，"暴饮暴食"导致"通奸"，"通奸"导致"谋杀"；其次，后一种罪恶又是对前一种罪恶的惩罚，因为一种新的罪恶源于前一种罪恶，并且扩大了前一种罪恶的罪责并使之招致更严厉的惩罚，例如，对"暴饮暴食"的惩罚因"通奸"和"谋杀"而加重，而"通奸"和"谋杀"源于"暴饮暴食"③。

由于罪恶是一种连锁反应，一个人有可能因为实施了一项罪恶而最终致使罪恶缠身，深陷罪恶而不能自拔。必须采取措施阻断这种连锁反应，格里高利认为最有效的措施是忏悔苦行(penance)。忏悔苦行之所以重要，其意义在于：虽然人类可以在行动上避免罪恶的发生，但是不能完全摆脱罪恶的意念，借助于忏悔苦行过程中严格的自查自省，可以防止罪恶的意念侵蚀灵魂。格里高利持有严格的道德观念，认为即使是在意念中实施罪恶，也同样是不可饶恕的。依照格里高利对于犯罪过程的描述，人们有时是在无知的状态下犯下罪恶，亦即"对罪恶的意念疏于防范"。格里高利认为，灵魂越是被屏障

①　Boniface Ramsey, O. P. (translated & annotated), *John Cassian: The Conferences*, p. 196.

②　F. Homes Dudden, *Gregory the Great: His Place in History and Thought*, volume Ⅱ, p. 384.

③　ibid., p. 386.

就越是容易受到罪恶的操纵，尽管如此，人依然应当对无知状态下犯下的罪恶负有责任。①

格里高利还对八项罪恶的严重程度做出了排序。他尤其强调傲慢与贪色两项罪恶之严重："傲慢是在信仰的层面对上帝的反叛，淫欲是在肉体的层面对信仰的反叛。"基于这样的认识，格里高利在针对人性中的"恶"进行排序时，把"傲慢"列为邪恶之首、万恶之源②。在将"傲慢"列为首恶以后，另外七项罪恶的排序依次是：虚荣、嫉妒、愤怒、沮丧、贪婪、暴饮暴食、贪色。在这七项罪恶中，"暴饮暴食"与"贪色"是在肉体层面犯下的罪恶，其余的五项是在心灵层面犯下的罪恶。但是所有罪恶都有共同的起源，因而它们之间最终也是互相关联的，并且因一项罪恶而进入另一项罪恶，例如：假若接受了"虚荣"，就有可能引入另外五种罪恶。③ 格里高利的分类与排序被中世纪大多数著述家所接受，在大量忏悔苦行的手册中都有所体现。

格里高利列举了七项"不赦之罪"（capital sin）：虚荣、妒忌、愤怒、忧郁沮丧、贪婪、暴饮暴食、淫欲。有研究者认为，在这七项罪恶中没有傲慢，这是格里高利的排序与约翰·卡西安的排序之间最主要的不同。④ 之所以出现这样的差异，是因为格里高利将"傲慢"列在七项罪恶之上，使之成为一种凌驾于其他罪恶之上的"超级邪恶"。这就意味着，"傲慢"虽然仍被视为一种邪恶，但已不仅仅是"不赦之罪"，而是一切罪恶之"本源"，是七项罪恶之统领。研究者认为，格里高利之所以做出这样的排序，为的是强调傲慢是一切罪恶之始，是一切罪恶之根源。⑤

这样的解读将七项罪恶排列成平行的连锁关系，一项罪恶滋生另一项罪恶，由此而形成一个具有连带关系的链条："虚荣"出自于"淫欲"，"愤怒"出自于"暴饮暴食"，"忧郁沮丧"出自于"贪婪"……而七项罪恶与"傲慢"之间形

---

① F. Homes Dudden, *Gregory the Great：His Place in History and Thought*, volume Ⅱ, p. 386.

② ibid. , p. 387.

③ ibid. , p. 387.

④ Matthew Baasten, *Pride According to Gregory the Great：A Study of the Moralia*, New York：The Edwin Mellen Press, 1986, p. 77.

⑤ ibid. , p. 88.

成一种垂直的关系：七项罪恶都源于"傲慢"。①

对于格里高利的理论，还存在着第三种解读。格里高利认为傲慢是"一切邪恶之根源"，是"罪恶之母"。在傲慢之下列举的七项永劫之罪是：虚荣、嫉妒、愤怒、忧郁沮丧、贪婪、暴饮暴食、纵欲。② 这种解读的不同之处，是将"嫉妒"（envy）也列入七项罪恶。第三种解读还另有高见，认为格里高利将"宗教信仰方面的不作为"也置于"忧郁沮丧"之中，因而在"忧郁沮丧"之中包含有"宗教信仰不作为"的意义。

在格里高利之后，基督教神学家对罪恶的分类做出进一步修订。天梯的约翰③提出，约翰·卡西安列举的八项罪恶中，傲慢与虚荣极易混淆，建议将这两项罪恶合并，使八项永劫之罪变成七项永劫之罪④。

经过历代宗教神学的思辨，最终形成的关于七项永劫之罪的排列顺序是：傲慢（pride）、嫉妒（envy）、愤怒（anger）、贪婪（avarice）、沮丧（sadness）、暴饮暴食（gluttony）、贪色（lust）。

二、七项永劫之罪：定义，分类，程度评定

傲慢、嫉妒、愤怒、贪婪、沮丧、暴饮暴食、贪色之所以被认定为"永劫之罪"，是因为这七项罪恶与基督教价值观念的核心——"爱上帝，爱上帝的创造物"——背道而驰。基督教将一切善行都归之于"爱"，亦即对上帝与上帝创造物的爱，"七项永劫之罪"是七种对于"爱"的背反和错误。

1. 傲慢

傲慢的形象来自于《圣经》描述的鲁西弗。鲁西弗曾经是众多天使中最伟大、最杰出的天使，它却因此而野心膨胀，希望得到与上帝同等的地位。《以赛亚书》提到，鲁西弗曾经在心里暗自忖度："我要升到天上，我要高举

---

① Matthew Baasten, *Pride According to Gregory the Great: A Study of the Moralia*, p. 88.

② Jean Delumeau (translated by Eric Nicholson), *Sin and Fear: The Emergence of a Western Guilt Culture 13 th—18 th Centuries*, New York: St. Martin's Press, 1990, p. 193.

③ 天梯的约翰曾经担任西奈修道院院长，著有神学论文《天国的阶梯》（*Scala Paradesi*）。

④ Jean Delumeau (translated by Eric Nicholson), *Sin and Fear: The Emergence of a Western Guilt Culture 13 th—18 th Centuries*, p. 193.

我的宝座在神众星以上；我要坐在聚会的山上，在北方的极处；我要升到高云之上，我要与至上者同等。"①为了实现这个目标，鲁西弗挑动一部分天使反叛上帝。忠实于上帝的另一部分天使在天使长迈克尔(Archangel Michael)的指挥之下，把鲁西弗及其追随者逐出了天国。"于是两股力量之间就有了争战，迈克尔和他率领的天使与龙争战，龙与率领的天使也前去反击，然而它们被击败，天堂再没有它们的地方。大龙被摔在地上，它就是古时的那条蛇，名叫魔鬼(Devil)，也叫撒旦(Satan)，是迷惑普天下的。它被摔在地上，追随它的天使也与它一起摔下去了。"②鲁西弗及其追随者最终由于试图夺取上帝的宝座而被逐出天国，鲁西弗变成了"撒旦"，也称"魔鬼"，追随鲁西弗的众多天使变成了集体"恶棍"(demons)。第四次拉特兰宗教会议用一句简洁的语言对鲁西弗及其追随者的堕落做出了概括："魔王与恶棍在上帝创造之初是善，然而他们成为邪恶是由于自己的行为。"(条款I)③

从此以后，撒旦与恶棍生活在地狱之中，并且支配着地狱。杰弗里·乔叟在《坎特伯雷故事》一书中，借一位教职人士之口评论说："命运是害不到一个神灵的，但是因为他犯了罪，也曾从崇高的地位落进地狱，他至今还在那里。啊，露西弗(鲁西弗)，神灵中的最显耀者，现在你是撒但(旦)魔王了，再也不能从你那苦坑中出来了(僧士的故事)④。"

借助于《圣经》的描述，因为野心膨胀而从天使堕落为魔王的鲁西弗，变成了"傲慢"的化身。受基督教文化的影响，英语中有一句谚语表达了这样的观念：像鲁西弗那样傲慢(as proud as Lucifer)。英国17世纪著述家约翰·弥尔顿(John Milton)在《失乐园》(*Paradise Lost*)一书中论述了鲁西弗因为傲慢而导致堕落于地狱的故事："他的高傲，致使他和他的全部天军被逐出天界。那时他由于造反天军的援助，使他觉得自己无比荣耀。他相信，如果他反叛，就能和至高者分庭抗礼。于是包藏野心，觊觎神的宝座和主权，枉费心机地

---

① Isaiah, 14: 13—14: 14.

② Revelation 12: 7—12: 9.

③ Norman P. Tanner, S. J. (edited), *Decrees of the Ecumenical Councils*, volume one, p. 230.

④ 杰弗里·乔叟：《坎特伯雷故事》，方重译，第309页。

在天界掀起了不逊不敬的战争。全能的神栽葱般,把浑身火焰的他从净火天上摔下去。这个敢于向全能全力者挑战的神魔迅速坠下,一直落到无底的地狱深渊,被禁锢在金刚不坏的镣铐和永不熄灭的刑火中。"①

在希腊神话中,鲁西弗是光明的使者。在清晨的太阳升起之前,鲁西弗是出现在天空中的启明星,是司职宣告太阳出生的神。在基督教文化中,鲁西弗向上帝挑战,企图取代上帝的地位,形同于光明的使者挑战至高无上的太阳神(Solar God),是一种"大逆不道"的僭越行为。《以赛亚书》曾经从星辰穹宇的角度评论鲁西弗:"明亮之星,早晨之子啊!你何竟从天坠落?你这攻败列国的,何竟被砍倒在地上?"②在福音书的记载中,耶稣将鲁西弗比喻成天空中的闪电:"我曾看见撒旦从天堂坠落,像闪电一样。"③保罗也对鲁西弗做出过评论:"……空中掌权者的首领,就是现今在悖逆之子心中运行的邪灵。"④但丁·亚利基利(Dante Alighieri)在《神曲》(*Divina Commedia*)中也有类似的描述:撒旦或鲁西弗是早晨的太阳,试图以其光芒超过上帝,与上帝等量其观,因而被抛入地狱之火。"堕落的原因,由于那可诅咒的骄傲的他,你知道他已被宇宙的重量压住了(《天堂》第二十九篇;《地狱》第三十四篇)⑤。"

除了堕落的天使鲁西弗,在《旧约全书》中表现出傲慢性格的几个著名人物还有:亚当与夏娃、押沙龙(Absalom)⑥,约押(Joab)⑦、扫罗(Soul)⑧。

---

① John Milton, *Paradise Lost: A Poem Written in Twelve Books*, London: Printed by Miles Flesher for Richard Bently, 1688, pp. 2—4.

② Isaiah, 14:12.

③ Luke, 10:18.

④ Ephesians, 2:2.

⑤ 但丁·亚利基利:《神曲》,王维克译,人民文学出版社1983年版,第224、521页。Henry Wadsworth Longfellow(translated), *The Divine Comedy of Dante Alighieri*, volume I, Boston: Ticknor and Fields, 1867, p. 216. http://www.everypoet.com/archive/poetry/dante/dante_x_29.htm(2009年12月17日5:40)。

⑥ 押沙龙是犹太王大卫的第三个儿子,因背叛其父而被杀,其事迹记载在《撒母耳记》(下)第17—18章。

⑦ 约押是犹太王大卫的外甥,曾刺死押沙龙,其事迹记载在《撒母耳记》(下)。

⑧ 扫罗是以色列人的第一代国王。

其中描述得最为明晰的是新巴比伦王国的国王尼布甲尼撒二世（Nebuchadnezzar Ⅱ，公元前 605—562 年在位）。尼布甲尼撒率领新巴比伦军队征服了古代西亚文明——这是他在当时所知道的"世界"全部，因取得的战功而变得"傲慢"。在征服黎巴嫩（Lebanon）之后，他自认为取得了此前任何一位君王都不曾取得的功绩，从而将自己放在了高于神的位置上，忘记了自己作为"人"的本质。《旧约全书》时代的一位先知谴责尼布甲尼撒的所作所为："迦勒底人自高自大，心不正直；惟义人因信得生。迦勒底人因酒诡诈、狂傲，不住在家中，扩充心欲好像阴间。他如此不能知足，聚集万国，堆积万民都归自己。"①

乔叟在《坎特伯雷故事》中也批判尼布甲尼撒之"傲慢"，是将自己置于神的高位之上，并且指出傲慢者的出路在于承认神的权威："这位万王之王，傲慢非凡，认为无上的天主也不能颠覆他的高位。可是，马上他就失去了王位，经过相当的时日，他过着走兽一般的生活，和牛一样吃着干草，在野外露宿，同野兽一起在风雨中行走。他的头发变成鹰的羽毛一般，他的指甲似鸟爪一般，直等到上帝赦免了他，让他缩短了处罚的年限，恢复了他的理智，然后他才满腔热泪向上帝谢恩，从此不敢再犯错误，直到他死的一天也没有否认上帝的威力和仁慈。"②

由于《新约全书》引入了"爱"的概念，亦即用"爱"来解释耶稣的使命，由此导致对"傲慢"新的评判标准。依据福音书的记载，耶稣在尘世生活中表现出仁慈、谦恭、宽容的美德，而这些美德最终发展成为基督教最为推崇的伦理道德标准。耶稣警告人们不要自作主张、自我标榜，不要以自我为中心，总而言之，不要自私自利，而傲慢显然与这种新的道德标准势不两立。正是基于新约时代的伦理道德标准，保罗说："爱是恒久忍耐，又有恩慈；爱是不嫉妒，爱是不自夸，不张狂……"③由于"基督之爱"与"傲慢"形成了价值观念上的对立，导致每一个基督徒都面临着这样的选择：是奉行"傲慢"，还是追随耶稣奉行"谦卑"与"爱"的美德。

根据鲁西弗从天使堕落成魔鬼的故事，可以将"傲慢"定义为：以自我为

---

① Habakkuk，2：4—2：5.

② 杰弗里·乔叟：《坎特伯雷故事》，方重译，第 313 页。

③ 1 Corinthians，13：4.

中心，自我提升或自我膨胀，拒绝向更高级的权威臣服。傲慢者强调的是个人而非上帝的"善"，认为战胜邪恶的胜利来自个人的力量和努力，否认上帝作为至高无上的"神"对于世间万物的庇佑，否认战胜邪恶的力量来自于上帝。傲慢者共同的特点是自我膨胀，把自己置于上帝之上，严重者甚至发展到与上帝对抗的地步。

傲慢在本质上产生于邪恶和愚蠢，而且傲慢一经形成，转瞬之间便招致报应。在《旧约全书》中，对傲慢的惩罚是跌入深渊，蒙受耻辱，直至失去性命。"必有万军耶和华降惩罚的一个日子，要临到骄傲狂妄的，一切自高的都必降为卑。"[1]"骄傲在败坏之先，狂心在跌倒之前。"[2]"耶和华如此说：我必照样败坏犹大的骄傲和耶路撒冷的大骄傲。"[3]

奥古斯丁提出，傲慢是一种不可饶恕的罪恶，人们因为傲慢而不肯在上帝面前保持谦卑。奥古斯丁将傲慢视为一切罪恶之始，因为在傲慢释放之后就不可避免地导致了人类与上帝的疏离，傲慢的开端是背叛上帝。因此之故，傲慢是一切邪恶之源，七项不赦之邪恶归根到底都是源自于傲慢。"那些因自己愚蠢的自我膨胀而渴望与天使一样的人，真正并不是想与天使一样，而是想天使与他们一样。若他们保持着那意志，便会得到与堕落的天使一样的惩罚，因他们爱自己的权力，胜过上帝的权能。"[4]

托马斯·阿奎那(Thomas Aqinas, c. 1225—1274)把傲慢视为"永劫之罪"(mortal sin)，同样把它列为罪恶之首，视为最严重的罪恶。之所以将傲慢列为罪恶之首，是因为其他的罪恶都起源于傲慢；之所以将傲慢视为最严重的罪恶，是因为这类罪恶拒绝了对上帝的臣服。阿奎那又认为，傲慢之罪难以避免，因为一个人即使非常谦卑，他也可能因为谦卑而感到"骄傲"。在七项罪恶之中，虚荣尤其与傲慢相似，因为傲慢所寻求的卓越，由虚荣力图表现出来，并且借助于这种表现获得一种卓越。因此之故，"虚荣的一切衍生物都

---

① Isaiah, 2：12.

② Proverbs, 16：18.

③ Jeremiah, 13：9.

④ 奥古斯丁：《独语录》，成官泯译，第178页。

与傲慢有某种亲近关系"①。

但丁撰写的《神曲》对人类灵魂中存在的黑暗之处有很多描述，尤其对七项永劫之罪有很多谴责。在但丁的思想观念中，有大量的内容保持着基督教的传统。与奥古斯丁、阿奎那一样，但丁也把傲慢列为七项永劫之罪的首位。但丁描述的"炼狱"有七级台面，代表七项永劫之罪。七级台面从高向低顺序排列，台面越低罪恶越深。当但丁借助于《神曲》游历炼狱的时候，在第一级台面上（第十篇，第十一篇，第十二篇）遇到了"傲慢"。在但丁看来，傲慢的起因很多，其中包括：因成就而傲慢，因统治而傲慢……在第一级台面的岩石上雕刻着一些傲慢者的形象，其中不仅有撒旦，还有布里阿瑞俄斯（Briare-us）②、宁录（Nimrod）③、尼俄柏（Niobe）④，他们最终的命运各不相同，但是在炼狱受到的惩罚却是相同的。对于种种傲慢表现的惩罚都是出自但丁的设想："用巨石压住傲慢的颈根"，使傲慢者的亡灵"负着重物"，并且在重物的压迫之下向上帝祈祷，既为他们自己，也为那些被他们抛在后面的。⑤

根据中世纪神学家的观察，傲慢的表现方式很宽泛。杰·科伦比（Jean Columbi）在一本印制的小册子《忏悔通论》（Confession generale）中列举的傲慢表现方式有：忘恩负义（ingratitude）、自吹自擂（boasting）、阿谀奉承（flat-tery）、虚伪矫饰（hypocrisy）、讥笑嘲弄（derision）、野心勃勃（ambition）、冒昧放肆（presumption）、过分好奇（curiosity）、桀骜不驯（disobedience）⑥。依照科伦比列举的傲慢表现，人们在日常生活中稍有不慎就有可能犯下"傲慢"之罪。

由傲慢产生的最严重罪恶是宗教异端，因为宗教异端在本质上是忽视上

---

①　St. Thomas Aquinas (translated by Jean T. Oesterle), *On Evil*, Indiana：University of Notre Dame Press，1995，p. 346.

②　布里阿瑞俄斯是百臂巨人埃该翁的别号，因力大无比而引以为傲。

③　在《创世记》的记载中（10：8—10：9），宁录是诺亚的后代子孙，古代巴比伦王朝的创建者，是在神面前炫耀力量的猎人。

④　尼俄柏是希腊神话人物，因生育子女众多而引以自傲。她的子女最终死于非命，尸体被宙斯化成石块。尼俄柏因悲伤过度而化成一座流泪不止的山岩。

⑤　但丁·亚利基利：《神曲》，王维克译，第 223—224 页。

⑥　Thomas N. Tentler, *Sin and Confession on the Eve of the Reformation*，Princeton：Princeton University Press，1977，p. 136.

帝的存在，或者是对上帝旨意的对抗。奥古斯丁曾经论述过宗教异端的这一本质："我们受命朝向的不是受造物而是创造主。如此说来，若我们对创造主抱错误信念或任何不该相信的，就是被最有害的错误欺骗了。"①

托马斯·阿奎那将"违抗上帝"视为"虚荣"的衍生物："违抗上帝作为一种非常的罪恶，是虚荣的衍生物，因为违抗上帝恰恰是对上帝指令的蔑视。"因而，违抗上帝作为一种重大罪恶，完全是对上帝指令的背离。这种背离在某些情况下不是出于蔑视，而是出于软弱或无知……②由于虚荣与傲慢之间存有某种联动关系与相似之处，因而违抗上帝既是出于虚荣，也是出于傲慢。

综上所述，"傲慢"作为七项永劫之罪的首恶，它所造成的后果是极其严重的。第一，傲慢导致人类的堕落并产生"原罪"。第二，傲慢导致对上帝旨意的违抗，进而造成对上帝恩典的抵触。第三，傲慢还是其他罪恶之肇始。第四，傲慢对七项美德③形成全面的障碍，相比之下，其他罪恶只对其中的某一项美德形成障碍。

2. 嫉妒

嫉妒首先来自于对自身劣势的认识，也就是一种"自愧不如"的心理。这是一种非常原始的情感，《创世记》描述了许多涉及嫉妒的人和事。拉结（Rachel）与姐姐利亚（Leah）都嫁给了雅各（Jacob）做妻子，利亚为雅各生下四个儿子，拉结因不能给雅各生子，就嫉妒姐姐利亚。④ 雅各老年得子约瑟（Joseph），爱约瑟胜过爱其他的众子。约瑟的哥哥们见父亲爱约瑟甚于爱他们，就嫉妒约瑟，并且设下计谋陷害约瑟，最终将约瑟卖到了埃及。⑤ 嫉妒是处于弱势、劣弱而导致"自卑"心理的人犯下的罪恶，是对于社会强势者的嫉妒，

---

①　奥古斯丁：《独语录》，成官泯译，第 200 页。

②　St. Thomas Aquinas (translated by Jean T. Oesterle)，*On Evil*，p. 346.

③　神学家普鲁登奇乌斯（Prudentius，348—c. 410）写过一部叙事诗《灵魂的奋斗》（*Psychomachia*），探讨如何与灵魂战斗进而达到抵御七项永劫之罪的目标，并且寻找与之相对应的美德。Prudentius 最终筛选出七项美德，认为这七项美德可以逐一战胜七项永劫之罪："贞洁"（chastity）战胜"贪色"；"克制"（abstinence）战胜"暴饮暴食"；"勤奋"（diligence）战胜"沮丧"；"慷慨"（liberality）战胜"贪婪"；"坚忍"（patience）战胜"愤怒"；"兄弟情谊"（brotherly kindness）战胜"嫉妒"；"谦卑"（humility）战胜"傲慢"。

④　Genesis，30：1.

⑤　Genesis，37.

并且以此作为自己处于劣势地位的报复。

对于"善有善报，恶有恶报"这一宿命原则深信不疑的人，也可能在现实生活中见到与此相反的例子，亦即邪恶之人不仅没有受到宿命的惩罚，反而兴旺发达，这样的现象不免使人愤愤不平。这也是一种嫉妒心理，正如《诗篇》所言："当我见到邪恶之人与狂妄之人安享富足，就不免心生嫉妒。"①

嫉妒是一种心理状态，是因目睹他人的良好状态而导致的心生不平。古往今来，这是人类本性中固有的一种病态心理，基督教称之为"邪恶"。但丁在《神曲》中借助一个"嫉妒者的灵魂"非常形象地描述："我的血管充满着炉火，假使我看见一个人在欢乐，我的面色便变得发青发白"（第14篇）。嫉妒的人"欢喜别人有灾祸，甚于自己有幸福"（第13篇）②。

嫉妒具有复杂性，《圣经》中有很多言论，涉及出自于神的嫉妒或者是对于神的嫉妒。使徒保罗曾经提到："我为你们起的愤恨（嫉妒），原是神那样的愤恨（嫉妒）。"③先知以利亚说过："我曾经对万军之主心生嫉妒。"④先知书记载："耶和华就因自己的土地而心生嫉妒。"⑤《诗篇》对上帝的嫉妒有生动的描述："耶和华的嫉妒如火焰燃烧，将持续到何时呢？"⑥如同普通人一样，"神"也有嫉妒心理，这就不免使人感到困惑：如何针对"嫉妒"展开是非判断？在这种情况下，很有必要为"嫉妒"做出恰如其分的定义，以便达到既对"嫉妒"实行谴责又不至于对"神"造成伤害。这样一个神学命题迟至13世纪才得以初步解决。

教会曾经在1216—1219年间制定过一项法律，对"嫉妒"做出了一个模糊不清的定义："如果一位忏悔苦行者因其邻人的优势而悲伤难过，或曾经悲伤难过，或者曾经因为邻人的不幸而欣喜，忏悔神父应就此展开询问。"⑦由此

---

① Psalms，73：3.
② 但丁·亚利基利：《神曲》，王维克译，第237、242—243页。
③ 2 Corinthians，11：2.
④ 1 Kings，19：10.
⑤ Joel，2：18.
⑥ Psalms，79：5.
⑦ Jean Delumeau (translated by Eric Nicholson)，*Sin and Fear：The Emergence of a Western Guilt Culture 13 th—18 th Centuries*，p. 212.

可以看出，"嫉妒"是与"仁爱"、"慈善"完全相反的一种情感。但丁在《神曲》中曾经对这一点有过论述："惩戒嫉妒的罪恶，……爱在这里是马鞭。"①

"嫉妒"在很大程度上是一种口舌之罪，因为心怀嫉妒的人充其量是发一些牢骚，以便抒发心中的不满情绪。然而嫉妒是一种非常有害的心理，《约伯记》中的一句话指明了嫉妒心理的危害："愤怒害死愚妄人，嫉妒杀死痴迷人。"②奥古斯丁甚至认为嫉妒是一种恶毒的心理："魔鬼在骄傲之外又加恶毒的嫉妒。"③

在中世纪基督徒的观念中，犯有嫉妒罪的人死后被丢入一条冰冻的河流，鼻孔以下冻在河流中，鼻孔以上暴露在最猛烈的寒风中，要么任凭寒风吹拂，要么沉没到冰冻的河流之中。④ 但丁的《神曲》为嫉妒者设计了另一种惩罚，将嫉妒者的灵魂安置在炼狱的第二级台面。依照但丁的描述：嫉妒的灵魂披着与岩石一样颜色的斗篷，背靠山壁而坐，祈求上帝赦免他们的罪恶；每个人的眼皮都用铁丝缝缀着，如同野鹰不肯安静，人便将它的眼皮缝合起来；又如同瞎子不能感觉阳光，这些忏悔的灵魂也是拒绝阳光的；他们的脸上，淌着由缝口流出的泪水；嫉妒的灵魂把头倾在邻人的肩头上，以此激发别人的怜悯之心。⑤

3. 愤怒

人类早期文明通常把愤怒与"火"联系在一起，并不涉及善恶是非的判断。在基督教文明中，愤怒之所以被列为一项严重的罪恶，是因为愤怒以"恨"取代了对上帝与上帝创造物的"爱"。上帝的创造物司提反（Stephen）作为基督信仰的一名早期追随者，因为传播福音而被愤怒的人群用石块击打致死，从而成为基督教历史记载中最早的殉教者。与宗教迫害者的愤怒形成鲜明对照的是，司提反在受到猛烈击打的时候，却请求上帝赦免虐杀者的罪恶："不要将

---

① 但丁·亚利基利：《神曲》，王维克译，第 236 页。

② Job，5：2.

③ 奥古斯丁：《独语录》，成官泯译，第 212 页。

④ Jean Delumeau（translated by Eric Nicholson），*Sin and Fear：The Emergence of a Western Guilt Culture 13 th—18 th Centuries*，p. 214.

⑤ 但丁·亚利基利：《神曲》，王维克译，第 236 页。

这罪恶归于他们！"①表现出对于上帝创造物的热爱，并因此种表现而受到基督教护教者的推崇。

在《神曲》中，但丁将愤怒的灵魂安置在炼狱的第三级台面上。在这里，滚滚而来的黑烟，使夕阳陷入黑夜，不仅断绝了光亮，也断绝了清洁的空气。"黑烟"象征着愤怒的火焰，比喻愤怒的人失去理智，形同于陷入黑暗与窒息之中盲目行事。愤怒的灵魂在浓浓的黑烟之中，舒解愤怒之结。②

在《坎特伯雷故事》中，乔叟借一位堂区教职人士之口，发表了对于"愤怒"的评论（大意）：愤怒就是存心报复。可是痛恨邪恶是对的，这种愤怒并不包藏祸心。不正当的愤怒有"突然的"与"预谋的"两种，预谋的愤怒更加邪恶。预谋的恶念有可能把圣灵摒出于灵魂之外，而接纳了魔鬼。于是你的灵魂成为魔鬼的熔炉，憎恨、残杀、叛逆、谎言、阿谀、侮慢、倾轧、恫吓和诅咒，都在这炉中燃烧。如果要克制愤怒唯有忍耐③。在这里，乔叟以导致愤怒的原因作为尺度，对愤怒做出了区分。直言痛恨邪恶之所以是正当的，是因为《旧约全书》中到处记载着耶和华的愤怒④。

4. 沮丧

"沮丧"的罪恶中也包含"懒惰"。《圣经》中记载的关于沮丧、懒惰的经典事例，是以色列人在逃出埃及、渡过红海之后，在西奈半岛的巴兰沙漠辗转消磨了将近四十年时间。以色列人之所以在此地徘徊不前，其原因是对于"流淌着奶与蜜"的约旦河流域心存恐惧，前往窥探迦南地的各支派首领回来报告说：此地民风强悍，城池固若金汤。⑤

古代希伯来人推崇勤劳，《箴言》中多次出现谴责懒惰的言论："懒惰之人将手放在盘子里，就是向口内撤回，他也不肯。""……懒惰人的田地，无知人的葡萄园，荆棘长满了地皮，刺草遮盖了田面，石墙也坍塌了。""门在户枢中转动，懒惰人在床上也是如此。懒惰人放手在盘子里，就是向口撤回也以为

---

① Acts of the Apostles，7：54—7：60.

② 但丁·亚利基利：《神曲》，王维克译，第249—250、252页。

③ 杰弗里·乔叟：《坎特伯雷故事》，方重译，第375页。

④ Jeremiah，6：11.

⑤ Numbers，13：27—13：28.

劳乏。懒惰人看自己比七个善于应对的人更有智慧。"①在《旧约全书》时代的
生活环境中，谴责懒惰是出于生存的需要，"不劳动者不得食"是普遍奉行的
生存原则。

　　基督教关于"懒惰"的定义完全不同于《旧约全书》中表达的古代希伯来人
对"懒惰"的谴责。教会思想家对懒惰有独特的解释，在他们看来，"懒惰"不
是指一般意义上的好逸恶劳，无所事事，而是在信仰问题上对待上帝的懈怠
态度。使徒保罗曾经教导基督徒："殷勤不可懒惰，要心里火热，常常服侍
主。"②正是出于关于"懒惰"的特有定义，中世纪的基督教会并不十分关注世
俗生活与生产活动中的"勤劳"或"懒惰"问题，关注的是对待上帝和上帝信仰
的态度，不断地对疏于侍奉上帝的行为发出诅咒。

　　在早期教父时代，教会将"懒惰"看做非常严重的"必死之罪恶"。"懒惰"
意味着对宗教信仰无感觉，对于侍奉上帝从而使灵魂得救不感兴趣，严重者
甚至达到厌恶宗教活动的程度。"懒惰漠然"的要害是疏远上帝，对上帝和上
帝的信仰缺少热情和爱，是对于宗教信仰的不作为，严重者甚至有可能导致
对上帝的背叛和敌视。"懒惰漠然"之所以被视为"必死之罪"，其原因就在
于此。

　　懒惰的人在尘世的宗教生活中缺乏热情与爱，对于自身灵魂由"罪恶"转
向"善"不感兴趣。阿奎那在《神学大全》中将这样的"懒惰"状态定义为"灵魂的
空虚"，不情愿为宗教信仰事业和灵魂的救赎付出努力和热情。③

　　在《神曲》中，但丁把"懒惰"安置在地狱(Inferno)的第五层。在冥河(Riv-
er Styx)的黑色水域，紧挨着"愤怒"(wrathful)，但丁发现了置身于黑色泥
浆、行动迟缓的"懒惰"。在离开地狱之后，但丁与诗人维吉尔(Virgil)前往炼
狱。在炼狱的第四级台面上充斥着懒惰的灵魂，它们正在以匆忙的脚步、迅
速的奔跑为尘世虚度的光阴做出弥补。"一群灵魂顺着圈子，快着步伐，依着
自愿和爱努力向前，……都在没命地跑。"一个灵魂说道："我们为速行的欲望

---

①　Proverbs，19：24，24：31，26：13.

②　Romans，12：11.

③　Jean Delumeau (translated by Eric Nicholson)，*Sin and Fear：The Emergence of a Western Guilt Culture 13 th—18 th Centuries*，p. 229.

所操纵，我们不能停下来。"但丁相信，懒惰的灵魂经过炼狱的急加速之后，可以对上帝和上帝的创造物产生迅速的爱，"此心，原是为爱得很快而创造了的，见着一切使他欢乐的东西，便如同惊醒了一般，立即追求上去"①。

借一位堂区教士之口，乔叟在《坎特伯雷故事》中（section 681—683）发表了对于"懒惰"的评论（大意）：懒惰是内心的苦恼，使你行事迟钝，缺少兴趣，把行善认作是负担。懒惰也使你躲避热诚的祈祷，腐蚀心灵。懒惰引向失望。补救之方就是要能吃苦耐劳。②　与"懒惰"相反的美德是"勤奋"，与"勤奋"的美德相关联的是勇气、活力、坚定的混合体。

5. 贪婪

《耶利米书》与《西番雅书》都用"夜晚的狼"（wolves of evening）象征"贪婪"与"腐败"："夜晚的豺狼，一点食物也不留到清晨。"③由于《旧约全书》中的这些描述，基督教文明将豺狼视为"贪婪"的象征物。人们在描述贪吃的样子时，使用这样的词句：像狼那样贪吃。

在《新约全书》中，保罗尤其强调"贪恋钱财"的弊端，将"贪恋钱财"视为"一切邪恶之根源"。"贪财是万恶之根。有人贪恋钱财，就被引诱离了真道，用许多愁苦把自己刺透了。"④

·《新约全书》还将"贪婪"视为一种偶像崇拜，认为贪婪是对物的崇拜。《歌罗西书》中有这样的语句："所以要治死你们在地上的肢体，就如淫乱、污秽、邪情、恶欲和贪婪。贪婪就与拜偶像一样。"⑤这样的论述，在本质上将"贪婪"视为一种原始拜物教——对于物的崇拜热情达到了偶像崇拜的高度。

奥古斯丁对"贪婪"做出过更加详细的论述，准确地将"贪婪"定义为：对于财物的过度渴求，追求比"足够"更多的量。"所谓贪婪，即是意求比足够的还多。……贪婪在希腊文中写作'philarguria'（意即爱银子），不只是针对银子或由银子一意引申出的钱币（因为钱币是由银子或掺加银子铸成的），且应理解为可用于人在追求比足够的更多时所贪求的任何对象。这样的贪就是贪念，

①　但丁·亚利基利：《神曲》，王维克译，第 261、263 页。
②　杰弗里·乔叟：《坎特伯雷故事》，方重译，第 376 页。
③　Jeremiah，5：6. Zephaniah，3：3.
④　1 Timothy，6：10.
⑤　Colossians，3：5.

而贪念就是邪恶的意志。"①

在炼狱行走的第三天清晨,当"满山都是阳光"的时候,但丁进入了炼狱的第五层,看见许多灵魂都躺在地上,面孔朝下,灵魂贴着尘土,深深地哭泣着。这是但丁设计的对于"贪婪"的惩治方法,但丁认为,贪婪的危害在于"熄灭了向善的热忱",使灵魂"远离上帝",因而贪婪的灵魂理应经受这种忏悔方式的磨难②。

贪婪的表现多种多样,杰·科伦比在一本印制的小册子《忏悔通论》(Confession Generale)中列举了以下几种:买卖圣职(simony)、偷盗(theft)、放贷取利(usury)、亵渎神圣(sacrilege)、诈骗(fraud)、奢侈挥霍(prodigality)。③一位名叫杰·莫姆贝尔(Jean Mombaer)的人更是将吝啬(tightfistedness)、狭隘偏执(illiberality)、铁石心肠(hardness of heart)、野蛮残酷(inhumanity)也列为贪婪的表现方式。④ 杰·吉尔森(Jean Gerson)将"对穷人不施赈济"也划入贪婪之列。⑤

但丁认为,"贪婪"在尘世是一种普遍犯下的罪恶,因而在但丁设计的炼狱第五层台面上,漫山遍野躺满了忏悔"贪婪"罪恶的灵魂,"从山壁向外直到圈子的边际"。贪婪的灵魂是如此之多,以至于但丁和引导人不得不"拣着空地向前行进,沿着山壁,如靠近墙旁走路一般"⑥。

尼萨主教格里高利(Gregory of Nyssa,c.330—c.395)⑦将"偷盗"视为"贪婪"的表现方式之一,并且论述了如何对偷盗者加以医治。如果有人偷窃了他人的财产,并且向教会司祭坦白了犯下的罪恶,应当以相反的方向行为医治他的疾患,所谓"反其人之道以治其人之身"。尼萨主教格里高利设计的医治

① 奥古斯丁:《独语录》,成官泯译,第192页。
② 但丁·亚利基利:《神曲》,王维克译,第268、269页。
③ Thomas N. Tentler, *Sin and Confession on the Eve of the Reformation*, p.136.
④ ibid., p.139.
⑤ ibid., p.139.
⑥ ibid., pp.268—272.
⑦ 尼萨主教格里高利是著名神学家,享有"教父的教父(Father of Fathers)"之美誉。他的神学思想受到奥利金(Origen)的影响,认为人的堕落是自由意志导致的后果,耶稣道成肉身使人类的救赎成为可能。他的主要著述《教义问答对话录》(*Sermo Catecheticus*)内容涉及广泛,道成肉身、救赎、礼拜仪式、三位一体都是论述的要点。

办法是：将偷盗者的财产送给穷人，将他的财产散尽，以这种办法洗清他犯下的"贪婪"疾患。如果他除了自己的身体之外一无所有，依照使徒们的要求，就以体力劳动医治他的疾患。①

对于偷盗问题的惩治是一个相对简单的神学命题，因为偷盗行为是一个不易产生歧义的负面行为，几乎在各种社会环境下都一致受到谴责。相比之下，放贷取利（usury）却是一个复杂的问题，因为对于放贷取利的价值判断随着社会经济环境的变化而有很大不同。

《旧约全书》中有大量言论禁止以色列人放贷取利。"我民中有贫穷人与你同住，你若借钱给他，不可如放债的向他取利。"②"你的兄弟在你那里若渐渐贫穷，手中缺乏，你就要帮补他，使他与你同住，像外人和寄居的一样。……你借钱给他，不可向他取利；借粮给他，也不可向他多要。"③然而，上述关于放贷取利的禁令并未能够完全禁止诸如此类的行为发生。事实上，从《以西结书》可以看出，放贷取利在当时的耶路撒冷是寻常可见的事情："在你们中间有为流人血受贿赂的，有向借钱的弟兄取利、向借粮的弟兄多要的。"④

但是，《旧约全书》并不是不加区分地一概禁止放贷取利，只是禁止在以色列人内部放贷取利，因为《旧约全书》号召以色列人互相之间以兄弟相待。向外邦人放贷取利并不在禁止之列，这在《申命记》中有明确的表述："你借给你弟兄的，或是钱财，或是粮食，无论什么可生利的物，都不可取利。借给外邦人可以取利，只是借给你弟兄不可取利。"⑤做出这样的区分或许具有实际的现实意义：对以色列人的群体加以保护，避免因贫富分化而造成以色列人群体的分裂。

古典时代的思想家也认为，钱不能依靠自身的本体物质生钱。亚里士多德在《政治学》中提出：钱的自然属性是用于交换，而不是用于增加收益；而

---

① Oscar Daniel Watkins, *A History of Penance*, *Being a Study of the Authorities*, volume I, pp. 326—327.

② Exodus, 22：25.

③ Leviticus, 25：35—25：37.

④ Esther, 22：12.

⑤ Deuteronomy, 23：19—23：20.

放贷取利是以钱生钱，违背了自然属性；因而人们有最为充分的理由，对放贷取利痛恨至极。亚里士多德之所以对放贷取利持严厉的批判态度，是因为他持有这样的理念：人应当从自然物中获取利益，诸如织工纺织羊毛，耕种的人和放牧的人从谷物和动物中获取食物；而放贷取利是从他人那里获取财富，违背了从自然物取利的原则。①

基督教传入欧洲以后，情况发生了变化：放贷取利成为与基督教伦理道德、与法律规定相违背的行为。福音书中虽然没有谴责放贷取利的内容，然而耶稣的言论更加极端，他甚至建议人们"借出去的东西不指望偿还"②。由于《圣经》中大量类似言论的存在，在基督教的传统思想观念中，"放贷取利"成为"不劳而获"的同义词，被认为是劫夺他人所得。因而，基督教提倡富人无偿地借钱给穷人。

基督教思想家谴责放贷取利者，认为这样的人在尘世生活中就已经与恶魔结伴而居了。托马斯·阿奎那重申亚里士多德的立场，认为钱本身不能生利，放贷取利者陷入了永劫之罪。阿奎那指出："贷出款项而接受高利，按其本质来说是不公道的；因为这等于是出卖并不存在的东西，显然一定会产生不平等现象，而不平等现象是违反正义的。"③阿奎那甚至提出：放贷取利行为不仅使出贷一方，也使借贷一方陷入了罪恶。类似的言论已经将放贷取利定义为犯罪行为，并且认为犯下此类罪恶的根源在于人类本性中的"不完美"④。教会法学家格兰西(Gratian)编纂的《教会法汇要》(Decretum)⑤，教宗

<hr />

①   Benjamin Jowett(translated)，*Politics Aristotle*，Kichener：Batoche Books，1999，p. 17.

②   Luke，6：35.

③   马清槐译：《阿奎那政治著作选》，商务印书馆1982年版，第144页。

④   Lester K. Little，*Religious Poverty and the Profit Economy in Medieval Europe*，New York：Cornell University Press，1978，p. 212.

⑤   格兰西是波伦那(Bologna)的一名修道士，在1139—1140年编纂修订了一部《教会法汇要》(*Concordia Discordantium Canonum*)，格兰西也因为此部著作而被誉为"教会法学之父"(the Father of Canonistic Scholarship)。

格里高利九世(Gregory Ⅸ, c. 1148—1241)编纂的《教令补编》(*Liber Extra*)①,
都对放贷取利加以谴责,认为放贷取利是基督教教义禁止的行为。

中世纪的基督教世界在僧俗两界都制定过禁止放贷取利的法律。教会法
(Canon Law)尤其禁止教职人士放贷取利,公元 325 年召开的第一次尼西亚
宗教会议(First Council of Nicaea)规定:如有教职人士试图以放贷取利获取
"不义之财",就将被免除教职,把他们的名字从教士名册上删除(条款 17)②。
法兰克国王查理显然是接受了教会思想的影响,在世俗法律中率先引入了禁
止放贷取利的条款。查理先是在公元 789 年发布法令(Admonitio Generalis),
禁止一切放贷取利的行为;继而又在公元 813 年发布的一项法令(Capitulary)
中明确规定:无论是教职人士还是世俗人士,均不得放贷取利。为了在僧俗
两界除灭放贷取利的行为,查理在公元 825 年发布的法令中要求,当主教们
在各自教区采取行动时,各地伯爵需要给予协助。③

12 世纪以后,宗教会议多次谴责放贷取利行为,并且加重了对于放贷取
利行为的定罪和惩处。第二次拉特兰宗教会议(Second Lateran Council)在
1139 年规定:无论大主教、主教、修道院长,或者其他神品级别的教职人
士,一经发现放贷取利即处以永久的惩治,死后不得埋入教堂墓地(条款
13)④。第三次拉特兰宗教会议(Third Lateran Council,1179 年)在重申此前
法律的基础上,又添加了一项惩治措施:放贷取利者不仅失去了死后埋葬在
教堂墓地的资格,而且在生前失去了领受圣餐的资格(条款 25)⑤。1311—
1312 年召开的维埃纳宗教会议(Council of Vienne)形成决议:对放贷取利者
处以"绝罚"(excommunication);如果有人坚持错误,认为放贷取利不是罪

---

① 教宗格里高利九世在 1234 年发布《教令补编》(*Liber Extra*),收录有自因诺森二世
(Innocent Ⅱ)以来历任教宗发布的教令(decretals),是为格兰西《教会法汇要》的补充。这部
《教令补编》也选了一部分早期教父(如 Jerome, Augustine)的论述,从而使这些早期教父
的言论也具有了法律的权威。

② Norman P. Tanner, S. J. (edited), *Decrees of the Ecumenical Councils*, volume
one, p. 14.

③ George O'Brien, *An Essay on Mediaeval Economic Teaching*, Kitchener: Batoche
Books, 2001, p. 94.

④ ibid., p. 200.

⑤ ibid., p. 223.

恶，将作为"异端"(heresy)受到惩处(条款 29)①。诸如此类的规定把放贷取利之人排斥在基督教的宗教生活之外，因为此种行为"触犯了神法和人订法律，冒犯了上帝并且对邻里造成伤害"(条款 29)②。由于放贷取利是教会法明令禁止的行为，堂区的忏悔神父有责任对放贷取利行为实施审查，一如审查教徒的日常道德行为。

　　放贷取利在本质上经营的是货币的买入和卖出。伴随着欧洲各地商业的兴起，放贷取利成为一个日趋复杂化的问题。各地市集上货币流通的多样性引起不同货币之间的等值交换，涉及钱币的成色与数量；数量与种类众多的商品交换，也涉及数量与质量的等值交换。在上述交换过程中，商人在获取商业利润的同时也承担着其中的风险与损失。与其他商业行为一样，放贷者有权利为付出的努力和承担的风险获得补偿。一旦将放贷取利与商业经营联系在一起，"借出"与"借入"双方就形成了一种契约关系，"借出"的一方在本质上是购买了获取利息的权利。中世纪的思想传统中虽然存在着契约观念，然而将放贷取利也纳入契约关系范畴，在当时的法律体系中没有这方面的内容。

　　在放贷取利问题上，教会的思想观念严重滞后于社会经济发展的现实。如果说在农业社会，每一个人都直接面向自然物获取财富，那么在商品社会兴起之后，财富的获取过程日趋复杂，货币的买入和卖出行为也融入了获取财富的利益链条之中。然而，教会的思想家没有充分地认识到这一点，依然否认货币在创造财富过程中发挥的作用，否认放贷取利在一定条件下是生产贷款。如果是生产性的放贷取利，放贷者在本质上是分享了一部分生产利润。如果获取生产利润是正当的，那么有什么理由谴责放贷的利润呢？教会思想家固守《创世记》的思想观念，认为贷款取利者不适当地出卖了时间，而时间属于全体被造物。由此而得出的结论是：放贷取利者出卖了时间，对全体被造物构成了伤害。欧塞尔的威廉(William of Auxerre)曾经是巴黎大学的经院神学家，他在《经典言论总述》(*Summa Aurea*)一文中最先提出了这个观点。

---

① George O'Brien, *An Essay on Mediaeval Economic Teaching*, p. 384.

② ibid., p. 384.

14 世纪早期的一位方济各会修士也基于反对放贷取利的立场阐述了类似的理由：放贷取利者出卖的是时间，而时间只属于上帝。①

教会始终不认为出借钱款是对于货币的买入与卖出行为。面对日益兴盛的商业与银行业，教会思想家只承认转账汇兑行为的正当性，认为这种办法有助于商旅安全与清欠海外债务，在汇兑转账过程中获取的任何额外收入都被认为是放贷取利行为。一位名叫潘道夫·鲁瑟莱（Pandolfo Rucellai）的银行家，深谙在不同货币之间的汇率背后掩盖着利润，然而在放弃银行业、加入多明我会，并进而成为吉若拉莫·萨伏纳若拉（Girolamo Savonarola，1452—1498）②的信徒之后，他只承认汇兑转账有助于商业。他还奉劝其他银行家放弃钱币业，以便使灵魂得到拯救。③

面对社会经济现实，教会的立场也不是一成不变的。从禁止放贷取利的立场，转变成对利息率加以限制。教宗马丁五世（Martin V）在 1425 年，教宗西里斯图三世（Calixtus Ⅲ）在 1455 年，分别宣布将放贷的利息率限制在百分之十以内。④ 这样的转变意味着，教会最终向几个世纪以来的社会经济运行规则做出了让步。

6. 暴饮暴食

所谓"暴饮暴食"，指的是在饮食上的极度放纵。"暴饮暴食"的概念不是基督教的发明，古希腊海神普洛特斯（Proteus）就是贪吃者的形象，也被认为是古希腊的酒神。

在基督教的概念中，最先犯下"暴食"罪恶的是人类始祖亚当和夏娃，而且这项罪恶是与另外两项罪恶——"虚荣"（vainglory）、"傲慢"（pride）联系在一起的。正是出于"暴食"，亚当和夏娃受到蛇的诱惑，偷吃了智慧树的果实，犯下原罪。这项罪恶在人类之中世代相传，使全体人类受到诅咒，成为必死

---

① Jean Delumeau (translated by Eric Nicholson)，*Sin and Fear*：*The Emergence of a Western Guilt Culture 13 th—18 th Centuries*，p. 222.

② 吉若拉莫·萨伏纳若拉在 1475 年加入多明我会成为一名修士，因为主张实行激进的改革而被教宗亚历山大六世处以绝罚。

③ Jean Delumeau (translated by Eric Nicholson)，*Sin and Fear*：*The Emergence of a Western Guilt Culture 13 th—18 th Centuries*，pp. 223—224.

④ ibid.，p. 223—226.

之身。正是由于"虚荣"，蛇对女人说："你们不一定死，因为神知道，吃下果子以后，你们的眼睛就明亮了。"正是由于"傲慢"，蛇对女人说："……你们就如同神那样，明辨善恶。"①

福音书记载了一个与亚当、夏娃相反的例子，那就是耶稣如何抵御暴食、虚荣、傲慢的诱惑。《马太福音》记载，魔鬼曾经连续向耶稣释放出这三项邪恶的试探。耶稣在旷野禁食了四十昼夜，魔鬼对饥饿的耶稣说："你若是神的儿子，吩咐这些石头变成食物。"②这是"暴食"对耶稣的试探，试图以食物作为诱惑。魔鬼把耶稣带到圣城，使之站在圣殿的顶上，对他说："你若是神的儿子，可以跳下去，因为经上记着说，神为你吩咐他的使者，用手托着你，免得你的脚碰在石头上。"③这是"虚荣"对耶稣的试探，试图以"神的儿子"作为诱惑。魔鬼将耶稣带到一座高山上，将万国和万国的荣华指给他看，对他说："你若俯伏拜我，我就把这一切都赐给你。"④这是"傲慢"对耶稣的试探，试图以"万国之首"作为诱惑。然而这一切诱惑都遭到了耶稣的抵制，耶稣以自己的行动教导人们，如何战胜诱惑。面对暴食的试探，耶稣回答说："……人活着，不是单靠食物，乃是靠神口里所出的一切话。"⑤面对虚荣的试探，耶稣回答说："不可试探主你的神。"⑥面对傲慢的试探，耶稣说："当拜主你的神，单要侍奉他。"⑦

文艺复兴时代的但丁以古代圣贤为范例，教导人们节制饮食。《神曲》列举了众多这方面的榜样：耶稣在婚筵上变水为酒，为的是成全体面的婚筵而不是人们的口腹之欲；古罗马妇女以水作为饮料、并不饮酒；黄金时代的人类以橡子为美肴，以清泉为甘露；施洗者约翰在旷野食蝗虫、饮蜂蜜。⑧

依照《神曲》的设计，炼狱的第六层是暴食者的灵魂接受惩罚的地方。暴

① Genesis，3：4—3：6.
② Matthew，4：1—4：3.
③ Matthew，4：5—4：6.
④ Matthew，4：8—4：9.
⑤ Matthew，4：4.
⑥ Matthew，4：7.
⑦ Matthew，4：10.
⑧ 但丁·亚利基利：《神曲》，王维克译，第288页。

食者因为在尘世生活中口腹之欲太盛，因而惩罚的手段就是使暴食者的灵魂"忍饥挨饿，含泪而歌"，以洗涤他们的罪恶。在这里，暴食的灵魂因为饥饿而身体消瘦、皮肤干瘪："眼睛黯黑而凹了进去，面色灰白，身上无肉，只是皮肤包着骨头。"①

中世纪的基督教会尤其警惕教职人士由于酗酒而渎职，犯下暴饮暴食罪恶。第四次拉特兰宗教会议要求教职人士克服人性中的弱点，饮酒有节度，如有沉湎于酗酒而不能自拔者，将受到停职与停止享受圣俸（benefice）的处罚（第 15 款）②。

7. 贪色

《旧约全书》中有这样的言论："我是在罪孽里生的，在我母亲怀胎的时候，就有了罪。"③循着这样的思路，奥古斯丁提出了一个命题：亚当和夏娃经由他们的性行为把原罪传给下一代。这样的命题把性行为视为传播原罪的载体，从而使性行为成为一种罪恶。奥古斯丁率先提出这一命题之后，"伟大的格里高利"接受这一命题并且做了进一步发挥。格里高利说："我们出自于堕落并且与堕落一起来到尘世，我们因此而有与生俱来的堕落。"④格里高利强调人之成胎于罪恶，以及生殖行为之肮脏。由于生殖行为，人就有了与生俱来的罪恶。

虽然对性行为加以谴责，奥古斯丁与格里高利却非常明智地拒绝将婚姻谴责为罪恶。因为没有婚姻，人类将无法繁衍。以生育后代为目标的婚姻，被认定为"善"与合法。然而在事实上，生殖行为的发生不可能完全免除肉体的诱惑，因而生殖行为中多多少少有罪恶的成分在其中。这样的命题带有某种禁欲主义的色彩，因为即使是合法夫妻，性行为带来的快乐也难以避免被看做是一种不端行为。由此而导致的后果是，基督教会将禁欲主义的守身生活（celibacy）认定是人在尘世生活的至高状态。

---

① 但丁·亚利基利：《神曲》，王维克译，第 292—293 页。

② Patrick J. Geary（edited），*Readings in Medieval History*，Ontario：Broadview Press，1997，pp. 428—429.

③ Psalms，51：5.

④ F. Homes Dudden，*Gregory the Great：His Place in History and Thought*，volume Ⅱ，p. 390.

相比之下，使徒保罗持有更加宽容的立场，将夫妻之间的性行为看做是互尽义务，是为避免犯下淫乱的罪恶而采取的妥协。保罗有这方面的言论："但要免淫乱的事，男子当各有自己的妻子，女子也当各有自己的丈夫。丈夫当用合宜之份待妻子，妻子待丈夫也要如此。妻子没有权柄主张自己的身子，（自己的身子）乃在丈夫；丈夫也没有权柄主张自己的身子，（自己的身子）乃在妻子。夫妻不可彼此亏负，除非两相情愿，暂时分房，为要专心祷告方可；以后仍要同房，免得撒旦趁着你们情不自禁引诱你们。"①

公元 314 年召开的凯撒里亚宗教会议（Council of Neocaesarea）持有严苛的性观念，会议的决议中提到：任何男人，如果怀有与女人同眠的渴望，即使没有将这样的渴望付诸行动，也需要获得上帝恩典的拯救（Canon Ⅳ）。② 此项定义的严苛之处在于：即使一种子虚乌有的性幻想，也被判定为一种"罪恶"。或许是这样的设定过于严苛，这次会议并没有对诸如此类涉及"性"的幻想规定相应的惩治措施。

随着基督教社会影响力的日益强大，接受洗礼（baptism）加入教会的人越来越多。在"性"的问题上，完全的禁欲主义不能被广大的教徒所接受，更何况完全的禁欲主义断绝了人类的繁衍而使人类社会无以为继。在这种情况下，教会的观念不得不向世俗妥协，教会思想家对不同动机的性行为加以区分。中世纪的一部文献《婚姻大全》（*Summa on Marriage*）③列举了男女性行为的四种动机：繁殖后代；夫妻之间互相尽"性"义务；避免在性冲动时犯下通奸罪；满足个人的性欲望。作者认为前两种动机不是罪恶，第三种动机属于"轻微的罪恶"（venial sin），只有第四种动机才属于"永劫之罪"。④ 诸如此类的区分已经将性幻想排除在外，对于性犯罪的判定就只凭借行为了。

---

① 1 Corinthians, 7：2—7：5.

② William Andrew Hammond (edited & translated)，*The Definitions of Faith, and Canons of Discipline of the Six Ecumenical Councils: With the Remaining Canons of the Code of the Universal Church*，New York：J. A. Sparks，1844，p. 158.

③ 此部文献的作者 Raymond of Penyafort 是中世纪的一位圣徒，生卒年代大约是 1175—1275 年。

④ Pierre J. payer(translated)，Raymond of Penyafort，*Summa on Marriage*，Toronto：Pontifical Institute of Mediaeval Studies，2005，p. 25.

经过一代又一代宗教神学家的思辨，教会最终将涉及"性"的不端行为列为三种：性过失（fornication）、通奸（adultery）、血亲相奸（incest）。15 世纪90 年代的一部忏悔手册写道：通奸与性过失是"比谋杀和偷盗更加令人厌恶的罪恶"。在将繁殖后代、夫妻之间互相尽"性"义务视为合法的性行为之后，只有性过失、通奸、血亲相奸受到谴责。写于 15 世纪末的一部文献《女巫之锤》（Malleus Malleficarum）①指出：这个世界充满了通奸与性过失，尤其是在国王的宫廷和富豪之家。②

所谓"性过失"，指的是未婚者与未婚者之间的性行为，其中大多是婚前性行为。在这类性过失案中，很多当事人之间已经订婚，只是尚未举行结婚仪式。这种情况的性过失属于程度较轻的不端行为，对犯有这类过失的男女，教会通常采取一种最为简单的处理办法——要求当事人补行结婚仪式，结为正式的夫妻。只有在其他一些情况下，诸如当事双方并不是未婚夫妻，或者当事人是教职身份，教会采取更为严厉的惩治措施——以赎罪苦行惩罚当事人。

所谓"通奸"，指的是涉及与已婚妇女的非法性行为。教会法认为，虽然通奸与性过失同属于性犯罪，但是两者的严重程度不同。通奸是比性过失情节严重的罪恶，因为通奸行为对第三者——已婚妇女的丈夫造成了伤害。英国中世纪教会法学家威廉·林伍德（William Lyndwood）认为，应当加重处罚通奸者，因为通奸行为亵渎了结婚誓言、违背了婚姻契约，性过失行为则不涉及结婚誓言与婚姻契约问题。③ 教会对于通奸罪的处罚也更加严厉，常见的惩治措施是当众鞭挞三下，并举行公开的赎罪苦行以示诫于众。

所谓"血亲相奸"，指的是一种乱伦行为。中世纪西欧基督教社会现实情况是，这类行为大多不是发生在血亲之间，而是发生在教亲之间的通奸行为，诸如一同受洗者之间，教父与教母之间，教父与教母双方的亲属之间。

---

① 《女巫之锤》是宗教裁判官亨利希·加默（Heinrich Kramer）写于 1486 年的作品，意在教授年轻的宗教裁判官如何识别女巫以及审判的程序。

② Jean Delumeau (translated by Eric Nicholson)，*Sin and Fear：The Emergence of a Western Guilt Culture 13 th—18 th Centuries*，p. 214.

③ R. M. Wunderli，*London Church Courts and Society on the Eve of the Reformation*，Cambridge：Cambridge University Press，1981，p. 85.

但丁的《神曲》将贪色的灵魂置于炼狱的第七级台面洗罪。这里的山壁冒出火焰，形成一道火墙，喷发热气，象征着没有得到控制的热情。贪色的灵魂在火焰之中祈祷，赞美女人和男人中的贞洁者，并且诅咒自己犯下的罪恶。①

三、七项永劫之罪：学说评价

与《旧约全书》、《新约全书》关于罪恶的分类相比，"七项永劫之罪"关于罪恶的分类具有以下几个方面的特点：

第一是抽象。"摩西十诫"的着眼点是行为本身或行为引发的后果，十项戒律都具体而实在地规定了可以这样做，不可以那样做。"七项永劫之罪"并不是指七种具体的行为，而是七种思想倾向或性格特征，是行为背后的思想动机或原因。之所以造成这种差异，其主要原因在于：犹太人的伦理道德是社会实践的结果，"摩西十诫"是从社会生活中直接总结出来的十种行为，具有浓重的经验色彩；"七项永劫之罪"是基督教思想家进行神学思辨的结果，是对日常行为做出高度概括、进行高度提炼，在思想家头脑中进行过深度加工之后得出的深思熟虑的结论，因而显得更为抽象。

第二是深入。"七项永劫之罪"确定的不是行为标准，而是思想标准，是透过各种行为看到了动机，因而显得更为深入。拉丁基督教神学家在确定伦理道德标准时，之所以注重订立思想动机标准而不是行为标准，正是因为看到了动机与行为之间错综复杂的关系。公元8世纪的一位隐修者(研究者大多认为这位隐修者是"尊敬的比德"(Bede the Venerable，673—735))曾经以妇女堕胎为例，说明即使是同一种罪恶行为，如果思想动机不同，其罪恶的程度也是不同的。基督教反对妇女堕胎，认为胎儿也是上帝的创造物，上帝的创造物不应受到人为的毁灭。这位隐修者对妇女堕胎行为背后的动机做出了分析，他提出：贫穷的女人堕胎与妓女堕胎，两者之间的动机很不相同；贫穷的女人因无力抚养她的婴儿而堕胎，妓女是为了掩盖她的淫荡而堕胎。②从这位隐修者的评论可以得出这样的结论：不同的动机虽然可能导致相同的

① 但丁·亚利基利：《神曲》，王维克译，第305—306页。
② Bernard Hamilton, *Religion in the Medieval West*, London：Edward Arnold, 1986，p. 133.

罪恶行为，但是其罪恶程度是不相同的；与出于贫穷的原因而堕胎相比，为了掩盖淫荡而堕胎的罪恶程度要严重得多。"七项永劫之罪"的理论深入到行为背后寻找思想动机，也是为了恰如其分地为罪恶做出程度评定。

第三是覆盖面广，对行为的约束非常宽泛。"七项永劫之罪"确定的不是具体的行为标准，而是抽象的思想动机标准，这就为进一步的解释与发挥提供了相当大的空间余地。不仅同一种行为有可能是出于不同的思想动机，同一种思想动机也有可能导致多种行为表现。在"七项永劫之罪"的罪名之下，包含大量的不法行为，其行为指向极大地宽泛于"摩西十诫"的行为指向。

为什么在众多的思想动机中拣选出上述七项，并且把这七项思想动机判定为人性中最为严重的罪恶？拣选与判定的标准是什么？

"七项永劫之罪"之间并非互不相关，而是存在着内在的思想逻辑：依照对"上帝与上帝创造物"的态度评定罪恶。基督教要求人们"爱上帝，爱上帝的创造物"，而"七项永劫之罪"对基督教的"爱"构成了威胁。在基督教看来，一个人如果缺少乃至丧失了对于上帝、对于上帝创造物的"爱"以及"爱"的能力，就意味着灵魂的罪恶。

既然"七项永劫之罪"是作为"爱"的对立物而存在，那么其严重程度也是依照对于"爱"的伤害程度而排列，伤害越深，罪恶越严重。

"贪色"是对他人的错误的爱，"暴食"是对享乐的错误的爱，"贪婪"是对物质财富的错误的爱；这三种罪恶是比较轻度的罪恶，因为它们至少还保留着对于上帝创造物的爱，只不过是陷入了爱的误区。贪色、贪食、贪财在本质上是追求肉体快乐，但丁在《神曲》中以古希腊的海上女神塞丽娜（Serena）象征这三种罪恶。①

"懒惰"之罪比较严重，因为它是对上帝或上帝的创造物缺少爱造成的。"愤怒"、"嫉妒"、"傲慢"三罪极其严重，因为这三种罪恶是以"恨"或"蔑视"取代了爱。但丁将这三种罪恶认定为三种"乖戾"的爱，把它们放在炼狱的最底下三层受惩戒（《神曲》第19篇，炼狱第5层）②。然而在这三项极其严重的罪恶中，"愤怒"相比之下是最轻的，因为尽管"愤怒"起因于对上帝创造物的

① 但丁·亚利基利：《神曲》，王维克译，第267页。
② 同上书，第224、259页。

恨，但是还没有对上帝创造物的存在提出疑问和挑战。"嫉妒"是对某种优秀的上帝创造物表示的愤恨，而这种优秀是自己所不具备的。"傲慢"是最为严重的罪恶，因为傲慢是对上帝创造物的轻蔑，是把自己摆在了一种居高临下的位置。傲慢有很多种行动方式，宗教异端即被认为是出于对上帝和上帝创造物的傲慢。

　　"七项永劫之罪"的学说以对上帝或上帝创造物的伤害程度而不是以对他人或社会的伤害程度作为评判标准。这种评判标准把人的社会行为视为宗教信仰行为，从而将社会伦理道德规范完全纳入了基督教哲学的范畴之内。在今天看来，某些似乎是不那么严重的思想动机，诸如傲慢、嫉妒、愤怒，却被基督教视为最为严重的罪恶。之所以造成这种差异，其主要原因就在于中世纪西欧社会的伦理道德规范具有浓厚的"宗教性"，而我们当今社会的伦理道德规范具有强烈的"世俗性"。

第三节　作为万恶之源的"自由意志"

　　基督教神学家针对"自由意志"问题展开神学思辨，目的是寻找"万恶之源"。世界万物都是出自于上帝的创造，上帝本身是"善"，一切出自于上帝的创造物也应当是"善"。依照这样的逻辑推理，世间本不应当出现一丝一毫的"恶"。然而事实上在世间存在着邪恶的事物，譬如撒旦与魔鬼。邪恶似乎是"无中生有"，这就产生了一个疑问："恶"的源头在哪里？

　　寻找"万恶之源"是一个严重而迫切的神学命题，其严重性与迫切性在于："上帝创世论"在逻辑上存在着一个严重的疏漏，如果不对这个疏漏做出弥补，有可能将罪恶的源泉追溯到上帝。奥古斯丁设想过这种可能性，他说："我们相信存在着的每一物都是从这一个上帝而来，也相信上帝不是罪恶的原因。现在困扰你的是，如果你承认罪是从上帝创造的灵魂而来，而灵魂又从上帝而来，不一会儿就可能把罪恶追溯到上帝。"[1]正是基于这样的考虑，奥古斯丁撰写了《论自由意志》，对"万恶之源"问题展开深入的神学思考。

---

[1]　奥古斯丁：《独语录》，成官泯译，第80页。

一、奥古斯丁的"自由意志"论

率先提出"自由意志"概念，并且围绕着"自由意志"概念展开神学思辨的，是奥古斯丁。在基督教历史上曾经出现过多位著名的奥古斯丁，为了加以区别，习惯上把这一位奥古斯丁称为"希波主教奥古斯丁"。奥古斯丁出生于北非的塔古斯特(Tagaste)，在迦太基接受教育。他的母亲是一位基督徒，父亲是不信教的人。也许是由于这样的家庭背景，奥古斯丁早年在宗教信仰问题上很迷茫，曾经信奉过摩尼教(Manichaean)。由于在米兰(Milan)受到安布罗斯主教(Bishop Ambrose)的影响，奥古斯丁在公元387年受洗，皈依基督教。返回北非后，奥古斯丁进入教职界，接受祝圣成为基督教司祭。从公元395年起，奥古斯丁担任北非希波城主教。

奥古斯丁有很多神学著述流传至今，他在历史上被人们所铭记，更多的是作为一位神学家。奥古斯丁对基督教的重大神学思想均有阐述，内容涉及上帝的恩典(grace)、原罪(original sin)、自由意志(free will)、先定论(predestination)、道德责任(moral responsibility)。由于奥古斯丁的存在，当早期的东方教会热衷于围绕着耶稣基督本质问题展开争论的时候，西方教会则更加关注与灵魂救赎有着密切关联的神学问题。从这一意义上说，奥古斯丁在很大程度上主导了基督教早期教会的思想潮流。

奥古斯丁提出，不能从外在的行为中寻找"恶"，他说："……只要还是在外在的可见的行为中寻找恶，一定不得其解"，必须从人的内心世界寻找"恶"的来源①。这样的思路并不是奥古斯丁的发明，《新约全书》中的相关言论为他指明了方向。耶稣说过，邪恶就来自人的内心深处："从人里面出来的，那才能污秽人，因为从里面，就是从人心里发出恶念、苟合、偷盗、凶杀、奸淫、贪婪、邪恶、诡诈、淫荡、嫉妒、诽谤、骄傲、狂妄。这一切的恶都是从里面出来，且能污秽人。"②

奥古斯丁从宏观入手，首先对尘世存在的"恶"从性质上做出了区分。第一类"恶"是"物理的恶"，如自然灾害，人由于生老病死等生理原因造成的身心痛苦。产生这类"恶"的原因是事物的不完善性，奥古斯丁认为上帝创造的

---

① 奥古斯丁：《独语录》，成官泯译，第82页。
② Mark，7：20—7：23.

世界万物并不具有十全十美的特性。奥古斯丁的这一论断与经书的记载不同，在《创世记》的记载中，上帝经常为自己的创造物而感言赞叹①，表明上帝的创造物一经创造就是尽善尽美的。第二类"恶"是"认识的恶"，具体地说，就是"把错误当作正确接受，把正确当成错误拒绝，把不确定当作确定固守"。产生这类"恶"的原因是人的理智不完善，与"物理的恶"出于同一种原因。第三类"恶"是"伦理的恶"。所谓"伦理的恶"，是选择了不应该选择的目标，放弃了不应该放弃的目标。②

依照奥古斯丁观点，"伦理的恶"才称得上是罪恶，因而对这类"恶"做出了较为复杂的解释。奥古斯丁有一句著名的断言："……我们行恶是出自于意志的自由选择。"③这样的断言，把"伦理的恶"的起源指向人的自由意志。

自由意志为什么可以导致伦理的"恶"？奥古斯丁是这样解释的：(1)存在着一个原则，那就是"不完善的事物服从较完善的事物"；(2)上帝、灵魂、肉体三者之间，依照事物的完善程度，应当遵循的秩序是：肉体服从灵魂，灵魂服从上帝；(3)自由意志属于灵魂的范畴，它可以做出服从或违背这一秩序的自由选择；(4)伦理的"恶"在于秩序的颠倒，也就是自由意志没有追求比自身更高的完善性，服从上帝，而是反其道而行之，服从了完善性更低的肉体，沉溺于官能享受和肉体快乐。④ 简而言之，自由意志有可能遵守"不完善的事物服从较完善的事物"这个原则，也有可能违背这个原则；一旦出现了自由意志违背这个原则的情况，做出了错误的选择，就导致了"伦理的恶"。

所谓自由意志导致罪恶的产生，是由于做出了错误的选择：在永恒的法律与属世的法律(上帝的律法与人订的法律)之间，选择了属世的法律；在永恒之物与属世之物之间，选择了属世之物。奥古斯丁说："'恶'仅仅是追求了暂时的事物而忽略了永久的事物，亦即追求了身体与感官的快乐，……忽略了永恒的精神享乐。……一切罪恶的发生，都是由于人们避开了神圣与恒久

---

① Genesis, 1：10, 1：12, 1：18, 1：21, 1：25, 1：31.

② 赵敦华：《基督教哲学1500年》，人民出版社1994年版，第166—169页。

③ Robert P. Russell(translated), *Saint Augustine：The Teacher, The Free Choice of the Will, Grace and Free Will*, Washington, D.C.：Catholic University of America Press, 1968, p.106.

④ 赵敦华：《基督教哲学1500年》，第168页。

不变的事物，转而投向不断变换与难以把握的事物。"①

这样的结论，是基于奥古斯丁对宇宙秩序的宏观理解。奥古斯丁的宇宙秩序包括两个方面的内容：(1)存在着两种法律，一种是永恒的，另一种是属世的。……那些因热爱永恒事物而幸福的人，生活在永恒的法律之下，而那些不幸的人则服从于属世的法律。②(2)存在着两类事与两类人，即永恒之事和属世之事，热爱追求永恒之物的人和热爱追求属世之物的人。每一个人选择跟从或信奉哪一类事，全在于意志。意志只有在自己意愿如此时，才抛弃更高的而热爱低等的事物。且只有意志能废黜心灵的权力职守并剥夺它的正当秩序。……所有罪都是因人远离真正永存的神圣之物而朝向可变的不定的事物。奥古斯丁最终的结论是：人类做"恶"靠的是意志的自由选择。③

在寻找到罪恶的渊源之后，奥古斯丁的结论是："灵魂乃为它的罪受处罚，因唯它自己的意志应为这罪负责。"④奥古斯丁以"恶"作为人的本性，拒绝自由意志具有积极的作用，这是一种对人类本性极为悲观的评价。从奥古斯丁早年的人生经历以及摩尼教对他的影响中，可以找到他之所以对人类本性表现出如此深重忧虑的根源。

如果进一步刨根究底，人们不禁要问：自由意志从何而来？依照"上帝创造世界万物"的普遍原则，自由意志当然来自于上帝的赋予。这样的究问依然存在着极大的危险——如果循着这样的思路展开逻辑推理，很容易得出这样的结论：上帝是人类行恶事的原因。因为如果缺少意志的自由选择，人类不可能犯罪。

既然自由意志有可能用来行"恶"，上帝本不应该赐予人自由意志。造物主为何赋予人自由选择的意志，从而使人获得了行恶的能力。假若造物主并未赋予人这项能力，岂不是可以避免人犯下罪恶吗？由此而引发的另一个问题是：上帝是否赐予了人类本不应该赐予的东西？

奥古斯丁不这样认为，他有充足的理由为上帝辩护：第一，人需要自由

---

① Robert P. Russell(translated)，*Saint Augustine*：*The Teacher*，*The Free Choice of the Will*，*Grace and Free Will*，p. 106.

② 奥古斯丁：《独语录》，成官泯译，第104页。

③ 同上书，第107页。

④ 同上书，第203页。

意志，因为没有自由意志便不能行正当。在奥古斯丁看来，行"善"也需要自由意志做出选择，人类没有自由意志就没有力量选择"善"，没有力量行正确。上帝赋予人自由意志，本来为了使人获得行善的能力，这是上帝赋予人自由意志的充足理由。第二，上帝赐予人自由意志，是为了让人正当地生活。没有自由意志，人们就没有能力正当地生活。第三，自由意志存在着被错用的可能性，亦即不能把自由意志用于上帝赐予的目的，反而凭借自由意志犯下罪恶。第四，全能的上帝预先知道自由意志有可能用于犯罪，可是并没有停止创造他预知不仅有可能犯罪而且执意犯罪的造物，体现了上帝的慈爱与慷慨浩大。第五，但是"罪"是由自由意志所行，不是为上帝的预知所迫。第六，人的自由意志一旦用于行"恶"，就受到上帝的惩罚。上帝惩恶扬善，体现了上帝的公义。假若人不曾拥有自由选择的意志，既没有行善的能力也没有行恶的能力，就不能体现上帝奖善罚恶的公义。上帝的公义必须有施展的空间。第七，上帝拯救陷入罪恶的人，彰显了上帝的怜悯。① 总而言之，上帝赋予人自由意志，使人能够正当地生活，体现了上帝的仁慈；上帝对于事先预知但是不曾引起的罪恶施加惩罚，体现了上帝的公义。

　　自由意志为何导致做出错误的选择？奥古斯丁对这一问题的回答是——贪欲，"是贪欲(libido)引起了每一种恶行"。"一切过犯是'恶'仅仅是因为它是贪欲的结果。"②奥古斯丁的这一结论有宗教典籍作为依据，《雅各书》提出，人之犯下罪恶归根到底是因为人有欲望，受到了诱惑："各人被试探，乃是被自己的私欲牵引、诱惑的。私欲既怀了胎，就生出罪来；罪既长成，就生出死来。"③这样的结论与佛教的教义有异曲同工之妙，"四谛"之论将人生之苦也归因于欲望④。

---

　　①　Robert P. Russell(translated)，*Saint Augustine*：*The Teacher*，*The Free Choice of the Will*，*Grace and Free Will*，pp. 109—110. 奥古斯丁：《独语录》，成官泯译，第 110 页，第 148—149 页，第 163—164 页，第 167 页。

　　②　奥古斯丁：《独语录》，成官泯译，第 84 页。

　　③　James，1：14—1：15.

　　④　"四谛"的内容是：(1)苦谛，人生一切皆"苦"；(2)集谛，苦的原因在于有欲望，有欲望就导致行动，有行动又导致"造业"；(3)灭谛，断绝"苦"的根源在于消灭欲望，达到"涅槃"的境界；(4)道谛，解脱苦难的方法和途径是佛家的修炼。

奥古斯丁有足够的想象力，详细描述了自由意志在"善"与"恶"之间做出错误选择的情形——贪念兴风作浪，击打人的全部灵魂和生命，使人的心灵处于混乱的状态："恐惧从前面袭来，后面又有贪望；左边是焦虑，右边则是空虚的欺人的喜乐；一边是丧失所爱的东西后的愁苦，另一边是攫取未拥有之物的激情；一边是受到伤害的苦痛，另一边是燃烧的复仇的欲望。无论你转向哪里，总有贪婪挟制你，放纵虚耗你，野心毁坏你，骄傲吹肿你，嫉妒折磨你，冷漠压服你，刚愎激动你，压抑苦恼你，还有数不尽的恶充斥肆行于贪欲的王国。"①

扼制贪欲的办法，是以理性对心灵实现管理，从而达到"正当秩序"的状态。"欲念若不服从理性，就会使我们变得卑鄙"，"当灵魂的这些冲动由理性掌管，一个人就可以说是有序的。因为若好东西屈从于坏的，我们就不会把它称作正当秩序，甚至根本不会称作秩序了"②。当贪欲受到理性的扼制以后，自由意志呈现出有序的状态，有能力做出正确的选择，从而避免"恶"的出现。

何为"理性"？依照基督教的定义：永恒的法律——上帝的律法是至高的理性。这样的定义意味着——人类仅凭自己的力量，不能使贪欲受到扼制，必须依靠上帝的力量。这是基督教信仰存在的根本价值所在。奥古斯丁说："一些人藉最真的理性看到更好的受造者，它坚定地献身上帝，虽有自由意志但永不犯罪。"③

在奥古斯丁的观念中，人的自由意志只有听从于至高的理性——上帝的律法，才有能力做出正确的选择。人的自由意志只有受到上帝律法的制约，才能避免行"恶"。为什么人的自由意志不能独自做出正确的选择？在基督教神学构建的"宇宙秩序"框架中探索，或许可以找到这个问题的答案。

奥古斯丁对"宇宙秩序"有初步的设想，他的主要贡献在于确定了"宇宙秩序"的两项基本原则：(1)"有生命的实体好于无生命的，赋予生命的实体好于

---

① 奥古斯丁：《独语录》，成官泯译，第 96 页。
② 同上书，第 92 页。
③ 同上书，第 166 页。

接受生命的。"①(2)低等之物服从优越之物;不朽坏者好于朽坏者;永恒的好于暂时的;不可能损伤的好于可损伤的。②

奥古斯丁还以"存在"、"生命"、"理性"为标准,对世界万物排出了自低向高的顺序。最低等之物是具有存在但没有生命和理性的事物,如无生命物体。略高一等的是具有存在与生命,但没有理性的物体,如动物灵魂。再高一等的是具有存在、具有生命、具有理性的事物,如人的理性心灵③。最高一等的存在是上帝,因为上帝高于理性,是永恒不变之物④。

在经过"无生命物体——有生命但无理性的物体——人之理性心灵——上帝"这样的排序之后,奥古斯丁的结论就是显而易见的了:人之理性心灵高于无生命物体,高于有生命但无理性的物体,但是低于上帝;人的理性之所以必须服从于上帝,是因为人是接受生命的实体,是被造物,不是永恒之物。

奥古斯丁关于"宇宙秩序"的初步设想在中世纪基督教神学领域得到发扬光大,经过经院哲学的代表人物托马斯·阿奎那的神学思辨,"宇宙秩序"的设想更加复杂化、精致化了。在"宇宙秩序"发展的进程中,最为关键的一步是——托马斯·阿奎那引入了"物种"的概念,他的"宇宙秩序"理论是以物种的分类作为尺度:

(1)宇宙间最低等的存在是"无生命的物质"(inanimate things)。无生命物质自身不发生变化,只是在相互之间产生活动,如"火"产生于"火"。

(2)在无生命的物质之上是"植物"(plants)。植物自身可以发生变化,如种子植入土地发芽生根进而长出植物。植物因其自身包含的生命而存在,并改变自身的存在方式。然而植物的存在不够完美,因为植物的生命来自于外界——种子或树根分离出来的树苗。这一点可以从植物的生发过程表现出来:树苗长成树,开花,结果实;果实最初长在枝叶上,但是当果实长成以后,就彻底地与树的枝叶分离,落在地上,然后产生出另一个植物。

(3)如果说植物是生命物质的第一种方式,那么比植物更高一等的生命是

---

① 奥古斯丁:《独语录》,成官泯译,第95页。
② 同上书,第110页。
③ 同上书,第110页。
④ 同上书,第122页。

"具有感受能力的灵魂"(sensitive soul)。"具有感受能力的灵魂"之所以比植物的生命级别更高，是因为这种生命开始于"外"(without)结束于"内"(within)，是自外向内发展。这样的灵魂越发达，就越加内向，最终将对外界的感知发展成为一种"想象力"(imagination)，然后储存成为记忆。"具有感受能力的灵魂"之所以不完美，在于感受的目标物不是来源于"内"，而是来源于"外"，是灵魂对外界的感知，这也造成"具有感受能力的灵魂"经常变换感受物，从一个感受目标物转移到另一个感受目标物。

（4）最高等级的生命是"智慧生命"(intellectual life)。智慧生命之所以是最高等级的，是因为这样的生命有能力对于自身形成折射，并进而达到对于自身的"知"。阿奎那将"智慧生命"细化为几个级别。第一个级别的智慧生命是"人类的智慧"(human intellect)。人类的智慧有能力从外界获取"知"(knowledge)，有能力达到对于自身的理解。然而人类达到对于自身理解的"知"却来自于外部而不是自身，而且人类的理解力凭借的是幻象(phantasm)。比"人类的智慧"更加完美的智慧生命是天使(angels)，因为天使不是凭借某种外在物以获取"知"，而是通过自身而理解自身。然而天使也不是最完美的生命，因为天使的"理解"是"获取的"(to know)而不是"自身固有的"(to be)。天使固然可以通过自身而理解自身，然而天使自身并不具备实现理解的物质。最完美的智慧生命属于上帝，因为上帝的"知"(knowing)是基于自身的物质，因而上帝就是自身的物质(God is his own being)①。

在阿奎那构建的宇宙秩序中，人处于一种"微妙"的境地：一方面，作为"智慧生命"人，其地位高于"无生命物质"，高于植物，也高于"具有感受能力的灵魂"，这样的生命地位决定了人在尘世万物中居于中心地位。另一方面，虽然同为"智慧生命"，人不是上帝最伟大的杰作，上帝最伟大的杰作是天使。人在智力上不如天使，因为天使具备识别鲁西弗反叛阴谋的能力，而人类始祖——亚当和夏娃却在邪恶的诱惑面前没有表现出辨别善恶的能力。依照托马斯·阿奎那的观念，人有双重本性——依照理智生活的本性与依照感觉生活的本性。人借助于感觉可以达到理智的高度，但是也有可能停留在感觉的

---

① Charles J. O'neil（translated），Saint Thomas Aquinas，*Summa Contra Gentiles*，Book Four：Salvation，Indiana：University of Notre Dame Press，1975，pp. 80—81.

层面，没有能力使自己成熟到超越感觉的层面。一旦人的本性不能实现从感觉到理性的超越，行"恶"就是不可避免的。

依照托马斯·阿奎那的"宇宙秩序"理论，一切人在本质上都是相同的，具有相同的优点，也具有相同的缺陷。这样的理念在第四次拉特兰宗教会议决议中也有阐述：上帝创造的人类无论在精神上还是在肉体上都是相同的。① 人之所以不够"完美"，具有"天生的缺陷"，其原因在于：（1）人之存在是借助于外力（造物主），没有这种外力就不可能被"造"。（2）人对于自身理解的"知"也是来自于外部，人自身并不具备这样的"知"，人是凭借某种外在物以获取"知"，在这一点上人甚至不如天使。在构建"宇宙秩序"的过程中，阿奎那一步一步地将人的理性引向最完美的智慧生命——上帝，认为只有达到了对于上帝的"知"，人类才能实现最完美的"善"，人类最完美的"善"在于以某种方式达到了对于上帝的"知"。

奥古斯丁对人的本性持有极度悲观的评价，认为堕落的人类根本没有能力实现自我救赎，只能依靠上帝恩典的救助。正是从这样的思想前提出发，奥古斯丁为基督教神学引入了"自由意志"的概念，认为自由意志不仅对灵魂救赎无能为力，甚至是"恶"的本源。奥古斯丁说："我们行恶是出于自由意志的选择。"②

奥古斯丁还将自由意志论与上帝恩典论结合在一起加以思考，提出了"恩典先行"（Prevenient Grace）的概念。人类由于自身的罪恶，根本无力做出正确的选择；自由意志除了"恶"之外别无选择，"人的自由选择只能将人引入罪恶"③。在奥古斯丁看来，如果以自由意志作为第一推动力，人类永远不可能选择上帝的恩典。考虑到这样一种现实，需要以上帝的恩典对自由意志加以干预和改造。干预和改造的办法就是"以上帝的恩典对自由意志加以扼制，使

---

① Norman P. Tanner, S. J. (edited), *Decrees of the Ecumenical Councils*, volume one, p. 230.

② Robert P. Russell(translated), *Saint Augustine: The Teacher, The Free Choice of the Will, Grace and Free Will*, p. 106.

③ Henry Bettenson(selected & edited), *Documents of the Christian Church*, Oxford: Oxford University Press, 1967, p. 54.

之接受此前一向拒绝的善"①。"恩典先行"的概念从逻辑上解决了"自由意志"与"上帝恩典"两者之间的矛盾关系，为上帝的恩典开辟了一个通道，使之超越自由意志这道"恶"的防线，强行进入人的灵魂，从而使罪恶的人类有机会获得救赎。

二、贝拉基主义与半贝拉基主义的"自由意志"论

奥古斯丁引入"自由意志"概念，找到了"恶"的来源——"自由意志"。几乎就在同时，有人却提出了一个相反的命题：既然自由意志导致了人的堕落，最终使人在尘世的生活罪恶深重，那么，人的自由意志是否可以做出相反的选择，是否有能力借助于自由意志使自己的灵魂获救，也就是凭借自由意志，实现自我解救？或者至少是对自己的道德行为做出约束，对自己的行为负起责任？换言之，按照自由意志理论，既然人类的堕落是由于自由意志，那么，人的得救呢，难道不需要自由意志？

有一位神学家对这一命题做出了肯定的回答，这个人就是贝拉基（Pelagius，c. 360—c. 420）。贝拉基起初是不列颠的一位修道士，也是一位训练有素的法学人士。大约从公元 380 年起，贝拉基在罗马讲授法律，开始宣传自己的见解。在日耳曼民族大迁徙的浪潮中，罗马城受到了西哥特人（Visigoths）的威胁。在阿拉里克（Alaric，c. 370—410）于公元 410 年攻陷罗马之前，贝拉基离开罗马去了非洲，又从非洲去了巴勒斯坦（Palestine）。在罗马逗留期间，贝拉基就以自己的主张吸引了一些追随者，其中最主要的追随者是他的学生色勒斯丢（Coelestius）。贝拉基与他的追随者逐渐形成一个宗教派别，称为"贝拉基主义"（Pelagianism）。

贝拉基曾经撰写过一篇神学论文《论自由意志》（*Pro Libero Arbitrio*）②，对人的自由意志展开深入阐述。他首先提出了三个概念，并且将这三个概念

---

①　Henry Bettenson(selected & edited)，*Documents of the Christian Church*，p. 55.

②　贝拉基有三部著述留存下来：*Expositiones* XIII *Epistularum Pauli*（405 年）；*Epistola an Demetriadem*（414 年）；*Libellus Fidei*（417 年写给教宗因诺森一世）。保留至今的还有一些信件的残片：*De Natura*（414 年）；*De Libero Arbitrio*（416 年）；*Liber Testimoniorum*，这是一部 methodical collection of texts from Sacred Scripture。贝拉基还有另一部著述 *De Fide Trinitatis*，现已散佚。

排列出顺序：第一个概念是"能力"或"可能性"（posse）；第二个概念是"选择"或"决定"（velle）；第三个概念是"存在"或"现实性"（esse）。贝拉基认为："能力"或"可能性"来自于上帝，因为上帝将"能力"或"可能性"赋予了受造物；"选择"、"决定"与"存在"、"现实性"与人直接相关，因为这两组行为出自于人的意志。在这三个概念的基础之上，贝拉基建筑起他的主张："人"之值得赞美之处，在于"选择"并且"行动"了善事；确切地说，这样的赞美既归之于"人"也归之于"上帝"，因为是上帝将"选择"与"行动"的能力赋予人类，而人类在上帝恩典的帮助之下，协助上帝成就了"可能性"①。

　　贝拉基将人的意志置于完全"自由"的状态，认为自由意志不仅有能力做出"恶"的选择，也同样有能力做出"善"的选择。这就意味着，自由意志不仅具有消极的意义，也同样具有积极的意义，既能作恶也能行善。然而，依照贝拉基的思想逻辑极易导致这样的结论：人拥有在"善"与"恶"之间做出选择的能力，人依靠自己的意志就可以使灵魂得救。这样的命题将自由意志与上帝的恩典置于同等重要的地位，都被看做是某种来自外部的力量，无异于降低了上帝恩典的作用，甚至有可能完全否定上帝的恩典，否认灵魂得救必须依靠上帝的恩典。这样的回答颠覆了上帝恩典对于灵魂得救的"唯一"，与基督教会的正统理念相冲突，不可避免地被教会判定为"异端"。

　　贝拉基及其追随者的思想，曾经多次在宗教会议上受到谴责。411 年，迦太基主教奥里利厄斯（Aurelius）召集迦太基宗教会议（Council of Carthage），色勒斯丢由于拒绝放弃自己的主张而被处以"绝罚"并被驱逐出迦太基主教区。415 年 7 月 28 日，贝拉基出席了在耶路撒冷召开的一次主教会议，奥罗西乌斯（Orosius）指控他的主张为"异端"。但是由于贝拉基能言善辩，而奥罗西乌斯不能为"异端"的罪名提供充分的论证，耶路撒冷主教约翰决定将这项指控提交给教廷，由教宗做出裁决。415 年 12 月 20 日，贝拉基出席在狄奥波里斯（Diospolis，古代吕大）召开的宗教会议，面对 14 名主教的质疑，贝拉基又一次以能言善辩而免于"异端"指控。非洲的主教们误以为狄奥波里斯宗教会议（Council of Diospolis）认可了贝拉基的主张，认为有必要指明贝拉基的错误。416 年，来自非洲教省的 67 名主教聚集在迦太基，58 名来自努米狄亚（Nu-

---

① 　Henry Bettenson(selected & edited)，*Documents of the Christian Church*，pp. 52—53.

midia)教省的主教聚集在麦尔威斯(Milevis)，共同商议起草了致教宗因诺森一世的信件，要求教宗对贝拉基与色勒斯丢进行谴责。417 年 1 月 27 日，教宗在回复的三封信件中确认了非洲主教的立场，宣布将贝拉基与色勒斯丢开除出教。

获悉教宗的判决之后，贝拉基撰写了一篇信仰表白(*Libellus Fidei*)，色勒斯丢则亲赴罗马，试图当面向教宗表明自己的主张。新任教宗佐西玛(Zosimus)一度被贝拉基与色勒斯丢的自我辩护所迷惑，然而最终认清了贝拉基主义潜在的危险性。罗马皇帝霍诺留斯(Honorius)在 418 年 4 月 30 日也宣布将贝拉基派首领人物逐出罗马。

214 名非洲主教在 418 年 5 月 1 日召开第十六次迦太基宗教会议(The Sixteenth Council of Carthage)，会上谴责了贝拉基的九项错误。418 年夏天，教宗佐西玛发布了一封公开信(Epistola Tractoria)：简短回顾了贝拉基主义形成的历史，指出了贝拉基主义的错误之所在，确认了迦太基宗教会议的决定，重申前任教宗因诺森一世对贝拉基与色勒斯丢判处的"绝罚"。教宗还要求基督教世界的每一位主教在教宗发布的这封信件上署名，以表明自己的立场。

安条克大教长狄奥多特(Theodotus)召开宗教会议，会议决定接受教宗信件中的立场，宣布将贝拉基驱逐出巴勒斯坦。公元 418 年在巴勒斯坦受到当地教会的驱逐以后，贝拉基从人们的视野中消失了。他所开创的贝拉基主义，由他的学生、密友、合作伙伴色勒斯丢继承下来。

色勒斯丢也曾经是罗马的一位法学人士。早在罗马，就追随贝拉基，并且跟随贝拉基从罗马到达非洲。当贝拉基从非洲前往巴勒斯坦时，色勒斯丢留在了非洲，他希望在这里得到祝圣成为一名具有司祭神品的教士。色勒斯丢否认基督教关于"原罪"的教义，认为亚当一经受造就是"必死"，无论是否犯下罪恶；亚当的罪恶仅仅伤害了他本人，而不是整个人类；亚当的堕落与死亡不能致人类于死地，耶稣基督死而复活也不能使人类获得新生。① 在公元 411 年的迦太基宗教会议与 415 年的狄奥波里斯宗教会议上，色勒斯丢受到谴责，并且由于拒绝放弃自己的主张而被逐出教会。在 418 年教宗发布宗

---

① Henry Bettenson(selected & edited)，*Documents of the Christian Church*，p. 53.

教禁令之后，色勒斯丢由于得到教会权势人物的庇护而免于受到惩治。

在431年的以弗所宗教会议（Council of Ephesus）上，贝拉基主义与聂斯托利派主张（Nestorianism）一起受到谴责，这在很大程度上是出于希波主教奥古斯丁的努力①。尽管如此，贝拉基主义还是以多种形式流传了很多年，尤其是在高卢和不列颠。贝拉基主义涉及的一系列问题，诸如"原罪"、"上帝的恩典"、"道德责任"、"先定论"，在此后相当长的一段时期依然是教会经常争论的问题。

教会内的其他人士也因为贝拉基主义而受到牵连。埃克莱诺主教朱利安（Julian of Eclanum, c. 386—c. 455）与意大利的17名主教，不仅拒绝在教宗的公开信上署名，而且要求召集基督教世界的大公会议，围绕贝拉基主义展开辩论。朱利安与这17名主教因此而被处以"绝罚"，不仅被罢免主教职务，而且受到驱逐。在与奥古斯丁展开论战的过程中，朱利安甚至表达出比贝拉基主义更加激进的立场。据称，他曾经说过："借助于自由意志，人类甚至不需要上帝的恩典。"正是由于这样的思想，朱利安在417年的迦太基宗教会议上受到了谴责（条款6）②。

在奥古斯丁主义与贝拉基主义之间，还存在着第三种立场，称为"半贝拉基主义"。这一立场的代表人物是阿尔主教霍诺拉图斯（Honoratus, c. 350—c. 429）。"半贝拉基主义"的主要论点是，人的自由意志与上帝的恩典对于获救发挥了协同的作用。半贝拉基主义介于奥古斯丁主义与贝拉基主义两个极端之间，在灵魂获救的问题上，企图给"上帝的恩典"与"人的自由意志"各留一席之地。

半贝拉基主义并不否认人之堕落，但是认为人性并非由于堕落而受到严重损坏，堕落的人性依然保留有自由的成分，因而能与上帝的恩典合作，人之得救是两个因素——上帝的恩典与人的自由意志——的共同产品。半贝拉基主义在高卢有一定的影响力，代表人物是马赛修道院院长约翰·卡西安、

---

① 　William Andrew Hammond（edited & translated），*The Definitions of Faith, and Canons of Discipline of the Six Ecumenical Councils: With the Remaining Canons of the Code of the Universal Church*, pp. 82—83.

② 　Henry Bettenson（selected & edited），*Documents of the Christian Church*, p. 59.

雷坚的佛斯塔斯(Faustus)、马赛的金纳底乌斯(Gennadius)。半贝拉基主义在529年的奥兰治宗教会议(Council of Orange)上被判定为异端。

　　诸如此类的争论，其内容涉及基督教信仰对人的基本评价这样一个重大论题，亦即人在多大程度上有能力决定自己的命运？"原罪"论具有强烈的宿命色彩，将人类灵魂的堕落解释成某种必然性。奥古斯丁的自由意志论加剧了人类命运的悲剧性，因为在奥古斯丁看来：世间一切的"善"都来自于上帝，世间一切的"恶"都起因于自由意志对上帝意志的偏离。上帝一方面赋予人自由意志；另一方面对自由意志造成的"恶"实施惩罚。依照奥古斯丁的理论，人的自由意志始终是在一定范围内的自由意志，也就是在神的掌控之下的自由意志。贝拉基主义与半贝拉基主义则强调在人性中还存有自由的成分，在灵魂得救的重大问题上享有不同程度的自主权。

三、奥兰治教职会议的决议

　　为了对有争议的论题做出裁决，基督教会在公元529年召开了奥兰治宗教会议。此次宗教会议最终达成了25款决议，对贝拉基主义和半贝拉基主义做出了谴责，也针对自由意志问题展开了正面的阐述。"由于初始第一人犯下的罪恶，自由选择受到误用以至于受到削弱，自此之后，人类失去了热爱上帝的能力，亦失去了信奉上帝或者为上帝行善的能力，除非上帝的恩典对人类加以干预。""……经过洗礼而蒙受上帝的恩典之后，一切受洗之人借助于耶稣基督的帮助与合作，获得行一切使灵魂得救之事的力量和职责。只要信仰虔诚，灵魂必得拯救。"[1]

　　研究者认为，从决议的内容中可以明显地感受到奥古斯丁的影响力，其中的某些行文甚至采用了奥古斯丁的语言。[2] 但是在最为核心的问题上，奥兰治宗教会议的决议并没有完全遵循奥古斯丁的自由意志论，而是在奥古斯丁主义和贝拉基主义两者之间采取了一种中间立场。这种中间立场的特点是：人在选择"善"的时候需要上帝的恩典；人的自由意志有能力与上帝的恩典合作；上帝的恩典在先，人的自由意志一旦得到上帝恩典的协助，就可以成为上帝的合作者。这样的立场并没有完全排除自由意志的积极作用，而是将自

----

　　① 　Henry Bettenson(selected & edited)，*Documents of the Christian Church*，pp. 61—62.

　　② 　ibid.，p. 61.

由意志纳入了上帝恩典的轨道。这样的阐述包含有这样的含意：在上帝恩典的统治下，人的自由意志也有可能发挥积极的、正确的作用。

奥兰治教职会议采取的立场在"伟大的格里高利"的自由意志论中得到更加详细而具体的阐述，这是因为格里高利具体描述了自由意志在罪恶形成过程中发挥的作用：(1)"邪恶"(devil)率先提出了犯罪的建议。格里高利认为，提出犯罪的建议并不是罪恶，但是这样的建议使人得到了关于罪恶的知识，并且为犯下罪恶做准备。(2)"人"因为犯下罪恶而感到愉悦，这种愉悦来自于人的肉体。格里高利将这种因犯下罪恶而获得的愉悦感觉称为"罪恶的滋养"。(3)"邪恶"从"人"那里得到了犯罪的许可，因此而使罪恶得到实施。(4)罪恶的实施有时因为人对邪恶的"过度保护"而得以放大——这是"傲慢"在发生作用。①

依照格里高利的描述，人在罪恶的深渊中越陷越深：第一步，在隐秘状态下犯罪；第二步，公开犯罪，而且并未因为犯下罪恶而感到羞耻；第三步，形成了实施罪恶的习惯，对于犯下罪恶习以为常；最后一步，将自己完全放弃给罪恶，或者是误以为这是一种解脱，或者是由于不再对罪恶的赦免寄予希望而破罐破摔，完全放纵自己。②

在描述了罪恶的实施过程之后，格里高利提出了自己的结论：罪恶之形成是出于"邪恶"与"人"之合力；邪恶先提出试探，然后得到人的同意；在这个过程中，自由意志是必不可少的因素，因为倘若没有自由意志的合作，邪恶不可能产生力量；在人性堕落的过程中，"人"是"邪恶"的同伙；然而人之堕落，归根结底使人自身受到了伤害。③

托马斯·阿奎那关于"因信称义"过程的描述，也体现了奥兰治宗教会议决议的原则：最初是恩典的注入；在恩典注入的一刹那，自由意志转向神；然后是用自由意志抵挡罪恶；最后是罪恶被恩典驱逐。④ 这样的程序描述，

① F. Homes Dudden，*Gregory the Great*：*His Place in History and Thought*，volume Ⅱ，p. 385.

② ibid.，p. 385.

③ ibid.，p. 385.

④ Henry Bettenson（selected & edited），*Documents of the Christian Church*，pp. 140—141.

赋予自由意志积极的意义，将自由意志纳入到灵魂得救的程序之中。

四、人文主义学者的立场

"贝拉基主义"与"半贝拉基主义"被文艺复兴时期的人文主义学者继承。但丁在《神曲》中赞扬"自由意志"，认为人的自由意志不仅具有选择"恶"的能力，也有选择"善"的能力。"……人类不知道他的最高智慧从何而来，也不知道他对于最高物的欲望从何而生，只是如蜜蜂一般，凭他们的本能酿蜜；这种智慧和欲望起初原不值得称赞和斥责的。可是在那欲望兴起的时候，你的内心便生出一种考虑的能力，表示许可或阻止；从最高原则推出理由，作为选择爱的善恶之标准，这是值得称赞的。凡是从根本上推出理由的人，都知道这种内心的选择自由，此所以世界上还存留着道德学。总之，即使一切的爱是生于必然的需要，可是阻止他的能力也在你的内心呀！"①既然自由意志是上帝赋予人类的"最大的赠物"和"最大的杰作"，人们当然有理由抒发个人的自由意志，并且凭借自由意志来安排自己的命运。

再洗礼派也具有"贝拉基主义"的思想倾向。再洗礼派是新教中的极端派别，其思想内容十分庞杂，对中世纪拉丁基督教传统中的很多内容都提出了批评，要求对之加以改革。但是再洗礼派最主要的思想主张是否定婴儿受洗，因为婴儿"尚不能分辨善与恶，……也不知晓人之获救是因为基督之受难。因此婴儿受洗是荒谬，是亵渎神圣，与经书的记载不符"②。再洗礼派在1527年的《施里泰姆信仰告白》(The Schleitheim Confession of Faith)中提出：人应当在获得信仰之后接受洗礼，因为人在此时"对生活有了悔悟，有了补赎的意识，并且深信人之罪恶因基督而得以赦免"③。教会法庭的审判记录表明，再洗礼派教徒自认为在婴儿时期接受的洗礼无效，纷纷再行洗礼。④"再洗礼派"之得名，正是由于这样的主张与行动。

---

① 但丁·亚利基利：《神曲》，王维克译，第262页。

② William G. Naphy (edited & translated), *Documents on the Continental Reformation*, London：Macmillan，1996, p. 91.

③ Hansb J. Hillerbrand (edited), *The Protestant Reformation*, New York：Harper Torchbooks，1968，p. 131.

④ William G. Naphy (edited & translated), *Documents on the Continental Reformation*, pp. 93—94.

　　成年人经过洗礼，标志着与上帝达成了和解，获得新生。这样的人不再犯罪，不再受欲望的支配，不再具有人类始祖亚当的本性。再洗礼派之所以强调人在成年以后接受洗礼，是认为人在成年以后有了更多的自主意识，可以主动地参与对个人灵魂的拯救。这样的立场，在本质上承认了自由意志对于灵魂得救的积极作用。比"贝拉基主义"走得更远的是，再洗礼派为它的主张找到了外在的表现方式：基督徒在成年以后再次接受洗礼。

　　再洗礼派动摇了基督教的最基本的正统信念：(1)基督教正统信念是，人在一生中只能接受一次洗礼，重复施洗有可能造成人生的不正常。再洗礼派却号召重复施洗。(2)强调了人的自由意志在灵魂得救过程中的作用，这就无异于弱化了上帝恩典的作用。再洗礼派的主张过于革命性，在当时被视为社会秩序与基督信仰的颠覆者，这一派别的极端立场，在当时即招致了僧俗两界的抨击。亨利八世在 1535 年 3 月发布的一项《国王文告》(Proclamation)中首次提到了进入英格兰的再洗礼派信徒，称他们是"陌生人"，是"令人憎恶的异端"。《国王文告》要求再洗礼派信徒在 12 天之内离开英格兰与国王统治下的地域，否则以死刑加以惩治。① 再洗礼派还否认耶稣是由童贞女玛丽亚(Virgin Mary)所生，动摇了耶稣的神性，进而动摇了三位一体的教义。

　　16 世纪宗教改革家马丁·路德(Martin Luther，1483—1546)在"自由意志"的问题上，是坚定的奥古斯丁主义者。路德有沉重的负罪感，对人的自由意志持极度的怀疑态度，认为人的拯救完全依赖上帝的恩典。由于人类始祖犯下原罪，人的本性完全堕落了，自由意志仅仅成为名义上的存在，根本不可能自发地产生善行。人类不仅失去了凭借自由意志做出正确选择的能力，反而经常堕入罪恶与错误的深渊之中，"自由意志已经死亡并且毁灭，我们只能依靠基督之爱从罪恶中获得拯救并且称义"②。正是在这样的思想理论前提之下，路德提出了"唯信称义"的主张。

　　德西德里·伊拉斯莫(Desiderius Erasmus，1469—1536)与路德之间展开

---

　　① 　Paul L. Hughes & James F. Larkin (edited)，*Tudor Royal Proclamations*，volume I (The Early Tudors)，New Haven：Yale University Press，1964，pp. 227—228.

　　② 　John Nicholas Lenker(translated)，*Luther's Two Catechisms Explained by Himself*，Minneapolis：The Luther Press，1908，p. 356.

过一场关于"人的自由意志"的论战，论战的焦点是：在人类获得拯救的问题上，自由意志是否发挥作用？如果自由意志不发挥作用，是否意味着完全依赖上帝的拯救？如果发挥作用，自由意志在多大程度上发挥作用，是辅助的还是主导的？伊拉斯莫对人的本性持乐观态度，认为自由意志与上帝的恩典是一种合作关系，自由意志在灵魂拯救过程中起辅助作用，上帝的恩典起主导作用。在写于 1524 年 12 月的一封书信中，伊拉斯莫批评路德：把自由意志看作是一种"虚幻"①。

第四节　天堂与地狱：生的态度决定死的归宿

基督教的基本观念是将人的灵魂与肉体分离，其中肉体必朽坏，而灵魂永存。永恒存在的灵魂将被安置在何方？基督教神学家对这一问题的回答，对基督徒的人生态度乃至生存状态产生了重要影响。

一、灵魂的永久归宿：天堂、地狱

《启示录》把宇宙的历史划分为三个时期——现存的时代；未来的永恒时代；介于现存时代与未来时代之间的千年，是耶稣基督统治的"千年王国"②。

《启示录》对上述三个历史时期都做出了定义。"现存的时代"是以上帝为代表的正义力量与各种邪恶势力搏斗的时代；经过搏斗，各种邪恶势力都将被制伏。在这之后，耶稣基督将再次降临尘世，统治尘世一千年，这就是基督教理想中的"千年王国"。千年之后，各种反耶稣基督的邪恶势力又将来到尘世。这股邪恶势力自称是耶稣返世，既受到许多基督徒的欢迎与接纳，也受到许多基督徒的排斥。最终，真基督重返尘世，杀灭了邪恶势力。在此之后，所有活着的和死去的人都被召到上帝面前，接受末日审判。末日审判之后，现存的世界解体，上帝将创造一个新的永恒的世界。

与《启示录》的历史分期相关联的，是关于人类生命方式的划分——"尘世的生命"与"未来永恒世界的生命"。基督教持有"灵魂不死"的观念：人类肉体

---

① William G. Naphy（edited & translated），*Documents on the Continental Reformation*, pp. 33—34.

② Revelation, 20—22.

死亡之后，灵魂与肉体分离，到达另一个世界。"天堂"与"地狱"解释的是尘世生命结束之后，灵魂的出路问题，亦即灵魂在未来永恒世界的归宿。基督教把生命的历程看作是一个直线型的发展过程，先是尘世生活，尘世生活结束以后灵魂有一个永恒的归宿。生命的过程一去不复返，既不可逆转，也不可重复。一旦尘世生活结束，灵魂或者进入天堂，或者进入地狱，这是一个永恒的归宿，生命没有重新选择归宿的机会。

根据《启示录》的描述：在末日审判时，上帝将根据生死簿对每一个人行为的记载实行审判。①《启示录》关于末日审判的描述，把灵魂的归宿与尘世生活的表现联系在一起，在尘世的表现不同，灵魂的归宿也不相同，或者是天堂，或者是地狱。

中世纪西欧的基督徒对天堂、地狱的了解主要是通过教堂的绘画。教堂绘画中有表现人生的阶梯与末日审判的内容，地狱被描绘成一个施行严刑拷打的地方，天堂是一个阳光明媚、充满欢乐的花园。这样的生命前景，难免对基督徒的心理产生影响，使之难以摆脱对地狱的恐惧以及对天堂的向往。为了在末日审判的时候有一个好的结局，基督徒必须对自己尘世的生活加以约束。末日审判的学说，不仅支配着基督徒的思维方式，也支配着基督徒的日常生活方式。

《启示录》对世界未来的预测，还造成了一个后果——把尘世生活看做是未来永恒世界的准备阶段，尘世生活的唯一目标是使灵魂在未来得到一个好的归宿。对于基督徒而言，这一观念具有重要的现实意义：为尘世生活树立了崇高的目标，为尘世生活的苦难提供了极大的精神安慰；促使基督徒鼓起生活的勇气，追求未来的崇高目标。

二、进入天堂之前的磨难：炼狱

《圣经》没有预测到"炼狱"的存在，因为使徒时代的人们相信，世界末日很快就到来。快到什么程度？《马太福音》先是说，在门徒们还没有来得及走完以色列的各个城市宣传"弥赛亚"(Messiah)之前，人子就要回来了。②《马

---

① Revelation, 20：11—20：12.
② Matthew, 10：23.

太福音》接着又说，这一代人还没有死去，就可以见到人子又回来了。①《马太福音》最后又说，这一代人还没有过去，天地就要废去。②

自从使徒们发出"世界末日"即将来临的预言之后，一代又一代的人过世了，然而世界末日迟迟没有降临。这就产生了一个问题：在末世审判来临之前，一代又一代的人相继死去，他们的灵魂安置在哪里？世界末日不降临，人的灵魂就没有归宿。

这时候，基督徒开始设想在尘世生活结束以后，末日审判来临之前，存在着一个除了天堂与地狱之外的中间状态。基督教早期护教士查斯丁（Justin，c. 100—c. 165）首先提到了这个中间状态，他说："义人的灵魂将到一个美好的地方去，不义的恶人将到一个最坏的地方去等候审判的来到。"在查斯丁的观念中，"美好的地方"并不是天堂。他甚至提出，应当将"人死后灵魂立刻进入天堂"的主张谴责为"异端"③。

这种天堂与地狱之外的中间状态是什么？在当时并没有明确的表述。有人猜测，中间状态是一个悬而未决的状态，不是永久性的，可能是短暂的对于地狱的体验，目的是净化灵魂。早期教会的一种观念是：只有极少数的人——诸如为捍卫基督教而献身的殉教者——能够在死后直接进到神的面前；多数人在死后还要经过一段炼净的程序，以"火"来净化灵魂。

在相当长的一段时期内，基督教神学对这种中间状态缺少系统的思辨和论述，也没有做出正式的定义。"炼狱"的教义在很晚才出现，"伟大的格里高利"是明确地阐述"炼狱"概念的第一人，被认为是"炼狱的发明者"。格里高利在《对话录》（*Dialogues*）中说："人在去世之后，经历炼狱之火"，"在审判日到来之前，（人）因为些许小罪恶而经历炼狱之火"④。

自格里高利发明了"炼狱"的概念之后，拉丁基督教神学家开始对这种中间状态做出系统的解释。教宗因诺森四世（Innocent Ⅳ）在 1254 年曾经论述过炼狱的问题。1439 年的佛罗伦斯宗教会议（Council of Florence）对"炼狱"的观

---

① Matthew, 16：28.

② Matthew, 24：34—24：35.

③ 伯克富：《基督教教义史》，赵中辉译，宗教文化出版社 2000 年版，第 190 页。

④ Edmund Grarratt Gardner（edited & translated），*The Dialogues of Saint Gregory the Great*，London：Philip Lee Warner，1911，pp. 232—233.

念做出了正式的阐述：如果悔罪苦行者在得到上帝之爱的状态下去世，然而尚未对行为过失做出补偿，亦即"悔改之心尚未结出果实"，这样的灵魂在离开尘世之后将承受"净化之苦"以达到"灵魂的净化"；虔诚的基督徒可以在尘世生活中以弥撒献祭（sacrifices of masses）、祈祷、布施，以及其他的宗教虔诚行动为这样的亡灵祈祷，这样的行动有助于净化中的灵魂脱离净化之苦①。

虽然"炼狱"的教义在佛罗伦斯宗教会议上已经正式成为拉丁基督教的正统观念，但是佛罗伦斯宗教会议做出这项决议时正值拉丁基督教会大分裂时期，对立的一方在巴塞尔（Basle）召开了另一次宗教会议，因而佛罗伦斯宗教会议的决议并未立即在拉丁基督教会内得到普遍接受，影响力还在未定之中。直到1545—1563年的特兰托宗教会议（Council of Trent）对"炼狱"的教义做出陈述②，"炼狱"才最终成为拉丁基督教会内普遍接受的宗教信条。但丁在《神曲》一书中，专门辟出第二部分"炼狱篇"（有时译作"净界"）对"炼狱"做出描述。但丁不仅接受了"炼狱"的观念，而且对"炼狱"做出了形象具体的描述，表明"炼狱"的教义在但丁的时代已经深入人心了。

在"炼狱"的理论产生之前，灵魂的归宿只有两个——或者是天堂，或者是地狱。这是个一次性的决定，一经决定便是永久的归宿，没有后悔的机会，这样的结局显得过于严峻。有了"炼狱"的理论，意味着灵魂在"天堂"和"地狱"之外有了第三个临时的出路，这样的设置极大地缓和了末日审判的严峻性。"炼狱"的理论，为基督徒尘世生活结束后提供了又一次赎罪的机会，进入了炼狱就有希望进入天堂。

"炼狱"的教义产生后，关于尘世生活结束后灵魂的出路也形成了比较完整的理论。基督教会对于灵魂在何种情况下进入天堂，在何种情况下进入地狱，在何种情况下进入炼狱，有了相对固定的解释：（1）如果基督徒在尘世生活结束时尚有未经忏悔的"必死之罪"，就将被罚入地狱。但是基督教禁止诅咒某人被罚入地狱，其中的道理是：只有上帝知道基督徒在尘世生活结束以后的出路；只有上帝知道某位基督徒对所犯下的"必死之罪"是否做出了忏悔。

---

① Norman P. Tanner, S. J. (edited), *Decrees of the Ecumenical Councils*, volume one, p. 527.

② ibid. , p. 774.

(2)如果基督徒是在受到上帝恩典的状态之下结束尘世生活的，并且已经为尘世生活的过程中犯下的罪恶做出了彻底的忏悔，其灵魂就可以直接升入天堂。

(3)如果基督徒是在受到上帝恩典的状态下结束尘世生活的，但是还有尚未做出忏悔的罪。在这种情况下，结束尘世生活之后的灵魂不能直接升入天堂，因为在天堂里没有忏悔的机会。处于这种状态的灵魂暂时进入炼狱，炼狱就是为这种处于两难境地的灵魂准备的。

但是炼狱不是永久的归宿，并不是为既没有资格进入天堂、也不至于被罚入地狱的灵魂准备的归宿。炼狱是临时的赎罪场所，是进入天堂的准备阶段。依照1439年佛罗伦斯宗教会议关于"炼狱"的定义，当进入炼狱的灵魂洗清了罪恶之后，就可以进入天堂得到上帝的接纳。①

与炼狱理论相关联的另一个问题是：非基督徒（不信奉基督教的人）在结束尘世生活以后的出路是什么？按照福音书的描述，基督被钉死在十字架上以后，他来到了地狱，把自从人类堕落以后所有被羁押在地狱里的正直的灵魂解救出来："……地也震动，磐石也崩裂。坟墓也开了，已睡圣徒的身体，多有起来的。到耶稣复活以后，他们从坟墓里出来，进了圣城，向许多人显现。"②虽然福音书没有将非基督徒排斥在救赎的范围之外，但是基督教的神学教义并没有提到非基督徒的灵魂停留在哪里。某些神学家持有严厉的立场，认为未经洗礼的人必将被罚入地狱，亦即"教会之外无拯救"。1215年，第四次拉特兰宗教会议的决议中有这样一段陈述："……存在着一个由虔诚的人组成的普世性教会，在教会之外无人得到拯救。"③决议强调了进入教会组织，并未强调一定要经过洗礼仪式。实际上，教会对于这一问题持有相对宽容的态度：只要存有洗礼的愿望（baptism of desire），无论是否真正地接受了洗礼，都有可能得到上帝的救赎。在这里，教会强调的是洗礼的愿望，以及为犯下的罪恶做出了补偿④。

---

① Norman P. Tanner, S. J. (edited), *Decrees of the Ecumenical Councils*, volume one, pp. 527—528.

② Matthew, 27：51—27：53.

③ Norman P. Tanner, S. J. (edited), *Decrees of the Ecumenical Councils*, volume one, p. 230.

④ http://en. wikipedia. org/wiki/Baptism_of_desire(2010 年 1 月 18 日 18：16)。

儿童在达到"理性的年龄之前",如果未经洗礼就去世了,将被安置在一个特殊的地方。托马斯·阿奎那为这种灵魂设想出一种状态,称为"婴儿界(Limbo)"①。按照阿奎那的理论,这种灵魂状态可以享受到完全的幸福,但是不能见到上帝的尊容。未经洗礼的婴儿之所以受到如此特殊的"优待",基督教神学给出的理由是:儿童虽然也有原罪,但是他们年幼无知尚未获得理性,没有机会犯下"必死之罪"②。

由于中世纪基督教神学的这项重大发明,"炼狱"成为基督徒在结束尘世生活之后其灵魂存留的第三个家园。这样的前景在相当大的程度上支配了基督徒的思维方式与生活方式,因为"炼狱"的教义在中世纪拉丁基督教的宗教活动中有着广泛的应用价值,其结果是形成了由他人替代赎罪的方式。这样的替代赎罪方式主要有两种:

(1)生者为死者灵魂祈祷。当灵魂在炼狱停留的时候,需要生活在尘世的人们为之祈祷,以便使处于炼狱中的灵魂尽快脱离炼狱之苦而进入天堂,由此而形成了追思弥撒仪式。举行追思弥撒的目的,在于帮助处于炼狱中的灵魂尽快进入天堂,缩短在炼狱停留的时间,减少在炼狱中受到的折磨。在中世纪西欧的拉丁基督教世界,人们在各地兴建了大量的追思弥撒礼拜堂(chantry),用于定期为亡者举行追思弥撒仪式,为处于炼狱中的灵魂祈祷。

(2)生者为死者购买赎罪券。所谓"赎罪券",在本质上是教会某级教职签署的赦免罪恶的证书。在教会最初的概念中,赎罪券只是一种替代物,能够部分或者全部地代替悔罪苦行以及其他的虔诚行为。第一次载入历史记载的赎罪券,是1240年由教宗格里高利九世发放的。格里高利九世在发放赎罪券时承诺:自圣灵降临节(Pentecost,日期为复活节后的第50日)至彼得与保罗的八日庆期(Octave of Peter and Paul)结束(日期为7月6日),凡是在此期间满怀虔诚造访圣彼得大教堂的朝拜者,得以免除3年与3个隔离期(quarantines,一个隔离期为40天)的苦行③。当教会将最初的赦免罪恶概念发挥到

①　Bernard Hamilton, *Religion in the Medieval West*, pp. 46—47.

②　ibid., pp. 46—47, p. 112.

③　Henry Charles Lea, *A History of Auricular Confession and Indulgences in the Latin Church*, volume Ⅲ, New York: Greenwood Press, 1968, p. 198.

极致之后，赎罪券发生功效的空间也从尘世发展到了炼狱——教宗发布的赦免证书也可以取代亡灵在炼狱中的苦行。根据历史档案的确切记载，教会第一次为炼狱中的亡灵发放赎罪券是在 1343 年①。托马斯·阿奎那曾经将"对活人的赦免"与"对亡灵的赦免"做出了区分：生活在尘世的人以亲历亲为的悔罪苦行得以"直接"受益于对于自身罪恶的赦免；处于炼狱中的亡灵没有机会在尘世亲自履行悔罪苦行，由他人代行的悔罪苦行可以使炼狱中的亡灵"间接"受益②。托马斯·阿奎那关于"直接"与"间接"受益的理论，为教会针对炼狱中的亡灵发放赎罪券的行动提供了神学依据。教宗利奥十世（Leo X，1475—1521）在任时出售的赎罪券，即是专为处于炼狱或地狱中的亡灵准备的，教会宣称这是对于罪恶的一次性全面赦免。一旦将悔罪苦行折算成了某种票面价值的赎罪券，悔罪苦行就演变成了一种商业交易行为，忏悔苦行者与赦免罪恶者之间就形成了金钱交易关系。这是与教会法的规定背道而驰的行为，第四次拉特兰宗教会议的决议禁止以金钱的方式实施宗教惩治（条款49）③。正是利奥十世出售赎罪券的做法，引发了马丁·路德对拉丁基督教会的抗议，进而引发了 16 世纪欧洲范围内的宗教改革运动。

三、尘世生活的终极目标：灵魂的救赎

在《旧约全书》的思想观念中，人类犯下罪恶、背负罪恶的后果是毁灭。《利未记》中有这样的论述："你们要在列邦中灭亡，仇敌之地要吞吃你们。你们剩下的人，必因自己的罪孽和祖宗的罪孽，在仇敌之地被消灭。"④

如果从反向的角度理解这个思想观念，就可以提出另外一个命题：人类在解除了罪恶之后，就可以自由自在地生活。《民数记》描述了一个用"苦水致诅咒"做试验的事例，用以验证被怀疑对丈夫不贞的妻子是否清白。这项试验有可能出现的两种结果体现了古代以色列人的上述观念：如果这位妇人确实

---

①　Robert W. Shaffern，The Medieval Theology of Indulgences，in R. N. Swanson（edited），*Promissory Notes on the Treasure of Merits*：*Indulgences in Late Medieval Europe*，Leiden：Koninklijke Brill NV，2006，p. 33.

②　ibid.，p. 34.

③　Norman P. Tanner，S. J.（edited），*Decrees of the Ecumenical Councils*，volume one，p. 257.

④　Leviticus，26：39.

对丈夫不忠，诅咒苦水进入妇人的肠中，可以使她"子宫破裂坠落，在民中受到诅咒"；如果这位妇人是清白的，就可以"免受这灾，而且还可以怀孕生育"①。有罪者受到惩治，无罪者受到恩惠，所谓"善有善报，恶有恶报"，这就是古代以色列人持有的一种简单的"善恶因果"观念。

基督教继承并发展了《旧约全书》关于"罪恶"的思想观念，使之形成了系统的理论，其中最主要的发展之处是对罪恶做出了细致的区分。在这方面，基督教早期教父德尔图良（Tertullian，c. 160—c. 225）的贡献具有里程碑式的意义。德尔图良对于罪恶的区分可以大致概括为：（1）洗礼之前犯下的罪恶，可以借助于洗礼得到赦免。（2）洗礼之后犯下的罪恶是否可以得到赦免，需要加以区分。有轻微之罪和中等之罪，也有严重之罪和必死之罪。（3）轻微之罪和中等之罪可以在尘世生活的过程中得到赦免，严重之罪和必死之罪不可以在尘世生活的过程中得到赦免。（4）可以在尘世生活过程中得到赦免的罪，由主教赦免。不可以在尘世生活过程中得到赦免的罪，留待上帝的审判。②

基督教的基本观念是将灵魂与肉体分离，其中肉体必朽坏，而灵魂永存。依照奥古斯丁的观点，灵魂的使命就是"管理降生在对罪的惩罚中，亦即从始祖而来的必死性身体。它们要用美德磨炼身体，使它受到有序的合法的奴役，好叫它到了时候能居于天上不朽之地而正符合于完美秩序"③。

灵魂何时进入肉体？在奥古斯丁时代还是一个悬而未决的问题。在《论自由意志》一书中，奥古斯丁对于这样一个"隐晦复杂的问题"列举了四种解释：（1）它们是生殖而来；（2）它们在每人出生时分别受造；（3）它们先存在于别处，受上帝差遣进入出生之人的身体中；（4）它们自己选择进入身体中。④ 奥古斯丁其实更加倾向于第（3）种解释，因为他在论述灵魂的使命时提到："……灵魂先存在于上帝隐秘之域的某处，在每一个人降生时便受差遣来给身体以生命，并统治身体……"⑤

---

① Numbers, 5：11—5：31.

② Oscar Daniel Watkins, *A History of Penance：Being a Study of the Authorities*, volume I, p. 124.

③ 奥古斯丁：《独语录》，成官泯译，第 198 页。

④ 同上书，第 199—200 页。

⑤ 同上书，第 198 页。

　　如何使灵魂得到拯救？在灵魂得救的具体方式问题上，基督教的思想观念有发展、有变化。保罗在使徒时代提出了"信仰得救"的观念，认为凭借"信仰"，亦即对上帝的"恩典"深信不疑，就可以使灵魂得救。保罗说："上帝之义彰显于福音书中，是本于信，以至于信。经上所记，'义人必因信仰而得生'。"①保罗还说："上帝的公义，因信奉耶稣基督而加给一切相信的人，并没有分别。因为世人都犯了罪，亏缺了上帝的荣耀；如今却蒙上帝的恩典，因基督耶稣的救赎，就白白地称义。"②"因信称义"就是凭借信仰，而不是凭借行为，而使灵魂得到拯救。"既是出于恩典，就不在乎行为；不然，恩典就不是恩典了。"③然而保罗的这种"唯信仰"的思想倾向，并没有在基督教会的宗教实践中贯彻到底。出于种种历史的与神学理论的原因，中世纪的拉丁基督教会演绎出众多的礼拜仪式，希望借助于各种外在的形式表达并且加深信仰，用以约束教徒的日常行为。

---

① Romans，1：17.
② Romans，3：24.
③ Romans，11：6.

第　二　章

基督徒的两种生活方式

　　根据《约翰福音》的定义,"基督徒"(Christian)指的是承认拿撒勒的耶稣(Jesus of Nazareth)为弥赛亚的人。西门·彼得(Simon Peter)与安德烈(Andrew)兄弟俩在初次见到耶稣时就认定:"我们找到了弥赛亚(就是那译成"受膏者"的)"①,因此而成为耶稣的门徒。耶稣的一位追随者也说:"我知道弥赛亚(就是那称为'基督'的)就要来了","当他到来的时候,就将把一切都告诉我们"②。

　　《使徒行传》记载,"基督徒"一词最早出现在小亚细亚的安条克。在耶稣基督遇难之后不久,使徒们在安条克向民众传讲耶稣的教诲,当地人用"基督徒"称呼耶稣的追随者:"正是在安条克,使徒们第一次被称为'基督徒'。"③

　　早期的基督徒包括三种人:(1)耶稣的门徒。有12位门徒经过耶稣的拣选,跟随耶稣宣讲"上帝的福音"④。这12位门徒包括西门·彼得、安德烈、雅各(James)⑤、约翰、腓力(Philip)、巴多罗买(Bartholomew)、多马(Thomas)、马太(Matthew)、年幼者雅各(James the less)⑥、达太(Thaddae-

---

　　①　John,1:41.
　　②　John,4:25.
　　③　Acts,11:26.
　　④　"上帝的福音"意为"上帝的王国即将到来"。
　　⑤　雅各也称为"西庇太的儿子雅各"(James son of Zebedee)或"年长者雅各"。
　　⑥　年幼者雅各也称为"亚勒腓的儿子雅各"(James son of Alphaeus)。

us)、西门(Simon)①、犹大(Judas)②。犹大在出卖耶稣后自缢,其位置由马提亚(Matthias)填补。(2)耶稣的使徒,亦即接受耶稣的派遣,传播"上帝福音"的人。使徒不仅包括耶稣的 12 位门徒,也包括保罗及其追随者马可(Mark)、路加(Luke)、巴拿巴等人。(3)耶稣的见证人(Witness),亦即在门徒与使徒之后接受耶稣基督信仰的人。

随着教会组织的发展和壮大,关于基督徒的分类也发生了变化,其中的一种分类就是把基督徒分为"教职身份"与"世俗身份"。坎特伯雷(Canterbury)大主教托马斯·贝克特(Thomas Becket,1118—1170)曾经在 1166 年的一封书信中指出过这一点:"上帝的教会由两个等级组成——教职人士与世俗人士。教职人士包括使徒、秉承使徒传统的人、主教以及其他教会神学家。他们负有照看和管理教会之责,除了处理教会事务,也促进灵魂的救赎。……世俗人士包括国王、亲王、公爵、伯爵,以及其他操控世俗事务的权势之人,他们为教会提供和平与统一。"③这样的分类着眼于僧俗两界各自对于教会承担的责任,同时也反映了两者之间不同的生活方式。

第一节　积极的生活与沉思的生活

中世纪的基督徒面临着两种生活方式的选择:一种是"积极的生活"(active life),一种是"沉思的生活"(contemplative life)。"积极的生活"是入世的生活,是世俗身份的教徒选择的生活方式;"沉思的生活"是出世的生活,是教职身份的教徒选择的生活方式。在教会法的阐述中,两种生活方式都属正当,都是合法的生活方式:"我们确实推崇谦卑的贞洁,接受出于宗教虔诚的禁欲与庄重生活。我们允许谦卑地从世俗事务隐退,与此同时,我们也敬重

---

① 为了与西门·彼得相区别,这位西门也称为"奋锐党的西门"(Simon the Zealot)。

② 犹大也称为"加略人犹大"(Judas Iscariot)。

③ David C. Douglas & George W. Greenaway (edited), *English Historical Documents 1042—1189*, p. 793.

出于神意而缔结的婚姻，也不蔑视出于正当和善意获取的财富"（条款 20）①。

在现实生活中，教会并不强迫基督徒在两种生活方式中做出某一种选择，并不要求基督徒放弃一切世俗生活，以全部身心服务于上帝的事业。然而在当时人的观念中，"沉思的生活"优于"积极的生活"。形成这种观念的神学依据，是《路加福音》中的一段记载。耶稣在访问一个村庄时，遇到了马利亚（Mary）与马大（Martha）姐妹俩。马大忙于准备饭食，而马利亚则坐下来听耶稣讲道。耶稣对这姐妹俩评论说："马大，马大，你很精心地操办许多事情，但是只有一件事是最不可少的；而马利亚选择了一件更好的事，是一件永远不会远离她的善事。"②基督教神学在对《路加福音》中的这段记载做出解释时，认为马利亚代表的是一种"沉思的"生活方式，她把自己奉献给了上帝，而马大代表的是一种"积极的"生活方式，为许多事情操劳，不能一心一意地聆听上帝的声音。实际上，马利亚并不是修道生活的代表，她只是具有更多的宗教虔诚，基督教却把她看作是沉思生活的典范。

在中世纪的文学作品中，充斥着大量对"沉思生活"的赞美。克吕尼修会蒙特-恩德尔（Montier-en-Der）修道院院长埃德索（Adso）在一篇论述"反基督势力"（Antichrist）的文章中，虚构了一位在"世界末日"致力于重建罗马帝国的法兰克皇帝。这位皇帝在耶路撒冷朝圣时，在橄榄山（Mount of Olives）放弃了皇冠和权杖，加入了教职行列。研究者评论说：这位皇帝出于宗教虔诚的原因放弃了皇位，此举为"反基督势力"掌握权力提供了机会。然而，埃德索并没有把这位皇帝视为玩忽职守的例证而加以谴责，而是作为一位选择了"深思的生活方式"的虔诚之人加以歌颂③。

西班牙人拉蒙·拉尔（Ramon Lull，1232—1316）在 1283 年撰写的小说《布兰科》（*Blanquerna*）④中，塑造了一位放弃尘世生活遁入修道院的骑士。他在成为修道士以后，在教会内历经擢升，先后成为主教、教宗。然而，他

① William Andrew Hammond (edited & translated)，*The Definitions of Faith，and Canons of Discipline of the Six Ecumenical Councils；With the Remaining Canons of the Code of the Universal Church*，pp. 164—165.
② Luke，10：41—10：42.
③ Bernard Hamilton，*Religion in the Medieval West*，p. 82.
④ Blanquerna 是西班牙的加泰罗尼亚语，是书中主角英雄的名字。

在对教会进行了一番改革以后，又放弃了主教与教宗的高位，回归修道生活。这部小说分设四个章节：婚姻(Matrimony)、修道生活(Monastic Life)、主教和教宗(Prelacy & Papacy)、隐修生活(Hermit's Life)，表现了这位骑士人生中的四个选择。① 小说的作者让他的主人公对积极的生活与沉思的生活都有所体验之后，几经出世、入世，最终还是选择了出世的修道生活，似乎修道生活最为完美地体现了基督教的价值判断标准，是最为理想的生活方式。

与两种生活方式相关联的，是教会设定的双重生活标准。无论是"积极的生活"还是"沉思的生活"，都必须按照上帝的意志生活，为的是洗清罪恶使灵魂得以在天国亲睹上帝的容颜。然而教会法对于选择"沉思生活"的教职人士，提出了更高的生活准则：扼制人性中的本能，以全部身心侍奉上帝的事业。使徒时代虽然尚未形成关于教职生活的系统理论，然而使徒保罗有过这样的阐述："你们或吃或喝，无论做什么，都是为了彰显上帝的荣耀。"②公元787年的第二次尼西亚宗教会议也为教职人士设定了这样的生活标准：将一切都奉献给上帝，不做自身欲望的奴隶；戒绝一切罪恶，从最初的意念开始（条款22）③。

第二节　教职人士：沉思的生活

狭义的基督教会组织，由教职人士组成；广义的基督教会组织，还包括世俗身份的基督徒。中世纪西欧的基督教会组织作为信仰的载体，负有促进灵魂救赎的责任。1302年，教宗卜尼法斯八世（Boniface Ⅷ，1294—1303年在任）发布《至一至圣通谕》(Unam Sanctam)，阐述了教会组织的重要性："……只有一个大公教会，亦即使徒的教会，在这个教会之外既没有拯救，也没有对于罪恶的赦免。"通谕又说："这个唯一的教会，只有一个身体与一个头

---

① Anthony Bonner (edited and translated), *Selected Works of Ramon Llull*, Princeton: Princeton University Press, 1985, p. 650.

② 1 Corinthians, 10：31.

③ Norman P. Tanner, S. J. (edited), *Decrees of the Ecumenical Councils*, volume one, p. 155.

脑……那就是基督,圣徒彼得与彼得的继承人是基督的代理(vicar)。"①通谕的内容重申了基督教的一个传统观念:在宗教事务中服从教会的权威对于灵魂得救是必不可少的。耶稣基督之所以在尘世创立基督教会,并且安排使徒彼得作为教会首领,是为了给人们的灵魂救助提供保障。这样的阐述在教会组织与灵魂救赎之间建立起一个关系链条:服从教宗就是服从了彼得,服从了彼得就是服从了耶稣,服从了耶稣就有希望使灵魂得救,灵魂得救之后就可以升入天堂。

一、教士任职资格与神品等级

教职界的大门并非向每一个人敞开,教会法对担任教职规定有一系列资格限制,其中最主要的资格限制是:(1)具有自由身份,不是人身依附者;(2)合法婚生,不是私生子;(3)身体健全无残疾;(4)没有诸如杀人之类的犯罪记录;(5)男性居民。这是对所有教职最基本的资格规定,除此之外,对担任不同神品等级的教士还有某些特殊的规定。这就涉及教职界的品级划分问题。

教士依照其教职经历分为初级神品(Minor Order)与正级神品(Major Order 或 Holy Order)两级。初级神品又分诵经员(first tonsure)与襄礼员(acolyte)两个等级,诵经员类似于一种见习身份,从襄礼员品级以上才意味着正式的教职身份。正级神品又分为司祭、执事、副执事(subdeacon)三等。在中世纪西欧的基督教世界,接受初级神品(尤其是诵经员神品级别)的人数相当之多,以至于有研究者试图揭示为何有如此之多的男性人口寻求进入教职界。虽然初级神品中只有为数不很多的人能够进入正级神品,然而,一旦进入正级神品,便有望由副执事一直升迁至司祭神品。由于主教与代理主教(suffragan)职位有限,在司祭神品中有幸进入主教级教职的人就屈指可数了。

与教职神品等级相关联的是对特权的享有,其中最主要的特权是在俗界享有的"教士司法豁免权"(benefit of clergy),涉入刑事犯罪的教士免受世俗法庭审判。最初,享有"司法豁免权"的教士仅限于正级神品中的司祭,但是在以后,这项特权也扩展到初级神品的教职人士。

---

① Roberta Anderson & Dominic Aidan Bellenger (edited), *Medieval World*: *A Sourcebook*, London: Routledge, 2003, p.77.

　　教职界享有的这项司法特权，在公元 8 世纪就得到了法兰克国家的承认。国王查理在 794 年主持召开的法兰克福宗教会议（Synod of Frankfurt）规定：如果司祭神品的教士犯下刑事案件被抓获，应当把他交给主教，依照教会法律加以审判；如果主教法庭因证据不足无法对此案做出裁决，则交由教职会议审理（条款 39）①。然而在英格兰，"教士司法豁免权"曾经引发了国王亨利二世（Henry Ⅱ，1133—1189）与坎特伯雷大主教托马斯·贝克特之间的一场冲突。亨利二世要求教会法庭在确认了教士所犯罪行之后，将犯罪教士免除教职使之"脱离教会的保护"，在此之后将罪犯移交给国王法庭审判，使犯罪教士在接受了教会法庭的精神惩治之后再接受国王法庭的身体惩罚。② 托马斯·贝克特则援引"君权神授"的理论，认为国王的权力来自于教会，教会的权力来自于耶稣基督，因而国王无权"将教职人士拉扯到世俗法庭受审"③。冲突的发展终于导致 4 名宫廷骑士在坎特伯雷主教座堂祭台前将托马斯·贝克特杀害，贝克特最终以他的生命换取了国王的退让。亨利二世以后，虽然国王政府对教会法庭审判犯罪教士的权力做出过一些调整和限制，但是教职界在俗界享有的司法豁免权基本上得以保留。"教士司法豁免权"的存在，影响了国王法庭对刑事犯罪行为行使司法审判权的完整性，国王法庭只能对俗界的刑事犯罪行为行使司法审判权。

　　"司法豁免权"是教职界这一群体独享的一项"特权"。这一特权的存在，造成了司法审判中的双重标准，亦即在犯有相同罪行的情况下，教职人士与世俗人士受到的处罚轻重不同。依照基督教的神学理论，上帝的创造物应当受到尊重，不应当受到人为的毁灭。在这一神学理论的指导之下，第四次拉特兰宗教会议禁止教会法庭宣判死刑，或者实施肢体伤残的惩罚；与此同时，也禁止教会授意他人宣判死刑或实施肢体伤残的惩罚（条款 18）④。由于教会法庭的惩戒手段中无死刑或肢体伤残，教会法可以实施的最严厉谴责是免除

　　① Patrick J. Geary (edited)，*Readings in Medieval History*，p. 290.
　　② David C. Douglas & George W. Greenaway (edited)，*English Historical Documents 1042—1189*，pp. 762—763.
　　③ ibid.，p. 793.
　　④ Norman P. Tanner，S. J. (edited)，*Decrees of the Ecumenical Councils*，volume one，p. 244.

教职与"绝罚",因而"教士司法豁免权"的实施意味着,教职人士的生命与身体受到教会法的保护。第二次拉特兰宗教会议曾经明确规定:任何人不准以武力侵犯教士的人身,实施侵犯者将受到"谴责"(anathema),这是一种唯有教宗有权力加以赦免的"谴责"(条款 15)①。相比之下,普通法(Common Law)规定的司法惩治手段要严厉得多,对于重罪、叛逆罪等刑事犯罪行为,国王法庭可以视情节轻重实施罚金、放逐、剥夺财产、伤残肢体甚至处死等惩治。享有"教士司法豁免权"的教职人士不受世俗法庭审判,从而可以避免受到伤残肢体与死刑的处罚。

具有不同品级头衔的教职人士除了享有特权外,还受到各种禁令的限制。

教会法禁止教职人士从事世俗事务,尤其禁止教职人士履行军事义务并且动用武力(条款 7)②。基督教早期宗教会议即开始发布此类禁令,为的是使教职人士全身心地为教会服务,尤其是要求教职人士讲经布道,以上帝之言教化民众(条款 10)③。然而随着西欧封君封臣制度的发展,大量的主教、修道院长等高级教职接受了世俗君主授予的"世俗性地产",与地产封授人结成某种类似于封君封臣的关系,履行某种类似于封臣的义务。由于"世俗性地产"封授关系的存在,在教、俗两界的关系中融入了封君封臣制度的因素。那些领受了"世俗性地产"的高级教职,在教、俗两界兼具双重身份、承担双重职责,既服务于教皇,也参与国王政府的运作。在中世纪西欧的二元权力体系中,教会法的规定并不能阻止教职人士从事世俗事务。

进入正级神品的教职人士还受到婚姻禁令的限制。第二次拉特兰宗教会议规定:副执事以上的正级神品教职不得接纳妻子或情妇,触犯这一禁令者将被剥夺教职和圣俸。与这项禁令相关联的,是教会法关于"教士"的定义:无论在事实上还是在名义上,教士都应当成为上帝的殿堂、成为神的选民、成为圣灵的至圣所,因而,必须保持自身的纯洁无瑕(条款 6)④。如此之高的职业定位,将教士视为神意表达的通道、人与神交往的中介。从事这一神圣

①　Norman P. Tanner, S. J. (edited), *Decrees of the Ecumenical Councils*, volume one, p. 200.

②　ibid., p. 90.

③　ibid., pp. 146—147.

④　ibid., p. 198.

职业的人，必须保持禁欲的独身生活，才能树立起"纯洁无瑕"的完美形象。这样的职业要求，将正级神品的教职人士改造成了中性人口，成为在女性、世俗男性之外的第三种性别。教会史学者 R. N. 斯旺森教授评论说：由于教职人士依然在生理上保持着男性，在文化上保持着阳性，因而充当中性角色是一件十分困难的事情，需要克制人性的弱点，对于回归男性的行为倾向时刻保持高度的警惕。①

教会法尤其对主教任职规定有严格的资格限制，1179 年召开的第三次拉特兰宗教会议列举了主教任职的几项条件：年满 30 岁；合法婚生；道德行为严谨；学识高深。对于担任诸如执事长（archdeacon）之类教职的司祭，第三次拉特兰宗教会议规定的任职年龄是年满 25 岁（条款 3）②。

但是教会法规定的禁令并不具备至高无上的权威，如果有一纸教宗特许证书在手，不具备接受神品等级条件的人也有可能破例被教职界接纳。按照惯例，教宗特许状在主教区档案中记录在册，以备在出现争议时提供物证。教区档案中保存有类似性质的教宗特许状，为研究者了解这方面的情况提供了具体的实例。一个名叫雷金纳德·伯罗（Reginald Burro）的人，左手食指第一关节畸形，按照教会法的规定身有残疾者是不准担任教职的，但是雷金纳德·伯罗经教宗特许得以担任教职，甚至被授予正级神品。约翰·奥弗多（John Overdo）是一名司祭的私生子，经过特许也担任了正级神品的教职。③教会档案中也有在进入教职界以后再解除农奴身份的记载。约克主教区的两名农奴（很可能是兄弟俩）在解除农奴身份时，已经是某一追思礼拜堂的教士了。伊利（Ely）主教区的一名追思礼拜堂教士，曾经以逃亡农奴的罪名被起诉到主教法庭。④ 这些记载表明，教会法关于非自由人不得成为教士的规定并

① R. N. Swanson, Before the Protestant Clergy: The Construction and Deconstruction of Medieval Priesthood, in C. Scott Dixon & Luise Schorn-Schütte (edited), *The Protestant Clergy of Early Modern Europe*, Basingstoke: Palgrave Macmillan, 2003, p. 41.

② Norman P. Tanner, S. J. (edited), *Decrees of the Ecumenical Councils*, volume one, p. 212.

③ J. A. F. Thomson, *The Early Tudor Church and Society*, 1485—1529, London: Longman, 1993, p. 142.

④ R. N. Swanson, *Church and Society in Late Medieval England*, Oxford: Blackwell, 1993, p. 38.

未得到严格执行，一个人在进入教职界时是否是自由之身似乎并不十分重要，这类现象在 14 世纪农奴制瓦解以后更为多见。

　　教会法要求具有正级神品的教士信守独身，但是并不意味着具有正级神品的教士没有过婚姻经历。有些人是在丧妻之后接受正级神品的圣职授职礼（ordination），在这以后才开始独身的教职生涯。还有一种极为少见的情况，就是已经有妻室的人要求进入教职界。教会档案记载了一位名叫托马斯·马斯特尔（Thomas Mastell）的人，最终克服了婚姻约束得以被教会接纳、进入正级神品。因为教会法规定教士必须保持独身，所以马斯特尔能否进入教职界的关键问题，是他在担任圣职后能否信守独身的誓约。为了对这一点进行考察，马斯特尔所在主教区的"司教总代理"（vicar-general）会见了他的妻子，在得到同意丈夫担任教职的确认，并且发誓在她的余生守节、以便使她的丈夫坚守独身后，教会为马斯特尔举行了圣职授职礼①。

　　除以上叙述的基本资格限制外，是否还需对任职者其他方面的情况进行审查？第三次拉特兰宗教会议列举了主教、执事长任职的几项条件，诸如年龄、道德、学识（条款 3）②。教会法的这项规定在教会得到了响应，在英格兰赫里福德主教区的档案记载中，可以看到对即将接受圣职者的年龄、学识、道德行为做出审查③。结合其他方面的文献史料加以考虑，所谓道德行为在很大程度上指的是在邻里中的行为举止、口碑如何。由于堂区教职的一项主要职责是为教徒主持礼拜仪式，在对任职者的文化学识进行审查时，礼拜仪式用语——拉丁文的认读能力，恐怕也是必须加以审查的一项重要内容。如果接受教职的人毕业于大学，那么就有可能忽略对于拉丁语言能力的考察，转而更加注重考察任职者的年龄和道德行为。

　　据档案材料记载，一位名叫乔治·博西里（George Beausire）的教士，他在 1524 年 9 月升为副执事神品之前，接受过审查，在 1526 年的 3 月成为执

---

　　①　J. A. F. Thomson, *The Early Tudor Church and Society*，1485—1529，pp. 142—143.

　　②　Norman P. Tanner, S. J. (edited), *Decrees of the Ecumenical Councils*，volume one，p. 212.

　　③　J. A. F. Thomson, *The Early Tudor Church and Society*，1485—1529，pp. 144—145.

事之前又接受了一次审查①。乔治·博西里前后两次经历的审查表明：似乎不同神品等级的教职对任职者有不同的要求，每一次职位升迁都需要接受审查。但是对于不同神品等级的教职如何进行审查、审查的标准是什么，档案材料的记载并不是十分详细明确。

任职资格审查由主教区管理机构的不同成员主持，可以是主教本人，也可以是执事长、教务总长(Official Principal)、代理主教，或者是"主教座堂教士团"(Cathedral Chapter)。法兰克国王查理在781年主持召开的曼图瓦宗教会议(Mantua Assembly)重申了教会的规定，要求教士任职由当地主教加以审查(条款5)②。来自其他主教区的教士或新任教职者，需要出示原驻地主教区开具的推荐信，这是公元451年查尔斯顿宗教会议(Council of Chalcedon)的规定(条款13)③。教会档案中也有关于在接受圣职时欺骗虚报行为的记载，有些是当事人在行忏悔礼(penance)时主动透露出来的。在圣职授职时避免欺骗虚报行为的发生，也是主教、执事长巡查教区的重要内容。如果在教区巡查时发现有可疑之处，还需重新展开审查。

二、"有圣俸教职"与"无圣俸教职"

教职人士依照收入来源可以分为两类：一类是持有圣俸的"有圣俸教职"(beneficed clergy)，另一类是不持有圣俸的"无圣俸教职"(unbeneficed clergy)。"圣俸"由拉丁文的"采邑"(*beneficium*)一词演变而来，主要形式是圣职躬耕田(glebe)与什一税(tithe)收入。

教职人士享有圣俸的神学依据，源自于使徒时代确立的一项原则：在祭坛提供服务的人，就依靠祭坛生活。使徒保罗在《哥林多前书》中曾经说过："你们岂不知为圣殿服务的人，就吃圣殿中的食物吗？伺候祭坛的，就分领祭坛上的物吗？主也是这样命定，传讲福音的人依靠福音生活。"④

圣俸是教会"自由持有"的产业，在教会的观念中视为上帝的财产，受到教会法的严格保护。公元869—870年召开的第四次君士坦丁堡宗教会

---

① J. A. F. Thomson, *The Early Tudor Church and Society*, *1485—1529*, p. 145.
② Patrick J. Geary (edited), *Readings in Medieval History*, p. 283.
③ Norman P. Tanner, S. J. (edited), *Decrees of the Ecumenical Councils*, volume one, p. 93.
④ 1 Corinthians, 9：13—9：14.

议(the Fourth Council of Constantinople)确定了一项"永代让渡"的原则：俗界将某块地产或某种权益移交给教会，30 年以后即成为教会持有的永久性产业，禁止还俗或移作他用(条款 18)①。确立这项原则的用意，是避免这样的让渡发生逆转从而使教产重新流入世俗之手。在此之前的查尔斯顿宗教会议就已经启动了针对修道院的"永代让渡"原则：修道院一经祝圣，即成为永久性的修道院，禁止还俗或移作他用(条款 24)②。为了确保"永代让渡"的原则得以执行，教会法禁止将教会财产出售和转让(条款 15)③。不仅禁止主教和修道院长等教职人士转移、让渡、赠送教会财产，违犯者被逐出主教区或修道院(条款 12)④；也禁止世俗人士处置教会财产，因为世俗人士的本分是"服从"而不是"管辖"(条款 44)⑤。

持有圣俸的教职人士必须专心侍奉上帝的事业，禁止为世俗服务(条款 13)⑥。使徒在《提摩太后书》中有过这样的言论："凡是在军中服务的，不得以日常事务缠身，为的是让招募他当兵的人喜悦。"⑦依照使徒的这段言论，第三次拉特兰宗教会议规定：凡是进入教职界的人，无论是正级神品还是初级神品，一经领受了"圣俸"就应当远离世俗事务，避免成为君主或世俗人士的侍从(条款 12)⑧。

在圣职授职礼上，需要向接受圣职的教士授予一个头衔。公元 451 年召开的查尔斯顿宗教会议宣布：未授予头衔的教职无效，未获得头衔的教士不得履行教职(条款 6)⑨。由于档案记载有限，关于"头衔"的具体内容目前还不是十分清楚。据推测，头衔恐怕就是任职者是否持有"圣俸"的标志。教会档

---

① Norman P. Tanner, S. J. (edited), *Decrees of the Ecumenical Councils*, volume one, p. 180.
② ibid., p. 98.
③ ibid., p. 177.
④ ibid., pp. 147—148.
⑤ ibid., p. 254.
⑥ ibid., p. 176.
⑦ 2 Timothy, 2：4.
⑧ Norman P. Tanner, S. J. (edited), *Decrees of the Ecumenical Councils*, volume one, p. 218.
⑨ ibid., p. 90.

案的一段记载可以证明这一点：牛津大学在 1488 年举行的一次圣职授职仪式上，有 39 名襄礼员受到祝圣，其中 16 人是"有圣俸教职"，余下的 23 人是"无圣俸教职"。这次授职仪式还祝圣了 20 名副执事，其中 10 人是"有圣俸教职"，另外 10 人是"无圣俸教职"①。

"有圣俸教职"与"无圣俸教职"的主要区别在于收入来源。如果有圣职推荐人为某一位教士提供圣俸，或者教士本人将家族产业转化成为"圣俸"，就有机会成为"有圣俸教职"。圣俸是教堂的永久性产业，可以为持有者提供稳定的收入来源。教士一旦得到圣俸，不仅意味着有资格得到一份稳定的圣职躬耕田与什一税收入，而且意味着终身教职，除非年老退职或犯罪，极少有被剥夺的情况发生。因此，持有圣俸的教士有"教职界绅士"的美称。然而圣俸的数量是相对固定的，不足以使每一位教士都成为有圣俸教职。那些没有寻找到圣俸的教士就只能作为"无圣俸教职"求领取薪俸的教士职位。一般而言，无圣俸教职的收入低且不稳定，通常被称作"教职界无产者"。

在中世纪，临时性教职的种类很多。堂区住持出于种种原因必须远离堂区时，往往出资延请一名教士代为照管堂区。有些教堂设有执事、副执事，这类教职是堂区住持举行礼拜仪式的助手。还有一些教堂附属有礼拜堂（chapel），需要有忏悔神父（chaplain）主持。有些贵族之家也设有礼拜堂，聘请私家神父（household chaplain）主持。行会或某些慈善团体也需要聘请忏悔神父，为团体成员提供宗教服务。

《马太福音》记载了耶稣基督的一段教诲："一个人不能侍奉两个主，因为不是痛恨这个就是热爱那个，或者看重这个而轻视那个。"②基于福音书的这段记载，教会法禁止教士兼领圣俸和教职（pluralism）。第二次尼西亚宗教会议认为，兼领圣俸与教职带有不择手段谋取利益的意味，不仅背离了教会的传统习俗，而且背离了上帝的教诲（条款 15）③。第三次拉特兰宗教会议要求教职人士居于任职的教区，履行"照看"教区的责任。这次宗教会议也指出：

① J. A. F. Thomson, *The Early Tudor Church and Society*, *1485—1529*, p. 143.

② Matthew, 6：24.

③ Norman P. Tanner, S. J. (edited), *Decrees of the Ecumenical Councils*, volume one, p. 150.

某些利欲熏心之人贪婪无度，在两个、三个甚至超过六个教堂任职，从而使
教区疏于管理，对灵魂救赎构成威胁（条款 13，条款 14）①。在做出上述规定
的同时，教会法也为特殊情况下的兼领圣俸和教职留有余地。只要得到教皇
的特许，兼领圣俸与教职就成为合法行为。

　　兼领圣俸与教职固然有渎职之嫌，然而也不应当一概而论。对于那些不
承担教牧职责因而无须居于教区的教职（如主教座堂教士团成员）而言，兼领
并兼顾多个教职尚不至于对教区管理造成伤害，只有兼领主教、执事长、堂
区住持之类必须居于教区的教职，才有渎职之嫌。某些性质的兼领教职固然
是贪图财富的表现，但是对于贫穷的教区，兼领教职也是出于无奈而采取的
一种摆脱贫困的办法。社会经济的变迁引发人口的迁移，有可能造成某些堂
区居民数量减少。堂区居民的数量一旦减少到严重的地步，不仅使堂区的设
置变得毫无意义，也使堂区的经济收入（尤其是什一税收入）大量减少。多佛
城的圣约翰教堂、圣马丁教堂在 16 世纪初就陷入了这样的经济困境，以至于
圣约翰教堂监管人（churchwarden）在 1512 年抱怨说：他所在的堂区收入已经
减少到不足以供养一名住持的地步②。走出这种经济困境的办法，就是合并
堂区并且允许堂区住持兼领圣俸或教职。

　　教会法鼓励教职人士始终如一地在同一座教堂或修道院任职，禁止教职
人士在不同的主教区之间频繁改变任职地点，第一次尼西亚宗教会议决议中
就有这样的规定（条款 15）③。教会法做出这样的规定，是基于使徒保罗的建
议："各人在蒙召的时候是什么状况，就要守住这状况"④。"尊敬的比德"堪
称执行这项任职规则的典范，自从九岁进入隶属于本笃修道团体（Benedictine
Order）的贾罗修道院（Abbey of Jarrow）之后，终其一生都在是贾罗修道院度
过。在 53 年的修道生活中，"尊敬的比德"只在林第斯法恩（Lindisfarne）与约
克（York）有过短暂停留。

---

　　① Norman P. Tanner, S. J. (edited), *Decrees of the Ecumenical Councils*, volume
one, p. 218.

　　② J. A. F. Thomson, *The Early Tudor Church and Society*, 1485—1529, p. 173.

　　③ Norman P. Tanner, S. J. (edited), *Decrees of the Ecumenical Councils*, volume
one, p. 13.

　　④ 1 Corinthians, 7：20.

三、居于俗界的教士

所谓"居于俗界的教士"（clergy in Secular），指的是负有教区管理之责的教职人士。这部分教士生活在世俗身份的基督徒中间，组织并且管理日常的宗教活动与宗教生活，负有传播与维系基督信仰的使命。

1. 教宗与教廷

教区教职在中世纪形成了自上而下层层划分的权力体系，在组织结构上呈现出金字塔形状。在金字塔权力结构的顶端是教宗以及辅佐教宗的教廷。教宗作为罗马主教（Bishop of Rome），被认为是使徒彼得的继承者，教宗的权力的神学基础是《马太福音》的一段记载："你是彼得，我要把教会建立在这座岩石上；地狱的大门不能胜过它。我把天国的钥匙交与你，凡是你在地上捆绑的，也将在天国捆绑；凡是你在地上释放的，也将在天国释放。"[①]

教宗不仅是中世纪拉丁基督教会的宗教领袖，也是教会事务的管理人。11世纪格里高利改革[②]以后，教宗的地位得到加强，教宗选举制度也得以进一步完善。第三次拉特兰宗教会议规定：当枢机主教团选举教宗的时候，得到三分之二以上多数票的候选人即可以当选为教宗[③]。尤其是1215年第四次拉特兰宗教会议以后，宗教会议成为拉丁基督教会的象征，由教宗与枢机主教团组成的教廷作为教会常设执行机构的地位更加明确，对于拉丁基督教会可以行使广泛的权力：

（1）召集宗教会议的权力。中世纪拉丁基督教世界的宗教公会议（General Council）由拥有主教神品的教职人士参加，主要职能是阐述宗教教义与制定法律。宗教会议由教宗召集，宗教会议通过的决议（包括宗教会议阐述的教义）在经过教宗确认之后才能生效。这样的运行机制，貌似教宗凌驾于教会之上。实际上，教宗与宗教会议的关系，在很大程度上类似于世俗君主与等级会议

---

①　Matthew，16：18—16：19.

②　格里高利在1073年当选教宗，是为格里高利七世（Gregory Ⅶ，1073—1085年在任）。在教宗利奥九世（Leo Ⅸ，1048—1054年在任）任职期间，格里高利在教廷发挥重要的影响力，开始推动教会改革，意在强化教会的独立地位。格里高利改革的主要内容是要求教职人士信守独身的禁欲生活，禁止买卖圣职。

③　Norman P. Tanner, S. J. (edited)，*Decrees of the Ecumenical Councils*，volume one，p. 211.

的关系。教宗处于宗教会议当中,两者之间是一种协商的关系,教宗不能对宗教会议行使专制的权力。

(2)制定法律的权力。中世纪的教会法有两个来源,一个是宗教会议的决议(decretum 或 canon),另一个是教宗颁布的教令(decretales)。教令主要经由教宗法庭颁布,其内容在很大程度上就是教宗法庭的裁决。教宗本人身兼罗马主教的职务,主持设在罗马的"主教听审法庭"(Court of Audience),审理司法案件。然而与其他主教区的听审法庭不同的是,罗马主教的听审法庭不仅审理罗马主教区内的事务,也审理来自各个教省的上诉案。12 世纪 40 年代以后,源源不断的教会法学家开始为教宗服务,某些教宗本人就是造诣高深的法学家,不仅对教会法研究有术,而且具有丰富的司法实践经验。教宗法庭发布的教令出自于教会法学家之手,具有相当高的专业水准。教令不是一经形成便固守不变的法律,而是具有更新能力因而也更加具有生命力的法律。历代教宗陆续颁布的教令一旦出现前后抵牾之处,可以由现任教宗发布新的教令做出修正。

(3)对教会事务的终审裁决权。教会法把教宗奉为尘世的最高仲裁人,教廷成为中世纪拉丁基督教会的最高上诉法庭。有关拉丁基督教会的重大事务,或者各地教会组织难以处理的事务,都可以提交给教廷审理。如果对主教区法庭的裁决不服,也可以向教宗法庭上诉。教会法还赋予教宗多项独享的司法权:谋杀主教的指控由教宗法庭审理,意味着只有教宗才能对谋杀主教的罪行给予赦免,这也是拉丁基督教会对拥有主教神品的高级教职人士施加的一种特殊保护;属于教会法禁令之内的某些事务,或者与教会法相违背的某些行为(如婚约的废除,教职人士不居教区),只有经过教宗发放特许证书才能实施。

(4)对拉丁基督教各教省、各主教区的最高管理权。从理论上说,教宗对拉丁基督教世界的各个教省与主教区拥有最高管理权。但是拉丁基督教世界地域广大,教会事务繁多,教宗不可能事必躬亲。在很多情况下,教宗都是委派大主教、主教,或教宗特使处理各地教会的事务。拉丁基督教会设置有一些必要的程序用以体现大主教、主教、特使的权力来自于教宗:开辟新的教省必须由教宗批准;大主教、主教的任免权由教宗执掌,等等。

(5)对于宗教事务的权力。作为使徒彼得的继承人,教宗掌握天国的钥匙，在尘世拥有禁释之权，其中包括赦免罪恶的权力。基督教规定教徒定期向教会忏悔罪恶，但是并不能从制度上确保教徒遵守教会的规定。大量的教徒只有到了濒临死亡的时候，才感到忏悔罪恶的必要，然而此时已无力以忏悔后的苦行赎罪了。诸如此类的情况，促使教宗从 11 世纪起开始为教徒赦免罪恶。最初是为参加十字军东征的教徒赦免罪恶，发动东征的教宗乌尔班二世(Urban Ⅱ)号召向圣地的异教徒宣战，并且宣布一切参加东征的人，都将使罪恶得到赦免①。这是教宗第一次批量赦免教徒的罪恶，是集体的赦免活动。在此之后，教宗每组织一次东征，就宣布一次对参加者罪恶的赦免。诸如此类以"圣战"赎罪的活动，一直持续到 14 世纪。11 世纪以后，教宗赦免罪恶的方式趋向多样化，除了圣战之外，还有发放赎罪券，实行大赦年。

中世纪的教宗没有阐述宗教教义的权力，但是教宗拥有判定某种宗教学说是否"正确"的权力。在涉及宗教教义的问题上，教宗实际上是处于仲裁人的地位。这就意味着教宗可以行使判定宗教异端、谴责错误宗教信仰的权力。教宗在判定宗教异端时，通常是做一个陈述，指明宗教会议阐述的宗教教义是什么，宗教异端如何违背了正确的宗教教义。由于教宗法庭是拉丁基督教世界的最高上诉法庭，所以某种宗教学说一旦经由教宗判定为异端，就再也没有申诉的机会了。处于宗教教义仲裁人地位的教宗，在事实上成为尘世间拥有宗教神学最高权威的个人。如果说宗教会议是尘世间拥有阐述宗教教义权力的集体，教宗就是尘世间最接近这种权力的个人。

教宗还拥有敕封圣徒的权力。大约从 1200 年起，教宗掌握了敕封圣徒的权力，围绕着敕封圣徒也形成了具体的司法程序：由各地教会提名；教宗法庭审查批准，确定纪念日，列入统一的教会历法。但是各地圣殿供奉的圣徒遗物与圣像中，依然有许多未经教宗批准的圣徒，说明教宗敕封圣徒的权力并没有得到各地教会的普遍接受。

(6)征收赋税的权力。中世纪早期，并未形成各地教区向教宗纳税的制度，教宗只能以主教的身份在罗马主教区内征税。这一时期，教宗收入几乎只有来自罗马主教区的地产收入，还有一部分来自教宗国区域内居民交纳的

---

① Louise and Jonathan Riley-Smith (edited), *The Crusades：Idea and Reality*, *1095—1274*, London：Edward Arnold, 1981，p. 37.

贡赋。11 世纪的教会改革以后，随着教宗权力向拉丁基督教世界的普遍伸展，逐渐确立起教宗向各个教区的税收权。此时的教宗税收，已不仅仅是一种经济收入，而是体现了对于"人"的权力。

首先是圣职授职费。从理论上说，教宗拥有对于"主教"神品教职（俗称"高级教职"）的任命权。但是实际的情况是，大量高级教职往往由任职所在地的世俗君主指定候选人，然后由教宗批准，正式授予圣职。教宗在向主教神品教职发布任命敕书时，收取"任职评议费"（common service）。此项税收按照收入比例征收，大体上相当于任职者年收入的三分之一，年收入越高，征收的税费也越高。任职评议费并不是全部归教宗所有，而是由教宗与枢机主教团分享，大体上是各取二分之一。教宗还掌握数量相当多的主教神品以下教职的任命权，这类教职在得到教宗正式任命之后的第一年，也需要向教宗交纳税款，称为"岁贡"（annate）。岁贡的数量取决于这类教职的圣俸数量：圣俸年收入超过 100 佛罗林（florins）者，交纳三分之一；圣俸年收入不足 100 佛罗林者，交纳全部收入。

其次是十分之一税（tenth）。之所以称为"十分之一"税，是因为其征收数量按照圣俸收入的十分之一比例征收，如：一个"十分之一税"，两个"十分之一税"，半个"十分之一税"。十分之一税是一种不定期征收的赋税，每逢教宗征收十分之一税，需要先向各教省提出要求，然后由教省的教职会议批准。

2. 大主教与教省

大主教（archbishop）是"大主教区"（archbishopric）的最高教职，直接隶属于罗马教宗和教廷。"大主教区"在地理范围上沿用了罗马帝国时代"行省"的行政区划，因而也称为"教省"（province）。例如，公元 1 世纪罗马人征服不列颠以后，曾经依照距离罗马的远近，把不列颠划分为"上不列颠行省"与"下不列颠行省"；这两个行省在此后演变成了英格兰的两个教省——坎特伯雷教省与约克教省，其中，坎特伯雷教省大体相当于"上不列颠行省"，约克教省大体相当于"下不列颠省"。在历史上，罗马帝国建立行省区划在先，基督教会设立管理体系在后，将教会的组织机构与罗马帝国的行政区划相适应，因循并且借助世俗社会的组织体系，显然有利于教会的发展。

教宗作为拉丁基督教世界的领袖，统领广大地域范围内的宗教与教会事务，在很多情况下鞭长莫及，难以事必躬亲。驻跸在各个教省的大主教作

"教宗使节"（legatus natus），有资格代表教宗行使权力。每一位大主教都必须在任职后的三个月之内访问罗马，在向教宗提交"信仰表白"后，由教宗授予一个羊毛织成的围巾（pallium）。大主教在执行公务时需要佩戴它，象征着他的权力来自罗马教宗，有资格代表教宗行使权力（条款5）①。

大主教代表教宗行使的权力是多种多样的，首先是代表教宗为世俗君主加冕。在欧洲大陆上，世俗君主的加冕礼通常由教宗亲自操作。历史上有两次著名的加冕礼都是由教宗亲历亲为：公元800年，教宗利奥三世（Leo Ⅲ，795—816年在任）为法兰克国王查理曼加冕，授予他"罗马人皇帝"的称号；公元962年，教宗约翰十二世（John Ⅻ，955—964年在任）为德意志国王奥托一世（Otto Ⅰ，936—973年在位）加冕，开创了"神圣罗马帝国"之始。英格兰因为偏居欧洲一隅，国王的加冕礼通常由坎特伯雷大主教操作。因为大主教佩戴着教宗授予的围巾，他主持的加冕礼同样被认为具有"君权神授"的象征意义。中世纪早期的国王对于这项传统很看重，1066年"虔信者爱德华"（Edward the Confessor，1042—1066年在位）去世之后，埃塞克斯伯爵哈罗德·戈德温森（Harold Godwinson）凭借实力由贵族会议选立为王，但是他拒绝由当时的坎特伯雷大主教斯蒂根德（Stigand，1052—1070年在任）加冕，原因是这位主教不拥有教宗授予的围巾。哈罗德认为斯蒂根德是未经教宗授权的大主教，唯恐由他主持的加冕礼被视为无效而在日后引起王位合法性纠纷。

在有需要的时候，大主教作为"教宗使节"承担外交使命，代表教宗协调与各地世俗权力的关系，这类使节一般都是常驻某一国或某一地。公元451年的查尔斯顿宗教会议禁止教职人士动用武力（条款7）②，因而通过和平的外交手段处理教俗关系就显得尤为重要。派遣常驻使节展开外交活动，恐怕是教宗首创的一种外交形式。当西欧各国还没有普遍派遣常驻国外使节的时候，教宗使节确实为教宗展开外交提供了一个重要的通道和方式。

作为"教宗使节"，大主教在各自的辖区内代表教宗行使司法审判职能，或者是发放某种特许证书。大主教拥有教省之内的最高司法审判权力，主要

---

① Norman P. Tanner, S. J. （edited），*Decrees of the Ecumenical Councils*，volume one，p. 96，p. 236.

② ibid.，p. 90.

是借助于上诉法庭，审理来自各个主教区的司法上诉案件。公元451年的查尔斯顿宗教会议确定了一项原则：教职人士之间的纠纷，由所属教区的主教裁决；教职人士与主教之间的纠纷，由大主教法庭裁决(条款9)①。

大主教有权力召集教省一级的教职会议。各个教省定期召集教职会议，是一个历史悠久的传统。公元325年，第一次尼西亚宗教会议要求每年举行两次教省一级的教职会议，其中一次在复活节大斋期之前，第二次在秋季结束之后(条款5)②。查尔斯顿宗教会议在公元451年不仅再次要求各个教省每年召集两次教职会议，而且进一步规定：如有主教无故缺席教职会议，将受到同侪主教的训斥(条款19)③。长途跋涉出席教职会议需要付出相当多的人力和物力，为了减轻主教们每年两次出席教职会议的人力物力负担，有些教省将教职会议的召集频率改为每年一次。第二次尼西亚宗教会议在公元787年对于这一变化做出确认(条款6)④。1215年，第四次拉特兰宗教会议责成大主教每年召集一次教职会议，"以敬畏上帝之心，孜孜以求地消除并且纠正道德行为方面的不当之处，尤其是教职人士的道德行为"(条款6)⑤。经历过漫长的演变过程，教职会议最终也形成了与中世纪等级会议的建制相类似的两院制：主教与修道院长等高级教职组成一个"院"，来自教区与修道院的下层教士代表组成另一个"院"。

教职会议拥有立法权，有权力针对本教省的教会事务制定法律。出席教职会议的教士针对教省之内带有普遍性的问题展开讨论，并且达成相应的决议，这样的决议在教省之内具有教会法的效力。教职会议还拥有批准税收的权力，每逢教宗或世俗君主向教职界提出征税的要求，需要经过教职会议"同意"方可实施。

3. 主教与主教区

主教是"主教区"(diocese)的最高教职，具有三重职能：(1)教区管理。涉

---

① Norman P. Tanner, S. J. (edited), *Decrees of the Ecumenical Councils*, volume one, p. 96, p. 91.

② ibid., p. 8.

③ ibid., p. 96.

④ ibid., pp. 143—144.

⑤ ibid., p. 236.

及主教区的宗教事务、教堂的财产和设施，都处于主教的权力之下。(2)教职界管理和监督。包括向司祭神品级别的教士授圣职，将他们安置到主教区内的各个教堂。(3)司法审判。主要是以司法审判的手段，对教区内的僧俗两界成员实施教会法。中世纪教会组织的机构建制有一个特点：行政、司法不分，教会的行政管理机构与司法审判机构合二为一，行政管理行为也往往是司法审判行为。教会法庭不仅是施行司法审判的场所，也是行政管理和税收监督机构。在这样的体制之下，主教对教区的管理大多是借助于法庭的司法审判行为实现的。

事实上，主教一人难以独自掌管如此众多的事务。为了"使教会事务不致无人审理，教堂财产不致散失"，查尔斯顿宗教会议要求各个主教区"设立管理人，协助主教处理教会事务"(条款 26)[1]。公元 787 年召开的第二次尼西亚宗教会议责成各个教省的大主教对此加以检查，向尚未执行宗教会议决议的主教区派遣管理人(条款 11)[2]。

由于教会法的上述规定，最终形成的局面是：主教的职能被分割成几个部分，由主教区内设立的相应办事机构承担。以中世纪的英格兰教会为例：司教总代理的主要职责是代表主教巡查教区，在巡查的过程中获取涉及教职人士的诉案进而实现对教职界的管理，对诸如不居教区、不履行教职、道德行为不端的教士实行惩戒；"教务总长"主持主教常设法庭(consistory court)，审理涉及民事诉讼的"起诉案"，诸如婚姻纠纷、契约纠纷等；代理主教为主教分担一些宗教方面的职能，执行某些临时性的宗教使命，诸如主持圣职授职礼，为主教区内各墓地、教堂、礼拜堂祝圣，主持坚振礼(confirmation)。主教座堂教士团行使的权力是多方面的，其中包括：协助主教经营主教区地产、管理主教座堂；当主教座空位时，代行主教职权或协助司教总代理管理教区，并且推荐新的主教人选。

教会法注重对于主教任职的规范，从公元 325 年第一次尼西亚宗教会议起就陆续做出了相关规定。到 1179 年第三次拉特兰宗教会议时，终于形成了

---

[1]　Norman P. Tanner, S. J. (edited), *Decrees of the Ecumenical Councils*, volume one, p. 99.

[2]　ibid., p. 147.

关于主教选任程序的明确表达。为了避免因主教职位长期空缺而使教会财产和教区管理受到伤害,公元451年的查尔斯顿宗教会议规定:当主教职位告缺之后,必须在3个月之内为新任主教举行圣职授职礼(条款25)①。教会法把推荐主教人选的权力授予主教座堂教士团,依照第三次拉特兰宗教会议的规定:如果主教座堂教士团不能对主教人选形成决议,由教省范围内的教职会议就此问题实行裁决(条款3)②。

由于教会法的上述规定,教士团享有对所在主教座堂主教职位的选举权。为了避免俗界干预主教选举,第一次拉特兰宗教会议(First Lateran Council)规定:非经主教座堂教士团选举,任何人不准为其他主教人选举行圣职授职礼,违者将被免除职务并且永不续用(条款3)③。然而实际的情况是,世俗权力对主教任命的干预日益严重,教士团享有的选举主教的权力越来越流于形式。在英格兰,教会曾经多次向国王请愿,伸张教会的这项权利。世俗君主迫于压力,也多次做出尊重教会选举权的承诺。亨利一世(Henry Ⅰ,1068—1135)在1100年发布的加冕敕书(*The Coronation Charter*)中,承认"上帝的教会享有自由"(条款1)④。英格兰国王约翰(John,1167—1216)在1215年发布的《大宪章》(*Magna Carta*)中,也重申教会拥有选任主教的自由权利,这种权利不受国王干预(条款1)⑤。然而君主的上述承诺在很多情况下成为一纸空文,主教的职业生涯日益受到俗界的控制。

4. 堂区住持与堂区

堂区(parish)是最基层的教会管理单位,是最小的教区地理区划。堂区地理范围的大小,在很大程度上与堂区最初形成时各类教堂的布局有关。在堂区形成时,往往是以一个教堂为中心,连同周围一定区域内的居民形成一个

---

① Norman P. Tanner, S. J. (edited), *Decrees of the Ecumenical Councils*, volume one, p. 98.

② ibid., p. 213.

③ ibid., p. 190.

④ David C. Douglas & George W. Greenaway (edited), *English Historical Documents 1042—1189*, p. 433.

⑤ G. R. C. Davis, *Magna Carta*, London: British Museum Publications, 1977, p. 24.

堂区。在乡村地区，一个堂区往往就是一个村庄或一个庄园。因此，堂区地理范围的大小与它最初形成时的人口密度有一定的关联。一般来说，人口密集的城镇地区修建的教堂多，堂区的地理范围相对小一些，人烟稀少的乡村地区，堂区的地理范围就很大。

堂区住持(rector 或 vicar)，两者的身份地位不同，在职业价值上也有很大差别。"rector"持有圣职躬耕田，握有向堂区居民收取什一税的权力。最初，几乎所有的堂区都以圣职躬耕田和什一税收入供养本堂区的住持，所有的堂区住持都称为"rector"。但是从 12 世纪起，随着大批新的修道院创立，有些教堂的教产(圣职躬耕田与什一税征收权)转归修道院所有。虽然教产改变了主人，但是堂区还必须有人掌管。在这种情况下，新的教堂所有者或者以固定的薪俸或者以一定比例的教产收入，聘请教职人士代为管理堂区。这类堂区住持不再称为"rector"，而是称为"vicar"。教产所有人与"vicar"之间存在着一种契约关系：如果"vicar"得到的是固定薪俸，他实际上成为雇佣劳动者；如果"vicar"得到的是一定比例的教产收益，他实际上成为堂区收入的承包人，负责经营圣职躬耕田与什一税收入，然后向教产所有人上缴固定数额，余下部分归己。

堂区教产的这种变化不仅仅影响到堂区住持的收入来源与圣俸的数量，更重要的是引起了教职结构的变化，亦即："圣职躬耕田"持有人与堂区住持的分离，"圣职躬耕田"的持有者不一定负有照看堂区的职责，而堂区住持也不一定是圣职躬耕田的持有者。随之而出现的，是只享有圣俸而不必履行教职的教士。"rector"只需拿出圣俸收入的一部分聘请"vicar"代为照看堂区，就可以从堂区事务中脱身，享有不居教区的特权。远离堂区的"rector"有机会兼领教职，为国王、贵族、主教服务，活跃在社会生活的许多领域。

四、居于僧界的修士

所谓"居于僧界的修士"(clergy in Regular)，指的是依照修道规章规范日常修道生活的修道士。修道生活是出于对"完美生活"的追求，《马太福音》记载了耶稣关于完美生活的论述："你们因此要保持完美，一如你们在天国的父那样完美。"[1]按照基督教的价值观念，"完美的生活"就是为上帝而生存的生

---

① Matthew，5：48.

活，就是完全献身于上帝的生活，是一种排斥世俗目标的生存方式。《新约全书》中记载的众多使徒，就是因为献身于上帝而被虔诚的基督徒视为完美生活的榜样。《路加福音》记载的使徒彼得对耶稣说过的一句话，是献身于上帝、追求完美生活的自我表白："我们放弃了一切，为的是追随你。"①

中世纪的修道理想可以简单地概括为：简朴的生活，虔诚的信仰。修道者把物质的需求压缩到最低，把精神的追求发挥到极致，亦即在物质生活上处于最低点，在精神生活上处于最高点。修道生活的这些特点，决定了修道者尽量地远离尘世，自成一统洁身自好，以避免受到尘世的污染。

在历史上，基督教的修道传统起源于罗马帝国东部。修道生活从最初产生的时候起，就是以两种面目出现的。一种是个体在野外的沙漠地带过孤独的修道生活，称为"旷野修道生活"（eremitical life）②。另一种是集体的修道生活，称为"共同的生活"（coenobitic life）。

"旷野修道生活"具有更为鲜明的苦行与禁欲的色彩。所谓"苦行"，是一种对人的本性加以全面克制的行为。越是违背人性的行为，就越是被看做高等级的苦行，这是因为基督教持有一种根深蒂固的理念，笃信"心灵比身体更珍贵"（条款 22）③。这一理念发展到极端，就演变成了"惩罚肉体以拯救灵魂"。

底比斯的圣保罗（St. Paul of Thebes），在历史上被称为"隐修第一人"（the first hermit）④。罗马皇帝迪希乌斯（Decius, c. 200—251）迫害基督徒期间，底比斯的圣保罗大约在公元 250 年前后逃往沙漠地带，在旷野的山洞里独自修行几十年。圣保罗在进入沙漠开始修行时还是一位年轻人，几十年过后，当圣安东尼（St. Anthony）⑤在沙漠中发现他的时候，圣保罗已经老态龙钟、

---

① Luke, 18：28.

② "eremite"一词源自 eremia，意思是"旷野"（wilderness）。

③ Norman P. Tanner, S. J. (edited)，*Decrees of the Ecumenical Councils*，volume one，p. 246.

④ Jacobus de Voragine (translated by William Granger Ryan)，*The Golden Legend*，*Readings on the Saints*，volume I，Princeton：Princeton University Press，1993，p. 84.

⑤ 圣安东尼被认为是修道院传统的奠基人。

气息奄奄了①，他在沙漠中几乎独自度过了一生的时光。后人为圣保罗撰写了一部带有很多虚构成分的圣徒传，圣杰罗姆（St. Jerome，c. 345—420）把这部传记译成拉丁文，将这种极端的苦修方式介绍给西方的拉丁基督教会。

另外一位著名的苦修者，是被誉为"柱顶圣徒"的圣西门·斯泰莱特（St. Simon Stylites）。据传说，西门在沙漠中修造了一根高达 60 英尺的柱子，在柱顶修道 30 年直至去世。圣西门开创了另一种极端修道的范式，"斯泰莱特"（stylites）即是对圣西门的一种褒奖②。诸如此类在沙漠中苦修的极端者在修道生活的早期受到推崇，作为一种典范而被称为"沙漠之父（Desert Fathers)"。

与"旷野修道生活"几乎同时存在的，还有集体的修道生活。集体的修道生活需要有一定的生产和生活设施，以便容纳众多的修道士。公元 3 世纪时，罗马帝国东部出现了一些形成一定规模的修道院，修道院不仅有房屋、地产，还附设有医院、学校。集体的修道生活在很大程度上不同于旷野的修道生活：(1)集体修道者并不故意地摧残自己的肉体；(2)集体修道生活中具有更多的理性成分，修道者在思想和行为方面是清醒的；(3)集体修道者从事体力劳动；(4)修道者在集体中间营造出一种家庭亲朋的气氛。

拉丁基督教世界的修道生活是从罗马帝国东部传入的。公元 4 世纪时，都尔（Tours）主教马丁（Martin of Tours，c. 335—400）修建了西欧最早的修道院。此后不久，又有约翰·卡西恩在马赛设立的修道院。拉丁基督教世界的修道生活，较少受到东方极端式隐修的影响，更多的是集体的修道生活。然而，拉丁基督教世界早期的修道生活仍然具有一定的自发性，各个修道院之间各行其是，互相之间互不归属，也缺少必要的联系。

促使拉丁基督教会的修道生活发生巨大变化的，是基督教的一位圣徒——本尼狄克（St. Benedict，480—547）。"伟大的格里高利"撰写过一部本尼狄克传记，收录在《对话录》（The Dialogues）第二卷中。研究者评论这部传记："是最早出现并且最具权威"的关于本尼狄克生平事迹的记录；这部传记

① Jacobus de Voragine（translated by William Granger Ryan），*The Golden Legend*，*Readings on the Saints*，volume I，pp. 84—85.

② Bernard Hamilton，*Religion in the Medieval West*，p. 181.

连同《本尼狄克修道条例》，"是了解本尼狄克生平、理解本尼狄克性格品德的唯一依据"①。

　　这部"最为伟大的教皇为最为伟大的修士书写的传记"②在本质上是一部圣徒传记，其中不可避免地充满了各种关于本尼狄克的奇迹故事，研究者只能透过各种虚幻的描述，还原本尼狄克生平事迹的本来面目。本尼狄克出生于意大利半岛努尔西亚（Nursia）行省的一个"体面之家"，从幼年开始在罗马学习人文学科。格里高利评论本尼狄克："年轻的时候就已经具有老年人的成熟心智，因为他用美德超越了年龄"，"虽然身在尘世，却鄙视一切休闲娱乐"③。耳闻目睹罗马城奢靡的生活，本尼狄克中途辍学并且离开罗马，决意过一种"专心侍奉上帝"的生活。作为"上帝之人"与"圣洁之人"④，本尼狄克开始了在旷野中的隐修生活并且吸引了大量的追随者，进而形成了一个修道群体。大约在公元 529 年，本尼狄克在卡普亚（Capua）附近的蒙特-卡西诺（Monte-Cassino）峡谷创建了一座修道院。为了对修道生活加以规范，本尼狄克为修道院制定了一套规章，称为《本尼狄克修道条例》。这部修道条例并非凭空杜撰，而是参照了在东方基督教世界流行的圣巴尔（St. Basil, c. 330—379）修道条例⑤，又凭借本尼狄克本人作为修道院长的经历，经过补充、修改而形成文本。本尼狄克死后就葬在蒙特-卡西诺修道院，位于施洗者约翰礼拜堂中。

　　正是这部《本尼狄克修道条例》，为西方教会的修道生活带来了统一的规范。《本尼狄克修道条例》要求修道者在矢志于修道生活时，立下三项誓言。第一项誓言是贫穷（poverty），要求修道者放弃一切个人财产。修道士"不拥有任何属于自己的东西，……甚至他们的身体和意志都不由自己支配"（chapter 33）⑥。第二项誓言是贞洁（chastity），要求修道者保持独身，戒绝一切性

---

① Edmund G. Gardner（edited），*The Dialogue of St Gregory the Great*，London：Philip Lee Warner，1911，p. XXII.

② Edmund G. Gardner（edited），*The Dialogue of St Gregory the Great*，p. XXII.

③ ibid. , p. 51.

④ ibid. , p. 52, p. 58.

⑤ ibid. , p. XXII.

⑥ Patrick J. Geary（edited），*Readings in Medieval History*，p. 173.

行为。第三项誓言是服从(obedience)，修道士绝对地、无条件地服从修道院长与修道条例的约束，因为"经由服从的道路才能到达上帝面前"(chapter 71)①。本尼狄克虽然把贫穷、贞洁、服从看做是矢志修道的前提条件，但是并不把修道士放弃的东西视为"罪恶的"，也不阻止世俗身份的教徒保有财产、婚姻、自主性。在本尼狄克看来，财产、婚姻、自主性都是合法的，只不过与修道生活不相兼容。

除了上述三项誓言之外，《本尼狄克修道条例》还要求修道者从事劳动，尤其是露天的劳动。在本尼狄克看来，"无所事事是灵魂的敌人"，在"上帝日课"之外的空闲时间应当用体力劳动加以充实(chapter 48)②。但是本尼狄克只是提倡劳动，并不实行强制性的劳动。《本尼狄克修道条例》还要求修士相对稳定地生活在某一座修道院中，甚至是终生生活在同一座修道院，除非教会另有指派。这种减少修士流动的措施，是为了使修道生活不至于经常性地受到干扰。

《本尼狄克修道条例》体现的宗教价值观，简单地概括即："简朴的生活，虔诚的信仰。"修道生活的主要内容是集体的诵经仪式。同一修院的修道士每天几次聚集在礼拜堂，集体吟诵《赞美诗》(Psalm)与其他经文。这项活动称为"上帝日课"(Divine Office)。"上帝日课"也是一种礼拜仪式，然而与其他公共礼拜仪式(尤其是七项礼拜仪式)不同的是，"上帝日课"没有世俗人士参加，是修道团体举行的集体诵经仪式。

"上帝日课"每昼夜举行8次：子夜时分举行的一次称为"子夜祷"(mattins)；子夜之后举行的第一次集体诵经称为"晨祷"(lauds)；拂晓时分举行的集体诵经仪式称为"初祷"(prime)，通常为早上6点；拂晓之后第三个小时举行的集体诵经仪式称为"三祷"(terce)，通常为上午9点；拂晓之后第六个小时举行的集体诵经仪式为"午祷"(sext)，通常为正午12点；拂晓之后第九个小时举行的集体诵经仪式为"午后祷"(none)，通常为下午3点；日落时分举行的集体诵经仪式称为"黄昏祷"(respers)，通常为掌灯时分的6点；就寝之前的一次称为"晚祷"(complines)，通常为晚上9点。在每昼夜8次举行的诵

---

① Patrick J. Geary (edited)，*Readings in Medieval History*，p. 186.
② ibid.，p. 177.

经仪式上,每一次都诵读固定的《圣经》段落与赞美诗。

设立"上帝日课"的首要目的,是确保修士每天用一定的时间诵读经书,以达到熟读《圣经》的目标。《本尼狄克修道条例》要求修道士每天用4个小时的时间诵读经文。但是"上帝日课"不是简单的读经活动,其追求的境界是"使心灵与诵经的声音融为一体"(chapter 19)①。为了达到这样的效果,修道生活设计了一套固定程序的唱经仪式。举行"上帝日课"时,需要身着教士服饰,祭台上有点燃的蜡烛,仪式进行中间有唱诗班唱诗。由于仪式的日趋复杂,到公元9世纪时,每日8次的"上帝日课"所用时间已不限于4个小时。在11世纪晚期,克吕尼修道院每天用于"上帝日课"的时间几乎达到了8小时。

早期教会时期,旷野中的隐修者"在孤独中强化对于信仰的体验",强调的是信仰的个体性,亦即个人的宗教体验。集体的修道生活则强调基督教信仰的社会性,将个人的宗教虔诚融入集体的宗教虔诚之中。早期教会的隐修者与殉道者是个人单独面对人性中的邪恶,是对人性中的"恶"展开单打独斗。修道制度建立以后,是集体面对人性中的邪恶,以个体的合力共同抵制人性中的恶。如果说早期教会时期的基督徒从殉道者与隐修者那里获得信仰的影响力,那么修道制度形成以后,信徒们主要是从修道士那里获得影响力。

第三节　世俗身份的基督徒:积极的生活

积极的生活是入世的生活,在中世纪的西欧是世俗身份的基督徒采取的生活方式。如果说教职身份的基督徒构成了狭义的"教会"组织,那么广义的"教会"还应当把世俗身份的基督徒包括其中。

一、教堂建筑

基督徒生活在以教堂为中心的宗教社区之中,教堂建筑凝聚了基督教信仰的众多元素,是构成基督教社区认同感和归属感的重要标志。

首先,教堂是基督教信仰的物质载体,是举行公众礼拜仪式的场所。除了周期性的集体礼拜仪式,教徒一生中每逢遇有重大事件也都需要在教堂举行宗教仪式。儿童出生以后在教堂举行洗礼,从而为自然人加上了基督教的

---

① Patrick J. Geary (edited), *Readings in Medieval History*, p. 170.

标记。教徒结婚虽然不一定在教堂举行婚礼(matrimony)，但是需要在教堂发布缔结婚约的公告，这是第四次拉特兰宗教会议的强制性规定(条款 51)①。教会法的这项规定不仅是为了对基督徒的婚姻加以规范，避免触犯婚姻禁忌的秘密婚姻出现，而且使基督徒的婚姻具有"神订"的意义。教徒去世之后，在教堂停放灵柩并举行安息弥撒，然后埋葬在教堂墓地，等待着上帝对灵魂的末日审判。可以说，基督徒从生至死的全部生命都与教堂乃至教堂中的礼拜仪式息息相关。借助于在教堂举行的宗教仪式，"人们成为基督徒，并且依照基督徒的方式生活，这样的生活既是个体的，也是群体的"②。

　　其次，教堂的建筑格局彰显了基督教关于上帝的信仰和理念。在罗马帝国后期，教堂建筑通常是长方形。在长方形的一端有一个半圆形小室，里面设有祭台，这里是主持礼拜仪式的地方。教堂的中央，是唱诗班的位置。唱诗班的周围有矮栏杆，栏杆之外是出席礼拜仪式的会众。在举行礼拜仪式时，主礼者通常是站在祭台之后，面向教徒会众。这样的教堂格局，在设计上以教徒会众为中心，强调的是凭借共同的宗教体验实现基督教社团的统一。

　　1998 年，美国、加拿大、约旦三国联合考古小组在约旦南部港口亚喀巴发现了一座泥砖建筑物。联合考古小组断定这座教堂建于公元 3 世纪，是世界上现存最古老的基督教堂。这座教堂建筑之所以能够保存下来，是因为在公元 363 年的一次地震中被砂石掩埋，从而得到了保护。除了这座教堂外，约旦还有留存至今的其他早期基督教古迹，如约旦河畔的耶稣受洗遗迹；早期基督徒躲避罗马军队迫害时的难民中心佩拉镇。

　　随着宗教礼拜仪式日趋复杂化，教堂从基督徒的聚会场所演变成了礼拜上帝的神圣之地。公元 9 世纪时，出现了一种新的教堂建筑格局，并且逐渐在拉丁基督教世界蔓延开来，成为中世纪教堂建筑的通行模式。这种教堂建筑的平面采用十字架形状(cruciform)，十字架的底部称为"中堂"(nave)，十字架的两翼称为"耳堂"(transept)，十字架的顶部设有"圣殿"(sanctuary)，教

　　① Norman P. Tanner, S. J. (edited), *Decrees of the Ecumenical Councils*, volume one, p. 258.

　　② Miri Rubin, Sacramental Life, in Miri Rubin & Walter Simons (edited), *Christianity in Western Europe 1100—1500*, Cambridge: Cambridge University Press, 2009, p. 220.

堂的主祭台(high altar)就设在圣殿里。唱诗班席位设在圣殿的一侧,与祭台垂直。十字架形教堂通常是坐东朝西,圣殿与主祭台设在教堂内的东部。在举行礼拜仪式的时候,无论是主礼者还是教徒会众都面向主祭台的方向,也就是面向耶稣降临尘世的东方。

在圣殿与教堂建筑的其他部分之间,由木制或石制的"十字架隔板"(rood-screen)①分隔开。这种设计突显了圣殿在教堂建筑中的中心地位,主祭台成为高高在上的神圣之地。主祭台上供奉着"基督受难十字架"(crucifix),十字架上的基督是礼拜者瞩目的焦点。在"隔板"之后,是教徒会众的坐席。由于在圣殿与会众席位中间有"隔板"分隔,教徒会众只能透过隔栅遥望圣殿中的祭台,这样的空间距离营造了耶稣基督神圣的视觉形象。

这样的教堂建筑新格局,反映出关于耶稣基督的信仰和理念的发展变化。《尼西亚信经》确定了耶稣基督具有"完全的神性":作为上帝之子,是"出自于真正上帝之真正上帝"②,这一思想定位在此后发展成"三位一体"(Trinity)的教义。第四次拉特兰宗教会议对"三位一体"的思想做出了确认:圣父、圣子、圣灵出于同一种本质——神,是神的三种表现形式或位格③。依照"三位一体"的思路,拉丁基督教信仰的唯一真神可以表现为圣父,可以表现为圣子,可以表现为圣灵。三种表现形式各不相同,本质却只有一个。

在使徒时代,耶稣是上帝的儿子,是宣传上帝福音的伟大先知。耶稣被彻底神化之后,在本质上与上帝合二为一了,甚至取代上帝成为上帝的化身。随着三位一体教义的产生,以上帝为信仰核心的早期基督教,转变成了以耶稣基督为信仰核心的拉丁基督教。"三位一体"的教义,强化了耶稣基督作为上帝的核心地位,拉丁基督教信仰处处以耶稣基督作为礼拜的目标。拉丁基督教最重要的宗教节期和礼拜仪式是纪念耶稣在尘世的活动经历:圣诞节(Christmas)纪念耶稣的诞生,复活节纪念耶稣遇难以及随后的"复活"与"升天"。

---

① 之所以将隔板称为"rood-screen",是因为在隔板上通常矗立着一个rood,也就是十字架。

② Norman P. Tanner, S. J. (edited), *Decrees of the Ecumenical Councils*, volume one, p. 5.

③ ibid., p. 230.

拉丁基督教的弥撒礼最为集中地体现了耶稣在信仰中的核心地位，因为弥撒礼演绎的是耶稣基督以自己的身体拯救人类。耶稣被"神"化以后，拉丁基督教对"道成肉身"的解释也有了发展，不再强调耶稣是作为上帝的儿子降临尘世，耶稣变成了上帝在尘世的肉身。这种观念已经偏离了《新约全书》对耶稣来历的描述，是经过基督教神学思辨改造以后形成的新观念。这种新观念深深地植入在中世纪人们的头脑中，康帕内拉在《太阳城》一书中阐述：太阳城的人们也崇拜三位一体的上帝，……他们知道上帝有过肉体降世，并且从他自己又复归于自己。①

再次，教堂的装饰与陈设为礼拜上帝营造了神圣的气氛。教堂通常陈设有多个十字架，但是必有一个十字架供奉在教堂的中心位置——"十字架隔板"或祭台之上。中世纪西欧拉丁基督教堂陈设的十字架上有耶稣遇难时的形象，是"耶稣受难十字架"。除此之外，教堂内外还大量陈设着其他具有宗教意义的物品：教堂之外有石制造像和十字架；教堂廊柱的上下两端装饰有雕刻；教堂之内的墙面有绘制的壁画；教堂门窗镶嵌有彩色玻璃。宗教画面所表现的，首先是耶稣基督降临尘世拯救人类的场景，其中包括耶稣受洗、传道、遇难、复活、升天。宗教画面还形象地演绎基督教的信条理念，诸如"天堂"、"地狱"、"千年王国"、"末日审判"。宗教画面还表现了大量的圣徒故事，以及由圣徒演绎的宗教奇迹。对于广大不具备读写能力的普通基督教徒而言，带有视觉效果的教堂元素远比宗教神学的思辨更为重要，因为这种直观的视觉效果有助于获取关于基督教的知识，增进对于上帝的信仰。

教堂是礼拜上帝的场所，教堂建筑的各种元素主要体现了人与神之间的关系。然而教堂建筑中也有一些元素反映了人与人之间的关系，具有丰富的社会内容。

起初，教堂之内不设坐席，无论是主礼者还是唱诗班、会众，都是站立着举行礼拜仪式。站立着的会众难免在礼拜仪式时走来走去，容易造成礼拜秩序的混乱。在礼拜仪式时维持教堂秩序，是教堂监理（churchwardens）的职责。有人提出在教堂里设置座位，把人们固定在座位上，礼拜仪式就显得秩序井然。基督教会曾经围绕这一问题展开过争论，英格兰教会法中最早将这

① 康帕内拉：《太阳城》，陈大维、黎思复、黎廷弼译，商务印书馆1982年版，第51页。

种争论载入史册是在 1287 年①。尽管存在着争议，最终还是在教堂之内为教徒会众设置了座位，时间大约是 13 世纪。教堂坐席的设置固然有利于维持礼拜秩序，但是也将世俗生活中的贫富秩序带到了教堂之中。富有之人凭借着财力可以在教堂前排为自己和家人设置专座，穷困之人就只能在出席礼拜仪式时站在后排，因为争抢座位造成的诉讼时而见于教会法庭的档案记载。

教堂建筑以及教堂内部陈设装饰的维护程度，在一定程度上反映出堂区居民的生活状况以及堂区教产是否充足。富有的教堂不仅建筑与庭院能够得到及时维护，而且教堂内外都装饰得富丽堂皇，贫穷的教堂则只能以粗糙的物品略加点缀。

依照中世纪教会的传统，维护教堂建筑与陈设装饰是堂区住持与堂区会众的共同责任。教堂建筑与屋顶、位于教堂中心位置的圣殿以及圣殿之中的祭台、唱诗班所在的席位由堂区住持出资维护。设有教徒坐席的中堂部分、教堂庭院由堂区会众共同出资维护。这是一个由来已久的传统，公元 794 年由法兰克国王查理召开的法兰克福教职会议曾经针对此项问题颁布法律：教堂建筑与教堂盖顶由持有该教区圣俸的教职人士修理和维护；任何人如果盗取了用于教堂建筑的木、石、砖瓦，一经查证就必须如数返还并且修复如初（条款 26）②。

然而现实的情况是，僧俗双方出于各自不同的利益，在维护教堂的问题上时而发生争执。一般而言，堂区教徒比较热心于对教堂的维护，而堂区住持往往不情愿出资，因而属于他们的责任区域常常疏于维护。中世纪英格兰牛津郡（Oxfordshire）几个堂区教堂的维护情况，可以表明这一点。1519 年林肯主教的巡查记录表明：这一地区超过半数的堂区出现了抱怨教堂失修或维护不当的投诉，其中抱怨圣殿与祭台失修的数量是抱怨中堂失修数量的三倍③。

在涉及教堂建筑维护的问题上，英格兰卢德洛（Ludlow）堂区发生过一个

---

① Robert E. Rodes, Jr., *Lay Authority and Reformation in the English Church*: *Edward I to the Civil War*, p. 280, n. 52.

② Patrick J. Geary (edited), *Readings in Medieval History*, p. 289.

③ Robert E. Rodes, Jr., *Lay Authority and Reformation in the English Church*: *Edward I to the Civil War*, p. 136, p. 281 n. 57.

极端的事件。事件的起因是堂区教徒计划对中堂部分进行改建，但是堂区住持不情愿破费他本人的钱财重建祭台部分。僧俗双方如果不能达成一致，教堂的改建计划就难以完成。最终采取的解决办法是：把堂区的圣职躬耕田出租，从出租地产的收入中，一部分用于支付堂区住持的薪俸，余下部分用作重建教堂①。这样的解决方案虽然是权宜之计，但是在一段时期内剥夺了堂区住持对于教产的支配权，把堂区居民的意志强加给了堂区住持。

二、什一奉献与教会税收

交纳什一奉献的法律依据，见于《旧约全书》的记载。《利未记》明确提及"什一奉献"归神所有："土地上的一切出产，无论是地上的种子还是树上的果子，十分之一是神的，是献给神为圣的。……凡牛群羊群中，一切从牧者杖下经过的，每第十只献给神为圣。"②《申命记》中也有关于"什一奉献"的记载："把你撒种之后出产的，也就是你田地每年出产的，十分取一分。要把你的谷物、你的酒、你的油，其中的十分之一，还有你的牛群羊群中头生的，吃在主你的神面前，也就是他所选择立为他名的居所。"③

基督教关于什一奉献的要求，源自于犹太教的一项古老税收。然而在使徒时代，教徒向教会提供捐献并不是强制性税收，在数量上也没有强制性规定。保罗在论及"供给圣徒"的捐献时，强调的是"出于乐意，不是出于勉强"的原则："少种的少收，多种的多收。各人要随各自的本心给出捐赠，不要作难，不要勉强，因为乐意捐赠的人是神喜爱的。"与此同时，保罗又以"善有善报"的信念激励教徒多多向教会捐赠："那提供种子给撒种人的，提供食粮给人吃的，必多多增加你们种地的种子，又增加你们公义的果子。"④

从公元 6 世纪起，各地教会陆续制定法律，将什一奉献演变成为一种强制性税收。这项教会税收得到了世俗权力的支持，法兰克国王查理在公元 779 年颁布敕令（capitulary），要求辖区内的居民依照此前主教发布的政令提供什一税（条款 7）。查理又在公元 785 年发布敕令，要求新近皈依基督教的萨克森

---

① R. N. Swanson, *Church and Society in Late Medieval England*，p. 218.

② Leviticus，27：30—27：32.

③ Deuteronomy，14：22—14：23.

④ 2 Corinthians，9：5，9：6—9：7，9：10.

人向教会提供物质支持，其中就包括什一税（条款 17）①。第一次拉特兰宗教会议在 1123 年发布决议：当具有司祭神品的教士由主教安置在堂区任职时，只有在取得主教的批准和认可之后，才可以接管教堂并征收什一税（条款 18）②。宗教会议的这项决议不仅对什一税的征收资格和批准程序做出了规定，而且意味着什一税得到了拉丁基督教大公会议的确认，成为一种在西欧拉丁基督教世界普遍推行的税收。不仅如此，教会法还对什一税占用权加以严格的保护。第二次拉特兰宗教会议禁止世俗人占用什一税收入，触犯这一禁令的人以"亵渎神圣"（sacrilege）论罪，以"永久的谴责"惩罚之（条款 10）③。

自从宗教会议确立了什一税的法律地位，将收获物的十分之一奉献给教会成为基督徒必须履行的宗教义务。堂区居民接受了教会提供的宗教服务，理应向各自所在教堂交纳什一奉献。第四次拉特兰宗教会议把交纳什一税比喻成收获物向撒种者的回报：把收获物的十分之一留给主，是"彰显上帝作为普世宗主的标记"，因为"上帝使死种子结出了果实"。这次宗教会议把各种规避什一税的行为归因于"过度贪婪"，不仅"对教会构成伤害"，而且"对灵魂构成威胁"（条款 54）④。这样的阐述，意味着把规避什一税的行为定义成为一种"罪恶"。

对于教会而言，什一税是一项宗教性税收。由于什一税是教会从提供了宗教服务这一立场出发而要求获取的收入，审理涉及什一税的诉讼就成为教会法庭的司法权限之一。教会法庭有权对拒不交纳什一税的教徒实行司法审判和宗教惩治，有权对涉及什一税归属权的争执进行开裁决。最为极端的情况是，拒绝交纳什一税也有可能导致堂区住持停止该堂区的宗教活动，以拒绝主持宗教礼拜仪式报复堂区居民拒绝纳税的行为，从而引发教俗双方更加激烈的对立和冲突。

什一税涉及的征收物品相当广泛，乔叟撰写的《坎特伯雷故事》列举了一

---

① Patrick J. Geary (edited), *Readings in Medieval History*, pp. 281—284.

② Norman P. Tanner, S. J. (edited), *Decrees of the Ecumenical Councils*, volume one, p. 194.

③ ibid., p. 199.

④ ibid., p. 260.

位赦罪僧享有的什一税物品：钱，羊毛，奶酪，小麦，酒……①在乡村地区，向各类谷物、干草、柴薪征收的什一税称为"大什一税"，向水果、菜蔬、牛犊羊羔、鸡鸭、牛奶、禽蛋等农副产品征收的什一税称为"小什一税"。城镇地区的什一税是手工业者、商人交纳的现金或制成品，类似于一种个人所得税，征收数量的参照物是商业利润、产品利润、工资、各类租金等，统称为"个人所得什一税"（personal tithes）。城镇地区人口流动大，难以对个人所得利润、工资等在数量上加以监控，因而极易发生偷税漏税的情况。

在英格兰大多数地区，矿产品通常免征什一税。但是也有例外的情况：埃克塞特（Exeter）主教每年以什一税的名义向康沃尔伯爵领地出产的锡矿收取 16 英镑 13 先令 4 便士；利奇菲尔德（Lichfield）主教座堂教士团向达比郡（Derbyshire）的铅矿收取数目不菲的什一税；达勒姆修道院（Monastery of Durham）也同样向煤矿收取什一税。在约克郡（Yorkshire）的沿海地区，向海产品征收的什一税不一定是依照十分之一的比例，在有些情况下只征收廿分之一，甚至四十分之一，而且大多数都折算成货币征收。② 实际上，随着商品货币关系的发展，什一税也日益趋向于以货币的方式征收。

由于什一税征收的物品多种多样，其数量与征收方式又各不相同，为了在征收时有据可查，堂区教堂一般都编定有什一税账册。遇有堂区教产变更主人的情况，在交接教产时更是需要估定什一税的价值并记录在档案之中。史学著述中经常引用 1398 年对埃塞克斯郡（Essex）哈洛（Harlow）堂区什一税价值的估定③，现将这一堂区的什一税价值估定制表如下：

① Katharine J. Lualdi, *Sources of the Making of the West: People and Cultures*, volume I, Boston: Bedford & St Martin's, 2005, p. 236.

② R. N. Swanson, *Church and Society in Late Medieval England*, p. 213. R. N. Swanson, *Religion and Devotion in Europe, c. 1215—c. 1515*, Cambridge: Cambridge University Press, 1995, p. 211.

③ ibid., p. 166.

物品	价值(年)
谷物	20 英镑
羊毛	33 先令 4 便士
羊羔	33 先令 4 便士
干草	26 先令 8 便士
牛犊	13 先令 4 便士
猪仔	13 先令 4 便士
鹅	10 先令
个人所得什一税	6 先令 8 便士
水果	5 先令
大麻与亚麻	3 先令 4 便士
干柴	2 先令
蜂蜜	1 先令
磨坊	1 先令
总　计	27 英镑 9 先令

与什一税相关联的另一项宗教义务，是教徒去世时交纳的埋葬费。教徒去世以后便不再继续交纳什一税，教会因此失去了一份什一税的征收机会。作为一种补偿，教会要求对去世的教徒一次性收取埋葬费。从这个意义上说，埋葬费具有将什一税的纳税义务一笔勾销的象征意味，也可以视为基督徒向教会交纳的最后一笔什一税。在 15 世纪的英格兰，教徒去世时丧家向教会交纳埋葬费已经成为一种惯例。在乡村地区，通常是丧家向教会交纳一头牲畜，类似于庄园制度下农奴向领主交纳的死手捐(继承税)。在城市里，一般是丧家向教会交纳一件做工精致的袍服。

在教会档案的记载中，收取埋葬费的次数常常少于葬礼的次数。这种现象意味着，教堂不一定每举行一次葬礼就收到一份埋葬费。这其中的原因很多，不一定全是教徒偷漏埋葬费所致。在很多地区，儿童和妇女去世时免交埋葬费，这使教堂失去了相当一部分收取埋葬费的机会。在许多改变了教产所有人的堂区，诸如转归修道院或主教座堂所有的堂区，埋葬费收入往往归教产所有人收取，而堂区住持有责任为去世的教徒举行葬礼，却不得收取埋葬费，这也是教会档案中埋葬费的数目少于葬礼数目的一个重要原因。

堂区居民还需向当地主教座堂交纳一笔数目不大的税金，由于是在每年的圣灵降临节①时征收，这笔税金通常被称为"圣灵降临节费"（Pentecostals）。圣灵降临节费最初是按"户"征收，每家每户征收一份。经过后来的演变，每一堂区交纳的总量逐渐固定下来，由教堂监护人在堂区内征收，然后再由执事长集中后，交给主教座堂。

从理论上说，教徒向教堂捐赠奉行的是自愿的原则。虔诚的基督徒在朝拜圣殿的时候，也确有出于自愿向教堂捐赠钱物的行为，某些著名的圣殿也因此而可以得到数目可观的捐赠。1398 年在对哈洛教堂的收入做出估定时，仅这座教堂及圣佩特尼拉（St. Petronilla）圣殿接受的捐赠一项就超过 5 英镑。② 在一般情形下，教堂把收到的捐赠物逐项登录在册，因此教会档案中有大量的关于教徒捐赠的记载。教堂接受教徒捐赠的名目是多种多样的，除了圣殿接受的捐赠外，常见的还有在重要的宗教节期、在为教徒举行葬礼以及忌日周年的追思弥撒礼时、为教徒举行婚礼时、在为妇女生育之后举行的净身礼上接受的捐赠和献纳。这些捐赠在名义上是教徒自愿奉献给教堂的，实际上每一堂区在为教徒单独举行某种礼拜仪式都有通行的收费标准，遇有超额索取捐赠献纳的情况，也极易引起教俗之间的冲突。

---

① 圣灵降临节在复活节后的第七个礼拜日。《使徒行传》（2：2—2：4）记载：耶稣复活后的第 50 天，圣灵降临在使徒身上。

② R. N. Swanson, *Religion and Devotion in Europe*，*c. 1215—c. 1515*，p. 166.

第 三 章

宗教礼拜仪式与节日庆典：基督徒的日常生活

　　在长期的信仰实践中，基督教形成了具有高度程式化的礼仪和庆典，其中最为重要的是七项礼拜仪式——洗礼、坚振礼、圣餐礼（eucharist）、忏悔礼、终傅礼（extreme unction）、圣职授职礼、婚礼。把礼拜仪式统一集中在这七件圣事上，大体上开始于12世纪。1139年召开的第二次拉特兰宗教会议制定法律，对宗教礼拜仪式的权威性施以保护：任何人如果对礼拜仪式加以谴责，就以"异端"论处并逐出教会（条款23）①。然而，教会迟至13世纪才开始在正式的法律文件中对七项礼拜仪式做出确认并且对礼拜仪式的神学意义加以阐述。1215年的第四次拉特兰宗教会议与1439年的佛罗伦斯宗教会议的决议中，都有这样的列举和阐述。

　　中世纪的拉丁基督教神学把礼拜仪式看做是"灵魂救赎"的重要途径，其理论前提出自于"礼拜仪式包含上帝恩典"这样的传统观念。产生于1439年的佛罗伦斯宗教会议决议对这一观念有过阐述：宗教礼拜仪式"既包含上帝的恩典，又将上帝的恩典给予那些无比珍重地接受礼拜仪式的人"②。七项礼拜仪式虽然各有其特殊的功能，但是它们共有的一个核心功能是：把上帝的恩典传输给礼拜仪式的参加者。研究者对此也有精辟的论述："礼拜仪式是通道，

---

① Norman P. Tanner, S. J. (edited), *Decrees of the Ecumenical Councils*, volume one, p. 202.

② ibid., p. 541.

借助于这种通道，将上帝的恩典灌注于每一名基督徒个体。"①洗礼提供了接受上帝恩典的第一次机会，其他礼拜仪式（尤其是圣餐礼）提供了增加上帝恩典的机会。

借助于对宗教礼拜仪式的演绎，教会一次又一次地把"上帝的恩典"传递给人们。由于人的自由意志并非处于约束之中，即可以做出接受上帝恩典的选择，也可以做出拒绝上帝恩典的选择。既然礼拜仪式是基督徒接受上帝的恩典，从而使罪恶的灵魂得到救赎的重要途径，因而，定期出席礼拜仪式的行动，至少表明了在灵魂得救的问题上与上帝恩典的合作态度。

第一节 宗教礼拜仪式的有效性

12 世纪的宗教神学家彼得·隆巴德（Peter Lombard）在一部神学手册中，论述了关于宗教礼拜仪式有效性三个要素的理论。他的这一理论在 1439 年得到了佛罗伦斯宗教会议决议的确认："宗教礼拜仪式由三个因素组成，亦即作为内容的礼拜用品、作为形态的礼拜用语，以及正确执行教会意志的演绎礼拜仪式的人。倘若缺少上述任何一个因素，宗教礼拜仪式就不能发挥效力。"②关于宗教礼拜仪式有效性三个要素的理论，可以简单地归纳为：（1）正确的礼拜用品；（2）正确的礼拜方式；（3）正确的礼拜动机。

所谓"正确的礼拜用品"，是指在《圣经》记载中有据可查、不可随意替代的物品。圣餐礼上之所以使用面饼和酒，是出自于《新约全书》关于"最后的晚餐"的记载。耶稣拿起面饼，祝福之后就擘开，递给门徒，说："你们拿着吃，这是我的身体。"耶稣又拿起杯来，祝谢之后递给他们，说："你们都喝这个，因为这是我立约的血，为多人流出来，使罪得救赎。"③拉丁基督教神学把《圣经》视为信仰的最高权威，认为《圣经》的记载是至高无上的，教会无权改变耶稣基督关于面饼和酒象征意义的教导。洗礼采用的是"真正的、天然的水，无

---

① Miri Rubin & Walter Simons (edited)，*Christianity in Western Europe*，c. 1100—c. 1500，p. 220.

② Norman P. Tanner, S. J. (edited)，*Decrees of the Ecumenical Councils*，volume one，p. 542.

③ Matthew，26：26—26：28.

论是温热的还是清凉的"①。

所谓"正确的礼拜方式",指的是严格遵循礼拜仪式的程式,尤其是正确地诵读教会规定的祈祷词,例如,福音书记载的基督的话语"我们在天上的父,愿尊你的名为圣,愿你的国降临,愿你的旨意行在地上,如同行在天上……"②洗礼仪式必须"以圣父、圣子、圣灵的名义",因为真正使洗礼仪式发生效力的是"圣三位一体"(holy trinity),而主礼者仅是使礼拜仪式发生效力的"外部工具"③。圣餐礼仪式上,当主礼司祭面向祭坛高举面饼和酒祝圣的时候,必须诵读《尼西亚信经》关于"圣父"、"圣子"、"圣灵"的定义,以及关于"末日审判"、关于"使徒的教会"的定义。④

所谓"正确的礼拜动机",强调的是在礼拜仪式上按照教会的旨意行事。在通常的情况下,宗教礼拜仪式由教士主持。但是教士也是"人",也犯有"原罪"并且在尘世生活的过程中有可能犯下"个人之罪"。针对这种情况,教会曾经争论过一个问题:如果主礼司祭本人处于"罪恶尚未忏悔或尚未做出补偿"的状态,他所主持的礼拜仪式是否丧失了功效?引发这场争论的,是多那特教派(Donatism)的思想主张。⑤ 多那特教派设想出一种状况,并且在这种设想的前提之下形成了一种神学理论:如果主礼司祭处于罪恶的状态,他所主持的礼拜仪式就不能发挥灵魂救赎的作用。多那特教派的主张出自于一个良好的愿望,希望加强对教职人士的教规约束,以保持教职界的纯洁状态。然而在这样的主张之中却潜伏着对宗教礼拜仪式有效性的疑问,这样的疑问有

① Norman P. Tanner, S. J. (edited), *Decrees of the Ecumenical Councils*, volume one, p. 542.

② Matthew, 6:9—6:13.

③ Norman P. Tanner, S. J. (edited), *Decrees of the Ecumenical Councils*, volume one, pp. 542—543.

④ 《尼西亚信经》(*The Nicene Creed*)最初的文本是尼西亚宗教会议(公元325年)形成的决议,称为"318位教父的信仰告白"(the profession of faith of the 318 fathers)。第一次君士坦丁堡宗教会议(公元381年)对这个文本做出了补充和修订,产生了"150位教父的信仰阐述"(the exposition of the 150 fathers)。查尔斯顿宗教会议(公元451年)对这些信仰阐述做出确认,从而产生了《尼西亚信经》。Norman P. Tanner, S. J. (edited), *Decrees of the Ecumenical Councils*, volume one, p. 5, p. 24, pp. 83—87.

⑤ 多那特教派因其首领——公元4世纪的迦太基主教多那特(Donatus)而得名。

可能引发对主礼司祭个人灵魂状态的评定。如果将一部分主礼司祭的灵魂评定为"罪恶"的状态，并进而剥夺这类司祭主持礼拜仪式的资质，就极有可能引起教职界的分裂。面对有可能引发的如此严重后果的情景，公元314年召开的阿尔宗教会议(Synod of Arles)谴责了多那特教派的主张。①

多那特教派提出的神学命题，引起了奥古斯丁关于"礼拜仪式有效性"的进一步思辨。在论及"洗礼"的时候，奥古斯丁阐述了演绎宗教礼拜仪式需要的职业技能。他说：至为重要的不是由何人演绎或者由何人接受礼拜仪式，而是如何演绎礼拜仪式，以及礼拜仪式的程序内容，"我们必须加以考虑的，不是由何人演绎礼拜仪式，而是演绎的内容；不是由何人接受礼拜仪式，而是接受的内容"②。宗教礼拜仪式的有效性不因为演绎人或主持人的状态而发生转移。奥古斯丁之所以得出这样的结论，是循着这样的思路：首先，只有耶稣基督是礼拜仪式的真正主持人，而主礼司祭仅仅是作为耶稣的代表，无力阻止耶稣基督赐予信徒的恩典；即使是尚未洗清罪恶的教士主持礼拜仪式，也不能抵消礼拜仪式的有效性。其次，某一位主礼司祭是否处于尚未洗清罪恶的状态，只有上帝可以分辨出来，因而在尘世生活中的人不可能对主礼司祭个人的灵魂状态做出评定。这样的思路巧妙地化解了多那特教派的理论前提，最终的结论是不加区分，认为每一位司祭主持的礼拜仪式都是有效的。

奥古斯丁关于宗教礼拜仪式有效性的言论，是为了批驳多那特教派的立场，捍卫教职人士演绎宗教礼拜仪式的权力。奥古斯丁是从礼拜仪式演绎者的立场出发，认定宗教礼拜仪式的有效性取决于物而不是取决于人。然而作为基督徒个体而言，能否借助于礼拜仪式接受到上帝的恩典，却是与接受者个体灵魂的状态有着密切的关联。如果某位教徒在出席礼拜仪式时正处于尚未悔过的犯罪状态，就不能在礼拜仪式的演绎过程中得到上帝的恩典。这一结论强调的是涉及礼拜仪式有效性的三项必不可少的前提条件，亦即在举行礼拜仪式时使用了正确的礼拜用品，采取了正确的礼拜仪式。礼拜仪式的有效性与主礼人的灵魂状态无关，却是与接受人的灵魂状态有密切的关联。

---

① B. J. Kidd (edited)，*Documents Illustrative of the History of the Church*，volume Ⅰ，New York：Macmillan，1920，p. 254.

② Henry Bettenson(selected & edited)，*Documents of the Christian Church*，p. 78.

除了必须遵循正确的礼拜程序外，在一般情况下，礼拜仪式也必须由达到一定神品级别的教士主持。除了洗礼可以在紧急情况下由世俗人士主持外，其他礼拜仪式都应当由具有"司祭"或"司祭"神品级别以上的教士主持。第四次拉特兰宗教会议决议尤其强调，弥撒礼必须由具有"司祭"神品的教士主持："除了依照教会的'钥匙'之说——耶稣基督亲自授予门徒及门徒继承人的钥匙——被授予圣职的司祭之外，任何人都不能使这项礼拜仪式发生效力（条款1）[1]。"坚振礼与圣职授职礼对主持者的神品等级有更高的要求，只有具备"主教"品级的教士才有资格主持。

第二节　拉丁基督教司祭的主要职能：主持宗教礼拜仪式

关于中世纪拉丁基督教教职人士的职业功能，教会文献中缺少全面而明确的定义。即使是 1215 年第四次拉特兰宗教会议制订的决议，决决七十条款涉及宗教信仰、礼拜仪式、教职管理等多方面的内容，也只是论及教职人士不应当做什么，而不是应当做什么。似乎这次宗教会议更为关注的是为教职人士制订行为准则，而不是对教士的职业功能做出界定。之所以出现这种情况，或许是因为基督教会经过一千多年的发展，教士的职业角色已经演变成为一种约定俗成的传统，无需以正式的法律文件对之做出阐述。

然而透过 1215 年宗教会议决议的字里行间，依然可以辨认出在传统的观念中，教职人士担当何种职业角色。决议第 11 款要求拉丁基督教世界的各个大主教座堂选派神学家，向教省范围内的司祭及其他教职人士宣讲事关"医治心灵"（cure of souls）的《圣经》内容[2]。这项规定虽然不是刻意为职业功能做出界定，然而在行文之中还是为司祭的职业功能做出了"医治心灵"的高度概括。

拉丁基督教司祭借助于何种方式或通过何种途径履行"医治心灵"的职能？第四次拉特兰宗教会议决议没有对这个问题做出正面阐述，然而决议第 1 款在阐述"三位一体"教义的同时，也阐述了与这一教义有关的弥撒礼、洗礼、

---

① Patrick J. Geary (edited)，*Readings in Medieval History*，p. 421.
② ibid.，p. 427.

忏悔礼，要求基督徒以"正确的信仰与善功"博得上帝的青睐，得以享受天国的幸福。决议第 14 款更是将主持或参与主持礼拜仪式视为正级神品教士最主要的职能，尤其强调受到停职处罚的教士不可以主持礼拜仪式，违反者将进一步受到剥夺圣俸与免除教职的惩罚。① 借助于这样的阐述可以看出，宗教礼拜仪式作为信仰的外在表现与"善功"的基本内容，是"医治心灵"的重要方式。决议第 21 款可以对上述结论做出进一步的验证，因为这项条款对于主礼司祭如何借助于忏悔礼"医治心灵"展开了具体而形象的描述：司祭应当"悉心体察、谨慎辨别，如同经验老到的医生那样，在病人的伤口上涂抹酒和油，不厌其烦地对犯罪细节展开询问，以便明智地做出决断——应当给予忏悔者何种忠告，从多种医治疾患的方法中选取何种疗法"②。

"司祭"是拉丁基督教正级神品中的主体级别。依照教会法的规定，只有具备司祭神品（包括主教神品）的教士才有资格主持礼拜仪式，其他教职人士只能在礼拜仪式中充当助手。中世纪拉丁基督教信仰的运作，主要依靠遍布各地教堂的司祭的努力。他们充当上帝与教徒之间的中介，职业的核心内容是演绎弥撒礼以及其他宗教仪式。体现在拉丁基督教弥撒礼中的"化体"（transubstantiation）教义，将祝圣过的酒和面饼解释成耶稣基督的血和身体。有资格演绎弥撒礼的司祭，直接操控着对于基督肉身的崇拜。除此之外，拉丁基督教司祭也履行诸如办理慈善事业、赈济贫穷、讲经布道、维护教堂建筑等职能。

拉丁基督教司祭日复一日、年复一年地演绎宗教礼拜仪式，职业的特点要求他们正确地演绎礼拜仪式的操作程序、正确地诵读拉丁文祈祷词。除了少数知识界精英有能力对于精深玄妙的宗教神学展开学术性思辨，仪式化的信仰并不要求大多数教职人士掌握高深的神学理论。对于礼拜仪式的主礼司祭而言，更需要的是外在的操作技能而不是内在的神学思想。

在相当长的时期内，拉丁基督教会并没有设立专门用以训练教职人士的学校，大多数教士在进入正级神品之前，如同中世纪的工匠那样跟随教区司祭进行手工业作坊式的学徒，以耳传心授的方式学习礼拜仪式的程式，学习

---

① Patrick J. Geary (edited)，*Readings in Medieval History*，p. 428.

② ibid.，p. 430.

最基本的拉丁文祈祷词(如弥撒礼上诵读的《尼西亚信经》)。正是基于这样的现实,第四次拉特兰宗教会议将"医治心灵"视为"众多技艺中的技艺"(the art of arts),要求各地主教对新任司祭给予指导,使之掌握正确地履行圣职,以及正确地主持宗教礼拜仪式的技艺(条款 27)。此次宗教会议还重申 1179 年第三次拉特兰宗教会议的一项决议,要求各地主教座堂开办学校,由博学大师向教职人士传授"文法及其他方面的知识",为教职人士提供职业训练(条款 11)①。然而在实际上,宗教会议决议的实施效果并不理想,各地主教座堂只能向教士提供容量非常有限的训练。

讲经布道也是教职人士履行的一项功能,但是主持堂区的司祭通常并不具备这样的职业素质,他们中间的大多数人充其量只能照章阅读教会提供的布道词范本。通常情况下,只有主教座堂与修道院的学问高僧具备讲经布道的能力,形成了在礼拜日与宗教节日为教徒讲经布道的传统。在 11 世纪的西欧社会,宗教异端异常活跃,在拉丁基督教会讲道活动薄弱的地区乘虚而入,加之教宗发动十字军东征,需要为之展开宣传鼓动,罗马教会开始组织具有一定规模的讲道活动。托钵僧团(Mendicant Orders)在公元 13 世纪兴起之后,致力于为尘世的宗教使命训练布道师,并且派遣布道师到教区。托钵僧团最为重要的两个修会——方济各修道团体(Franciscan Order)与多明我修道团体(Dominican Order),都十分注重讲经布道活动。方济各修道团体认为讲道的目的是激励信徒的悔罪情绪,从而更加充分地将基督教信仰付诸行动。多明我修道团体侧重于以拉丁基督教信仰教化信众,以便更加有效地抵御异端的侵蚀。在这样的背景之下,教会开始实行布道许可制度。第四次拉特兰宗教会议决定由罗马教廷或主教区发放布道许可(条款 3),要求各地主教挑选"能言善行之人"深入教区讲经布道(条款 10)②。虽然教会开始注重讲经布道活动,然而如此自上而下地派遣布道师进入教区,而不是普遍提高堂区教职的布道水平,仅凭托钵僧团的人力资源并不能使布道活动在每一个教堂普遍展开。

---

① Patrick J. Geary (edited), *Readings in Medieval History*, p. 427.

② ibid., p. 427.

第三节 宗教礼拜仪式

礼拜仪式是中世纪拉丁基督教信仰最为重要的外在表现方式。一方面，不同的礼拜仪式具有不同的功能和作用。洗礼、坚振礼、忏悔礼、圣餐礼、终傅礼的目标是确保每一名基督徒"获得信仰并臻于至善"；圣职授职礼是为了以特定的人力资源使教会"获得管理"；婚礼是为了使基督徒子孙繁衍从而"壮大教会"①。另一方面，七项礼拜仪式都与基督教的救赎理论有着直接的关联，都被认为是接受上帝的"恩典"，从而使灵魂得到上帝救赎的重要途径。② 从这个意义上看，宗教礼拜仪式为基督徒提供了与日常生活密切相关的赎罪机会。

洗礼、坚振礼、忏悔礼、圣餐礼、终傅礼是僧俗两界基督徒都必须接受的礼拜仪式，婚礼、圣职授职礼不是每一名教徒都必须经历的，婚礼限于俗界，圣职授职礼的接受者限于教职界。诸如圣餐礼、忏悔礼之类的礼拜仪式可以重复实施，是基督徒在其一生中的多次反复经历。诸如洗礼、坚振礼之类的礼拜仪式是不可重复的，基督徒在其一生中只可经历一次。之所以有某些礼拜仪式不可重复，依照教会法的解释，是因为这些礼拜仪式在灵魂上留下了不可磨灭的恒久印记，因而不可以复制和叠加。③

一、洗礼："原罪"的解决方案

施行"洗礼"在神学教义上意味着对人类原罪的排斥、对上帝救赎的接受，以此为出发点进而达到"精神的再生"④。人类始祖因为犯下原罪而成为肉身必死，然而可以借助于水的洗礼实现精神的再生。基督教这一思想的经书依据，是《约翰福音》记载的耶稣的一句话："人若不是从水和圣灵生的，就不能进神的国。从肉身生的，就是肉身；从灵生的，就是灵。"⑤"伟大的格里高

---

① Norman P. Tanner, S. J. (edited), *Decrees of the Ecumenical Councils*, volume one, p. 541.

② ibid., p. 541.

③ ibid., p. 542.

④ ibid., p. 541.

⑤ John，3：5—3：6.

利"针对洗礼的观念展开过更加详细的阐述:"我们从父母那里承继了原罪,除非我们行了洗礼而去除原罪,否则我们身负父母的原罪……原罪借子女之身而探访父母之罪,这是因父母之过而使后代的灵魂受到原罪的污染。然而另一种情况是,原罪不能借子女之身探访父母之罪,我们因为洗礼而解除了原罪之后,我们不再有父母之罪,而只有我们自己犯下的罪。"①

人类肉体之必死的特性是因"原罪"而来,是上帝对人类"原罪"的惩罚。洗礼有可能洗清人类与生俱来的原罪,却不能解除上帝对人类原罪的惩罚,因而人类肉体依然是必死无疑。"伟大的格里高利"针对这一命题也展开过论述:"仅仅生命的存在就是一种罪恶状态,人一出生就足以受到地狱的惩罚。这种极端的惩罚因为洗礼而得以免除。即便如此,洗礼却不能使我们免于另外的惩罚:由于原罪,一切人类都将承受肉体的死亡。"②

洗礼还意味着接受洗礼之人与上帝立下了终生的誓约。因为有这项誓约的订立,接受洗礼之人才有可能成为上帝的子民,在死后有机会进入天国。因此之故,接受洗礼标志着被接纳入基督教会,"成为基督的成员,与教会融为一体"③。

洗礼是基督徒在尘世生活的一生中最先经历的宗教礼拜仪式,教会法把洗礼定义为"一切礼拜仪式的首位,因为这是进入宗教生命的大门"④。法兰克国王查理在公元785年发布的敕令中,要求在婴儿出生之后的一年之内施行洗礼,违者以罚款加以处治(条款19)⑤。然而实际的情况是,婴儿在出生以后不久就接受洗礼,而且往往是在出生的当天。这是因为中世纪的生存条件很恶劣,婴儿的死亡率很高,父母都希望尽快为出生的婴儿举行洗礼,以免造成婴儿未及洗礼就死亡的严重后果发生。当然,如果是人生中途改变信仰而皈依天主教,那又另当别论。

---

① F. Homes Dudden, *Gregory the Great: His Place in History and Thought*, volume Ⅱ, p. 389.

② ibid., p. 389.

③ Norman P. Tanner, S. J. (edited), *Decrees of the Ecumenical Councils*, volume one, p. 542.

④ ibid., p. 542.

⑤ Patrick J. Geary (edited), *Readings in Medieval History*, p. 284.

　　奥古斯丁曾经提出过一个神学命题：既然婴儿屡屡在有能力知道受洗的任何意义之前死去，领受洗礼对这样的婴儿有何益处呢？之所以提出这个问题，是因为婴儿从未行过正当之事因而不属义人之列，也从未犯过罪恶因而不属恶人之列，人们不知道未来的审判将怎样对待处于这种状态的婴儿。对于这样的命题，奥古斯丁的回答是："带婴儿来领受圣洗的人的信仰，使婴儿获益了。……我们自己的信仰是多么有益，甚至能帮助还没有获得信仰的人。"奥古斯丁还列举了福音书记载的关于"耶稣使拿因城一位寡妇的儿子起死回生"①的事件，借此阐明尚未犯有任何过错的婴孩能够从别人的信仰之中得到助益②。

　　婴儿施洗为的是洗去原罪，人们相信经过施洗的婴儿在离开尘世之后可以直接进入天堂，因为这些婴儿一方面洗去了原罪；另一方面还没有来得及在尘世犯下新的罪恶。如果婴儿在出生以后，达到"懂事的年龄"之前未及施洗便去世了，就没有机会进入天堂，而是被安置在天堂与地狱之间一个特殊的地方，称为"婴儿界"。这是一个特殊的归宿，是某些经院神学家设想出的一种灵魂状态。按照托马斯·阿奎那的理论，这种灵魂状态可以享受到完全的幸福，但是无颜见到上帝的尊容。③ 这是因为，未及施洗的儿童虽然也有与生俱来的原罪，但是由于年幼无知尚未获得理性，还未来得及犯下"必死之罪"。

　　中世纪拉丁基督教关于洗礼的一项最基本的原则是：人的一生只可接受一次洗礼，重复施洗有可能造成人生的不正常。这项原则的神学依据是《约翰福音》记载的耶稣言论："已经洗过澡的人无需再洗，只要把脚一洗，全身就干净了。"④依照拉丁基督教神学的解释，罪恶深重的人类之所以有希望得到救赎，是由于耶稣基督曾经在十字架上赴死。如果将这样的神学思想在逻辑上加以延伸，就可以得出这样的结论：重复施洗意味着将基督再次置于十字

---

　　①　Luke，7：11—7：17.
　　②　奥古斯丁：《独语录》，成官泯译，第205页。
　　③　Bernard Hamilton, *Religion in the Medieval West*，p. 47.
　　④　John，13：10.

架上受难①，是一种摧残上帝的行为。

违背了基督教关于洗礼的传统和规定，无论是延误施洗，还是重复施洗，都有可能受到教会法庭的处罚。《芬尼亚悔罪苦行手册》(*The Penitential of Finnian*)②规定：如果出生的婴儿未及洗礼就离开了尘世，这样的疏忽造成了严重的罪恶；其父母应当为此履行一整年的悔罪苦行，每日以面包和水斋戒，并且不准夫妻同床而眠；疏于施洗的堂区教士也应当以面包和酒斋戒一年(条款 47，条款 48)③。对于涉及重复施洗的行为，可以在产生于公元 7 世纪盎格鲁—撒克逊时代的一部悔罪苦行指导手册——《西奥多悔罪苦行手册》(*The Penitential of Theodore*)中找到相关的惩治规定：如果是出于无知而重复施洗，当事人无需为此而履行悔罪苦行，但是在通常情况下不再允许担任教职；如果是故意为之，则需为此而履行悔罪苦行，在为期七年的时间内每逢礼拜三和礼拜五实行斋戒，以及在为期三年的封斋期(Lent)实行斋戒。④

中世纪的教会法庭负有对洗礼仪式加以监督的职责，法庭档案中记载有因为洗礼施行不当而引发的案例。1485 年以前不久，伦敦主教区法庭审理过两宗有关洗礼的诉案。一宗诉案是指控一名教徒，他的孩子已经出生两天尚未施洗。另一宗诉案是指控一名教士，他为一个已经由接生婆施洗的婴儿再度施洗。⑤

在通常情况下，洗礼由具有司祭神品的教士施行。主持洗礼是堂区教职不容推卸的职责，如果某一堂区教职拒绝为他人施洗，有可能受到教会法庭的惩治。1510 年，英格兰诺福克(Norfolk)地区海因福德(Hainford)堂区住持就因为疏于施洗而受到法庭指控。⑥

但是在特殊或紧急情况下，譬如一时找不到教职人士施洗，或婴儿出生

---

① John T. McNeill & Helena M. Gamer (translated), *Medieval Handbooks of Penance*, New York：Columbia University Press，1990，p. 193.

② 《芬尼亚悔罪苦行手册》堪称最为古老的爱尔兰教会悔罪苦行手册，大体形成于公元 525—550 年间。

③ John T. McNeill & Helena M. Gamer (translated), *Medieval Handbooks of Penance*，pp. 96—97.

④ ibid.，pp. 193—194.

⑤ J. A. F. Thomson, *The Early Tudor Church and Society*，1485—1529，p. 340.

⑥ ibid.，p. 339.

后即濒临死亡，来不及送到教堂接受洗礼，也可以采取变通的办法。佛罗伦斯宗教会议在 1439 年规定：在必要的情况下，不仅教职人士中的司祭或者执事可以执行洗礼，即使世俗人士中的男人或女人，甚至异教徒（pagan）或异端分子（heretic），也可以施行洗礼。① 由何人施行洗礼并不重要，重要的是必须严格遵行施洗的程序，尤其是正确诵读洗礼时的祈祷词——"以圣父、圣子、圣灵的名义"施洗，不得有误或更改。经过世俗人士施洗的婴儿倘若日后健康状况好转，亦不能再由教职人士重复施洗，但是可以采取一些补救措施，譬如由教职人士涂圣油、画十字，但是不可以洒圣水。

二、坚振礼：以"圣灵"的名义强化信仰

洗礼之后，基督徒在尘世生命中经历的第二个重要的宗教仪式是坚振礼。坚振礼的神学意义在于"圣灵的恩赐"，并且以圣灵作为中介持续不断地获得来自上帝的信仰。据《使徒行传》记载：当耶稣的门徒在南方的耶路撒冷传道的时候，北方的撒玛利亚人仅仅接受过"以主耶稣基督的名义"施行的洗礼，"圣灵"尚未降临到他们身上；彼得与约翰受到派遣前往撒玛利亚，为那里的基督徒祈祷，使之接受了圣灵的恩赐。②

经过历史的演变，这项仪式最终演变成为在儿童或少年时期举行的坚振礼，其神学意义在于"坚定"洗礼时与上帝立下的誓约。在举行坚振礼之前，各地教会通常对即将接受这项宗教仪式的儿童少年进行教义问答教育，以期使他们对基本的宗教教义获得初步的了解。第四次拉特兰宗教会议规定：每一位基督徒无论男女在"达到自主年龄"③之后，每年至少一次向堂区司祭行忏悔礼，竭尽全力履行规定的悔罪苦行，然后才有资格在复活节领受圣餐（条款 21）④。这样的规定恐怕与坚振礼的施行有直接关联，举行过坚振礼就意味

① Norman P. Tanner, S. J. (edited), *Decrees of the Ecumenical Councils*, volume one, p. 543.

② 《使徒行传》第 8 章第 14—17 节。

③ 这项规定并未指明何为"自主年龄"，依照中世纪西欧社会的习俗，男子 15 岁、女子 12 岁为成年。中世纪的基督教会要求 14 岁以上的基督徒出席在教堂举行的宗教礼拜仪式，16 岁以上的基督徒每年至少忏悔一次、领一次圣体。

④ Norman P. Tanner, S. J. (edited), *Decrees of the Ecumenical Councils*, volume one, p. 245.

着有资格正式出席宗教礼拜仪式了。从这个意义上看，坚振礼实际上也是儿童少年的成年仪式。

坚振礼的仪式非常简短，主礼者先是以手触摸行礼者的头，祈祷行礼者接受"圣灵的恩赐"，然后用一种特制的圣油（chrism）在行礼者的额头上画十字，最后再诵读结束仪式的祈祷词。坚振礼的仪式是如此简单，以至于主礼者前往某个村庄主持这项仪式时甚至不必下马驻足，骑在马背上即可以为行礼者完成仪式。教会档案关于坚振礼的记载非常少，英国中世纪教会法学家威廉·林伍德在他的著述中也只是偶尔提到坚振礼。有研究者认为之所以出现这种现象，是由于坚振礼的外在仪式和内在含义过于简单，除了"以圣灵的名义强化信仰"之外并未添加任何新的宗教意义，其结果是人们往往不重视这一宗教仪式，规避坚振礼的现象非常普遍。①

与简短的外在仪式和单一的内在含义形成鲜明对照的，是教会对主持坚振礼的教职规定有高级别的神品资格限制——必须是达到"主教"神品级别的教士。之所以做出这样的规定，是为了承袭使徒时代的传统。耶稣门徒彼得和约翰曾经前往撒玛利亚传播圣灵，从而形成了坚振礼的起源。依照教会法的认定，只有主教神品的教士才是耶稣门徒的后继者，佛罗伦斯宗教会议的决议中有这样的语句："使徒的位置由主教们占据。"②

然而，中世纪的主教经常远离自己的辖区为教宗或国王服务，没有更多的时间与精力出入教区内的教堂履行宗教职责。在中世纪的英格兰，各地教堂或者由具有主教神品的代理主教主持坚振礼，或者借主教三年一次巡查教区的时机举行坚振礼。如果没有合适的主礼者，索性就规避了这项礼拜仪式，造成相当多的教徒没有经历过坚振礼。教会法体谅到各地主教难以亲身主持坚振礼，允许具有司祭神品的教士前往各地代行坚振礼，其前提条件是——坚振礼使用的"圣油"必须由主教亲自调制③，唯此方能使圣灵顺利地传达到坚振礼接受者的心灵之中。

---

① R. N. Swanson, *Church and Society in Late Medieval England*, Oxford: Blackwell, 1993, p. 277.

② Norman P. Tanner, S. J. (edited), *Decrees of the Ecumenical Councils*, volume one, p. 544.

③ ibid., p. 544.

三、忏悔礼与圣餐礼："个人之罪"的解决方案

洗礼意味着洗清原罪，然而基督徒有可能在受洗之后犯下新的罪恶。基督教神学把洗礼之后犯下的罪恶称为"个人之罪"（personal sin），并且将这类罪分成两类，一类是"可宽恕之罪"（venial sins），另一类是"必死之罪"（mortal sins）。"可宽恕之罪"是轻微的罪，是不经意间犯下的罪。犯下这种罪的人只要私下里直接向上帝坦白，不必经过教会，也不必实施悔罪苦行，就可以得到宽恕。"必死之罪"是严重的罪，其严重之处在于，这是在十分清醒的情况下刻意犯下的罪过。这种罪过只有向教会坦白并且以苦行的方式忏悔，才能得到赦免，这就使忏悔礼成为必不可少的赎罪途径。教会法把犯下罪恶视为"心灵罹患的疾病"，而忏悔礼则是为了"医治心灵的疾病"①，以确保心灵的健康。

"忏悔礼"与"圣餐礼"，二者之间存在密切的关联。第四次拉特兰宗教会议要求达到"自主年龄"的基督徒每年至少在复活节期间忏悔一次、参加一次圣餐礼，而且只有在以苦行方式悔罪之后才有资格在圣餐礼上领取圣体。对于未能奉行这项规定的基督徒，终身禁止进入教堂，死后不准按照基督教仪式举行葬礼并埋入教堂墓地（条款 21）②。这样的规定把忏悔与领圣体视为基督徒必须履行的宗教义务，未能履行这种宗教义务的人将被隔绝于基督教社团之外。

宗教会议的规定之所以把忏悔礼与圣餐礼联系在一起，是因为拉丁基督教信仰认为：犯下罪过，尤其是犯下了"必死之罪"，意味着失去了上帝的恩典，处于这种状态的人不能领受圣体；犯下罪过的人只有经过忏悔，并且以悔罪苦行方式做出相当的"补偿"之后，才能通过圣餐领受到上帝的恩典，否则便导致圣餐礼无效，不能领受到上帝的恩典。这种信念由来已久，使徒时代的保罗就曾经警告哥林多人："人应当省察自己，然后再吃这面饼，喝这酒。因为人若在吃喝之前没有分辨出主的身体，就是吃喝自己的罪了。"③

---

① Norman P. Tanner, S. J. (edited), *Decrees of the Ecumenical Councils*, volume one, p. 541.

② ibid., p. 245.

③ 1 Corinthians, 11：28—11：29.

从理论上说，只有"必死之罪"才影响到圣餐的效力，因而犯有"可宽恕之罪"的教徒可以自行向上帝忏悔，不必向教会坦白自己的罪过。然而第四次拉特兰宗教会议的规定并没有对这两种罪恶做出区分，而是简单地规定：洗礼之后犯下的罪恶，只能以悔罪苦行的方式赎罪（条款 1）①。

第四次拉特兰宗教会议确认基督徒每年至少一次向堂区司祭忏悔，由于这项规定，定期实施忏悔成为基督徒必尽的一种宗教义务。某些地方性的教会法规甚至强化了第四次拉特兰宗教会议的规定，要求当地基督徒每年至少三次行忏悔礼。在 14 世纪的坎特伯雷大主教区，每年的三个大节期——圣灵降临节、圣诞节、复活节（Easter）是举行忏悔礼和圣餐礼的日子。由于这些规定，确保教区居民按时举行这两项礼拜仪式就成为英国各主教区教会法庭司法审判的一项重要内容。

根据 1439 年佛罗伦斯宗教会议的规定，完整的忏悔礼以三个步骤完成：第一个步骤是内心的痛悔（contrition of heart）。痛悔可以激发出复杂的情感，其中既有因严重触犯了上帝而导致的巨大悲伤与内心的羞耻，也有因为担心上帝迁怒于忏悔者犯下的罪恶而怀有巨大的恐惧，还有对于上帝赦免忏悔者的罪恶充满着希望和信任。第二个步骤是坦白罪恶（oral confession）。教会法强调的是向司祭进行"耳边忏悔"（auricular confession），把犯下的一切罪恶都用语言做出坦白。教会法之所以强调用语言坦白罪恶，是出于这样的信念：罪恶未经过言词语言方式的坦白，就不能得到赦免。第三个步骤是补偿（satisfaction）。忏悔司祭根据罪恶程度做出判断，要求忏悔者履行某种方式的悔罪苦行（如祈祷，斋戒，施舍）。悔罪苦行的目的是对犯下的罪恶做出补偿，目的是与上帝的意志和上帝的律法重新达成顺从与和解。在悔罪苦行结束之后，由忏悔司祭宣布对于罪恶的赦免。②

听取忏悔与主持圣餐礼主要是堂区住持的职责，堂区教职如果疏于履行这项职责，有可能受到法庭的指控，教会档案中保存有许多关于这类指控的记载。1498 年，韦尔斯主教区邓斯特堂区的五位教徒代表来到当地的"主教

---

① Norman P. Tanner, S. J. (edited), *Decrees of the Ecumenical Councils*, volume one, pp. 230—231.

② ibid. , p. 548.

常设法庭"，控告他们所在堂区的住持没有依照当地传统，在封斋期的第二个星期听取忏悔，也没有在复活节举行圣餐礼。[1] 由于主教法庭档案记载的疏漏，研究者难以获知诸如此类疏于职守的堂区住持最终受到了何种处治。

除了堂区住持有责任听取忏悔外，有的时候，主教也指派具有司祭神品级别的修道士，尤其是托钵僧团的修道士，到各地堂区听取忏悔。这样的派遣制度得到了教会法的授权，佛罗伦斯宗教会议决议有这样的规定：忏悔礼由具备赦免罪恶权力的司祭主持，既可以依循惯例由堂区住持也可以由上级教职派遣。[2] 每当主教派遣忏悔司祭到堂区听取忏悔的时候，往往向被派遣者发出一封准许暂离现职、前往听取忏悔的证明信。这类信函一般都在教会法庭登记备案，研究者因此而有机会了解这方面的情况。在 1487 年与 1488 年，方济各修道团体与加默尔修道团体（Carmelite Order）托钵僧获准在约克主教区听取忏悔。1510 年，赫里福德主教区批准一名加默尔修道团体托钵僧与一名本笃修道团体莱明斯特修道院（Leominster Abbey）院长在当地听取忏悔。主教为何在堂区住持之外特派专门的忏悔神父前往某地听取忏悔？由于档案记载不全，研究者对特派忏悔神父的使命尚不十分明了。最有可能的情况是，这些特派者前往某一教区并不是为了取代当地的忏悔神父听取堂区教徒的忏悔，而是专门听取某一地区悔罪苦修者经常性的忏悔，一般教徒仍需每年一度向所在堂区的神父忏悔。

基督徒的忏悔礼在各自所在堂区举行，除非遇有某些特殊情况，例如，堂区司祭言行有失检点，忏悔的内容涉及堂区司祭的亲属，需要忏悔的罪恶实施在其他堂区。[3] 堂区忏悔制度适用于人口流动不大、居住相对稳定的农业社会，但是在实施的过程中也有可能遇到障碍，主要原因是有例外的情况发生。一方面，由于种种原因，有些教徒可能在封斋期或复活节期间远离家乡居住地，不能返回自己的堂区参加圣餐礼；另一方面，堂区神父也可能拒绝为外来的陌生人主持圣餐礼，因为不能确定外来的陌生人是否已进行过一

---

[1]　J. A. F. Thomson, *The Early Tudor Church and Society*，1485—1529，p. 341.

[2]　Norman P. Tanner, S. J. (edited), *Decrees of the Ecumenical Councils*，volume one，p. 548.

[3]　John Mirk, *Instructions for Parish Priests*，London：Early English Text Society，1868，pp. 25—27.

年一次的忏悔。1517 年累斯特郡（Leicestershire）大利德福德（Lydford Magna）堂区教徒理查·沃克（Richard Walker）因为未能出席圣餐礼而受到法庭惩处，恐怕就是出于这类原因。沃克自己申辩说，他确实在白金汉郡（Buckinghamshire）的提克福德修道院（Tickford Priory）向一名本笃修道团体修士忏悔过，但是当地堂区的住持仍以他不是堂区教民为由阻止他出席圣餐礼。①

关于忏悔礼的规定为教徒提供了与堂区神父所代表的教会进行面对面精神交流的机会，这一特点是其他礼拜仪式所不具备的。约翰·莫克（John Mirk，c. 1403—?）写于 15 世纪初的一部小册子《堂区司祭手册》（*Instructions for Parish Priests*）要求堂区住持在听取忏悔时不仅检查忏悔者是否已将宗教信条和宗教戒律熟记于心，还需教导忏悔者信奉"三位一体"，信奉耶稣基督"道成肉身"、"在十字架上遇难"又"死而复活"，等等。② 这样的记载表明，忏悔礼在要求基督徒进行内心道德反省的同时，也要求教徒向教会表白信仰，并且注重增进教徒的神学知识，普及神学教义。

然而相比之下，教会更为强调的是借主持忏悔礼之机检查教徒的道德行为，并不要求教徒掌握高深的神学教义。《堂区司祭手册》列举了大量的设问题目，用于主礼者与忏悔者之间进行一问一答式的道德行为反省，例如，你是否给予父母需要的饮食？你是否遗弃你的妻子或犯下不守贞洁的罪恶？你是否偷过或抢劫过他人的东西，或者借用他人的东西没有归还？你是否做过伪见证或者发过伪誓言？③ 这样的设问方式表明，基督徒在忏悔时主要是对照教会设定的道德标准实现自省，坦白自己犯下的"罪恶"。这样的举措也具有相当重要的社会学意义：首先是将教会设定的伦理道德标准强加于教徒，以实现对于教徒日常生活与道德行为的规范；其次是赋予教职人士将教会制订的道德规范加以实施的权力，忏悔司祭成为宗教伦理道德规范的执行人。

把忏悔礼限定在基督徒居住地所在堂区的范围内进行，是因为忏悔礼本身具有重要的社会功能。一方面，借助于忏悔礼可以使教徒定期进行道德上的反省，以达到约束其日常行为的目的；另一方面，忏悔礼又使触犯了道德

---

①　J. A. F. Thomson, *The Early Tudor Church and Society*, 1485—1529, p. 342.

②　John Mirk, *Instructions for Parish Priests*, pp. 28—30.

③　ibid., pp. 30—36.

规范的教徒有机会悔过自新以求得堂区居民的谅解，从而实现社区内的和解。如果说教会法庭是通过"他律"的手段调解社区矛盾，那么忏悔礼则是借助于"自律"的手段避免矛盾的产生。从这一角度看，忏悔礼与教会法庭的司法审判行为是相辅相成的，其目的都是为了实现对堂区生活的管理。

然而，这种"口对耳"方式的忏悔礼将听取忏悔的教士置于一种特殊的位置，使教、俗两界不同的身份和地位泾渭分明，形成强烈的反差。研究者评论说：在"耳边忏悔"礼上，忏悔司祭坐着审判，世俗身份的男人或女人跪着请求；如此一坐一跪的并列，无论在视觉形象上还是在象征意义上，都形成了强烈的对比。①

在很多情况下，教徒忏悔的内容涉及个人隐私，因此，忏悔礼必须在教徒与忏悔神父之间一对一地个别进行。由于是私下里把自己犯下的罪过"说"给忏悔神父听，即"耳边忏悔"，听取忏悔的神父有义务为忏悔者保守个人隐私的秘密。第四次拉特兰宗教会议规定，对泄露忏悔内容的教士实施严格的惩治：不仅免除司祭职务，而且终生禁闭在修道院，在严格的监督下履行悔罪苦行(条款 21)②。法兰克国王查理在公元 785 年发布的敕令涉及一种例外的情况：由于杀人罪不可以悔罪苦行抵罪，必须由世俗法庭审判之后加以惩治，如果遇有教徒在忏悔时坦白杀了人，听取忏悔的司祭必须作为证人出席世俗法庭，无需为忏悔者保守这项秘密(条款 14)③。

泄露忏悔内容是严重的职务过失，有可能导致忏悔神父个人职业生涯的改变，并且终生履行悔罪苦行。正是由于这一职务过失有可能造成如此严重的后果，教会法庭在审理泄露忏悔内容的指控时，通常采取非常谨慎的态度。诺里季(Norwich)主教区法庭档案中，记载了伊普斯维奇(Ipswich)一位名叫威廉·法斯特林奇(William Fastelinge)的教徒指控忏悔神父泄露忏悔内容的诉案。案情的起因是法斯特林奇的妻子在忏悔时，告诉这位忏悔神父曾经在婚前与后来成为她丈夫的这个男人同居。尽管法斯特林奇承认确有其事，法

---

① Peter Marshall, *The Catholic Priesthood and the English Reformation*, Oxford: Clarendon Press, 1994, p. 5.

② Norman P. Tanner, S. J. (edited), *Decrees of the Ecumenical Councils*, volume one, p. 245.

③ Patrick J. Geary (edited), *Readings in Medieval History*, p. 284.

庭还是以泄露忏悔内容的罪名传召这位忏悔神父出庭。① 另一方面，忏悔神父对于泄露忏悔内容的指控也很敏感，遇有不符合事实的指控，忏悔神父也以诽谤罪反告指控者。法庭档案记载的诽谤诉案中，有些即是属于这类性质。伦敦主教区的万圣堂区教堂住持曾以诽谤罪反控他所在堂区的一位教徒，因为这位教徒指控他泄露了忏悔内容。在诺里季主教区，一名受到泄露忏悔内容指控的神父向法庭起诉，宣称对他的指控损害了他的名誉。②

　　在 16 世纪欧洲宗教改革的浪潮中，中世纪拉丁基督教会规定的忏悔礼受到了质疑。最主要的质疑涉及忏悔礼的合法性，因为《圣经》中并没有关于忏悔礼的记载，忏悔礼是教会在 1215 年拉特兰宗教会议上的发明。仔细研究可以发现，不同的宗教改革派别对于忏悔礼采取了不同的态度和立场。面对忏悔礼，马丁·路德的态度是矛盾的。首先，路德认为忏悔礼不见于《圣经》的记载："忏悔礼，我把它与另外两项礼拜仪式并列在一起，然而并未见到它是出自于神定的迹象。"其次，虽然知道忏悔礼不见于《圣经》的记载，路德最初并没有把忏悔礼排斥在宗教礼拜仪式之外，他认为忏悔有助于"医治心灵"，一旦将罪恶坦白并且从聆听忏悔的教士那里得到了上帝的教海，可以达到内心的"平静"与"舒缓"③。最后，尽管路德本人能够体会到将罪恶坦白之后带来的内心享受，但是并不希望"强迫或者命令"他人行忏悔礼，人们完全可以对是否行忏悔礼做出自由选择。④ 与路德相比，宗教改革家乌尔利希·慈温利(Ulrich Zwingli)关于忏悔礼的立场非常明确：忏悔礼以及随之而来的悔罪苦行，不是出自于经书的记载，是"宗教会议上人定的法律"，"不具备删除罪恶的功能"，教会以判罚悔罪苦行"威吓他人"⑤。

---

　　① J. A. F. Thomson, *The Early Tudor Church and Society*, 1485—1529, p. 341.

　　② ibid., pp. 341—342.

　　③ A. T. W. Steinhaeuser(translated), The Babylonian Captivity of the Church, *Works of Martin Luther with Introductions and Notes*, volume II, Philadelphia：A. J. Holman Company, 1916, p. 292, p. 250.

　　④ A. Steimle(translated), The Eight Wittenberg Sermons(1522), *Works of Martin Luther with Introductions and Notes*, volume II, p. 424.

　　⑤ Samuel Macauley Jackson (edited), *Selected Works of Huldreich Zwingli*(1484—1531), *the Reformer of German Switzerland*, Philadelphia：University of Pennsylvania, 1901, p. 116.

　　对于种种怀疑的言论，拉丁基督教神学家通常以一种非常简单的逻辑思路为忏悔礼辩护——由于忏悔礼是私下进行的，因而没有留下文字记载，以至于不能证明忏悔礼是否出自神的规定。不过，特兰托宗教会议还是勉为其难，从福音书中找到了耶稣的一句话，以此作为忏悔礼的经书依据。① 特兰托宗教会议决议引证的这句圣典出自于《约翰福音》，耶稣死而复活后向门徒显现时说过的一句话："（你们）接受圣灵。你们赦免谁的罪，谁的罪就赦免了；你们留下谁的罪，谁的罪就留下了。"②实际上，福音书记载的耶稣这段言论与"天国钥匙"的言论③异曲同工，一向被教会用来论证主教的权力，而不是用来为忏悔礼辩护。

　　圣餐礼是教会可以举行的最高规格的礼拜仪式，也是全体基督徒——死去的和活着的——可能举行的最高规格的祈祷仪式。圣餐礼的理论依据来自于《新约全书》的记载，亦即耶稣基督在最后的晚餐上指着"面饼"和"酒"对门徒说的话："这是我的身体"，"这是我的血……"④拉丁基督教神学认为《新约全书》记载的这一行动象征着耶稣基督以自己的身体拯救人类，并据此演绎成拉丁基督教的圣餐礼。如果说宗教信条把洗礼看做是灵魂的再生，那么圣餐礼则被看做是为再生的灵魂供给食物。⑤

　　圣餐礼的意义在于它所体现的"化体"教义：面饼和酒经过祝圣以后，分别化做基督的肉和血。但是这样一种解说太富于戏剧性，似乎面饼和酒在圣餐礼的演绎过程中发生了某种化学变化，然而从表面上看，面饼和酒在经过祝圣以后仍然保持着原来的样子。"化体"教义难以解释的一个关键问题是：面饼和酒以何种方式变成了基督的身体和血？中世纪的神学家曾经对这一问题展开思辨。有一派神学家把变化的过程解释为"取代"，认为面饼和酒在祝圣的一瞬间由一种物质取代了另一种物质。另一派神学家否认取代说，认为

　　① Norman P. Tanner, S. J. (edited), *Decrees of the Ecumenical Councils*, volume two (Trent to Vatican Ⅱ), London: Sheed & Ward, 1990, p. 677.

　　② John, 20: 22—20: 23.

　　③ Matthew, 16: 19.

　　④ Matthew, 26: 26—26: 28.

　　⑤ Norman P. Tanner, S. J. (edited), *Decrees of the Ecumenical Councils*, volume one, p. 541.

是面饼和酒在祝圣时其自身物质改变了性质。更有神学家彻底否定"化体"说，认为面饼和酒只是作为纪念耶稣基督为救赎人类而牺牲的象征物。

为了平息教会内围绕着"化体"教义展开的争论，1215 年的第四次拉特兰宗教会议将"化体"教义正式写入拉丁基督教的宗教信条，具体阐述如下：确实存在着一个由虔诚的人组成的普世性教会；在这个教会之外，没有人能够得到拯救；在这个教会之内，耶稣基督既是司祭也是献身者。耶稣的身体和血真实地包含在圣餐礼的面饼与酒之中，借上帝之力，这面饼化作身体，这酒化作血。为了与圣餐融合为一体，我们领受耶稣的身体和血，一如他领受我们的(条款 1)①。有了"化体"教义作为神学前提，圣餐礼就从"供给灵魂的物"演变成了"与上帝融为一体"的宗教体验。在圣餐礼上，"因上帝恩典之力，人得以融入基督并与基督合为一体。其结果是，上帝的恩典借助于圣餐礼而得以在领受者中发扬光大"②。

拉特兰宗教会议在阐述"化体"教义时，是以耶稣"道成肉身降临人世"(incarnation)作为理论前提的：耶稣曾经在尘世从人类那里得到过人的身体，又在圣餐礼上将他的身体和血给予人类，上述引文中提到的"我们领受耶稣的身体和血，一如他领受我们的"即是对这一前提的表述。从方法论上看，上述引文采用的是亚里士多德的三段式论述法，理论前提是——物质的外在形状与内在性质之间有区别，结论是——当圣餐礼献祭的物品保留着面饼和酒的外在形式时，其内在的性质已经发生了变化，因为耶稣基督降临在其中了。上述引文还提到耶稣基督是教会的"献身者"，圣保罗曾经谈到过，圣餐礼的目的是"展示主耶稣基督之死"③，也就是借助于耶稣受难十字架来表现"耶稣被钉死在十字架上"。正是出于这个原因，中世纪的拉丁基督教会在习惯上也把圣餐称为"献祭"(sacrifice)。圣餐礼的目的就是献祭，向上帝献上面饼和酒，化成基督的身体和血，这是教会可以举行的最高形式的礼拜仪式，也是全体基督徒(死去的和活着的)可能举行的最高规格的祈祷仪式。

---

① Norman P. Tanner, S. J. (edited), *Decrees of the Ecumenical Councils*, volume one, pp. 230—231.

② ibid., p. 547.

③ 1 Corinthians, 11：26.

中世纪的拉丁基督教会极为看重每年至少一次的忏悔礼与圣餐礼，认为这是基督徒最基本的宗教义务。不能按期履行这项义务，被认为是严重触犯宗教戒律的行为；情节严重者，甚至有可能被法庭解释为怀疑圣礼的效力，从而作为宗教异端惩处。伦敦主教区法庭就审理过这样的异端案。1490 年，一位名叫大卫·彻克（David Chirche）的教徒因为未能出席复活节礼拜仪式而被怀疑为宗教异端。1498 年，教徒伊登·沃尔特斯（Eden Walters）被指控为异端，原因是他在复活节前的封斋期没有行忏悔礼，在复活节当天没有出席圣餐礼。① 从这两宗案例可以看出拉丁基督教会对忏悔礼与复活节圣餐礼的重视程度，在拉丁基督教习俗中，复活节与圣诞节都被看做是重要的宗教节期。

四、终傅礼：尘世生活结束前最后的赎罪机会

终傅礼是基督徒在尘世生活即将结束时面临的最后一次赎罪机会，其作用是赦免在尘世犯下的全部罪恶，以便使灵魂在离开尘世之后尽快进入天堂。

终傅礼的神学基础来自《新约全书》的记载："你们中间有病人吗？他应当把教会的长老请来，以主的名义为他祈祷并且为他涂油。虔诚的祈祷能够挽救病人，主必使他起而复生。假如他犯下了罪，也必获得赦免。"②虽然《新约全书》中记载的终傅礼有医治疾病、赦免罪恶两种功能，但是其中的医治疾病的功能越来越淡化，赦免罪恶的功能越来越加强。大约在公元 10 世纪时，医治疾病的功能已经完全剥离出去，终傅礼成为专为临终之人举行的忏悔仪式。佛罗伦斯宗教会议明确规定：终傅礼不得为患有疾病的人举行，除非死亡已经临近了。③

在基督教的思想观念中，生活在尘世的人是身体与灵魂的统一体，两者之间存在着对应关系——灵魂的罪恶是经由身体犯下的。正是从这一观念出发，第四次拉特兰宗教会议要求教职人士保持"内心纯净，身体清洁"，以此抵挡尘世生活的诱惑（条款 14）④。依照这样的思维逻辑，也可以对医治疾病

---

① 　J. A. F. Thomson, *The Early Tudor Church and Society*, 1485—1529, p. 260.

② 　James, 5：14—5：15.

③ 　Norman P. Tanner, S. J. (edited), *Decrees of the Ecumenical Councils*, volume one, p. 548.

④ 　ibid., p. 242.

的功能做出另外一种解释：终傅礼医治的是灵魂的创伤，之所以与此同时也医治身体的创伤，是因为对身体的医治有助于灵魂的得救。佛罗伦斯宗教会议决议表达了这样的思维逻辑：终傅礼"医治心灵也医治身体，因为对身体的医治有助于灵魂"①。

这样的思维逻辑也表现在终傅礼的技术操作层面上：将经过祝圣的一种特制的油涂抹在接受圣礼者的眼睛、耳朵、鼻子、口、手、足、脊背，象征着受礼者在尘世经由全部感官——视觉、听觉、嗅觉、味觉（语言）、触觉、脚步、脊背——而犯下错误都得到了上帝怜悯之心的赦免②，受礼者的灵魂因此而得以进入未来的永恒世界。

出于"灵魂比身体珍贵"（条款 22）的概念，第四次拉特兰宗教会议也试图对身体医生的行医原则进行规范：如果身体医生被召唤到病人面前，他应当首先劝告病人召唤"灵魂医生"（亦即教职人士）前来诊治，因为在灵魂的疾病经过诊治之后，病人才有可能对医治身体疾病的医药产生良好的反应。如果有身体医生违背了这样的诊治程序，将受到教会法的处罚：禁止进入教堂，并且针对此种错误进行忏悔并履行相应的悔罪苦行。第四次拉特兰宗教会议还向身体医生发出禁令：不得为了医治病人的身体而危害病人的灵魂（条款22）③。诸如此类的规定意味着：如果一个人处于病危的状态，首先需要做的不是由身体医生抢救病人的生命，而是由教职人士为他举行终傅礼。

由于终傅礼赦免的是"必死之罪"，因而在习惯上年龄不足 14 岁的濒危儿童不行终傅礼，因为年龄如此幼小的儿童尚未获得理性，不可能犯下如此严重的罪过。还有一种情况，就是猝死的人来不及行终傅礼，失去了临终忏悔的机会，他的罪恶如何得到赦免？教会对此的解释是：可以假设他已经与上帝达成了和解，除非有其他的迹象不能证明与上帝达成了和解。在这里，"其他的迹象"包括：处以"绝罚"的人，自杀的人……正是由于"绝罚"对于灵魂的归宿可以造成如此重大的影响，因而处以"绝罚"的人在濒死时刻大多可以得

---

① Norman P. Tanner, S. J. (edited), *Decrees of the Ecumenical Councils*, volume one，p. 549.

② ibid. , p. 549.

③ ibid. , p. 245.

到教会的宽恕，得以恢复正常状态。基督教禁止教徒自杀，认为"人"作为上帝的创造物，不应受到人为的毁灭，亦即人不得随意毁灭上帝的创造物。从这一神学基础出发，自杀的人必将受到诅咒。

终傅礼是基督徒在尘世举行的最后一次祈祷，也是最后一次坚定信仰的机会，直接关系到死后灵魂的归宿问题。对于如此至关重要的宗教仪式，"卜尼法斯法令"(*Statuta Bonifacii*)①规定：对于那些濒临死亡之人，终傅礼应当及时举行不得贻误(条款 xxxi)②。为了确保如此重要的礼拜仪式在受礼者临终时及时举行，避免出现因为钱的因素而贻误终傅仪式的情况出现，教会要求为教徒无偿举行终傅礼。不仅终傅礼应当无偿举行，教会也不准为洗礼与葬礼收取费用(条款 24)③。

终傅礼的时效性要求及时举行不得延误，如果遇到紧急情况而又难以找到教职人士，早期教会也允许世俗人士操作这个仪式。亚历山大里亚(Alexandria)主教狄奥西乌斯(Dionysius of Alexandria)讲述过这样的事例：有一位名叫萨拉庇恩(Sarapion)的老年人，因为病重已经陷入昏迷状态三天了；在第四天短暂的苏醒期间，他请侄儿请长老来施行终傅礼；当时天色已晚，而这位长老也恰巧因病不起了；这位侄儿依照长老的指导为临终的萨拉庇恩施行了终傅礼，从而使这位老者满怀救赎的希望离开了尘世。④

为了确保终傅礼能够适时举行、万无一失，也有教徒在事先就指定下为自己举行终傅礼的神父。伦敦主教区档案中记载着一份有关举行终傅礼事宜的遗嘱，立遗嘱人尼古拉斯·阿尔温(Nicholas Alwyn)以 10 先令遗赠一名神父，要求这名神父为他主持临终时的终傅仪式。⑤

古代犹太人实行土葬。《马加比传》(*Book of Maccabees*)的记载表明，将

---

① "卜尼法斯法令"很可能是在 800—840 年期间举行的一次巴伐利亚宗教会议(Bavarian Synod)上制定的。

② John T. McNeill & Helena M. Gamer(translated)，*Medieval Handbooks of Penance*，p. 398.

③ Norman P. Tanner, S. J.(edited)，*Decrees of the Ecumenical Councils*，volume one，p. 202.

④ B. J. Kidd(edited)，*Documents Illustrative of the History of the Church*，volume 1, pp. 209—210.

⑤ J. A. F. Thomson，*The Early Tudor Church and Society*，1485—1529，p. 345.

战争中阵亡的同胞埋葬，是犹太人应尽的义务："他们把阵亡者的尸体收拾起来，埋在他们的家坟里。"①犹太人多比是一个见义勇为的人："每当我的犹太同胞有所需求的时候，我总是给以大力的关照。……每当我发现同胞的尸体被弃置城外，我总是给以妥善的安葬"。把遇难的同胞妥善地埋葬，也是一种宗教行为。天使拉斐耳认为多比的见义勇为不仅彰显了神的荣耀，也可以得到神的恩惠，为此而将多比埋葬死者的善行报告给神："多比，当你和撒拉向主祈祷的时候，是我将你们的祷告传达到他的宝座前。你每次埋葬死者，也都是由我传达的。"②

耶稣在十字架上遇难，依照犹太人的习俗安葬在一座坟墓里。《约翰福音》记载：耶稣的追随者们"依照犹太人殡葬的规矩，把耶稣的身体用细麻布加上香料裹好。在耶稣钉十字架的地方有一个园子，园子里有一座新坟墓，是从来没有葬过人的。只因当天是犹太人的预备日，又因那坟墓就在近旁，他们就把耶稣安放在那里"③。耶稣的安葬为基督徒的殡葬提供了一个范式，早期基督教与中世纪西欧的基督教延续这样的殡葬习俗，人死之后实行土葬。人的身体作为上帝的创造物，理应受到尊重。奥古斯丁在《上帝之城》一书中说：之所以将死者的身体埋葬，是因为"逝者的身体不应当受到轻视，也不应当被弃置一旁"。④

除了民族传统与自然环境等诸多因素之外，在这样的殡葬习俗中也包含有宗教信仰的因素。使徒保罗以属土的亚当为起点，以属天的耶稣基督为终点，将土葬视为在未来复活并且进入天国的必经之路。《哥林多前书》讲述了这样的道理：（1）"头一个人是出于地，乃属土。"初始之人亚当是造物主用泥土创造，因而人类也应当属于土。（2）"第二个人是出于天。"耶稣基督由上天派遣，死而复活之后又归于天国。（3）"血气的身体必死，灵性的身体复活。"

---

① 《马加比传》(下)第12章39节。《圣经后典》，张久宣译，商务印书馆1996年版，第430页。

② 《多比传》第1章17节，第12章12节。《圣经后典》，张久宣译，第4、32页。

③ John，19：40—19：42.

④ Augustine (edited & translated by R. W. Dyson)，*The City of God against the Pagans*，New York：Cambridge University Press，1998，p. 21.

具有属土形状的基督徒，在将来也必有属天的形状，在未来享受永恒的生命。[1]

　　基督教的土葬传统一经确立，就成为强制性的制度。法兰克国王查理将萨克森人的火葬视为异教习俗，并且以死刑相威胁，要求被征服的萨克森人放弃火葬。在查理发布的敕令中，要求皈依了基督教的萨克森人在死后埋葬在教堂墓地（条款7，条款22）[2]。基督教的葬礼必须由教职人士按照宗教方式举行，死者的棺木最终也必须埋葬在经过祝圣的墓地。如果一时难以找到经过祝圣的墓地，将来也必须移葬到这样的墓地，如果当事人不按照规定行事有可能受到教会法庭的惩处。伦敦主教派出法庭（Commissary Court）在1495年审理过一宗葬礼案，案情涉及一起无神职人员在场、未按宗教仪式举行的葬礼，被告因此而被处以悔罪苦行的惩罚。[3] 对这宗诉案的审理表明，中世纪的教会法庭确有一套运行机制以确保葬礼按宗教仪式举行，堂区居民也负有对葬礼实行监督的义务。

　　虽在教会应当无偿为教徒主持葬礼仪式，然而与埋葬仪式相关的其他服务却可以收取费用。各项收费标准依照各项服务规格而定，繁简程度不同，收费情况也不相同。仅以为死者敲丧钟为例：在希尔（Hill）地区的圣玛丽亚教堂（St. Mary Church），在埋葬时为死者敲响教堂钟楼内最大的钟一下，收费6先令8便士；连续敲响次大的钟一小时，收费12便士，敲响半日，收费3先令4便士；如此递减，敲响最小的钟收费最少。在劳斯（Louth）堂区，教堂敲钟人除了为去世的人敲响丧钟外，还提供其他有偿服务，例如为丧家运送棺木以备装殓，每次收费1便士。[4]

　　墓地的位置也是决定费用多寡的重要因素。总的来说，葬在教堂之内的费用要高于葬在教堂之外。希尔地区的圣玛丽亚教堂在15世纪末时明文规定：教堂办事员向葬在教堂之内的丧家收取2先令，如果是葬在教堂庭院，成年人收取8便士，儿童收取4便士。这仅仅是向教堂办事员个人交纳的费

　　[1]　1 Corinthians，15：1—15：58.
　　[2]　Patrick J. Geary (edited)，*Readings in Medieval History*，pp. 284—285.
　　[3]　J. A. F. Thomson，*The Early Tudor Church and Society*，*1485—1529*，p. 346.
　　[4]　ibid.，p. 346.

用。除此之外，还需分别向教堂交纳 13 先令 4 便士（教堂内），2 先令（教堂庭院）。①

由此可见，举行何种规格的埋葬，墓地选在何处，首先取决于丧家财力的支持。富有的人在死后可以享用奢华的埋葬与理想的安息之地。伦敦主教区保存的一份遗嘱很明显地体现出这一点。这是一份由约翰·贝尼特（John Benett）与托马斯·戈德韦尔（Thomas Goldwell）两个人共同订立的遗嘱，其主要内容是他们分别为自己身后选定安葬之地，其中约翰·贝尼特希望将来葬在圣马格纳斯教堂的回廊里尽可能靠近主位十字架的地方，托马斯·戈德韦尔希望葬在圣玛格丽特教堂南部靠近圣徒克里斯托弗（St. Christopher）的圣像附近。② 从这两个人对自己葬身之地的选择，可以看出他们各自对某一圣物或某一圣徒的挚爱与虔敬，以及他们各自的宗教理想。或许他们生前就是分别以圣十字架和圣徒克里斯托弗作为保护神，死后同样希望以此作为在天之灵的保护神。然而，宗教理想的实现在很多情况下是需要一定的物质条件作为支持的，可以设想，这两个人如果没有足够的财力交纳墓地费用，不可能埋葬在他们心目中理想的安息之地。

埋葬的规格、墓地的位置，不仅具有一定的宗教内容，而且具有一定的社会内容，是一个人生前的身份、地位、经济状况的体现。如果说墓地的位置更多地反映出一个人的财力，那么埋葬的形式则更多地反映出一个人生前的身份和地位。这首先是因为，在很多情况下，葬礼不是个人的行为，而是家族或社会集团的行为，在这方面，最明显的是行会对会员或会员家属葬礼的参与。行会会员有义务出席他们中间某一成员的葬礼，这是行会对其会员的要求，如有拒绝出席者，行会有权要求他交纳罚金。有些行会免费向会员提供公用的埋葬用品，作为行会内的一种公共福利。例如，伦敦金匠行会备有棺椁，本行会会员及家属可以免费使用，行会以外的人使用需交纳租金，1525 年时的租金是 6 先令 8 便士。伦敦布商行会在 1516 年得到一笔 20 马克的捐赠，捐赠人指定这笔捐款用于购买一个新的棺椁。③

① J. A. F. Thomson, *The Early Tudor Church and Society*, 1485—1529, p. 347.
② ibid., p. 348.
③ ibid., p. 348.

埋葬形式之所以可以表明一个人生前的身份和地位，也是由于人们习惯于借助葬礼表达人生最后的心愿，而这类心愿因与生前的身份、地位有关，身份、地位不同，对葬礼的要求也有所不同。1488 年去世的埃德蒙爵士(Sir Edmund)生前曾经担任伦敦市长，他在遗嘱中将遗产的一部分赠送给出席葬礼的伦敦城显要人物以及他所属的金匠行会同仁。① 做出这样的安排显然是为了吸引这两类人出席他的葬礼。这位市长大人之所以希望有显要人物出席葬礼，恐怕也是认为这样才与他生前的身份、地位相符。

教会法庭也审理过涉及埋葬费用的诉讼。教堂监护人作为堂区教产的管理者，有时也可能临时垫付埋葬的费用，事后再向丧家索还。但是由此而引起的经济纠纷也时有发生，最常见的是死者亲属拖欠埋葬费用。遇有这种情况，就需要教会法庭强制丧家偿还。在肯特的林斯蒂德(Lynsted)堂区，法庭曾经责令一位名叫伊丽莎白·米勒(Elizabeth Miller)的妇人偿还 14 便士，这是教堂为她丈夫举行葬礼时垫付的蜡烛费用。②

五、圣职授职礼：造就基督事业的执行人

圣职授职礼由主教主持，其功能在于为教职人士授予神品等级，从而"壮大上帝的恩典，使受礼者成为基督的执行人(minister of Christ)"③。圣职授职礼是为特定人群举行的宗教仪式，不仅女性居民不得接受圣职授职礼，即使男性居民也不是人人都可以接受圣职授职礼。只有具备任职资格，而且自愿进入教职界的人士，才有机会接受这项宗教仪式。

晋升不同神品等级的圣职授职礼，采用不同的仪式用品：晋升司祭(priesthood)神品的仪式采用注入酒的圣杯与盛放着面饼的圣餐盘，象征着获得"以圣父、圣子、圣灵的名义在教堂为生者和死者举行圣餐礼的权力"；晋升执事(diaconate)神品以福音书作为仪式用品；晋升副执事(subdiaconate)神品将空置的圣杯放在空置的圣餐盘中。④ 诸如此类的规定表明，教职界神品晋升制度要求每晋升一次品级都需举行一次圣职授职礼，因此，不同神品级

---

① J. A. F. Thomson, *The Early Tudor Church and Society*, *1485—1529*, p. 348.

② ibid., p. 346.

③ Norman P. Tanner, S. J. (edited), *Decrees of the Ecumenical Councils*, volume one, p. 550.

④ ibid., pp. 549—550.

别的教职人士接受圣职授职礼的次数是不一样的，神品级别越高，参加的次数越多。

六、婚礼：繁衍礼拜上帝的儿女

使徒保罗对男女婚姻有过论述：男人"离开父母，与妻子连合，二人成为一体"①。依照使徒的教导，选择"积极生活方式"的基督徒可以依照教会法的规定缔结婚姻，但是缔结婚姻的意义在于"繁衍儿女"。源自爱尔兰教会的《芬尼亚悔罪苦行手册》有过这样的阐述：经由上帝批准的婚姻不是为了肉体的性欲而是为了繁衍儿女（条款46）②。佛罗伦斯宗教会议对于男女婚姻的意义做出了更加明确的阐述：男女结合成为夫妻，其意义在于"繁衍出礼拜上帝的儿女"③。这样的定义将婚姻纳入了宗教的范畴，男女之间缔结婚姻是为了履行为上帝繁衍儿女的义务。

婚礼作为教会规定的七项礼拜仪式之一，经历了长期的发展进程。1215年第四次拉特兰宗教会议阐述了关于男女缔结婚姻的各项条件限制。佛罗伦斯宗教会议在1439年的决议中对婚姻的意义做出了阐述。特兰托宗教会议在1515年的决议中强调，借助于婚礼接受上帝的恩典，是基督在福音书中做出的规定（session 24）④。正是由于特兰托宗教会议的规定，婚礼才成为男女婚姻必须履行的一项仪式，只有举行过由教士主持的婚礼仪式的婚姻才是有效的合法婚姻。

在中世纪相当长的时期内，婚礼并不是教会强制要求执行的仪式。虽然教会鼓励教徒在教堂举行由教士主持的婚礼，但是并不强迫教徒这样做。由于缺少法律上的强制性，在现实的生活中，婚姻的缔结并不一定经过先是订婚、后是婚礼仪式两个步骤。在16世纪特兰托宗教会议以前，教会法关注的不是结婚的仪式而是对婚姻本身的诸多要素做出规范。

首先是婚姻的缔结必须公开化，禁止教徒私下里秘密缔结婚约。第四次

---

① Ephesians，5：30—5：32.

② John T. McNeill & Helena M. Gamer（translated），*Medieval Handbooks of Penance*，p. 96.

③ Norman P. Tanner，S. J.（edited），*Decrees of the Ecumenical Councils*，volume one，p. 550.

④ ibid.，p. 754.

拉特兰宗教会议规定：在缔结婚约之前，当事人双方必须在堂区司祭的见证之下，在教堂发布结婚公告（条款51）①。做出这项规定的目的是使婚约公开化，由公众监督缔约双方是否符合结婚条件。然而在当时也有神学家认为，假若男女双方具备缔结婚约的条件，尽管他们是私下里交换的婚姻誓约，这样的婚约也应当视为有效。如果发现有这种婚约缔结，只需由教会为之举行一个祈福礼就可以了，不应当废除这样的婚约。这样的举措实际上是一个事后的补救措施，同样是为了造成一个"婚姻公开"的效果。

如果允许私下里秘密缔结婚约，会造成一系列的后果：（1）年轻人可能违背父母的意愿秘密缔结婚约，在当时婚姻普遍是由家族或父母包办的情况下，这是"大逆不道"的；（2）没有见证人在场的秘密婚约有可能造成婚姻中的某一方轻而易举地否定已有的婚约，造成婚姻的随意性；（3）秘密婚姻产生的子女得不到教会的祝福，被认为对其成长不利。出于上述种种考虑，貌似"婚姻自由"的秘密婚约并没有得到教会的承认。

虽然缔结婚姻无需经过婚礼仪式，但是对教徒的婚姻加以管理却是教会法庭的责任。仅以英国教会为例：在中世纪社会几种司法系统并存的情况下，教会法庭是审理婚姻案的唯一法庭，教会法庭对婚姻诉讼案的审理一直持续到近代社会的1857年。教会法庭对婚姻事务的管理主要是为了维系婚姻关系的稳定，这恐怕与教会法奉行的财产继承原则有关，因为婚姻关系的混乱，很容易导致财产继承关系的混乱。

教会法关于婚姻关系的律条，体现了中世纪拉丁基督教会关于婚姻的基本观念。

首先，拉丁基督教会排斥近亲联婚，认为血缘亲属关系是缔结合法婚姻的障碍。查理曼在公元802年发布的敕令中，要求各地主教、司祭连同堂区的长老，对缔结婚姻的双方做出审查，在确信双方之间不存在血缘关系之后，方可对这宗婚姻表示祝福（条款35）②。教会持有一种广义的近亲概念，第四

---

① Norman P. Tanner，S. J. （edited），*Decrees of the Ecumenical Councils*，volume one，p. 258.

② Patrick J. Geary(edited)，*Readings in Medieval History*，p. 301.

次拉特兰宗教会议把"血亲"、"姻亲"、"教亲"都定义为"近亲"（条款 50）①。"血亲"指从共同的祖先数起，兄妹之间及三代表兄妹之间禁止结婚，也就是五代血亲之内禁止结婚。"姻亲"包括缔结有婚约的双方家族的全体成员，也就是英文中所说的"in-laws"，此外还包括存在着"性"联系的亲族。"教亲"包括教父、教母、教子、教女，这些人之间也同样禁止缔结婚姻。

在教会的观念中，近亲之间的婚姻关系等同于犯下了罪恶，不仅婚姻关系必须解体，当事人还需为此履行悔罪苦行。圣埃维塔斯（St. Avitus）在公元5世纪末担任维埃纳大主教（Archbishop of Vienne）期间，曾经收到一位主教的书信。信中讲述了一宗近亲婚姻案：在他的教区之内有一位名叫文柯麦路斯（Vincomalus）的老年市民，几年以前在妻子去世之后，与前妻的妹妹缔结了婚姻；现在有人将这件事起诉给法庭，当事人文柯麦路斯也承认了起诉的事实。这位主教询问：应当如何审理这一案件？埃维塔斯在第一封回信中强调，当务之急是要求当事人双方分居。不久之后，教会的一位执事把当事人文柯麦路斯带到了大主教面前。此时，当事人双方已经分居，但是教会不知道是否应当对当事人判罚悔罪苦行。埃维塔斯向这位主教提出建议：只要当事双方从此以后分居生活，就不必履行正式的悔罪苦行。然而教会最终的判罚是：除了分居之外，当事人还需秘密地履行悔罪苦行。②

其次，拉丁基督教会把合理缔结的婚姻视为耶稣基督与教会的结合，具有神圣的不可解体性。婚约一旦缔结，便是一种终生的契约，除非缔约双方中有一方死亡，否则婚约是不可解除的。中世纪多明我修会神学家彭尼福特的雷蒙德（Raymond of Penyafort，c. 1180—1275）论述过男女婚姻之不可解体：婚姻是"男人与女人的结合，一种终生的伴侣关系，神法与人定法律都有这样的规定"③。虽然在中世纪的教会法中没有"离婚"的概念，然而在现实生活中确有解除婚约的情况发生。从严格意义上说，解除一宗婚姻并不被视为

①　Norman P. Tanner，S. J. （edited），*Decrees of the Ecumenical Councils*，volume one，pp. 257—258.

②　Oscar Daniel Watkins，*A History of Penance，Being a Study of the Authorities*，volume Ⅱ，p. 547.

③　Raymond of Penyafort（translated with an introduction by Pierre Payer），*Summa on Marriage*，Toronto：Pontifical Institute of Mediaeval Studies，2005，p. 17.

"离婚"，而是否定这宗婚姻，宣布这宗婚姻为非法，非法的婚约是必须解除的。

再次，中世纪的基督教奉行一夫一妻制。彭尼福特的雷蒙德说：婚姻是"一个男人与一个女人的婚姻，不是多个男人与一个女人，也不是一个男人与多个女人，因为一个男人不可以同时有多个妻子，一个女人也不可以同时有多个丈夫"①。如果在同一个人身上同时出现了两个婚约，或者在已有一宗婚约的情况下又准备缔结另一宗婚约，就必须否定一宗婚约。在需要否定一宗婚约的时候，可能有两种情况发生。一种情况是判定一宗为非法，一宗为合法，从而否定非法承认合法。第二种情况是两宗都是合法婚姻，那就需要看两宗婚约缔结的时间先后，拉丁基督教奉行先订为合法的原则。

第四节　宗教节期与宗教节日：年复一年的生活节奏

基督教的宗教节期与宗教节日之间有一定的区别。宗教节期与耶稣基督在尘世的生活密切相关，因而显得更为重要。宗教节期持续时间长，通常是几天甚至几十天。宗教节期中的复活节每年的日期不固定，随着季节的变换而变化。宗教节日是为耶稣的众多使徒以及群体数量更为庞大的圣徒设立的纪念日，持续时间通常为一天，而且每年的日期固定。与宗教节期相比，宗教节日的重要性稍逊。

依照基督教的传统，在不同的宗教节期与宗教节日举行不同的礼拜仪式，这是因为不同的宗教节期与宗教节日建立在不同的神学理论基础之上。与寻常的礼拜日相比，在宗教节期与宗教节日举行的礼拜仪式，对于教徒具有更大的吸引力，其主要的原因在于：在寻常礼拜日的宗教仪式上，教徒大多是聆听主礼者吟咏礼拜词，充当的是礼拜仪式旁观者的角色；在宗教节期与宗教节日举行的礼拜仪式，教徒的参与程度高，易于获得仪式演绎者的感觉。

宗教节期还与四季的交替以及农业的节气密切相关，在中世纪西欧的农业社会中具有重要的时间标记功能——为日常生活划分出周期性的节奏。作

---

①　Raymond of Penyafort（translated with an introduction by Pierre Payer），*Summa on Marriage*，p. 17.

为宗教节期的圣诞节与复活节，是一年一度的周期性节奏。圣诞节期是一年之始，又恰逢秋收之后的农闲季节，在经年累月的农业劳动中留存了一个休止符。复活节被视为春天的开端，在自然界万物复苏之际，繁忙的农业耕种从这个节期开始了。①

一、宗教节期

基督教最主要的宗教节期有两个：圣诞节期(Christmas Days)与复活节期(Easter Days)。这两个节期分别与耶稣基督在尘世的"生"与"死"密切相关。在基督教神学看来，圣诞节与复活节是上帝拯救人类脱离罪恶的重大事件。

1. 圣诞节

圣诞节期的神学基础是耶稣第一次降临尘世。依照四部福音书关于耶稣生平事迹的讲述：耶稣出生在伯利恒，是玛丽亚(Mary)以处女之身，因圣灵而受孕，生下了耶稣。② 在近代科学看来，耶稣的来历不符合生理学原理，令人难以置信。然而基督教却把耶稣出生视为重大的历史性事件，把"耶稣降临尘世"这一事件看做是历史分期的一个标志——耶稣降生之后，历史从圣父时代进入了"圣子"时代。③

"耶稣降临尘世"并不是源自于人类的繁殖行为，而是出自于上帝的意志。上帝让他的儿子化成人形来到尘世，成为拿撒勒的耶稣，这一事件被基督教神学称为"道成肉身"。《尼西亚信经》说：为了我们人类并且为了我们得救，耶稣降临尘世道成肉身，化身为人。④

耶稣"道成肉身"这一事件，与上帝拯救人类的理想以及耶稣在尘世的使命密切相关。耶稣的名字用希伯来文写作"Joshua"(约书亚，与历史上的一位以色列人首领同名⑤)；用希腊文写成"Jesus"，意思是"上帝拯救"。这样的命

---

① 在中国的历法传统中，一年之始即为春天之始，这一点与西欧的历法传统不同。

② Matthew，1：18，2：1.

③ 基督教有多种历史分期方法，其中的一种把历史划分为三个时期：(1)圣父时代，是耶稣降临尘世之前的时代；(2)圣子时代，是耶稣在尘世停留的时期；(3)圣灵时代，是耶稣升天以后的时代。

④ Norman P. Tanner，S. J.（edited），*Decrees of the Ecumenical Councils*，volume one，p. 5.

⑤ 约书亚是继摩西之后以色列人的首领，《约书亚记》讲述了他的事迹。

名，表明了耶稣降临尘世的使命是拯救人类。依照福音书的描述，耶稣拯救人类的目标是引领罪恶深重的人类回归上帝，恢复人类被造之初的完美状态。英国17世纪著述家约翰·弥尔顿在《失乐园》一书中，开篇伊始就讲到了耶稣在尘世的使命："……人类最初违反天神命令，偷尝禁树的果子，把死亡和其他各种各色的灾祸带来人间，并失去伊甸乐园，直等到一个更伟大的人来，才为我们恢复乐土……"①弥尔顿提到的"一个更伟大的人"，指的就是"耶稣基督"。为了拯救人类，耶稣在尘世传播上帝关于"拯救"的福音，并且创建了基督教会。耶稣在尘世生活期间，教导人们关于上帝的本质，人自身的本质，并且训练出门徒，以便继续他的事业。

福音书把耶稣降临尘世描述成一个重大事件，在此之前和之后都有一系列的相关事件发生。根据福音书描述的耶稣诞生过程，圣诞节期分为两部分——耶稣降临节（Advent）和圣诞节。

第一部分是耶稣降临节。耶稣降临节从圣诞日前四个星期的礼拜日开始，一直持续到圣诞前夜（Christmas Eve）。设置耶稣降临节的目的，是为即将到来的圣诞日做准备。在这个季节的布道词中，英格兰达勒姆（Durham）主教区谆谆教诲信众的，是他们曾经如何借助于洗礼而成为基督徒，以及作为基督徒的寓意。② 这样的教导意在激发信众作为基督徒的神圣感觉，并且为圣诞节期的斋戒苦行做准备。

耶稣降临节的设置不仅是为了纪念耶稣第一次降临尘世，而且与耶稣再次降临人世、实行末日审判的教义有关。依据福音书的描述，耶稣将第二次降临尘世。《马太福音》先是说，在门徒们还没有来得及走完以色列各个城市宣传弥赛亚之前，人子就要回来了③；接着又说，这一代人还没有故去，就可以见到人子又回来了④；最后又预测说，……人子近了，正在门口

---

① 弥尔顿：《失乐园》，朱维之译，上海译文出版社1984年版，第5页。引文中标点符号有变动。

② Margaret Harvey, *Lay Religious Life in Late Medieval Durham*，Suffolk：The Boydell Press，2006，p. 27.

③ Matthew，10：23.

④ Matthew，16：28.

了。……这一代人还没有过去，这些事就要成就。天地要废去……①

耶稣再次降临尘世的理论与基督教的历史分期密切相关。《启示录》把宇宙的历史划分为三个时期——现存的时代、未来的永恒时代、介于现存时代与未来时代之间的千年，也就是耶稣基督统治的千年王国。依照《启示录》的描述：现存的时代是以上帝为代表的正义力量与各种邪恶势力博斗的时代；经过博斗，各种邪恶势力被制伏；在这之后，基督将统治尘世千年，这就是基督教理想中的"千年王国"；千年之后，各种邪恶势力亦即反基督势力又将来到尘世；反对邪恶势力的人将受到迫害；最终，真基督重返尘世，杀灭这股恶势力；然后把所有活着的和死去的人召到面前，进入末日审判；末日审判之后，现存的世界解体，上帝创造一个新的永恒世界。② 耶稣再次降临尘世实行末日审判的理论写入了基督教经典，《尼西亚信经》说：耶稣将再次降临对活着和死去的人实行审判。③

圣诞节期的第二部分是圣诞节，从12月25日耶稣诞生日（Christmas Day）开始持续12天，至1月6日主显节（Epiphany）结束。《新约全书》的时间概念非常大而化之，并未记载耶稣诞生的确切日期。从公元336年（时值罗马皇帝君士坦丁一世在位期间）起，耶稣诞生日就定在12月25日。起初是罗马教会将这一天确定为耶稣诞生的日子，这是出于古代罗马的传统。12月25日是古罗马历法的冬至日，是太阳神诞生的日子。基督教会继承了古罗马的这一文化传统，把圣诞节期视为每一年的开始。确切地说，基督教的历法书是以作为圣诞节期开端的耶稣降临节作为一年之始。

基督教的宗教节期在罗马帝国后期开始形成，因而不可避免地带有这一时期的历史特点。随着基督教在罗马帝国内传播范围的扩大，在新近皈依基督教的人群中，一时难以有足够的基督教教职人士主持礼拜仪式，加之各地教堂的建设非常缓慢，在欧洲的许多地区，原有的生活习俗和文化传统不可避免地融入了基督教，与基督教的各种制度并存。在宗教节期形成的过程中，

①　Matthew, 24：33—24：35.

②　Revelation, 20—21.

③　Norman P. Tanner, S. J. (edited), *Decrees of the Ecumenical Councils*, volume one, p. 5.

也接受了不同民族和部落旧有的传统节日，从而使宗教节期具有更加广泛的适应性。

基督徒必须出席圣诞节期的宗教活动，这是教会强制性的要求，拒绝出席者将受到教会法庭的惩治。达勒姆主教区的档案记载表明，教会法庭非常迅速地对未能出席圣诞节期者加以惩治。1448 年，在圣诞节期刚刚过去的 1 月 11 日，一位名叫约翰·罗宾森（John Robynson）的教徒因为拒绝在主显节礼拜仪式中演奏音乐而受到惩罚：从此以后，禁止他在宗教节日中演奏乐器。①

2. 复活节

复活节期的神学基础与耶稣第一次尘世生活的结束有关。据《马太福音》记载，耶稣被犹太人法庭指控为"谋反者"，交给本丢·彼拉多（Pontius Pilate）审判。② 彼拉多是罗马政府派驻犹大地区（Judaes）的总督，当政时间在公元 26—36 年③。本丢·彼拉多在审问过耶稣之后，下令将耶稣钉死在十字架上。④

十字架是古代罗马的一种刑具，把人钉死在十字架上，是一种极端的刑罚。这种刑罚类似于中国古代的凌迟，是一种缓慢地置人于死地的过程。耶稣在十字架上受难，待到身体之内的液体流尽，大约经过 3 个小时以后才去世。这样的时间推断，依据的是《马太福音》的描述：耶稣在正午时分被钉在十字架上，大约在午后 3 时左右"气就断了"⑤。耶稣在礼拜五去世，人们把遇难后的耶稣安置在附近的一个空墓里，用一块墓石堵住了墓门。这个空墓是一位来自亚利马太（Arimathaea）名叫约瑟（Joseph）的商人为自己准备的，依照当地的习俗凿在山石之中。⑥

依照福音书的描述，耶稣在礼拜五晚上下葬，经过礼拜六，在礼拜日天

---

① Margaret Harvey, *Lay Religious Life in Late Medieval Durham*, pp. 27—28.

② Matthew，27：1—27：2.

③ 彼拉多任犹大地区总督时的罗马皇帝是提比略（Tiberius），统治年代是公元 14—37 年。

④ Matthew，27：22—27：26.

⑤ Matthew，27：45—27：50.

⑥ Matthew，27：57—27：60.

亮时就复活了。或许是为了解答墓石无法从墓内推开的疑惑，福音书强调：是天使滚开了墓石，然后告诉人们耶稣复活了。① 耶稣复活之后在尘世停留了 40 天。在这 40 天里，耶稣先是从坟墓走进城，然后又经过三个小时的路程走到城外，晚上又回到城里，然后去了北方的加利利。在加利利，耶稣向11 位门徒②显现，嘱咐他们继续耶稣的事业，发展耶稣的门徒。40 天以后，耶稣升天进入天堂。③ 福音书有关耶稣死而复活的描述，得到了《尼西亚信经》的确认：耶稣受难，然后在第三日复活，升入天国……④

复活节的日期不固定，大约是在 3 月 22 日至 4 月 25 日期间的某一天，这是因为第一次尼西亚宗教会议把复活节定在 3 月 21 日春分日（spring equinox，春天的昼夜平分点）后第一个月圆日后的第一个礼拜日。这一次宗教会议还确定了与复活节有关的封斋期，要求各教省每年举行两次教职会议，其中的一次在"封斋期"之前举行。⑤

以"复活节礼拜日"（Easter Sunday）为中心形成的复活节期，前后持续相当长的时间。漫长的复活节期，以为期 40 天的"封斋期"作为开端。之所以把封斋期确定为 40 天，是源自于福音书的记载：耶稣曾经在旷野忍饥挨饿斋戒了 40 天，然后有能力抵御魔鬼的试探。⑥

在基督教的历法书上，封斋期是举行忏悔的日子。第四次拉特兰宗教会议要求 15 岁以上的男性基督徒以及 12 岁以上的女性基督徒每年至少在复活节期间忏悔一次、参加一次弥撒礼，而且只有在以苦行方式对罪恶做出补偿之后才有资格在弥撒礼上领受圣体（条款 21）⑦。依照中世纪拉丁基督教的习俗：基督徒通常是在耶稣受难日（Good Friday）向堂区司祭忏悔；在复活节礼拜日领受圣体；在介于忏悔礼之后、领受圣体之前的时间之内，履行悔罪苦

---

① Matthew，28：1—28：7.

② 另一位门徒犹大在出卖耶稣后自尽。

③ Matthew，28：16—28：20.

④ Norman P. Tanner, S. J. (edited)，*Decrees of the Ecumenical Councils*，volume one，p. 5.

⑤ ibid.，p. 8，p. 19.

⑥ Matthew，4：2.

⑦ Norman P. Tanner, S. J. (edited)，*Decrees of the Ecumenical Councils*，volume one，p. 245.

行，这是仅就轻微之罪履行的悔罪苦行而言。悔罪苦行的方式是多种多样的，其中较为缓和的方式包括：斋戒（fasting）、守夜（vigils）、祈祷（prayers）、赈济施舍（alms-giving）。

封斋期作为悔罪苦行的季节，大体形成于公元 7 世纪。在此之前的教宗格里高利一世时代（c. 540—604），封斋期尚未与悔罪苦行联系在一起。格里高利一世在撰写的《福音书布道词》（the Homilies on the Gospels）的第一卷提到了封斋期的期限：如果礼拜天不是斋戒的日子，那么封斋期有 36 天斋戒的日子，这个数字恰好是一年的十分之一。研究者从格里高利的描述推断：从圣灰礼拜三（Ash Wednesday）开始的四个星期在此时尚不属于封斋期①。

大约从埃里希乌斯（Eligius，590—660）②生活的墨洛温王朝时代起，封斋期便与悔罪苦行联系在一起了。从埃里希乌斯《布道词》（Homilies）一书中的阐述可以看到这一点："如果你们当中的哪个人在这四十天的封斋期致力于悔罪苦行，以便对忏悔中暴露的罪恶做出补偿，那么就让他感谢上帝吧……"③到了查理大帝统治的加洛林王朝时代，在封斋期实施悔罪苦行已经成为基督徒普遍遵守的宗教戒律。圣高尔修道院僧侣在为查理大帝歌功颂德的时候，也没有忘记赞扬他在封斋期表现出来的宗教虔诚："在四旬斋期间，最虔诚和最有节制的查理的习惯是，在参加了弥撒和晚祷的仪式以后，他就在白天第七时进食，他这样做并不违犯斋戒禁例，因为他吃东西的时刻比平时早，这正是遵循上帝的旨意"④。恪守斋戒并履行悔罪苦行，是基督徒宗教虔诚的表现方式之一。当圣高尔修道院僧侣试图将查理曼塑造成一位虔诚的基督教君主的时候，强调了他在封斋期的表现，由此可见这一宗教节期在当时人宗教生活中占有的重要地位。

---

① Oscar Daniel Watkins, *A History of Penance*, *Being a study of the Authorities*, volume Ⅱ, p. 572.

② 埃里希乌斯曾经在法兰克宫廷为国王服务，在公元 641—660 年担任努瓦荣（Noyon）主教。

③ Oscar Daniel Watkins, *A History of Penance*, *Being a Study of the Authorities*, volume Ⅱ, p. 577.

④ 艾因哈德，圣高尔修道院僧侣：《查理大帝传》，戚国淦译，商务印书馆 1979 年版，第 49 页。

封斋期开始于"圣灰礼拜三"。圣灰具有宗教学上的象征意义，以特定的宗教仪式在基督徒的前额抹上圣灰，象征着"来自尘土，回归尘土"。在这一天举行的礼拜仪式上使用这样的语言："切记，人来自于尘土，也将回归尘土。"这样的仪式内涵来自于《创世记》关于上帝造人的描述：在创造世界万物的第六天，"耶和华用地上的尘土造人，将生气吹在他鼻孔里，他就成了有灵的活人，名叫亚当"①。

封斋期的最后一个星期称为"圣周"（Holy Week），这样的设置是为了纪念耶稣基督在"受难日"那一天被钉死在十字架上。在耶稣受难日这一天，教堂内撤掉一切装饰物：祭台（通常是石制祭台）上没有任何陈设，雕像用布蒙上，教士身穿黑色祭服。在耶稣受难日举行礼拜仪式，其核心内容是敬奉十字架，因为十字架是耶稣受难的象征物。在主礼司祭的率领之下，教徒向耶稣受难十字架跪拜三次，然后亲吻十字架上耶稣像的脚。这样的仪式，将耶稣与十字架联系在一起加以礼拜，其目的在于纪念耶稣为拯救人类而遇难。

复活节前夜（Easter Eve）是整个复活节期中最为重要的时刻，其活动高潮是在子夜时分举行的盛大宗教仪式。届时，在教堂门外燃起火堆，用以点燃复活节蜡烛（paschal candle）。复活节蜡烛具有重要的宗教意义，象征着点燃世界的光亮。这支蜡烛之巨大，据称可以燃烧四十天，也就是整个复活节期间。在教堂之内，教徒们手擎蜡烛列队站在黑暗之中，从复活节蜡烛的火焰中取出火种，一个接一个地点燃手中的蜡烛，直至全体会众手中的蜡烛都点燃。这时，圣歌响起，用以表达基督徒们对耶稣复活的喜悦心情。

"耶稣复活日"是礼拜日，这一天的活动宗旨是纪念耶稣复活（resurrection）。与耶稣遇难日教堂内的悲伤气氛形成鲜明对照的是，教堂在这一天以鲜花作为装饰，复活节蜡烛在圣殿中燃烧，教士身穿白色法衣或金色服饰，礼拜仪式中反复诵说的一句话是"哈里路亚"，用以表达对于上帝的赞美之情。

从耶稣复活日开始，是持续 40 天的"耶稣复活季"（Eastertide）。根据福音书关于耶稣死而复活的记载，基督教相信耶稣复活之后在尘世停留了 40天，"耶稣复活季"就是为了纪念这个事件。"耶稣复活季"的最后一天是"耶稣

---

① Genesis，2：7.

升天节"(Ascension Day)，在这一天举行的宗教仪式是为了纪念耶稣返回天堂。

　　复活节期是春天的节日，象征着季节和气候的变化。耶稣遇难象征着冬天的结束，耶稣复活象征着大自然在春天复苏。正是因为复活节是与作为一年之始的春天联系在一起，因而对于农业社会的居民来说，耶稣死而复活并不是一个难以理解的概念。

　　3. 其他宗教节期

　　圣灵降临节开始于耶稣升天节之后第 10 天，亦即耶稣复活日之后第 7 个礼拜日，持续 8 天。圣灵降临节的设立，是为了纪念圣灵降临到耶稣的门徒身上，套用佛教的术语，就是耶稣的门徒"得道"。《使徒行传》描述："五旬节到了，门徒都聚集在一处。忽然，从天上有响声下来，好像一阵大风吹过，充满了他们所坐的屋子；又有火焰显现出来，分开落在他们各人头上。他们就都被圣灵充满，按着圣灵所赐的口才说起别国的话来。"①使徒"得道"意味着基督教会的形成，因而圣灵降临节也是纪念教会诞生的日子。

　　圣烛节(Candlemas Day)设在每年的 2 月 2 日，教会在这一天举行一种具有特殊意义的弥撒礼。仪式开始的时候将经过祝圣的蜡烛点燃，出席仪式的教徒手持一种细蜡烛(taper)列队行进，用这一行动象征耶稣是照亮世界的"光"。

　　棕枝主日(Palm Sunday)设在复活节之前的礼拜日，纪念耶稣胜利进入耶路撒冷城。《马可福音》记载：耶稣被抓捕之前，骑着驴驹进入耶路撒冷城，"有许多人把衣服铺在路上，也有人把田间的棕枝砍下来，铺在路上，为耶稣欢呼"②。参加这一节庆的教徒向棕榈树枝祝圣，然后手举树枝列队穿行于堂区，以纪念耶稣胜利进入耶路撒冷。

　　万灵节(All Souls' Day)是 11 月 2 日，在这一天为一切离开尘世的基督徒举行追思弥撒，为的是使处于炼狱中的灵魂尽早升入天堂。

　　宗教节期在一定程度上反映了一年中气候的变化，也就是中国农历中"节气"的变化。中世纪西欧的人口绝大多数以农业耕种为生，季节气候的变化与

---

　　① Acts of the Apostles, 2：1—2：4.

　　② Mark, 11：7—11：10.

人们的日常生活息息相关，因而宗教节期的安排与中世纪农业社会的生活节奏相适应。英国历史学家克里斯托弗·希尔（Christopher Hill）曾经指出过这一点，他认为数目众多的拉丁基督教宗教节日主要用以标志节气，适用于农业社会。①

把圣诞节确定在 12 月 25 日，在公元 4 世纪开始于罗马教会。这一天原本是罗马文化中太阳神的诞辰，也是罗马历法书标定的冬至日。将太阳神的诞辰设定在冬至这一天，不是偶然的巧合，因为罗马人把这一天看做是万物复苏的开始，而基督教认为耶稣就是永恒的太阳。

公元 325 年的尼西亚宗教会议将复活节确定为春分月圆后的第一个礼拜日。依照现代天文学的解释，自冬至日后，太阳从南向北移动，在春分这一天经过赤道平面和黄道的两个相交点之一，意味着南北半球在这一天的昼夜一样长。依照古代中世纪的农业生活习惯，春分之后就开始了繁忙的春耕播种。

二、宗教节日

与宗教节期不同的是，宗教节日固定在每一年的某一天，年年如此不容改变。如：米迦勒节（Michaelmas）在每一年的 9 月 29 日，这一天是天使长米迦勒的纪念日。

由于宗教节期的基础是月亮历，而宗教节日的基础是太阳历，这样就产生了一个问题：宗教节期有可能与宗教节日相冲突，亦即在同一个日子有可能既是某一个宗教节期又是某一个宗教节日。遇有这种情况怎么办？到底依照哪一个节期或节日举行礼拜仪式？为了对可能出现的冲突做出调整，教会设计出一套复杂的办法来解决这个问题。这套办法总的原则是：遇有冲突的情况，把宗教节期调整到礼拜日，把宗教节日调整到礼拜日之外的其他日子。在这个总原则指导之下也有例外的情况，那就是把一些非常重大的宗教节日调整到礼拜日。

在中世纪，随着教宗封授的圣徒越来越多，加之大量的未经教宗封授的民间圣徒，相应的纪念日也越来越多。最终形成的局面是，在礼拜日以外的其他日子里，几乎没有什么日子不是宗教纪念日。供奉有圣徒遗迹的圣殿在

---

① Christopher Hill, *Society and Puritanism in Pre-Revolutionary England*, London: Secker & Warburg 1964, p. 146.

重要的宗教节日举行礼拜仪式，每逢圣徒忌日在圣殿举持的弥撒礼被认为具有特殊的宗教意义。诸如此类的宗教活动，可以对圣殿朝拜活动起到推波助澜的作用。

三、宗教节期与宗教节日的斋戒

希腊正教每年有三个大斋戒期：复活节前的四旬大斋，圣诞节前的斋期，圣母安息斋期。尽管拉丁基督教的某些修道院也奉行希腊正教的三个大斋期，但是这种制度在拉丁基督教世界并不普遍。与希腊正教相比，拉丁基督教的饮食戒律并不是很多。中世纪的拉丁基督教每年只有一个封斋期，开始于圣灰礼拜三，结束于耶稣复活礼拜日，前后持续 40 天。教会规定的封斋期戒律得到了世俗社会法律的支持，法兰克国王查理要求臣民恪守封斋期，凡是在封斋期间食肉的人，以"蔑视基督教信仰"加以惩治（条款 4）①。除了封斋期外，拉丁基督教还设有单个的斋戒日，通常是在宗教节日的前夜斋戒。此外，全年中的每一个礼拜五与礼拜六也都是斋戒日。法兰克国王查理在公元 794 年召开的法兰克福宗教会议规定：斋戒日开始于傍晚、结束于傍晚（条款 21）②。

斋戒在本质上是以理性遏制人体的本能需求，实现对于自我的超越以增进对于上帝的信仰。在《神学大全》一书中，托马斯·阿奎那沿用了基督教早期教父的理念，认为人类始祖亚当和夏娃痛失伊甸园也是因为犯下了"暴饮暴食"的罪恶③，因而斋戒是对七项永劫之罪的一种遏制。托马斯·阿奎那将"暴饮暴食"与"贪婪"联系在一起，唯恐贪婪的恶习败坏了基督徒节食的传统。他将表现在饮食方面的贪婪定义为：不仅进食丰厚、昂贵的食物，而且进食过量的以及被教会禁止的食物。④ 在基督教的传统观念看来，过于丰厚的食物不仅有害于人的灵魂，也伤害了人的身体，因而适度的禁食有利于灵魂与身体的健康。中世纪的神学家清醒地认识到了这一点，利尔的艾兰（Allan of Lille）在一篇布道词中以精辟的语言阐述了这一点："禁食是对灵魂和肉体的

---

①　Patrick J. Geary (edited), *Readings in Medieval History*, p. 283.

②　ibid., p. 289.

③　Caroline Walker Bynum, *Holy Feast and Holy Fast：The Religious Significance of Food to Medieval Women*, Berkeley：University of California Press, 1988, pp. 31—32.

④　ibid., p. 41.

医治；禁食有利于保护身体免于疾病，有利于保护灵魂免于罪恶。"①

拉丁基督教的斋戒大体可以分为两种类别——"禁食"（fasting）与"节食"（abstinence）。复活节封斋期、宗教节日前夜的斋戒属于"禁食"，每个礼拜五、礼拜六的斋戒属于"节食"。这两种斋戒都禁食肉类及其他动物制品（但是可以食鱼），还禁食蛋、奶、奶酪、黄油，也禁止用动物油脂煎制食品。"禁食"与"节食"两种斋戒的区别在于："禁食"不仅限制饮食的种类，还限制饮食的次数（每天仅进食一餐）；"节食"则仅限制饮食的种类（仅进食面包、盐、水，有时也准许食用蔬菜和水果），不限制次数。②

除了饮食的禁忌之外，在斋戒日夫妻不得有性活动。对于如此私密的夫妻行为，如果当事人有失于自我约束，仍然有可能暴露给公众。从教堂的洗礼登录日期中可以推算婴儿的受孕日期，从而判断出婴儿的父母是否打破了宗教禁忌。根据从怀孕至分娩的生理周期大约为 280 天计算，如果婴儿在复活节封斋期结束之后的 40—280 天之内出生，就有理由怀疑婴儿的父母没有奉行斋戒。如果社会的全体成员都严格遵守了复活节大斋的性禁忌，每个年度之中应当有相对应的 40 天时间没有婴儿出生。

教会号召基督徒之间（主要是基督教世界的骑士之间）在斋戒期间偃旗息战，不动用武力，这一行动称为"上帝的休战"（*Treuga Dei*）。1027 年在法兰西南部靠近比利牛斯山的鲁西荣（Roussillon）地区召开土鲁日宗教会议（Council of Toulouges），标志着"上帝的休战"运动开始形成规模。"上帝的休战"最初仅限于在礼拜日和宗教节日期间禁止动用武力，以后逐渐将整个封斋期和每个礼拜五也纳入禁令之中。在当时欧洲大陆世俗君主的权力支离破碎、封建混战层出不穷的社会环境中，教会的动议得到了广泛的响应。"上帝的休战"运动从法兰西发端，迅速蔓延至欧洲其他地区，科隆（Cologne）主教在 11 世纪末发布的休战动议体现了这样的发展趋势。首先，这项休战动议涵盖了广泛的宗教节期，其中包括：从基督降临节（Advent）③至主显节④；从七旬

---

① Caroline Walker Bynum, *Holy Feast and Holy Fast*：*The Religious Significance of Food to Medieval Women*，p. 44.

② ibid.，pp. 37—38.

③ 基督降临节从圣诞节前的第 4 个礼拜日开始至圣诞夜为止。

④ 主显节在每年的 1 月 6 日，用以纪念传说中的东方博士到伯利恒朝见耶稣的日子。

斋(Septuagesima)①至圣灵降临节②后的第 8 日；每一年之中的每一个礼拜日、礼拜五、礼拜六；四季之中的一切斋戒日；每一个使徒纪念日的前夜；教会法已经规定的或在未来规定的斋戒日和纪念日。其次，这项休战动议将大量的行动定义为加以禁止的"武力"行为，其中包括：杀人(murder)、纵火(arson)、抢劫(robbery)或人身袭击(assault)。休战动议还呼吁，在上帝的休战期间任何人均不得以佩剑(sword)、棍棒(club)或其他武器伤害他人。③

正如科隆主教的休战令所言，诸如此类的限制和约束，其出发点是为基督徒的斋戒活动提供"安宁与和平"④的社会环境。然而在宗教虔诚的名义之下，"上帝的休战"将教会置于封建主之间私战的仲裁人地位，在客观上也起到了对世俗社会中暴力的动用加以规范的作用。

早期基督徒严守"禁食"，在日落之前不进食，只是在日落之后进食一餐素食。日落时分是几点钟？在中世纪的西欧，时钟并不多见，时间的度量通常由修道院掌握。公元 10 世纪前后，人们在修道院唱过"申初经"(Nones)之后进食复活节封斋期的素餐，此时大约是下午 3 点钟。中世纪晚期宗教禁忌松弛以后，修道院在复活节期间唱"申初经"的时间提前到临近中午时分，人们也相应的在正午时分进食复活节素餐。但是在正午时分进食后，傍晚时会有饥饿的感觉。大约从 13 世纪起，教会允许斋戒者在晚间进食简单的食物，如面包、水果、蔬菜等。⑤

早期基督教还在"禁食日"禁止饮酒，这项禁令以后彻底松弛了。圣托马斯·阿奎那曾经对此发表过议论，认为在斋戒日饮酒（其中包括饮用葡萄酒）并没有打破"禁食日"宗教禁忌。⑥

某些特定的人群可以在斋戒日不受饮食次数的限制，如：病人，缺衣少

---

① 七旬斋在复活节前封斋期之前的第七个礼拜日。
② 圣灵降临节典出《使徒行传》(2：1—2：4)：耶稣在升入天国一个星期之后，圣灵降临到他的众多门徒头上。
③ Norman F. Cantor (edited), *The Medieval Reader*, New York: Harper Collins Publishers, 1994, pp. 89—90.
④ ibid. , p. 89.
⑤ Caroline Walker Bynum, *Holy Feast and Holy Fast: The Religious Significance of Food to Medieval Women*, p. 41.
⑥ Bernard Hamilton, *Religion in the Medieval West*, p. 120.

食的穷人，老年人。儿童是否需要恪守斋戒日？中世纪的人虽然认识到斋戒有损于儿童的身体健康，但是儿童从几岁起开始遵守斋戒的禁令，社会没有统一的认识。某些神学家认为，儿童从 10 岁起恪守斋戒。圣托马斯·阿奎那认为应当从 21 岁起守斋，因为人体从 21 岁起才停止生长。阿奎那的主张最终写入了教会法。① 也有人对从事繁重体力劳动的农民持守斋戒提出异议，这样的异议导致的后果是：大约从公元 9 世纪起，教会允许农民在斋戒日进食蛋、奶酪，但是不准食肉。除此之外，还有一些得到教宗特许的人可以无视斋戒日的饮食禁忌。

到了中世纪晚期，拉丁基督教会实际上已经放弃了"禁食"，只恪守"节食"。另外一个迹象是复活节封斋期的饮食禁忌得到普遍的遵守，礼拜六的饮食禁忌没有引起足够的重视。所有这些现象表明，到中世纪晚期，拉丁基督教会关于斋戒日的饮食禁忌松弛了。希腊基督正教对这一点感到愤怒，谴责拉丁基督教会放弃了使徒时代的传统。

实际上，在斋戒日对于饮食种类的限制尤其使贵族和富人难以适应，因为只有贵族在日常的饮食中大量进食肉类、蛋类与奶制品。农民和穷人的食肉量通常不是很大，因而斋戒日的饮食禁忌对他们影响不大。无论穷人还是富人，虔诚的基督徒都需要在斋戒日信守饮食禁忌，在斋戒日食肉和其他违禁食品有可能被视为"宗教异端"。查理曼在公元 785 年发布的一项敕令中规定：如果有人放弃封斋期的斋戒，进食肉类，就以"蔑视基督信仰"的罪名处死；除非此人出于某种生理需要，必须进食肉类。②

第五节　中世纪天主教宗教礼拜仪式评价

在构成中世纪西欧基督教文化环境的诸多元素中，宗教礼拜仪式是其中最为重要、最为核心的组成部分。七种礼拜仪式伴随着人生发展的重要阶段，与日常生活密切相关。定期出席宗教礼拜仪式，是中世纪基督徒特有的生活方式。

① Bernard Hamilton, *Religion in the Medieval West*, p. 120.
② Patrick J. Geary, *Readings in Medieval History*, pp. 283—284.

　　中世纪的拉丁基督教会把礼拜仪式看做是"善功"的组成部分，基督徒凭借"正确的信仰与善功"获得上帝的拯救。中世纪的基督徒日复一日、年复一年地出席教会主持的各种宗教礼拜仪式，在仪式的演绎过程中不断地省察自己的内心世界、检讨个人的行为举止，这是他们祈祷上帝，进而以上帝的恩典使罪恶的灵魂得到救赎的主要途径。

　　礼拜仪式是宗教信仰的外在表现，宗教礼拜仪式将拉丁基督教的宗教信仰演绎成各种外在的程式化、视觉化的仪式。这种宗教信仰仪式化的发展倾向适应了当时社会文化水平低下、识字人口不多的现实。没有能力也没有机会阅读《圣经》及其他宗教典籍的基督徒，唯有借助于各种仪式化的祈祷方式了解并且加深对宗教信条的理解和感知。

　　在中世纪西欧普遍的基督教文化环境中，宗教礼拜仪式也体现了日常生活的气氛和节奏。置身于装饰着圣像的教堂之中，聆听着用拉丁语言演绎的礼拜仪式，尽管普通的基督徒并不通晓拉丁语，但是他们把拉丁语弥撒所特有的韵律视为一种神圣，这种"神圣"有助于基督徒感知上帝的存在。在不同的宗教节期举行不同的礼拜仪式，体现了中世纪西欧农业社会特有的生活节奏。宗教节期体现了一年中四季的变迁与节气的变化——耶稣诞生象征着一年之始，耶稣遇难象征着冬天的结束，耶稣复活象征着大自然在春天复苏。中世纪西欧的人口绝大多数以农业耕种为生，季节气候与人们的日常生活息息相关，因而宗教节期的安排与中世纪农业社会的生活节奏相适应。

　　自从君士坦丁在4世纪将基督教确定为国教以后，宗教信仰就不再是个人的选择，而是强制性的社会群体行为。在普遍的宗教环境中，基督教正统神学把信仰看做是经由使徒忠实传授的耶稣教导，不允许人们依照自己或他人的意志对信仰做出选择。[①] 一旦宗教信仰超越了个人的选择，就成为社会群体的政治事务，而作为个体的基督徒需要做的，仅仅是理解并且实践社会群体共同信奉的神学教义与礼拜仪式。

　　中世纪西欧的拉丁基督教会作为信仰的载体，负有"照看"宗教信仰、管理宗教活动的责任。这种照看和管理并不是只凭说教，而是有教会的司法制

---

　　① Sophia Menache, *The Vox Dei*: *Communication in the Middle Ages*, Oxford: Oxford University Press, 1990, pp. 213—214.

度作为保障，教徒的宗教信仰与宗教活动受教会法庭的监督。借助于强制性地要求教徒出席宗教礼拜仪式的办法，中世纪的拉丁基督教会实现了对基督徒日常生活的规范。从第一次尼西亚宗教会议开始，基督教历次宗教会议都或多或少地致力于规范并且完善各种仪式化的祈祷方式，其中较为重要的是1215年举行的第四次拉特兰宗教会议、1431—1445年举行的巴塞尔—费拉拉—佛罗伦斯—罗马宗教会议（Council of Basel-Ferrara-Florence-Rome）。一旦礼拜仪式得到了教会法的固化，便具有法律的权威性，教会法庭有权力据此执法。

然而伴随着宗教信仰的仪式化，具有司祭神品的教士作为礼拜仪式的操作者，成为上帝与信徒之间不可缺少的中介。由于司祭在宗教生活中发挥着至关重要的作用，拉丁基督教信仰最终演变成了以教职界精英为中心的宗教信仰。具有司祭神品的教士演绎礼拜仪式，对各种礼拜仪式中所包含的"微言大义"展开神学思辨。普通教徒只需定期出席礼拜仪式，掌握最简单的宗教信条，简单到只需背诵最基本的祈祷词。这种地位的差别，导致世俗身份的教徒在宗教信仰上对教会的依赖，他们只是被动地履行教会规定的宗教义务，接受教会灌输的宗教信条。加之以拉丁语作为礼拜仪式用语，普通的教徒会众在礼拜仪式上的参与程度并不高。

中世纪拉丁基督教的这种重礼仪、轻信仰的发展趋势，是引发16世纪欧洲范围内宗教改革的一个重要原因。这场改革同样发端于教职界精英，马丁·路德从保罗书信中寻找到"信仰得救"的思想，发现拉丁基督教经过一千多年的发展，在宗教信仰与组织制度方面已经严重偏离了使徒时代的许多原则，呼唤清除宗教信仰中的非本质因素，将基督教还原成普通民众的宗教信仰。正是马丁·路德的"唯信称义"（Justification by faith alone）思想，动摇了拉丁基督教礼拜仪式的重要性，并且进而动摇了为主持礼拜仪式而形成的教会组织。宗教改革期间产生的各派新教不仅对礼拜仪式的神学意义做出了新的解释，而且否认某些礼拜仪式对于信仰得救的作用，其结果是在16世纪结束了拉丁基督教信仰在欧洲的大一统局面，宗教礼拜仪式呈现出多样化的发展趋势。

第　四　章

悔罪苦行：悔改之心结出的果实

在宗教神学关于"罪恶"的定义日益清晰化的同时，基督教会也十分关注另一个问题：如何使基督徒犯下的罪恶得到上帝的"赦免"，从而使基督徒的灵魂得到拯救并且最终成为天国的一员。众多基督徒的宗教实践活动，加之神学家围绕"灵魂救赎"这个问题展开思辨，最终形成的答案是多方面的，其中最主要的方式是"悔罪苦行"(penance)。

第一节　历史的演变：公开的悔罪苦行与私密的悔罪苦行

悔罪苦行制度与忏悔制度有着密切的关联："忏悔"的意义在于向教会坦白自己犯下的罪恶，紧随其后的就是根据罪恶的程度规定相应的悔罪苦行方式。在忏悔制度与悔罪苦行制度的发展演变过程中，中世纪的拉丁基督教先后经历过几次大的变化。

一、早期教会公开的悔罪苦行

早期基督教会只有一种悔罪苦行方式——公开的悔罪苦行。

公开的悔罪苦行开始于"忏悔"，当事人首先向主教或司祭讲述自己的罪恶，将自己犯下的罪恶坦白给教会。听取忏悔的主教或司祭对当事人坦白的罪恶进行核实与评估，甚至"对当事人的日常生活展开调查询问"①。在此之

---

① B. J. Kidd (edited), *Documents Illustrative of the History of the Church*, volume 1, p. 189.

后，忏悔者进入悔罪苦行阶段。由于教会法对悔罪苦行者的特定形象做出了规定，公开的悔罪苦行意味着在大庭广众之下蒙受耻辱。大约在公元540年，西欧的7位主教在西班牙的巴塞罗那召开了一次会议，称为"巴塞罗那宗教会议"（Council of Barcelona）。会议制定了10项法律条款，其中的第6条款规定：男性悔罪苦行者在公开的悔罪苦行期间，应当剃发、身着悔罪服。法律的第7条款规定：公开的悔罪苦行者不得参加宴饮，不得经商，只允许在自己家中过朴素的生活。① 悔罪苦行结束时，当事人所在宗教社区的成员为悔罪苦行者举行一个和解仪式，称为"改过自新祝圣"（reconsecrate）。这个仪式具有重要的象征意义，表示当事人与"上帝恩典"的和解，有资格重新回归基督徒宗教社团。在"改过自新祝圣"仪式上，基督教社团成员为悔罪者祈祷，并且为之表示悲哀。这样的和解仪式在特定的日子举行，通常是在礼拜四。公开的悔罪苦行在开始和结束时，设置有一个特定的"按手礼"（laying on of hand）程序，象征着对于圣灵的传递。

虽然悔罪苦行的结束仪式称为"和解"，实际上，犯下"必死之罪"的人即使在履行了公开的悔罪苦行之后，在尘世生活的过程中依然不能使罪恶得到赦免，只能期待着在"末日审判"的时候最终得到上帝的宽恕。这就意味着，公开的悔罪苦行引发了社会学意义上的"残缺"或"放逐"状态，曾经的悔罪苦行者在尘世生活中永久性地处于某些禁令之下，诸如：不得缔结婚姻，如果在悔罪苦行之前已经缔结了婚姻，则禁止性行为；不得参与公众活动，亦即不得提起诉讼或采取其他司法行动，不得经营商业，不得进入教职界担任教职，不得从事军事活动或诉诸武力。

这种公开的悔罪苦行多次得到宗教会议的确认，从而使早期教会流行的传统具有教会法的权威。根据迦太基主教西普里安的转述，公元251年召开的迦太基宗教会议调和了关于悔罪苦行的两种极端倾向。一方面需要给悔罪苦行者留有领受圣体并且达成"和解"的期望，避免陷入绝望的悔罪苦行者犯下更加严重的罪恶。如果把悔罪苦行者关闭在教会之外，无异于把他们推向

---

① Oscar Daniel Watkins, *A History of Penance*, *Being a Study of the Authorities*, volume Ⅱ (For the Western Church from A. D. 450 to A. D. 1215), New York: Burt Franklin, 1961, pp. 563—564.

了异教徒的生活。另一方面也不应当放松对于悔罪苦行者的限制，不能轻率匆忙地允许悔罪苦行者领受圣餐。悔罪苦行是一个长期的过程，悔罪苦行者需要足够的时间在悲伤之中乞求神的慈爱，教会也需要足够的时间对悔罪苦行者犯下的罪恶进行核查。① 公元 325 年召开的第一次尼西亚宗教会议在决议的第 10 条款重申：曾经的"堕落者"不得接受圣职授职礼，如果由于无意的"疏忽"或有意的"纵容"而已经担任了教职，一经发现必须加以"免职"。②

　　教宗敕令也多次重申，曾经的悔罪苦行者不得参与社会生活。教宗西利西乌斯(Siricius，384—398 年在任)在写给塔拉戈纳(Tarragona)主教希姆里乌斯(Himerius)的一封信中指出：即使在完成了悔罪苦行之后，也禁止当事人从事军事活动，禁止参与公众活动，禁止缔结婚姻，禁止有性行为。教宗利奥一世(Leo I，440—461 年在任)在写给纳尔榜(Narbonne)的拉斯特卡斯(Rusticus)的信中将商业活动与司法诉讼也列入禁令之内，曾经的悔罪苦行者不准经营商业，不准提起司法诉讼，但是对于那些无法执行"性"禁令的人允许有性生活。③ 利奥一世对此的解释是：性禁令对于年轻人过于严苛，易于导致通奸罪，因而允许年轻人在履行悔罪苦行之后缔结婚姻。④

　　这样的措施是为了将曾经的悔罪苦行者与社会进行适当的隔绝，以此作为一种保护措施，使犯罪者本性中的脆弱之处不至于再次受到社会邪恶的诱惑与入侵。但是类似的规定在很大程度上也偏离了最初的目标，出现了异化的成分。将曾经的悔罪苦行者与社会隔绝，这样的措施易于使社会公众产生误解：不是因为犯下的罪恶，而是因为公开的悔罪苦行，使曾经的悔罪苦行者处于社会的边缘状态。

　　由于有这样的措施存在，犯过严重罪恶的人在履行过公开的悔罪苦行之后，他们的生活方式就彻底改变了。正是因为可能导致如此严重的后果，公开的悔罪苦行在当时被认为是"第二次洗礼"。与通常意义上的洗礼一样，"第

————————————

　　① 　B. J. Kidd (edited)，*Documents Illustrative of the History of the Church*，volume 1，p. 194.

　　② 　Norman P. Tanner，S. J. (edited)，*Decrees of the Ecumenical Councils*，p. 11.

　　③ 　Elizabeth Vodola，*Excommunication in the Middle Ages*，Berkeley：University of California Press，1986，p. 10，note 44.

　　④ 　ibid.，p. 10.

二次洗礼"在基督徒的尘世生活中也只能举行一次。

悔罪苦行作为一种制度，大约在公元 2 世纪就形成了。"使徒时代的教父"赫马斯在《牧羊人》一文中提到过罪恶的赦免：犯下罪恶的人必须"以全部身心悔罪，不容有丝毫的犹豫和怀疑"；"那些使罪恶得以赦免的人不能再犯下罪恶，必须在纯洁中生活"①。

在西方的基督教会，公开的悔罪苦行作为一种制度大约存在了几个世纪之久，公元 589 年召开的第三次托莱多宗教会议（Third Council of Toledo）重申了这项制度。在这次宗教会议制定的 23 项教会法中，其中的第 11 条款与第 12 条款涉及悔罪苦行问题。第 11 条款确认了公开的悔罪苦行方式，规定公开的悔罪苦行只能履行一次，不得重复实施。第 12 条款规定了公开悔罪苦行的仪式：男子必须削发净脸，妇女必须穿悔罪苦行装束。② 这种一次性的、公开的悔罪苦行在基督教世界的某些地区甚至经历了更长的实施期。成文于 732 至 766 年间的《埃格伯特对话录》（The Dialogue of Egbert）提到：在公元 8 世纪的英格兰，实行公开的悔罪苦行。③

早期教会的这种公开的悔罪苦行仪式，对悔罪者采取公开的、仪式化的、严厉的惩治措施，使悔罪苦行者不仅在公众面前丢尽脸面，而且留下了严重的后果——残缺不全的、处于群体边缘的社会生活。如此严重的社会后果，难免令大多数基督徒望而却步，也促使教会逐渐放弃了这种公开的悔罪苦行方式，大多数基督徒不再履行这种公开的悔罪苦行方式。从此以后，公开的悔罪苦行只是在以下三种情况下留存：（1）濒死之人在灵床上的悔罪，这种悔罪方式适用于一切基督徒在临终之时举行，因而也称为"终傅礼"。（2）某些极端激进的基督徒心甘情愿地选择此种公开的悔罪苦行，自认为非此不足以为罪恶做出补偿。（3）公开犯下的严重罪恶，由教会强制执行公开的悔罪苦行。

二、源自爱尔兰教会的"私密的悔罪苦行"

公元 4 世纪基督教成为罗马帝国的国教，普遍的宗教社会环境导致基督

---

① 　B. J. Kidd (edited)，*Documents Illustrative of the History of the Church*，volume 1，pp. 57—59.

② 　http://www. benedictus. mgh. de/quellen/chga/chga_045t. htm.

③ 　Thomas Pollack，Oakley，*English Penitential Discipline and Anglo-Saxon Law in Their Joint Influence*，New York：Columbia University Press，1923，p. 80(438).

教在更广泛的人群中传播，基督徒的人数大量增加。在紧随其后的欧亚大陆范围内民族大迁徙的浪潮中，日耳曼民族大规模进入基督教世界。经过几个世纪的历史变迁，基督教面临着几乎全新的社会环境。基督教世界的扩大与民族成分的改变，引起的直接后果是：在基督教世界的不同地区，宗教活动与礼拜仪式呈现出很大的差异。

在亚洲地区，悔罪苦行者需要付出大量的补偿行动，经历千辛万苦之后才有可能使当事人与"上帝恩典"达成和解。各种各样的补偿行为之间，也存在着一定的互换关系，亦即：一定量的补偿行动 A 可以折算成一定量的补偿行动 B。在君士坦丁堡及其邻近地区，无需举行公开的悔罪苦行仪式，忏悔与苦行的方式完全由司祭一人掌控。司祭逐一聆听教徒的"忏悔"，对坦白的罪恶加以度量并评估其严重程度，然后规定相应的悔罪苦行方式，在苦行结束时提供"和解"。在罗马以及西部拉丁教会，即使忏悔是私下举行的，悔罪苦行与最终的和解仪式却是公开的，而且和解仪式由主教主持。

在这样的历史背景之下，一种新的悔罪方式（penance by tariff）从爱尔兰修道院兴起。爱尔兰修道院方式的悔罪苦行需要一位信仰指导者倾听修道士们的忏悔，这位信仰指导者称为"信仰之父"（spiritual father）。源自爱尔兰的悔罪方式开启了由"公开的悔罪苦行"向"私密的悔罪苦行"的演进过程。私密的悔罪方式之所以在爱尔兰修道院得到充分的发展，主要是由于古代克尔特人（Celts）与盎格鲁—撒克逊人（Anglo-Saxons）从未经历过早期教会公开的悔罪仪式，因而没有受到历史传统的约束。

与早期教会公开的悔罪苦行方式相比，爱尔兰修道院的悔罪苦行方式有很多不同之处。其中最主要的不同之处就是"私密性"：私下里的忏悔；私下里的悔罪苦行；私下里由司祭主持和解仪式。从忏悔、苦行，直至和解的全过程，都是在私下里进行。除了"私密性"的特点之外，这种悔罪方式的第二个特点是为当事人提供多次机会：多次犯罪，多次忏悔，多次悔罪苦行，多次和解。自认为有罪的教徒私下里向司祭忏悔，履行过悔罪苦行之后，可以使罪恶得到赦免，达到与上帝恩典的和解。爱尔兰悔罪苦行方式的第三个特点，是悔罪苦行者在与"上帝的恩典"达成和解之后，不再受任何宗教禁令的约束。曾经的悔罪苦行者不再永久性地处于某些宗教禁令之下，一旦达成"和解"即意味着重新被教会接纳，恢复完整的社会生活。源自爱尔兰的悔罪苦行方式，与君士坦丁堡流行的悔罪苦行方式有某些相似之处。

公元七世纪以后，不列颠布道团将这种忏悔苦行方式带到欧洲大陆，并最终取代了源自早期基督教会的公开悔罪苦行。

在普遍实行私下里的悔罪苦行之后，随之而来的是忏悔仪式的变化。虔诚的基督徒习惯于经常性地、反复地忏悔自己的罪恶，从而形成了定期忏悔制度。定期忏悔制度最早在修道院中实行，在公元 7 世纪西奥多任坎特伯雷大主教期间（Theodore，669—690 年在任），普及到英格兰教会的各个教区之中。在此之后，教职人士与世俗身份的基督徒都实行定期忏悔制度。1215 年召开的第四次拉特兰宗教会议最终对定期忏悔制度做出确认，这次宗教会议制定的教会法第 21 条款规定：成年基督徒每年至少一次履行忏悔礼。①

定期的忏悔制度形成以后，忏悔与悔罪苦行形成了固定的节期：基督徒通常是在"耶稣受难纪念日"（Good Friday）向堂区司祭忏悔，在复活节礼拜日领受圣体，在忏悔礼之后与领受圣体之前的一段时间内履行悔罪苦行。每逢忏悔与悔罪苦行的节期，基督教世界内各地堂区的基督徒忙于相同的宗教活动，某些悔罪苦行的方式在社区群体中也是有目共睹，诸如：斋戒（fasting），守夜（vigils），祈祷（prayers），赈济施舍（alms-giving）。不仅如此，某些罪恶情节严重者依然被排斥在复活节弥撒礼之外。在此种情形之下，虽然是私下里的忏悔与私密的悔罪苦行，却并不完全是个人的行为，而是基督徒社区群体范围内的仪式。在中世纪狭小封闭的堂区生活中，每一位忏悔者与悔罪苦行者都与堂区群体之间有着密切的联系。这样的群体仪式对于生活在其中的成员构成一种无形的压力，促使他们坦白自己的罪恶并且实施相应的悔罪苦行。

"尊敬的比德"在《英吉利民族教会史》（*Ecclesiastical History of the English People*）中，对于忏悔与苦行有过生动的描述。圣徒卡思伯特（St. Cuthbert，636—687）经常游走在各个村庄之间，传播上帝的福音然后听取忏悔。由于卡思伯特能言善辩，人们在忏悔时都向他敞开心扉，所有的人都向他公开自己的罪恶，然后依照他的要求，以卓有成效的方式洗清自己的罪恶。"他的天使般的脸如此容光焕发，使得在场的人都不敢对他隐瞒心中的秘密；他

---

① 　Norman P. Tanner, S. J. (edited)，*Decrees of the Ecumenical Councils*，p. 245.

们在忏悔中坦率承认自己的所作所为，因为，毫无疑问，这些人懂得，这些事情无论如何也瞒不过他。他们听从他的吩咐，用宝贵的悔过自新（悔罪苦行）之果扫除掉自己所承认的那些错误"①。

"尊敬的比德"还描述了一种因为履行悔罪苦行而达到的一种理想状态：依照英格兰人古时的习俗，"一旦有教士或神父（司祭）来到一个乡里，英吉利人总会按照他的吩咐，蜂拥而至，聆听他宣讲福音。他们愿意听那些该说的道理，更愿意把所听到和所懂的道理付诸实践（不仅乐于听从讲道，而且在实际生活中依照讲道的内容去做）"②。

三、宗教神学关于"悔罪苦行"的思辨

基督教各种仪式的最终目的，是将上帝承诺的对于罪恶的赦免转运给"罪恶深重的人类"。然而，如何将上帝的承诺转运给人类，从而使个体的罪恶得到赦免？宗教神学围绕着这一问题展开过大量的思考。

奥利金（Origen）是基督教著名的早期教父之一，大约在公元182—185年间出生于亚历山大里亚，大约在230年在凯撒里亚（Caesarea）接受圣职授职礼成为基督教的一名司祭，大约在251—254年间去世，享年约69岁。

奥利金对于悔罪苦行的神学思考，以"罪恶的分类"作为出发点。他将人类在尘世生活过程中犯下的"个人之罪恶"分为三种：（1）人与人之间轻微的"触犯"。这种触犯是如此的轻微，以至于无需采取任何行动即可以使彼此之间获得原谅。（2）可以由宗教人士赦免的罪恶。在这里，奥利金对"宗教人士"给出的定义是：类似于使徒，得到耶稣的真传，受到圣灵的指引。（3）不可治愈的罪恶。对于这类罪恶，无论采取何种行动或借助于何种力量，都不可能得到赦免。③ 在奥利金看来，人与人之间轻微的"触犯"不能称之为"罪恶"，因而这类行为不在奥利金关于罪恶的思考范围之内。在余下的两种罪恶中，奥利金认为，第二种罪恶可以借助于"悔罪苦行"的方式求得上帝的赦免。

奥利金还对第二种罪恶的具体表现与实施方式展开了思考和分类。他提

① 比德：《英吉利教会史》，陈维振、周清民译，商务印书馆1991年版，第295页。
② 同上书，第295页。
③ Oscar Daniel Watkins, *A History of Penance，Being a Study of the Authorities*，volume I（The whole Church to A. D. 450），p. 133.

出，男女通奸（adultery）、嗜血杀人（bloodshed）、偶像崇拜（idolatry）是三项"重大的罪恶"，重大到足以导致灵魂的死亡。这类罪恶处于教会的释放权之外，不可以在尘世得到教会的纠正。① 其他罪恶固然也非常严重，但是这些罪恶的实施尚不足以导致灵魂死亡，通过悔罪苦行的方式可以得到赦免。

如何借助于"悔罪苦行"的方式使罪恶得到赦免？奥利金提出：犯下严重罪恶的，只有一次悔罪苦行的机会；普通的罪恶，如果是屡次犯下的，可以重复实施悔罪苦行，多次得到纠正。②

在奥利金生活的公元2—3世纪，基督教在社会的传播尚为时不久，宗教神学家对于人类之罪的思考还不是十分深入。奥利金关于罪恶的分类与此后基督教会普遍接受的分类方法有很大不同，其中最主要的不同之处有两点：（1）奥利金将人类之罪恶分为两大类——可以得到赦免的罪恶，不可以得到赦免的罪恶。（2）奥利金未能将罪恶的伤害目标归结为神，在他列举的诸多罪恶实施方式中，既有对于人的触犯也有对于神的触犯。由此可见，奥利金关于罪恶的思考在某些方面还停留在"摩西十诫"的阶段。

基督教会在252年召开了两次重要的宗教会议：第二次迦太基宗教会议（Second Council of Carthage）与安条克宗教会议（Council of Antioch）。这两次宗教会议在很大程度上改变了奥利金关于"罪恶赦免"的思考，其中最主要的是促使奥利金提出，在经过悔罪苦行之后，即使是导致灵魂死亡之罪也可以在尘世得到赦免。第二次迦太基宗教会议是在另一位著名教父西普里安的影响之下召开的，促使奥利金形成关于导致灵魂死亡之罪的新态度，在很大程度上是出于西普里安的立场。在西普里安的神学观念中，犯下导致灵魂死亡之罪的人不能遭到抛弃，他的一句至理名言是：让虔诚之人为堕落之人祈祷，让堕落之人行悔罪苦行③。

早期教会在"罪恶"与"罪恶的赦免"问题上经历过较大的变化，变化的主要趋势是：对于"罪恶"采取越来越宽容的态度。公元2世纪以前，犯下三种

---

① Oscar Daniel Watkins, *A History of Penance*, *Being a Study of the Authorities*, volume I, p. 134.

② ibid., p. 98.

③ ibid., p. 154.

严重罪恶——亵渎神圣（impurity）、叛教（apostasy）、嗜血杀人（bloodshed）者不能得到赦免，不能与上帝的恩典达成和解。到了考利思特斯（Callistus 或 Calixtus，160—222）担任教宗的年代（217—222），已经将"亵渎神圣"列为可以得到赦免的罪恶，前提条件是向教会忏悔。在罗马皇帝戴克里先（Diocletian，284—305 年在位）统治时期，不仅采取行动摧毁基督教堂，而且烧毁基督教书籍。更为严重的是，戴克里先以监禁、酷刑惩治基督徒。在严酷的惩治措施面前，大量的基督徒为了信仰赴死，也出现了基督徒放弃信仰的情况。顾及到人性中的软弱性，在戴克里先时代结束之后，"叛教"也列入可以得到赦免的罪恶之列。公元 3 世纪结束以后，"杀人"（homicide）也成为可以得到赦免的罪恶。

公元 325 年召开的尼西亚宗教会议规定：应当允许一切临终的生命领受圣餐（条款 13）①。基督教会的传统是，犯下罪恶的人只有在经过忏悔并且得到赦免之后，才有资格领受圣餐。依照传统的思维逻辑，尼西亚宗教会议的这项决议实际上对此前的宽容立场做出了确认：一切罪恶在尘世生活结束之前都可以得到赦免。

宗教神学还对悔罪苦行的方式展开过深入的思辨。公开的悔罪苦行所固有的严酷性以及对个人生活的持久性影响，促使人们寻找其他比较缓和的赎罪方式，诸如：斋戒、赈济施舍、祈祷诵经、弥撒礼。早期教父的神学思辨对于基督徒的宗教实践有着巨大的推动作用，促使悔罪苦行的方式发生了变化。逐渐演变的结果是：只对那些犯下严重罪恶，并且其罪恶已经是众所周知的罪恶之人，实施公开的悔罪苦行；轻微的、私下里犯下的罪恶，采取斋戒、赈济等私密的苦行方式。根据爱尔兰教会的苦行手册记载，在以后的几个世纪里，取而代之的是克尔特传统的悔罪苦行，要求悔罪苦行者在若干年的时间里持续不断地实施斋戒，在此过程中也可能伴之以其他的禁令，如：禁止性生活、禁止军事行为。《芬尼恩苦行手册》（*The Penitential of Finnian*）规定：如果某个女人因为淫乱而导致孕育下婴儿，对于如此显而易见的罪恶，应当要求她在 6 年的时间里实行斋戒，每日以面包和水充饥，并且从此

①　Norman P. Tanner, S. J. (edited), *Decrees of the Ecumenical Councils*, volume one, p. 12.

之后守身贞洁，戒绝一切性行为。①

　　凯撒里乌斯担任阿尔主教长达四十年(Caesarius of Arles，502—542 年在任)，是基督教会一位著名的布道者。在一篇布道词中，凯撒里乌斯提出：犯下严重的、导致灵魂死亡之罪的人应当履行公开的悔罪苦行，也只有犯下严重罪恶的人才履行公开的悔罪苦行；犯下轻微之罪的人采取其他的赎罪方式，如：每日的祈祷、慈善施舍(具体的行动包括访问罹患疾病之人，赈济穷人)、斋戒、为客人洗脚、守夜、给敌人以宽恕。② 体谅到公开的悔罪苦行对于年轻人，尤其是已经缔结了婚姻的年轻人过于严酷，凯撒里乌斯呼吁不要向缔结了婚姻的年轻人实施公开的悔罪苦行，也不要向从军的年轻人实施公开的悔罪苦行。③ 尽管凯撒里乌斯并没有否定公开的悔罪苦行方式，然而在布道词的字里行间，他更加提倡私下里秘密的悔罪苦行。公元 506 年召开的阿加德宗教会议(Council of Agde)采纳了凯撒里乌斯的主张，这次会议制定的教会法第 15 款规定：因为悔罪苦行过于严酷，因而不可以轻易向年轻人实施悔罪苦行。④

　　公元 813 年召开的几次宗教会议围绕着悔罪苦行方式展开过讨论，试图改变以往的悔罪苦行观念。阿尔宗教会议强调：对公开犯下的罪恶实行公开的宣判，并且处以公开的悔罪苦行。兰斯宗教会议(Council of Reims)要求对忏悔者坦白的罪恶做出评估，仔细分辨哪些应当履行公开的悔罪苦行，哪些人应当履行私密的悔罪苦行(条款 16，条款 31)⑤。这几次会议最终确定的原则是：公开犯下的罪恶实行公开的悔罪苦行方式，私下里犯下的罪恶实行私密的悔罪方式。这项原则在实际上是源自于爱尔兰教会，因为在爱尔兰教会的悔罪手册中，已经有了"公开的悔罪苦行"(public penance)与"私密的悔罪苦

---

①　John T. McNeill ＆ Helena M. Gamer (translated)，*Medieval Handbooks of Penance*，p. 90.

②　Oscar Daniel Watkins，*A History of Penance，Being a Study of the Authorities*，volume Ⅱ，p. 554.

③　ibid.，p. 555.

④　ibid.，p. 562.

⑤　John T. McNeill ＆ Helena M. Gamer (translated)，*Medieval Handbooks of Penance*，pp. 399—400.

行"(private penance)之分。"公开的悔罪苦行"用于惩治"公开犯下的罪恶"，"私密的悔罪苦行"用于惩治"私下里犯下的罪恶"。

从"公开的悔罪苦行"向"私密的悔罪苦行"的转变，其意义是多方面的。从社会学意义上看，此举从数量上减少了被摒弃于社会生活之外的罪恶之人，当事人不至于因为履行了悔罪苦行而改变原有的生活轨道，可以在一定范围内尽可能地保持原有的社会生活。从宗教学的意义上看，此举促成了宗教神学观念的改变。以往的观念是，犯下严重罪恶之人理应处于受谴责与受排斥的状态；改变之后的观念是，犯下严重罪恶之人理应蒙受上帝的恩典与拯救。12 世纪的经院神学家在此基础上加以改造，最终产生了 1215 年宗教会议对于忏悔与悔罪苦行的规定。

公元 813 年宗教会议确定的这项原则得到了广泛的确认，因为在此后流行的悔罪苦行手册中、在各地主教区的法令中，甚至在世俗政权颁布的法令（如加洛林王朝的一系列国王敕令）中，都有相应的规定。但是在实际的运作中，教会并不总是遵循已经得到宗教会议确定的这项原则，有一个事例可以表明这种情况。

圣高尔修道院（Monastery of St. Gall）的艾克哈德四世（Ekkehard Ⅳ）讲述：修士埃索（Iso）的父母在复活节期的礼拜六（Easter Saturday）违背禁令，夫妻之间发生了性行为。两人事后在家人面前痛哭悔恨，随后又身穿悔罪服，向堂区司祭忏悔了他们"罪恶的行径"。这位司祭赦免了他们的罪恶，但是要求他们在教堂之外站立一天一夜，并且禁止他们在复活节圣餐礼上领受圣体。这对夫妇又向邻近村庄的司祭忏悔，请求这位司祭允许他们在第二天的圣餐礼上领受圣体。邻村的司祭在谴责了他们的罪恶行为之后，又向他们表示了祝福，这对夫妇就回家了。然而在复活节礼拜日的弥撒礼过程中，这对夫妇先是站立在教堂门外，经由司祭允许后被引入教堂，坐在后排座位上，但是没有被允许领受圣体。弥撒礼之后，邻村的那位司祭来到这座教堂，为他自己堂区的教徒主持弥撒礼。在仪式举行的过程中，这位司祭向这对悔罪苦行中的夫妻发放了圣餐（可能是站立在教堂之外）。这对夫妇对于能够领受复活节圣餐深表感激，派人向邻村的司祭送去复活节奉献（alms）。然而，这位司祭矢口否认曾经向他们发放圣餐，声称在当日的弥撒礼过程中从未离开过他的信众。对于此次事件，当地主教区的一次教职会议做出了这样的解释：很可能是一位天使现身，向这对夫妇发放了圣餐。①

这对夫妻在私下里犯下了罪恶，本可以采取私密忏悔与私密悔罪苦行的方式。或许是出于宗教虔诚的缘故，他们自己把这个私下里犯下的罪恶公开了。在教会对这一事件采取的惩治措施中，有多种因素带有公开悔罪的色彩，如：当事人身穿悔罪苦行衣；礼拜仪式期间站立在教堂之外；在弥撒礼过程中被引入教堂，坐在教堂后排座位上；排斥在圣餐礼仪式之外，不得领受圣体等。

圣高尔修道院的艾克哈德四世讲述这个事例，本意并不是为了说明公开的悔罪苦行或私密的悔罪苦行的问题，而是希望说明修士埃索非同寻常的身世——如何从一个"非正常出生"亦即宗教观念上的"畸形人"，最终修炼成一位圣徒。然而，研究者可以从这一事件中发现一些有关悔罪苦行的问题：（1）私下里犯下的罪恶不一定采取私密的悔罪方式，堂区司祭有可能不依照宗教会议的决议行事；（2）这对夫妻在悔罪苦行期间的身份与处境没有明确的界定，在领受圣体的问题上存在着模棱两可之处；（3）复活节圣餐礼在教徒心目中的重要性——排斥在圣餐礼之外，意味着排斥在宗教群体之外，在社区中处于孤立地位。

四、第四次拉特兰宗教会议关于忏悔与悔罪苦行的规定

1215 年 11 月，教宗因诺森三世（Innocent Ⅲ，1198—1216 年在任）在罗马召集第四次拉特兰宗教会议。出席会议的有 400 多名主教，以及 800 多名其他教职人士，包括修道院长，教区系统与修道团体的"教士团监理"（Dean of chapters）等。这次宗教会议制定了一项长达 70 条款的决议，教宗因诺森三世称之为"普世性法律"（universal laws），并且将之视为"教宗司法审判权的概括"②。

这项决议的第 1 款阐述了拉丁基督教的一些基本信条，其中包括：三位一体；末日审判；"化体"教义以及与之相关联的弥撒礼；以圣父、圣子、圣

---

① Rob Meens, The Frequency and Nature of Early Medieval Penance, in Peter Biller & A. J. Minnis (edited), *Handling Sin: Confession in the Middle Ages*, York: York Medieval Press, 1998, p. 48.

② Norman P. Tanner, S. J. (edited), *Decrees of the Ecumenical Councils*, volume one, p. 228.

灵的名义施行洗礼，以洗去人之原罪；以悔罪苦行的方式惩戒个人犯下的罪；基督徒以"正确的信仰"与"善功"赢得上帝的青睐。①

决议第 21 款详细阐述了忏悔礼与悔罪苦行。法律规定：（1）无论何种性别的基督徒，"在到达成人的年龄"以后，"每年至少一次向所在堂区的司祭私下里坦白说出犯下的罪恶，并且尽最大努力实施规定的悔罪苦行"。（2）基督徒"每年至少一次在复活节弥撒礼上领受圣体，除非堂区司祭出于正当的理由阻止他领受圣体"。此处"正当的理由"指的是，未能履行忏悔礼与实施规定的悔罪苦行。（3）违背上述规定者，"终身禁止进入教堂，死后不得实施基督教葬礼"。（4）在忏悔礼上，忏悔司祭应当"悉心体察、谨慎辨别，如同经验老到的医生那样，在病人的伤口上涂抹酒和油，不厌其烦地对犯罪细节展开询问，以便明智地做出决断——应当给予忏悔者何种忠告，从多种医治疾患的方法中选取何种疗法"。（5）忏悔司祭不得泄露忏悔内容，对于泄露忏悔内容者的惩治是——"不仅免除司祭教职，而且终身在修道院的严密看管下实施悔罪苦行"②。

第四次拉特兰宗教会议决议在试图对"私下里的忏悔"、"私密的悔罪苦行"做出定义的同时，也将罪恶的赦免过程分解成三个阶段：第一阶段是向堂区司祭说出自己的罪恶；第二阶段是完成教会规定的悔罪苦行；第三阶段是在圣餐礼上领受圣体。这样的分解是沿袭以往的神学思辨成果，因为在此项规定之前的 12 世纪，教会神学家与法学家已经对此类程序问题形成了基本的思想。

早在公元 6—7 世纪，"伟大的格里高利"就曾经概括出悔罪苦行必不可少的三个阶段：思想的转变，口头表达忏悔，对于罪恶的补偿。③ 依照格里高利的认识，仅有口头上的忏悔还不够，还必须有内心的转变，否则不可能使犯下的罪恶得到赦免。

从公元 12 世纪起，众多宗教神学家在巴黎大学针对私下里悔罪苦行问题

---

① 　Norman P. Tanner, S. J. (edited), *Decrees of the Ecumenical Councils*, volume one, pp. 230—231.

② 　ibid., p. 245.

③ 　Oscar Daniel Watkins, *A History of Penance*, *Being a Study of the Authorities*, volume Ⅱ, p. 571.

展开了大量的神学思辨。思辨的最基本元素最初来自于彼得·阿比拉德（Peter Abélard，1079—1142），在伦巴德的彼得（Peter the Lombard，c. 1095—1160)的著述中形成了体系，大约在 12 世纪末的时候，由唱诗者彼得（Peter the Chanter)以及他的学术圈子完成实际的应用。第四次拉特兰宗教会议将他们的成果汇总，写入了决议之中。

彼得·阿比拉德将悔罪苦行分解成为三个要素：悔过（penitentia）、坦白（confession）、补偿（satisfaction）。巴黎主教萨利的莫瑞斯（Maurice de Sully)曾经对这三要素做出过解释——悔罪需要勇气，因为需要坦白罪恶，并实施悔罪苦行（repentance del corage；la confessions de la bouce，la penitente.)①。上述三要素的分解更加看重内在的悔罪，将内心的悔过视为悔罪苦行最重要的因素，因为没有这一因素罪恶就不能得到赦免。这样的理论在实践中导致的后果是：犯有罪恶的人即使不是向教职人士、而是独自向上帝忏悔，也可以使罪恶得到赦免。

然而在此之后，悔罪的过程又发生了从"内在"向"外在"的变化。12 世纪末，神学家们更加关注第二个因素——坦白，并且将之具体地描述为：口头言词上的坦白忏悔或耳边忏悔。这样一种"外在的悔罪方式"，成为基督徒必尽的一种宗教义务。唱诗者彼得将这种外在方式的忏悔礼定义为："我们在口头上向司祭坦白忏悔我们的罪恶，赤裸裸地、公开地剥开外皮将罪恶的一切细节袒露出来。""没有任何细节可以隐藏，罪恶不能得到掩饰，必须如实地加以坦白。"②

在发生了从"内在"向"外在"的变化之后，最直接的后果是——教职人士成为忏悔的中介，不仅基督徒犯下的罪恶需要向教士坦白，上帝对于罪恶的赦免也经由教职人士转达。忏悔结束时，轻微的罪可以当场得到赦免。这样即时生效的赦免，有助于增强忏悔者自我完善的信心，从而获得再次向教职人士忏悔的动力。由此而造成的第二个后果是：罪恶未经过言词语言方式的坦白，就不能得到赦免。或者更确切地说，不经由教职人士作为中介，罪恶

---

① John W. Baldwin, From the Ordeal to Confession: In Search of Lay Religion in Early Thirteenth-century France, in Peter Biller & A. J. Minnis (edited), *Handling Sin: Confession in the Middle Ages*, p. 202.

② ibid. , p. 202.

的忏悔和罪恶的赦免都不可能实现。

在中世纪拉丁基督教的圣徒崇拜活动中，圣徒发挥着接受基督徒委托并代为向上帝祈祷的作用。拉丁基督教司祭成为忏悔的中介之后，意味着教职人士获得了向基督徒转达上帝对于罪恶的赦免的资格。从对于罪恶的坦白忏悔直至罪恶得到赦免，在上述全部过程中，司祭在很大程度上发挥了类似于圣徒的中介作用，并且在实际上成为上帝赦免罪恶的代言人。这样的忏悔礼在无形之中抬高了教职人士在拉丁基督教信仰体系中的地位。

在《神学大全》一书中，托马斯·阿奎那对于这种方式的忏悔礼所表达的神学教义有过总结（Ⅲa，question 84，85）。有了阿奎那的理论作为支持，拉丁基督教神学家将主持忏悔礼视为上帝赋予教会的权利。1545—1563 年召开的特兰托宗教会议在对拉丁基督教信仰做出全面阐述的时候，也确认了这种神学理论："主耶稣基督在由尘世升入天国的时候，留下司祭作为他的代理，作为管理者与仲裁人，虔诚的基督徒犯下的一切导致灵魂死亡之罪都必须交由司祭做出裁决。根据天国的钥匙赋予的权力，司祭可以宣布对于罪恶的赦免或留置"（session ⅩⅣ，Chapter Ⅴ）①。

为什么需要忏悔者以口头表达的方式，用语言讲出自己的罪恶？唱诗者彼得认为：讲述罪恶的过程，可以在当事人的心中产生一种羞耻感。② 这种羞耻感本身就是一种悔罪苦行。一位曾经担任过忏悔司祭职责的隐修士说："当上帝——我们的主，看到一个灵魂正在受到罪恶困扰的时候，当罪恶的灵魂坦率地承认有羞耻感的时候，上帝必将清洁他的心灵并且赦免他的罪恶。羞耻即是悔罪苦行，非常有助于清除罪恶"③。乔伯汗的托马斯（Thomas of Chobham）也曾经指出过，忏悔过程中产生的羞耻感表明了内心深处的悔悟。④ 由此可见，羞耻感与悔悟，在忏悔的过程中是必不可少的因素。

---

① Norman P. Tanner，S. J.（edited），*Decrees of the Ecumenical Councils*，volume two，pp. 705—706.

② John W. Baldwin，From the Ordeal to Confession：In Search of Lay Religion in Early Thirteenth-century France，in Peter Biller & A. J. Minnis（edited），*Handling Sin：Confession in the Middle Ages*，p. 204.

③ ibid.，p. 204.

④ ibid.，p. 204.

这种"悔悟式忏悔礼"强调信仰、意向、愧疚，注重忏悔者内心的变化，体现了一种心理上与宗教信仰上的进化。有研究者评论说："将悔罪苦行的中心，从外在的惩罚转化成'内在的悔悟'，并且借助对于动机意图的分析，向人们开启了近代心理学领域。"①

实际上，在第四次拉特兰宗教会议之前的 10—11 世纪时，就出现了此类涕泪横流的悔罪者。生活在 12 世纪的克吕尼修会修道士塞里的皮埃尔（Pierre de Celle）说：眼泪是心灵悔悟的面包——眼泪使欲望之火熄灭，使邪恶窒息，使罪恶得到清除，使心灵得到软化，使善言善行得到传播，使美德发扬光大，使上帝的仁爱怜悯得以激发。② 与此类悔罪苦行相伴随的是一系列的情感经历——后悔、良心的谴责、沉重的负罪感。在某种程度上，忏悔变成了内心的自我反省，而这种反省是出于自我完善的愿望。因此，痛哭流涕之后是对罪恶的补偿，甚至在痛哭流涕的同时就使罪恶得到了清除。面对此类方式的忏悔，教会没有理由推迟赦免，在忏悔结束时立即就可以使罪恶得到赦免。

第四次拉特兰宗教会议决议还规定：每一名成年基督徒必须向自己所在堂区的司祭忏悔；如果出于某种原因希望向其他司祭忏悔罪恶，忏悔者应当首先取得所在堂区司祭的许可（条款 21）③。这项规定经过巴黎大学神学家们的长期思辨和讨论，在写入宗教会议决议之后，成为教会法律。为什么必须首先向自己所在堂区司祭忏悔？唱诗者彼得提出的理由是：堂区司祭与我们经常见面，有可能对于各种潜在的危险性向我们提出警告，也能帮助我们不至于更进一步走向罪恶。④ 在中世纪狭小封闭的社会环境中，居于堂区的教士显然有条件随时随地对教徒的日常生活加以指导。

在神学思辨的过程中，神学家们对多种多样可能性都仔细加以考虑，其

---

① Jean Delumeau (translated by Eric Nicholson)，*Sin and Fear*：*The Emergence of a Western Guilt Culture* 13 *th*—18 *th Centuries*，p. 197.

② ibid.，p. 197.

③ Norman P. Tanner, S. J. (edited)，*Decrees of the Ecumenical Councils*，volume one，p. 245.

④ John W. Baldwin, From the Ordeal to Confession：In Search of Lay Religion in Early Thirteenth-century France, in Peter Biller & A. J. Minnis (edited)，*Handling Sin*：*Confession in the Middle Ages*，p. 203.

中包括向修道士或隐修士忏悔的可能性。然而，在这里存在着一个两难的选择：一方面，修道士或隐修士具备较高的神学知识，比起神学水平普遍低下的堂区教职，更加胜任忏悔司祭的职业角色，有能力恰如其分地对忏悔中坦白的罪恶做出评估，对悔罪苦行的方式提出建议；另一方面，修道士或隐修士不在堂区担任教职，对忏悔者的个人背景与生活环境不熟悉，也有可能影响他们对于罪恶的判断力。

第二节　悔罪苦行方式

基督教关于人生充满罪恶的说教，使得中世纪的基督徒怀有沉重的负罪感。人们忧心忡忡，唯恐由于深陷罪恶而失去上帝的恩典，不能在尘世生活结束之后进入天堂。为了使罪恶得到赦免，人们千方百计，寻找各种赎罪的途径。

一、历史的演变与宗教神学的思辨

基督教早期教父奥利金在晚年写下《关于〈利未记〉的布道词》(*Homilies on Leviticus*)一文，在其中列举了七种赎罪方式。这是基督教思想家第一次系统阐述以何种方式对人之罪恶做出补偿的问题，对后代神学家继续就这个问题展开思辨具有极大的启发性。

奥利金阐述的七种赎罪方式是①：(1)洗礼。洗礼的用意是洗清"原罪"，奥利金将洗礼视为对于人类共有的原罪的救赎。(2)殉教。奥利金大约在公元235年撰写了另一篇文章《关于殉教的劝诫》(*Exhortation to Martyrdom*)，集中论述了殉教对于赎罪的重要意义。(3)施舍赈济。(4)宽恕他人。奥利金提出：当我们对基督徒兄弟的罪恶加以宽恕的时候，也使我们自己的罪恶得到了宽恕。这一思想的依据，来自于福音书记载的、被认为是耶稣规定的《主祷文》(*the Prayer*)，其中的一句话说：赦免我们的债务，如同我们赦免他人的债务。② 耶稣的另一段言论也可以为奥利金的这一主张提供神学支持："你们

① Oscar Daniel Watkins, *A History of Penance, Being a Study of the Authorities*, volume I, p.136.

② Matthew, 6：12.

饶恕人的过犯，你们的天父必饶恕你们的过犯；你们不饶恕人的过犯，你们的天父也必不饶恕你们的过犯。"①(5)纠正他人的罪恶。依照基督教神学关于"罪恶"的基本思路，纠正他人的罪恶就如同将他人的灵魂从死亡中拯救出来，因而也具有灵魂救赎的作用。(6)爱。基督教提倡"爱"，爱的原则以"上帝"为核心，主要具有两个方面的内容：爱上帝，爱上帝的创造物。人作为上帝的创造物，也应当得到"爱"。依照福音书的记载，耶稣不仅要求人们爱邻人，也要求爱仇敌，因为：天父"将太阳照在好人身上，也照在歹人身上；降雨给义人，也给不义的人"②。在奥利金看来，以"爱"为出发点的仁爱善举可以使多种罪恶得到补偿。(7)忏悔苦行。犯罪者向上帝指派的司祭坦白罪恶并加以忏悔，以寻求对罪恶的补偿。这样的行动来自于《新约全书》记载的圣徒雅各(St. James)说的一段话："你们中间有病人了，就该请教会的长老来，他们可以奉主的名用油抹他，为他祷告。出于信心的祈祷要救那病人，主必叫他起来，他若犯了罪，也必蒙赦免。"③

奥利金引经据典，认为上述七种赎罪方式都是出自于福音书的规定。奥利金的理论在基督徒的宗教实践中发挥了重大的影响力，公元 9 世纪编撰的《悔罪苦行手册》仍然在反复提及这七种赎罪方式。

在以后的历史发展中，社会对赦免罪恶的需求量越来越大，受供求关系的影响，教会提供的赎罪方式也就越来越多，不仅在数量上远远超出了奥利金列举的七种，而且赎罪的路径也日趋复杂化。

基督教的世界观以"上帝"和"上帝之爱"作为核心价值，人类犯下的各种罪恶都被认为是对于"上帝"和"上帝创造物"的伤害。从这一点出发，基督教关于灵魂救赎的基本思路是：人类在犯下罪恶之后，有必要向上帝做出某种"补赎"；也只有在做出"补赎"之后，才有可能"与上帝的意志和上帝的律法重新达成顺从与和解"④，从而使罪恶得到赦免；如果在尘世的苦行还不足以对犯下的罪恶做出"补赎"，就需要在离开尘世之后，在炼狱继续受苦受难，实

---

① Matthew, 6：14—6：15.

② Matthew, 5：45.

③ James，5：14—5：15.

④ Gerald Bray (edited)，*Documents of the English Reformation*，Cambridge：James Clarke & Co Ltd.，1994，p. 167.

施"悔罪苦行"。

从"天国的钥匙"演绎而来的"捆绑与释放"的理论不仅是针对轻微的罪，也针对导致灵魂死亡之罪。然而，也不是人类犯下的一切罪恶都需要做出补赎，只有犯下导致"灵魂死亡之罪"才需要以悔罪苦行的方式向上帝做出补赎。

依照基督教神学的解释，人类的灵魂存在于两种状态之中：(1)与上帝"和解"的状态；(2)与上帝"不和解"的状态。与上帝和解的状态意味着蒙受"恩典与生命"；与上帝不和解的状态意味着陷入"罪恶与死亡"。两种状态有互换的机会，人的灵魂有可能从一种状态进入另一种状态。由于人类始祖亚当与夏娃犯下的原罪，人在生之初即处于与上帝的不和解状态，因而迫切需要受洗。人在接受洗礼的时候，灵魂与上帝的关系从不和解的状态转入和解状态。接受洗礼之后，如果犯下了"永劫之罪"，就导致人的灵魂远离"恩典与生命"，重新回到与上帝不和解的状态，处于"罪恶与死亡"的状态。处于"罪恶与死亡"状态之中的灵魂，如果不能为此而做出补赎，任凭这种状态持续下去，就永久性地使灵魂处于"罪恶与死亡"状态；如果为此而做出补赎，这种补赎有可能被上帝接受，得到上帝的认可，从而与上帝达成和解，重新回到"恩典与生命"状态。在末日审判的时刻，那些经过补赎的灵魂处于与上帝和解的状态，因而可以被上帝接受，并得以进入天国。

"补赎"的思想来源于古代居民的"同态复仇"观念。以眼还眼，以牙还牙，这是古代居民处理人际关系的一项准则。古代以色列人爱邻居、爱朋友，恨敌人。从《旧约全书》中可以看到，以色列人对敌人以牙还牙、以眼还眼，甚至以几倍的疯狂报复敌人，实行血亲复仇。各种"悔罪苦行"被认为是向上帝做出补赎的重要方式，依照《马太福音》的思路，悔罪苦行必不可少，因为这是"悔改之心结出的果实"①，没有悔罪苦行就不足以表达悔改之心。"苦行"之所以可以发挥灵魂救赎的作用，也是因为耶稣曾经在十字架上受难，代人类受过，替人类施行苦行。基督徒实施"苦行"是模仿耶稣的榜样，以此求得耶稣的救助。

为了使罪恶受到惩治，从而为上帝受到的伤害做出"补偿"，悔罪苦行的一个基本原则是"反其人之道以惩治其人之身"，如：以斋戒惩治暴食，以劳

---

① Matthew，3：8.

作惩治无所事事，以守贞洁惩治淫荡。

二、悔罪苦行方式

禁食（每日仅以面包和水充饥，不进食其他食物）、鞭身（大庭广众之下鞭挞身体），是传统的苦行方式。由于这种方式的苦行过于严酷，以后又发展起新的赎罪办法。对于犯有轻微罪恶的人，可以用各种虔诚的行为代替苦行，诸如诵读《圣经》中的赞美诗与祈祷文，聆听布道，朝拜圣地。长此以往，在拉丁基督教世界甚至形成了两者之间进行折算的比率，例如：诵读赞美诗，诵读祈祷文，聆听布道，可以折算成一定天数的禁食。教会甚至规定有通行的折算办法，例如：聆听一次布道可以折算成 100 天的禁食，也就是说，犯罪者如果被判罚禁食 100 天，也可以用聆听一次布道代替。尤其值得关注的是，在多种多样的赎罪机会中，以物赎罪的成分越来越大。

1. 诵读《诗篇》或主祷文

在基督教看来，解除罪恶的唯一途径是向上帝求助，只有上帝有能力赦免罪恶。这种理念的产生源远流长，在《旧约全书》时代就存在了。以色列王大卫在感觉心中有负罪感的时候，曾经向耶和华祷告："我行这事大有罪了。耶和华啊，求你除掉仆人的罪孽，因我所行的甚是愚昧。"①

诵读圣经中的《诗篇》（*Psalms*）与主祷文（*the Prayer*），被认为是向上帝求助的重要方式。依照福音书的描述，主祷文的内容是耶稣规定的："我们在天上的父，愿人都尊你的名为圣。愿你的国降临。愿你的旨意行在地上，如同行在天上。我们日常的饮食，是你赐给我们。赦免我们的债务，如同我们赦免他人的债务。不叫我们遇见试探，救我们脱离罪恶。因为国度、权柄、荣耀，全是你的，直到永远。阿门。"②悔罪苦行时诵读的《诗篇》选段，通常是"赞美诗篇 119"（*Psalm* 119），名曰"祈福"（*Beati*）。究其原因，或许是由于比较其他的《诗篇》段落，这段赞美诗篇幅冗长，共有 176 节。

诵读《诗篇》需要经历漫长的过程，为了使长时段的诵读或者祈祷不至于因为睡眠而中断，诵经者需要保持警醒状态，阻止自己进入睡眠。悔罪苦行者千方百计，采取多种办法，或者造成精神的紧张，或者造成身体的不舒服，

① 2 Samuel, 24：10.
② Matthew, 6：12.

使自身难以进入睡眠状态。具体的办法很多，诸如：将身体置于水中；将身体置于荨麻或坚果壳之上；在坟墓中与死尸躺在一起；在寒冷的教堂中过夜。除此之外，还有使身体呈现某种特定形状以保持警醒状态办法，如：悔罪苦行者两臂平伸与身体形成十字形状，或两臂向上伸展与身体形成直线，或身体前倾两臂伸展呈水平形态。在保持某种姿态的同时，诵读《诗篇》或主祷文。

诵读《诗篇》或主祷文通常用于对于较轻罪恶的惩治。公元 8 世纪早期的一部《悔罪苦行手册》（据称出自"尊敬的比德"之手）规定：如果某人用不洁的手玷污了食品，可以采取众多的办法加以惩治，其中的一个办法是：身体跪下诵读 50 遍赞美诗，如果不是采取跪下的姿势，则需诵读 70 遍赞美诗（Chapter XV）①。

不同的苦行方式之间可以实现互换，诵读《诗篇》或主祷文可以取代一定量的斋戒。公元 11—13 世纪沃姆斯主教区的一部《悔罪苦行手册》规定，如果出于某种原因悔罪苦行者不能以斋戒的方式悔罪，可以折算成诵读赞美诗的方式，具体的折算办法是：如果是以面包和水实施的禁食，每一天这种方式的斋戒折算为诵读 50 遍赞美诗。在通常的情况下，以诵读赞美诗的方式实施的苦行在教堂里跪着完成；如果出于某种原因不能在教堂里大庭广众之下完成，才可以选择另外的适宜地点。在很多情况下，以诵读赞美诗方式实施的苦行还伴随有其他的苦行方式，如：向贫穷的人捐赠食物，并以节制酒、肉、油的办法实行斋戒（Chapter XI，Chapter XII）②。

2. 斋戒

斋戒是一种古老而普遍采用的悔罪苦行方式。"尊敬的比德"在《英格兰民族教会史》中讲述了林第斯法恩主教区首领——艾丹主教（Bishop Aidan，635—651）极为虔诚的生活方式，其中提到了"斋戒"：当时所有的修士和修女都以他为榜样，一年到头，每逢星期中的第四天和第六天（除复活节后的五十

---

① John T. McNeill & Helena M. Gamer（translated），*Medieval Handbooks of Penance*，p. 231.

② ibid.，p. 344.

天外)都习惯禁食到第九时辰(第三卷，第五章)①。第九时辰是下午3时，苦行者每天至下午3时方进食第一餐，这是一种非常艰难的斋戒方式。

斋戒在性质上大体分为两种：一种称为"禁食(fast)"，亦即减少进食的数量直至完全禁食；一种称为"节食(abstinence)"，亦即禁食营养物质，诸如肉类与奶类食品等，仅以面包和水充饥。在通常情况下，葡萄酒、啤酒、蜂蜜也属于"节食"之列，在斋戒时完全不准食用或只允许少量进食。依照罪恶的严重程度，斋戒还有短期与长期之分。

对于斋戒的神学解释是：上帝创造的尘世的物产，不再用于供养罪恶之人。从理论上说，以斋戒对罪恶加以惩治的程度是严厉的。《西奥多悔罪苦行手册》规定：以天数不等的斋戒惩治酗酒行为(I. Of Excess of Drunkenness)；以长达四年的斋戒惩治男女之间的通奸行为(II. Of Fornication，1)；以长达10年的斋戒惩治男人之间以及男人与动物之间的性行为(II. Of Fornication，2)，以40天的斋戒惩治通奸欲望(II. Of Fornication，9)；以7年至10年的饥饿惩治在血亲复仇中的杀人行为(IV. Of Manslaughter，1)，以11年的饥饿惩治作伪证的行为(VI. Of Perjury，I)②。

如此严酷的斋戒，如果没有坚强的意志显然难以实行。在德意志出现了一种折算手册(Wehrgeld)，以诵读《诗篇》或以捐赠钱物代替长年累月的斋戒。这样的折算注重犯罪的事实而不注重犯罪的意向，注重对罪恶的补偿而不注重对罪恶的悔悟。长此以往，最终使这种折算方法因陷入僵局而不可行。

3. 鞭身

鞭身也是一种传统的苦行方式。鞭身因工具的不同而分为皮条(thong)鞭身与麻绳(lash)鞭身。公元9世纪，爱尔兰都柏林附近一座修道院(Tallaght)流行的一种传统习俗是：鞭身结束之后，当事人必须净手(条款43)③。研究者根据这项规定推测，鞭身在通常情况下是由当事人自己实施，也就是实行

---

① 比德：《英吉利教会史》，陈维振、周清民译，第160页。

② John T. McNeill & Helena M. Gamer (translated), *Medieval Handbooks of Penance*, pp. 184—190.

③ ibid., p. 423.

自我鞭身。

鞭身是一种更为直观的惩罚身体的方式，通过惩罚肉体以达到拯救灵魂的目的。如果是当众实施的鞭身，还包含鞭一儆百，警示众人的作用。当众鞭挞通常是在教堂庭院或集市广场这类人口聚集的场合实施。接受处罚者常常是光头赤足，身着悔罪麻衣，在大庭广众之下不仅忍受鞭身带来的皮肉之苦，还要受到颜面扫地之辱。教会法庭正是通过这种肉体和精神上的双重惩罚，来激发当事人对于某些重大过失行为的悔恨。

在教会早期的《悔罪苦行手册》中，鞭身是较为轻微的惩罚方式，更为严重的惩罚是斋戒。对比公元 6 世纪流行的《芬尼亚悔罪苦行手册》的几项相关规定，可以看出这一点。

《芬尼亚悔罪苦行手册》条款 1 规定：如果是在思想观念中产生的罪恶，并且立即有了悔悟，请求上帝赦免的方式是鞭打前胸。① 之所以鞭打前胸，恐怕是由于前胸是"心"所在的部位，古代之人在观念中认为邪恶的思想来自于"心"而不是头脑。这样的观念由来已久，至今在中国的语言中还存在着这种表达方式——"心里想的"。

《芬尼亚悔罪苦行手册》条款 2 规定：如果经常性地持有邪恶的思想，并且犹豫着要将这种邪恶的思想付诸行动，无论是控制住了这种邪恶的思想，还是被这种邪恶的思想控制，请求上帝赦免的方式是昼夜连续不断地祈祷和斋戒，直至消除了这种邪恶的思想。②

《芬尼亚悔罪苦行手册》条款 3 规定：如果产生了邪恶的思想，并且意图将邪恶的思想付诸行动，只是出于偶然的原因而没有实现行动，例如意图奸淫或杀人但是未能实现，这种情况如果及时悔悟尚可得到赦免。请求上帝赦免的方式是：在一整年的时间里，在饮食之中戒绝酒和肉。③

对比上述三项规定，可以看出这样几点量罪原则：（1）"偶尔"出现的邪恶思想轻于"经常"出现的邪恶思想；（2）仅仅存在于"思想观念中"的邪恶轻于

---

① John T. McNeill & Helena M. Gamer（translated），*Medieval Handbooks of Penance*，p. 87.

② ibid.，pp. 87—88.

③ ibid.，p. 88.

"行动中"的邪恶(无论这种行动是否付诸实施)。依照量罪的轻重,《芬尼亚悔罪苦行手册》规定了相应的惩治措施:较轻的罪恶采取鞭身的方式惩治;较重的罪恶采取昼夜连续祈祷和斋戒的方式惩治;最严重的罪恶需要采用长达一年或几年的斋戒方式自治。

鞭身并不是一种常见的悔罪苦行方式,随着时间的推移,鞭身不再是教会规定的悔罪苦行方式。逐渐演变的结果是,这种苦行方式只为极端的苦行者所采用,例如耶稣会创建者伊格内修斯·罗耀拉(Ignatius Loyola,1491—1556)。

4. 苦役

修道院苦役通常是对教职人士采取的惩治措施:教职人士犯下严重的罪恶以后,被教会剥夺职务然后罚入修道院苦修。这样的惩治方法在教会中有据可查,第四次拉特兰宗教会议针对泄露忏悔内容的教士规定有这样的惩治措施:免除司祭职务;终生禁闭在修道院,在严格监督下履行悔罪苦行(条款 21)①。

类似的惩治措施,也可以推及到世俗人,虽然这样的惩治措施不一定导致修道院苦役。对家族成员犯下严重罪恶的人,理应为家族成员做苦役。涉及此类罪恶的行为可以分为两种:一种情况是将家族中的某一成员杀害,当事人为这位家族成员的亲属做苦役。另一种情况是妻子对丈夫有不忠的行为,当事人成为受丈夫驱使的奴隶。

教职人士犯下杀人罪,也需要以苦役的方式对受害者家庭做出补偿。《芬尼亚悔罪苦行手册》规定:犯有谋杀罪的教职人士处以十年流放;流放结束以后,在与被害者亲属取得和解并且向被害者父母做出补偿之后,可以返回原来的居留地(条款 23)②。公元 600 年前后形成的《科伦巴悔罪苦行手册》(*Penitential of Columban*)对犯下"严重过错"的教职人士也规定有类似的惩治措施:如果一位教士将邻居杀害致死,这位犯下杀人罪的教士被处以为期 10 年的悔罪苦行;10 年苦修期满之后,还需对被害者的父母做出补偿——任凭

---

① Patrick J. Geary (edited), *Readings in Medieval History*, p. 422.

② John T. McNeill & Helena M. Gamer (translated), *Medieval Handbooks of Penance*, p. 91.

被害者父母役使（条款 1）①。

将施暴者放逐，意味着在相当长的一段时期内将危及公众安全的人从社群之中驱逐，从公众的视线中消失，对于公众的利益是一种保护措施。更为重要的是，将施暴者与被害者及其家族成员之间隔绝，在很大程度上是为了避免施暴者与被害者家族之间的血亲复仇。在放逐之后为受害者家族服苦役，不仅是为了对受害一方做出补偿，也是为了进一步平息受害一方的愤怒和痛苦的心情。历史档案中记载有类似的事件：1264 年，迪耶皮（Dieppe）地方的两个家族之间发生了血亲复仇，鲁昂大主教（archbishop of Rouen）在受理此案时，要求施害一方的家族首领前往圣吉尔斯（St. Gilles）与圣第亚哥（Santiago）两地朝圣，认为这样的处理方式"保全了受害一方的荣誉与心灵的平静"②。

5. 悔罪苦行之旅：圣地朝拜（Penitential Pilgrimage）

在圣徒传记作者的笔下，中世纪的圣徒可以行使多项功能：具有治病救人起死回生的神奇力量；主持公正，发挥惩恶扬善的作用；关注于人的道德行为以及灵魂得救，承担信仰指导者的角色。随着时间的推移，到 12 世纪时，基督教社会普遍把圣徒视为在尘世生活的教徒与天国的上帝之间的中介，可以把尘世教徒的祈祷转达给天国的上帝，也可以把上帝对于罪恶的赦免转达给尘世的教徒，这是圣徒的主要功能之一。

基督徒前往圣地朝拜受到多种多样的动机驱使。有些是在遇到个人危难时曾经向上帝祈祷，请求某位圣徒帮助渡过难关；危难过后他们前往这位圣徒的圣殿"还愿"，感谢这位圣徒将"奇迹"传达到尘世进而化解了危难。这是一种具有宗教迷信色彩的朝拜圣地行为，带有浓厚的巫术成分。有些是纯粹出于宗教虔诚的目的，由于相信朝拜圣地有助于灵魂得救而踏上朝拜圣地的旅途。有些基督徒出于热衷游历的原因，不畏艰难险阻朝拜一个又一个圣地，在此过程中不仅超越了身体和意志的极限，也扩展了视野和见识。在上述各种动机的驱使之下进行的朝圣，是基督徒自觉自愿的行为。这类朝圣行为，

---

① John T. McNeill & Helena M. Gamer (translated), *Medieval Handbooks of Penance*, p. 252.

② Jonathan Sumption, *The Age of Pilgrimage：The Medieval Journey to God*, New Jersey：Hiddenspring, 2003, p. 150.

有可能得到教会的鼓励，但不是教会的强制要求的行动。

　　朝拜圣地也是悔罪苦行的一种方式，是对人生犯下罪恶的一种惩罚。这类朝圣者或者是由于在忏悔时坦白了自己犯下的罪恶，或者是由于他人的举报而接受了教会法庭的审判，在忏悔司祭或教会法庭的强制之下被迫踏上了朝拜圣地之路，因而这类性质的朝圣也称为"司法判决的朝圣"。

　　以悔罪苦行为目标的朝拜圣地，在本质上是一种"放逐"行为。出于宗教虔诚的动机，为了灵魂得救而自觉自愿地踏上朝圣的征程，堪称是一种"自我放逐"。由于犯下某种罪恶而被教会强制执行"司法判决的朝圣"，是遭遇到了"社会群体的放逐"。

　　将危害公众利益、威胁到社区群体安全或失去社区群体信任的人，从社会群体之中驱逐，从公众的视线中消失，是一种古老的社会习俗。古代希伯来人早期的司法审判中，有一种惩治方法是将触犯法律者放逐，在《旧约全书》中可以找到这样的事例。《创世记》记载了对该隐的放逐，该隐是亚当与夏娃的长子，因为杀死了弟弟亚伯而受到了耶和华的惩罚："……你必流离飘荡在地上"[①]。对于该隐的放逐是一种永久性放逐，《圣科伦巴悔罪苦行手册》对于永久性放逐有过这样的描述："永远不得返回故土，像该隐那样成为尘世的游荡者与逃亡者"[②]。古希腊在克里斯提尼（Kleisthenes，c. 600—570 B. C.）时代开始实行"贝壳放逐法"（或者称为"陶片放逐法"），实际上是以公民投票的方式决定是否对某一公民实行流放。投票时，公民在陶片上记下有可能危害民主政治的人的名字。如果某人票数超过半数，这个人就被放逐国外10年，放逐期满后允许回国，并恢复公民权。陶片放逐法在很大程度上是用公民监督的办法来确保雅典的民主政治，防范僭主政治的复辟。

　　中世纪的基督教继承了古代文明中"放逐"的习俗，短期朝圣是短期的放逐，永久性朝圣是终生的放逐。直到12世纪中叶，一位传教人在提及伊比利亚半岛圣地亚哥（Santiago）的朝圣者时，还认为他们是"被堂区司祭放逐的

---

　　① Genesis, 4：8—4：16.

　　② John T. McNeill & Helena M. Gamer(translated)，*Medieval Handbooks of Penance*，p. 252.

人"①。

（1）作为司法惩治手段的朝圣苦行

以司法惩治手段强制执行的朝拜圣地，大体上出现于公元 6 世纪。公元 6 世纪末叶，源自爱尔兰教会的《悔罪苦行手册》在基督教世界流传。手册在页面的一端列有罪恶的种类，另一端列有悔罪苦行的方式。朝拜圣地是爱尔兰教会比较推崇的一种悔罪方式，《悔罪苦行手册》依照罪恶的严重程度，规定了长短不一的朝圣期限。

伴随着爱尔兰教会的《悔罪苦行手册》在中世纪西欧基督教世界的流传，朝拜圣地作为悔罪苦行的一种方式也逐渐被各地教会采用。法兰西鲁昂大主教奥多·里格德(Odo Rigaud)在巡查教区时，对于犯有性过失罪恶的人，无论是教职人士还是世俗人士，通常都以朝圣苦行加以惩治。除此之外，以这种方式加以惩治的其他罪恶行为还包括：假冒伪造、破坏圣殿庇护权、公开亵渎宗教礼拜仪式。② 德意志科隆大主教区在 1279 年召开的一次教职会议(synod)上，倡议对各种各样的自我放纵行为都以朝圣苦行的方式加以惩治。③

当然，朝拜圣地并不是爱尔兰教会推崇的唯一悔罪苦行方式。根据罪恶的严重程度，爱尔兰教会的《悔罪苦行手册》还规定了其他的悔罪苦行方式，其中较为轻微的罪恶以"斋戒"的方式实施悔罪苦行，严重的罪恶才以"放逐"的方式实施悔罪苦行。

根据《弗雷姆伯里的罗伯特悔罪苦行手册》(*The Penitential of Robert of Flamesbury*，形成于 1207—1215)的分类，由教会强制执行的悔罪苦行分为"私密的"(private)、"宗教仪式的"(solemn)、"公开的"(public)三种。"私密的"悔罪苦行在堂区司祭的见证下，在私下里在日常生活中实施。这种方式的悔罪苦行除了有堂区司祭在暗中见证之外，不为他人所知，甚至当事人的家庭成员也不可能有所察觉。"宗教仪式的"悔罪苦行在每年封斋期伊始实施，

---

① Jonathan Sumption, *The Age of Pilgrimage：The Medieval Journey to God*, p. 142.

② ibid., p. 138.

③ ibid., p. 139.

当事人身涂圣灰，穿戴麻衣，在圣灰礼拜三举行的宗教仪式上"被驱逐在教堂之外"，意味着在苦行结束之前不允许出席公众的宗教活动。根据《弗雷姆伯里的罗伯特悔罪苦行手册》的定义："宗教仪式的"也是一种公开的悔罪苦行，是在大庭广众之下举行的驱逐仪式。"公开的"悔罪苦行则意味着在教会的监督之下以朝拜圣地的方式悔罪，只是无需举行庄重的驱逐仪式。① 由此可见，"公开的"悔罪苦行即是由教会强制执行的圣地朝拜，是一种"公开的"流放。

在通常情况下，"公开的"悔罪苦行是比"宗教仪式的"悔罪苦行更为严厉的司法惩治行动。之所以被视为更为严厉的惩治，是由于长途跋涉的艰辛，加之在朝拜圣地的旅途中将自己的罪恶身份公开暴露在更为广泛的沿途公众面前，苦行者承受着更为沉重的体力与精神压力。相比之下，"宗教仪式的"虽然也属于公开的悔罪苦行，但是当事人的身份只是暴露于范围狭小的堂区范围之内。

中世纪的教会法并非奉行"法律面前人人平等"的原则，如果是犯下相同的罪恶，对处于优势地位之人的惩治要严厉于处于劣势地位之人。索拉克·索霍森(Thorlac Thorhallson)写于12世纪的一部悔罪苦行手册阐述了这样的原则：对富有之人的惩治严厉于贫穷之人；对健康之人的惩治严厉于身患疾病之人；对有学识之人的惩治严厉于没有学识之人；对高等级之人的惩治严厉于低等级之人；对幸运之人的惩治严厉于不幸之人，对成年之人的惩治严厉于未成年之人……②

教会法实施惩治的另外一项原则是：对教职人士的惩治严厉于对世俗人士的惩治。在《芬尼亚悔罪苦行手册》中可以找到大量涉及此类惩治原则的规定，在此仅举一例。如果有人在邻里之间产生了争执，并且因此而在心里谋划攻击或杀害他的邻居；此人若是教职身份则以斋戒惩治之，在半年的时间内以面包和水充饥，在一年的时间内禁止饮酒和食肉；此人若是世俗身份，则处以一个星期的斋戒。对于同样的罪恶，惩治的严厉程度却如此不同，《芬尼亚悔罪苦行手册》对此的解释是：对于身处尘世的世俗人士而言，他在尘世

---

① John T. McNeill & Helena M. Gamer(translated), *Medieval Handbooks of Penance*, p. 353.

② ibid., p. 356.

犯下的罪恶相对较轻，而他在未来世界得到的回报也相对较少（条款 6，条款 7）①。

　　由于法律规定的双重标准，教会法庭强制实行的圣地朝拜常常用于教职身份的悔罪苦行者。1448 年，白金汉（Buckingham）执事长辖区的一位堂区住持代理犯有亵渎神圣罪，教会法庭要求他从所在堂区赤足前往林肯主教座堂（Lincoln Cathedral）朝圣四次，每次朝拜都必须在圣殿的祭台上奉献一支一磅重的蜡烛②。圣徒罗蒙德（Romuald，950—1027）的传记作者彼得·达姆恩（Peter Damian）要求米兰教区道德败坏或有反叛行为的教职人士前往意大利半岛的罗马、高卢的都尔、西班牙半岛的圣地亚哥朝圣。③

　　教会法庭为什么经常对教职人士强制执行公开的悔罪苦行？因为教职人士是公众人物，在社会上承担着信仰指导者的责任，理应在行为举止上成为基督徒的楷模。各类丑闻如果发生在教职人士身上，容易在社会上引起更广泛的议论。出于政治方策的考虑，教会法庭不能对社会公众人物犯下的丑闻置之不理。以公开的朝圣方式悔罪，等于在朝圣的沿途将当事人示众，在很大程度上也是为了平息社会舆论的压力。

　　出于同样的道理，贵族或国王之类处于优势地位的人物如果有不端行为或丑闻，也可能引起社会的议论，也应当采取公开的悔罪苦行方式。圣徒罗蒙德曾经要求一位名叫罗尼尔（Renier）的侯爵前往耶路撒冷朝圣，理由是"你在忏悔时，坦白了严重的罪恶"④。英格兰国王虔信者爱德华的一位姻亲斯韦恩·戈德温森（Swegn Godwinson）伯爵，曾经谋杀过一位家族成员。在向教会坦白了这项罪恶之后，教会要求他前往圣地耶路撒冷朝圣，而且在朝圣的途中必须是赤足徒步。这位伯爵在 1052 年从布鲁日（Bruges）出发，历尽千辛万苦终于到达了耶路撒冷。尽管这位伯爵很年轻、很健康，还是因为朝圣途

---

①　John T. McNeill & Helena M. Gamer（translated），*Medieval Handbooks of Penance*，p. 88.

②　E. F. Jacob，*Oxford History of England：The Fifteenth Century 1399—1485*，Oxford：Oxford University Press，1985，p. 276.

③　Jonathan Sumption，*The Age of Pilgrimage：The Medieval Journey to God*，p. 138.

④　ibid.，p. 138.

中经历的种种艰难困苦，在返程的途中毙命。这是一个极度苦行的例子，是对犯有谋杀罪行的人判罚的悔罪苦行。

诸如杀人嫌疑之类的严重罪恶，教会通常以朝圣苦行的方式加以惩戒。这样的事例很多。神圣罗马帝国皇帝奥托三世（Otto Ⅲ，980—1002 年在位）谋杀了一名来自罗马元老院的成员，违背了保证其人身安全的诺言。为此，圣罗蒙德建议的悔罪方式是：赤足前往蒙特—高加诺（Monte Gargano）朝圣。神圣罗马帝国的西尔里伯爵（Count Thierry）在 1066 年谋杀了选帝侯特里尔大主教（archbishop-elect of Trier），教会要求他履行的悔罪苦行方式是朝圣。一个世纪之后，坎特伯雷大主教贝克特被谋杀，由于怀疑国王亨利二世（Henry Ⅱ，1133—1189）是幕后指使人，教会对亨利二世判罚的惩治是朝圣。一位教宗特使被发现死在圣吉尔斯修道院（Abbey of St. Gilles）的台阶上，教会要求嫌疑人——土鲁斯伯爵雷蒙德六世（Raymond Ⅵ）履行的悔罪苦行方式是朝圣。一位名叫罗杰·卜尼图（Roger de Bonito）的人，因为谋杀了弗里森图主教（bishop of Fricento）而在 1319 年被教会处以朝圣苦行，朝圣的目的地路途遥远，苦行者需要在罗马、圣地亚哥、耶路撒冷几个圣地辗转。法兰西国王的中书法官（chancellor）曾经在诺加里特的阿纳涅·圭劳姆（Anagni Guillaume de Nogaret）袭击教宗卜尼法斯八世，因为罪大恶极，教会要求他前往多处圣殿朝拜，其中包括：沃韦特地方的圣母教堂（Notre-Dame de Vauvert）、罗加马多（Rocamadour）、布伦（Boulogne）、夏尔特尔（Chartres）、圣吉尔斯，蒙特马约（Montmajour）、圣地亚哥。教会还要求他将自己永久性放逐在最终的朝圣目的地——耶路撒冷，虽然他在实际上并没有履行这些要求。①

对于某些极端的罪恶，以救赎为目标的永久性朝圣类似于一种终生的放逐。公元 585 年召开的马孔宗教会议（Council of Mâcon）规定：如果主教犯有谋杀罪，他应当以朝圣度过余生。在爱尔兰教会的《悔罪苦行手册》中，永久性朝圣用于对血亲相奸、人兽性交、谋杀教职人士或近亲、亵渎神圣的惩治。大约在公元 1000 年的时候，某些爱尔兰教会法学家聚集在英格兰的伍斯特（Worcester），这次会议达成的决议是：对于谋杀主教侍从的罪恶，以永久性

---

① Jonathan Sumption，*The Age of Pilgrimage*：*The Medieval Journey to God*，pp. 138—139.

朝圣加以惩治；对于伤害主教侍从的罪恶，应当处以为期 20 年的朝圣（条款 3）①。

(2)自发主动的朝圣苦行

自认为罪恶深重的基督徒也采取自我放逐的方式，为的是对自身罪恶做出补偿。在基督教早期历史上，甚至在基督教出现的第一个世纪，就出现了以悔罪苦行为动机的朝拜圣地行为。某些虔诚的基督徒自觉罪恶深重，自我放逐到耶路撒冷、伯利恒等宗教圣地，希望能以这样的行为对自身的罪恶做出补偿。这是一种主动的悔罪苦行，凭借个人的宗教虔诚自愿采取朝圣苦行的方式。

公元 10 世纪以后，自愿主动地以远途朝圣来洗涤罪恶的人日渐增多，其中既有平民大众也有贵族权势人物。有一些极端的事例表现出这种情况。法兰西国王"虔诚者罗伯特"(Robert the Pious)在 1031 年去世之前，曾经前往九处圣殿朝拜，其中包括远至土鲁斯的圣吉尔斯圣殿。(这位国王的传记作者解释：他之所以这样做，是为了规避可怕的末日审判。)诺曼底公爵罗伯特有谋杀其兄弟的嫌疑，因此而"怀着对上帝的畏惧之心"在 1035 年赤足前往耶路撒冷朝圣。丹麦国王卡纽特(Canute，c. 994—1035)在前往罗马朝圣的路上，曾经在圣徒奥默(St. Omer)的圣殿停留，据当时的一位旁观者描述：他在这座圣殿里痛哭流涕，捶胸长叹，请求这位圣徒代为请求上帝的宽恕。②

安茹伯爵富尔克·尼拉(Fulk Nerra)先后三次(也可能是四次)前往耶路撒冷朝圣。克吕尼修道院修士拉道尔夫·格拉布(Radulph Glaber)在 11 世纪中叶撰写过一部史书，其中描述了安茹伯爵的朝圣动机：在 1000 年的时候，"对于炼狱的恐惧"占据了他的内心；由于在一次战役中对布立吞人(Bretons)的屠杀，加之对于妻子的谋害，使他感到罪恶深重。安茹伯爵富尔克·尼拉第一次朝拜耶路撒冷是在这些事件发生三年以后，最后一次朝拜圣城是在 1038—1040 年。一路上，安茹伯爵在前行走，两位仆人在后面用桦树枝抽打

①　John T. McNeill & Helena M. Gamer(translated)，*Medieval Handbooks of Penance*，pp. 425—426.

②　Jonathan Sumption，*The Age of Pilgrimage：The Medieval Journey to God*，p. 140.

他。一旦行进到圣殿的台阶上，安茹伯爵就开始高声请求上帝的宽恕。①

公元10世纪以后，由于源自爱尔兰的悔罪苦行手册在西欧基督教世界流传，悔罪者往往在忏悔之后立即得到赦免与和解，无需履行悔罪苦行。依照逻辑思维判断，这样的忏悔方式虽然可以使罪恶得到赦免，但是并没有为犯下的罪恶做出补偿，当事人依然难以避免死后在炼狱的惩罚。出于对炼狱的恐惧，人们希望在尘世生活中多行善功，使罪恶得到补偿，以减少未来在炼狱中的痛苦。这一时期的忏悔司祭也说服人们以尘世的苦行方式对罪恶做出补偿："不是接受尘世的惩治，就是接受炼狱的惩治，而炼狱的惩治远比尘世的惩治严厉得多。当然，你们的灵魂掌握在自己手中。你们因此而需要做出选择：依照教会法的规定在尘世接受悔罪苦行的惩治，还是等待接受炼狱的惩治。"②联系到这样的思想观念背景，出现前所未有的朝圣苦行人流就是可以解释的了。

在朝拜过圣地之后，悔罪苦行者相信：由于圣徒发挥了代为向上帝祈祷的中介作用，罪恶已经得到了上帝的赦免。都尔主教格雷戈里在《法兰克人史》一书中描述了发生在公元6世纪的奇迹故事，似乎可以对当时的朝圣人流做出解释：经过向圣徒梅达（Saint Médard）请求之后，缚在悔罪苦行者身上的镣铐和枷锁立即扯断，化解成为碎片。这些东西就保存在梅达的圣殿之前，作为这位圣徒发挥威力的见证。③

对于类似的奇迹故事，实际的情形有可能是：经过长途跋涉，朝圣者脚上的镣铐因为大量的磨损而断开了。公元9世纪的一部著作讲述了这样的情节。中世纪法兰克国王罗退尔（Lothair，840—855年在位）的儿子弗劳蒙德（Frotmund）在850年谋杀了父亲的忏悔神父。由于基督教的教职人士在中世纪受到特殊的保护，其人身具有某种神圣不可侵犯的意味，因而谋杀教职人士是一项严重的罪恶。因认为罪恶深重的弗劳蒙德为此而踏上了悔罪苦行的旅途。他先是到了罗马朝圣，接着去了耶路撒冷，然后又去了位于迦太基的

---

① Jonathan Sumption, *The Age of Pilgrimage: The Medieval Journey to God*, pp. 140—141.

② John T. McNeill & Helena M. Gamer (translated), *Medieval Handbooks of Penance*, p. 354.

③ 格雷戈里：《法兰克人史》，寿纪瑜、戚国淦译，商务印书馆1981年版，第161页。

圣西里安圣殿，最后回到罗马。此时，他感觉上帝的赦免仍然没有到来，便取道西奈山再次前往耶路撒冷。返回罗马的途中，在穿越北部意大利与法兰西的时候，他身上的镣铐终于在位于里顿（Rédon）的圣徒马塞林（St. Marcellin）教堂破碎。直到此时，他才感觉上帝的赦免已经降临到他的头上。①

还有更加富有戏剧性的奇迹故事，显示朝圣者的罪恶得到了上帝的赦免。据圣徒行传记载：查理大帝自认为犯下了严重的罪恶，请来著名的圣吉尔斯为他祈祷，请求上帝的赦免；正当圣吉尔斯在礼拜日的弥撒礼上祈祷的时候，上帝派遣一名天使显形，在弥撒礼的祭台上放置了一封信函；信函上写着，由于圣吉尔斯的祈祷，国王的罪恶已经得到赦免。由于这一事件，圣吉尔斯更加声名远播。人们相信，向这位圣徒祈祷可以使罪恶得到赦免。② 根据传说，圣吉尔斯出生在雅典，曾经在法兰克的罗讷河（Rhône）流域隐修，每日以牧草和马鹿奶充饥。西哥特国王弗雷维厄斯·万巴（Flavius Wamba）曾经被他的圣洁所感动，出资为他修建了一座修道院。由于圣吉尔斯的圣名，这座修道院在日后成为著名的宗教圣地。

无论现代研究者对上述现象做何种解释，诸如此类的"奇迹"故事在民间流传，确实对当时的朝圣苦行起到了推波助澜的作用。

（3）朝圣苦行作为司法惩治手段之规范与推广

到公元9世纪时，教会内开始达成共识，认为某些特定的圣殿具有为悔罪苦行者赦免罪恶的功能。与此相关，教会也将朝圣苦行分为三类：大朝圣、小朝圣、海外朝圣。

"大朝圣"苦行的目标地点有四个：意大利半岛的罗马，西班牙半岛的圣地亚哥—德—孔波斯特拉（Santiago de Compostela），德意志的科隆，英格兰的坎特伯雷。

犯下杀人等严重罪恶的悔罪苦行者应当踏上"大朝圣"的旅途，最为常见的朝圣地点是罗马。因为罗马是教宗驻跸之地，朝圣苦行者前往罗马是为了

---

① Jonathan Sumption, *The Age of Pilgrimage：The Medieval Journey to God*, p. 143.

② Jacobus de Voragine（translated by William Granger Ryan），*The Golden Legend*, *Readings on the Saints*，volume Ⅱ，Princeton：Princeton University Press，1993，p. 148.

直接请求教宗的赦免。一部写于 9 世纪末的爱尔兰悔罪手册提出，犯有谋杀亲属罪恶的苦行者应当前往罗马，由教宗亲自赦免他的罪恶。一位名叫拉特伯特(Ratbert)的人在大约 870 年的时候打死了他的母亲，法兰西的桑斯(Sens)大主教指定他前往两处圣殿悔罪，一处是位于诺曼底的圣迈克尔山(Mount Saint-Michael)，一处是罗马。①

据称，西班牙半岛的圣地亚哥保存有使徒"年长者雅各"(James the elder)的遗迹。有关使徒"年长者雅各"以一种奇特的方式为人们解除罪恶的奇迹故事，吸引了大量犯下严重罪恶的基督徒前往圣地亚哥朝圣。有一个意大利人，他犯下的罪恶是如此的卑鄙可耻，以至于当地主教担心他的罪恶不能得到赦免，因而将他的罪恶列成文字，要求他携带这些文字前往圣地亚哥朝圣苦行。主教此举是将这个棘手问题交给使徒"年长者雅各"处理，以便验证使徒"年长者雅各"的祈祷是否可以使如此深重的罪恶得到上帝的赦免。在使徒"年长者雅各"的祭日，这位意大利人来到圣地亚哥，将列有所犯罪恶的文字放在了使徒"年长者雅各"的祭台上，请求这位圣徒将他的罪恶一笔勾销。祈祷过后，这位罪人翻开列有罪恶的纸张，发现上面书写的罪恶全部消失了。② 有关使徒"年长者雅各"的这个奇迹故事向基督徒表明：任何人前往位于圣地亚哥的使徒"年长者雅各"圣殿朝圣，只要是真心实意地请求他的帮助，肯定可以将犯下的罪恶一笔勾销。

不仅使徒"年长者雅各"有能力演绎这样的奇迹故事，其他功德显赫的圣徒也有类似的奇迹故事流传。12 世纪初，有一位妇女将一个罗列有所犯罪恶的文字放在了位于法兰西的韦泽莱(Vézelay)教堂的祭坛上，祈祷过后这些字迹立即消失了，显示她的罪恶得到了上帝的赦免。③

"小朝圣"的目标地点是位于法兰西的十九座圣殿，其中包括圣吉尔斯修道院，里昂(Lyon)附近的穆蒂埃—圣吉恩(Moutiers St. Jean)，位于根特

---

① Jonathan Sumption, *The Age of Pilgrimage：The Medieval Journey to God*, pp. 143—144.

② Jacobus de Voragine(tranlated by William Granger Ryan), *The Golden Legend, Readings on the Saints*, volume Ⅱ, p. 6.

③ Jonathan Sumption, *The Age of Pilgrimage：The Medieval Journey to God*, p. 144.

(Ghent)的圣班诺(St. Bavo)。上述圣殿中供奉的圣徒遗物，有些是源自法兰
克人最初接受基督教的墨洛温王朝时代。中世纪的圣徒传记，将墨洛温王朝
时代的圣徒描述成治病救人、主持公正的神奇力量，因此而吸引了众多的朝
圣苦行者。根据公元9世纪初的一段记载，圣徒麦斯里尔(St. Mestrille)曾经
前往都尔朝圣，以便使自己的罪恶得到赦免。公元9世纪的一位编纂者将一
位朝圣苦行者的故事加入到都尔主教格里高利的著述中：这位苦行者依照耶
稣基督幻像的指引，前往里昂附近的穆蒂埃—圣吉恩圣殿朝圣，为的是使罪
恶得到赦免。还有一位朝圣苦行者，在前往罗马的路途上，圣彼得与圣保罗
向他现身，指引他前往位于根特的圣班诺圣殿赎罪。

　　"海外"朝圣苦行意味着前往耶路撒冷。但是阿拉伯帝国兴起之后，可能
是前往耶路撒冷的朝圣旅途遇到了障碍，朝圣的人群被迫将悔罪苦行的地点
集中在欧洲。公元10世纪时，博利厄(Beaulieu)修道院院长伯纳德(Bernard)
在忏悔时坦白，他以"买卖圣职"的办法得到了修道院长的职位。当时正值克
吕尼运动期间，为了强化教会的独立地位，教宗的一系列措施严禁买卖圣职，
而且对于买卖圣职有宽泛的定义。在这样的时代背景之下，当时著名的忏悔
司祭弗勒里的艾博(Abbo of Fleury)采取了较为罕见的严厉措施惩治，要求伯
纳德前往耶路撒冷朝圣悔罪，只是在得知前往东方的道路被封锁之后，才改
而前往罗马与蒙特—加里诺朝圣苦行。[1]

　　到11世纪时，上述"大朝圣"、"小朝圣"、"海外朝圣"涉及圣殿的赦免罪
恶功能得到了西欧拉丁基督教世界的普遍认可，各地主教与忏悔司祭依照忏
悔者所犯罪恶的严重程度，要求前往其中的几个甚至是全部目标地点朝圣苦
行。自认为犯有罪恶的人也依照传统，自动前往某几座特定的圣殿朝拜，相
信这样的行为可以洗清自己的罪恶。

　　宗教裁判所兴起以后，在对13世纪早期出现于法兰西南部的宗教异端展
开围剿的时候，大量采用朝圣苦行的方式。对于那些在忏悔礼中坦白承认犯
有轻微信仰不端罪恶的人，宗教裁判所常常要求他们以朝拜圣地的方式悔罪。
著名的朗格多克宗教裁判所(Inquisition of Languedoc)套用西欧基督教世界通

---

[1]　Jonathan Sumption, *The Age of Pilgrimage：The Medieval Journey to God*, p. 144.

行的办法，也将朝圣苦行分为"大朝圣"、"小朝圣"、"海外朝圣"三类，依照"异端"罪恶的严重程度，要求悔罪苦行者前往其中的几个甚至是全部目标地点朝圣。

有大量的事例表明这一点。宗教裁判所在 1241 年巡查古尔顿（Gourdon）与蒙特丘（Montcuq）两个小城镇时，受到审查的人大多被要求实施一个"大"的朝圣苦行与若干个"小"的朝圣苦行，例如：要求 98 人取道列浦伊（Le Puy）与圣吉尔斯前往圣地亚哥，这是一个大朝圣与两个小朝圣；要求古尔顿城的 38 名市民取道诺布莱特的圣徒莱昂纳德（St. Léonard）教堂、里摩日（Limoges）的圣徒马提尔（St. Martial）教堂、巴黎的圣徒德尼斯（St. Denis）教堂前往坎特伯雷，这是一个大朝圣，三个小朝圣。①

伯纳德·盖伊（Bernard Gui）在调查土鲁斯地区的宗教异端时，面对的是更加严重的形势，而他所采取的也是更加严厉的惩治措施。他的审判记录记载了 1308—1322 年间对于 636 人的审判：其中只有 16 人因罪恶轻微只需前往一个朝圣目标地点，这是一个赤裸双足经过长途跋涉才能抵达的朝圣地点；那些曾经在幼年时期因不知内情而受到误导，曾经追随成年人出席过华尔多派异端集会的人，则被要求履行 17 个小的朝圣苦行，其中最远可达法兰西东南部的维埃尼（Vienne）与法兰西西部沿海城市波尔多（Bordeaux）②。

在大规模群体性宗教异端活动面前，宗教裁判所采取这样的措施也是明智之举。大量的社会人群有信奉宗教异端的嫌疑，而宗教裁判所难以掌握确凿的证据逐一对之做出确认。在这种情况之下，朝圣苦行是一种简便的裁决，具有高度的可行性。

朝圣苦行作为一种司法惩治手段，也被欧洲的民法典所接受。采取这种办法的合理性在于：以圣地朝拜作为司法惩治手段，不必采取剥夺人身自由的监禁手段；既对触犯法律的行为加以惩治，又无需法庭为此而付出人力与物力的成本。不仅世俗法庭，某些社团（诸如：大学，手工业行会，商人公会）也向其成员行使类似的司法审判权，要求犯有过失的成员前往圣地朝拜。

---

①　Jonathan Sumption，*The Age of Pilgrimage：The Medieval Journey to God*，pp. 145—146.

②　ibid.，p. 146.

这种情形在欧洲西北部的尼德兰比较常见。在列日（Liège）城市，教会在1207 年颁布了一项法律《教士的和平》（the Paix aux Clercs），这项法律规定：在教堂之内实施武力袭击者，以朝圣苦行的方式加以惩治。两个月之后，列日市政当局颁布了一项民法典，将朝圣苦行正式确定为城市法庭的司法惩治手段之一。这部民法典规定：一切以武力致人伤残的行为，均以朝圣苦行加以惩治。一个多世纪之后，列日在1328 年颁布的另一部民法典中，将朝圣苦行的实施范围进一步扩大，规定：一切以武力实施的犯罪行为都以朝圣苦行的方式加以惩治。[①]

到 14 世纪时，法兰西与意大利的民法典也都做出了类似的规定，以朝圣苦行作为司法惩治手段。在西欧的基督教世界，只有英格兰的世俗法庭没有将朝圣苦行引入民法典的规定。

实际上，世俗法庭并不看重朝圣苦行中本应包含的宗教因素，而是将此种司法判决作为一种社会放逐的手段。世俗法律更加倾向于将犯有诸如纵火、杀人、以武力致人伤残、暴乱、惑众闹事、阴谋策反等严重危及公众安全的人，以朝圣苦行的方式加以惩治。这样的措施，具有更加强烈的"放逐"色彩。名为"朝圣苦行"，其实质意义是"放逐"，目的是将严重危及公众安全之人与社会隔绝，使之不再构成威胁。每当世俗法庭采取此种措施的时候，通常并不要求"朝圣者"在宗教圣地表现出何种宗教虔诚的举动，只是要求当事人在宗教圣地停留若干年。世俗法庭有时将罪大恶极的人送往并非宗教圣地的塞浦路斯（Syprus）"朝圣"，更加显露出朝圣苦行的"放逐"作用。

在这方面，列日市政府的规定是一个例外。这个城市的法庭经常将触犯法律者送往罗马朝圣，要求朝圣者在罗马以膝盖攀登拉特兰宫殿的台阶，并且以双膝跪地的姿势参加五次弥撒礼。这样的规定出自于世俗法庭较为少见，在很大程度上是为了体现列日城市政府具有宗教权威，其他城市很少有这样的规定。

除了罪大恶极者之外，世俗法庭有时也允许以钱代替朝圣苦行，为的是用这笔钱向受害一方提供物质补偿。但是宗教裁判所却不允许犯罪者以这种

---

① Jonathan Sumption，*The Age of Pilgrimage*：*The Medieval Journey to God*，p. 146.

方式规避惩罚，根据宗教裁判所法官伯纳德·盖伊的描述：宗教裁判所仅允许因年老体弱而无力履行朝圣苦行的人以钱代替朝圣，而且支付的金钱数额十分巨大，年老者支付 50 个利弗尔(livre，在当时 1 个利弗尔的价值相当于 1 磅白银)，体弱者支付 100 个利弗尔①。相比之下，世俗法庭要求支付的金额很小，表明世俗法庭并不看重朝圣苦行的宗教因素。

(4)朝圣苦行仪式

在墨洛温王朝与加洛林王朝时期，朝圣苦行者在上路时以镣铐锁住身体。这种做法一直到 12 世纪末都没有完全消失，甚至在 14 世纪还可以见到。1319 年，谋杀弗里森图主教的犯罪者启程前往意大利的罗马和西班牙半岛的圣地亚哥朝圣，出发时脖子上戴着铁制枷锁。这是一种较轻的处罚，严重者还需以镣铐锁住双臂乃至双腿。对于罪恶更加严重的杀人者，通常还需将行凶时使用的武器悬挂在镣铐上，作为所犯罪恶的标志以昭示众人。

公元11 至 12 世纪时，如果一位身带镣铐的朝圣者行走在路上，目击者可以判断：这个人很可能来自法兰西、德意志、苏格兰，因为这些地区经常采用这样的办法，将朝圣苦行者以镣铐锁住。有材料记载：在 12 世纪 50 年代，一位"赤膊穿盔甲，身披镣铐，上面悬挂着一把剑"的朝圣者来到英格兰的诺里季。这个人是来自欧洲大陆洛林(Lorraine)的一位贵族，因犯有杀人罪而被法庭要求实施朝圣苦行。②

来自苏格兰的犯罪者通常前往达勒姆主教座堂的圣卡思伯特圣殿朝拜。1164 年，一位朝圣者腰缠一个铁圈来到这座圣殿朝拜，引来当地众人围观。据称这个铁圈是用他曾经杀人的剑制成的。一位苏格兰人双臂、胸前、脖子上披着镣铐前往圣地朝拜。他先后去过耶路撒冷、里摩日的圣马特尔圣殿，每到一地，身上的镣铐就破碎一部分。当他来到达勒姆主教座堂时，主教雷金纳德(Reginald)预言：圣卡思伯特将"把他的身体从镣铐中解放出来，一如将他的灵魂从罪恶的束缚中解放出来"。③

① Jonathan Sumption, *The Age of Pilgrimage：The Medieval Journey to God*, p. 150.
② ibid., p. 153.
③ ibid., p. 153.

　　将朝圣苦行者镣铐加身，很可能是民间自发的行为，并未见诸法律条文的规定。相比之下，宗教裁判所并不要求朝圣苦行者身披镣铐，而是要求朝圣苦行者在前身和后背各佩戴一个巨大的十字，作为苦行悔罪者的标志。这样的十字通常以藏红花颜色的布制成，十分醒目。身负十字的苦行者，在旅途之中备受歧视：行人避之唯恐不及，客店与济贫院也拒绝接纳——尽管宗教裁判所要求各地客店与济贫院像接纳其他朝圣者那样给苦行朝圣者提供庇护。这样的奇耻大辱即使在朝圣苦行结束之后，也难以在心灵深处去除，是一种更加严重的伤害。

　　由于朝圣苦行有可能为当事人带来持久的伤害，因而有千方百计规避朝圣苦行的事例发生。教会法庭档案中记载有当事人的上诉，要求取消法庭判罚的朝圣苦行。15 世纪时有一位富有的人朱斯·彼得索恩（Joos Pieterseune）被动地卷入了一起杀人案，法庭要求他前往罗加马多朝圣苦行六个月。当事人认为只应对罪大恶极的人判处此种朝圣苦行，并以此为由向教会申诉，使法庭最终取消了这项裁决。

　　朝圣苦行者需持有朝拜圣殿教职人士签署的朝圣证明，才能在返回居住地时被社区接纳。朝圣证明的发明人是朗格多克宗教裁判所，世俗法庭在以后也采纳了这个办法。开具此类朝圣证明需要付出一定的费用，在教会是一种有偿服务。

　　朝圣苦行作为一种司法惩治手段，在中世纪也引起很多争议。首先是对朝圣苦行的可行性提出质疑：大量的朝圣苦行者行在旅途，这些有过犯罪前科的人对其他的行路者构成了威胁。其次是对于教会判处朝圣苦行权力的合法性提出质疑：不掌握司法审判权的堂区司祭在听取忏悔之后要求忏悔者以朝圣的方式实施悔罪苦行，这样的决定有滥用司法审判权之嫌。由于有大量的质疑存在，在 14 世纪中叶以后，教会已很少做出朝圣苦行的裁决。宗教裁判所瓦解之后，在北部欧洲只有世俗法庭继续以朝圣苦行惩治犯罪者。

　　6. 上帝的圣战

　　使徒时代的教会奉行彻底的和平主义与彻底的忍让主义，福音书记载的耶稣基督的一句话为这样的和平忍让做出了最为充分的诠释："有人打你的右脸，把左脸也转过来由他打。"①实际上，耶稣基督倡导的和平忍让主义并没有坚持长久。公元 5 世纪时，奥古斯丁为基督教引入了"正义战争"（just wars)的理念：基督徒在面对极为邪恶的行为时，有必要以战争的方式伸张"正义"，这是"明智之人"应当履行的"责任"(Book XIX，Chapter 8)②。自从有了"正义战争"的理念，"以武力对抗邪恶"就成为基督教发动战争的理由。

在中世纪基督教神学的理论体系中，"正义战争"的理念与上帝拯救人类的"基督教之爱"互相兼容，互为表里：只有借助于正义，才可以使基督教之爱体现出来。彭小瑜教授在《教会法研究——历史与理论》一书中对这一论点有精辟的论述："奥古斯丁和格兰西都意识到，基督徒个人应该追随耶稣的足迹，寻求完美的德行和完美之爱，忍受苦难，宽容自己的敌人，但是教会和基督教国家必须按照法律惩罚罪犯、维护正义，因为在罪恶深重的人世间，爱只有通过正义才能具体地体现出来。一相情愿的和平主义者因为过低地估计原罪的后果，完全否定刑罚和武力的有用性，结果不仅否定了正义，也否定了爱。""爱对正义的解释是：但凡对灵魂的拯救是必须和有用的，在法律上就是正义的。"③

基督教"正义战争"的思想在 11 世纪得到了充分的实践机会，最终促成了十字军"圣战"的形成。1053 年，教宗利奥九世(Leo IX)领导了与驻守在南部意大利的诺曼人(Normans)的战争，宣布参加这一"教宗军"的世俗骑士不仅可以免除悔罪苦行，而且还能得到教宗的赦罪。④ 1074 年，教宗格里高利七世(Gregory VII)制定了针对异教徒的"东征计划"，向基督徒发出号召："上帝为了我们献出了生命，所以我们也应当为了我们的兄弟献出生命。"⑤格里高利的"东征计划"虽然未能付诸实践，但对于十字军"圣战"思想的发展起到了

---

① Matthews，5：39.

② Augustine (edited & translated by R. W. Dyson)，*The City of God against the Pagans*，p. 929.

③ 彭小瑜：《教会法研究——历史与理论》，商务印书馆 2003 年版，第 384—385 页，第 103 页。

④ J. Riley-Smith，*The First Crusade and the Idea of Crusading*，London：The Athlone Press，1986，p. 5.

⑤ E. Emerton (translated)，*The Correspondence of Pope Gregory VII：Selected Letters from the Registrum*，New York：Columbia University Press，1932，pp. 25—26.

巨大的促进作用①。"东征"不仅是为了援救东方的同胞，以行动践行上帝关于"邻人之爱"的教诲，"东征"也被视为基督徒的悔罪苦行，参加东征的基督徒将获得对于罪恶的赦免，战死的将士也将得到"殉教者"的荣耀。

　　教会在此之前一直教导基督徒：即便在正义战争中也有可能犯下"杀戮"的罪恶，也需要以苦行对犯下的罪恶做出补偿。但是到了十字军时代，基督徒参加与异教徒的战争，不仅不会犯下杀戮的罪名，反而可以得到上帝的褒奖。战争本身被视为一种悔罪苦行，十字军的参加者得到教会允诺：上帝将赦免十字军参加者在尘世犯下的一切罪恶，那些在征战中离开尘世的基督徒将被视为"殉道者"而有资格直接升入天国，教宗乌尔班二世在克勒芒宗教会议上清楚地阐明了这一点②。发动东征的教宗乌尔班二世号召向圣地的异教徒宣战，宣布一切参加东征的人，都将使罪恶得到赦免。这是教宗第一次批量赦免教徒的罪恶，是集体的赦免活动。在此之后，教宗每组织一次东征，就宣布一次对参加者罪恶的赦免。这是一种以圣战赎罪的活动，这种活动一直持续到14世纪，直至1396年，来自西方的十字军被奥斯曼—土耳其的军队阻挡在尼珂玻利斯(Nicopolis)③。

　　基督徒参加十字军被认为是获得上帝拯救的一条新途径，诺根特的吉伯特(Guibert of Nogent，c. 1053—1124)④评论说："上帝在我们的时代创造了圣战，所以世俗骑士与普通大众……可以找到一条新的途径得到上帝的拯救……他们不必再像过去一样，离开世俗社会进入修道院以求拯救……他们

　　①　J. A. Brundage, *Medieval Canon Law and the Crusader*, Madison：The University of Wisconsin Press，1969，p. 27.

　　②　Louise and Jonathan Riley-Smith（edited），*The Crusades：Idea and Reality*，*1095—1274*，p. 37.

　　③　尼珂玻利斯位于多瑙河下游，是奥斯曼—土耳其帝国的外围地区。

　　④　吉伯特是本笃会修士，从1104年起担任Nogent-sous-Coucy修道院院长，主要著作有记载第一次十字军东征的编年史(*Gesta Dei per Francos*)以及一部自传(*De vita sua*)。参见*New Catholic Encyclopedia*，Second Edition，volume 6，New York：Thomson Gale，2003，p. 560.

可以继续追求自己的事业，通过努力得到上帝的恩典。"①上帝为基督徒打开了另一扇通向拯救的大门，参加圣战成了基督徒服侍上帝和获得灵魂得救的新路径。

7. 其他赎罪方式：赎罪券，大赦年

赎罪券最初只能取代在尘世的悔罪苦行，如果从教会那里得到了一张赎罪券，就不必在尘世以苦行方式赎罪了。但是在以后，赎罪券的功用越来越大，也可以取代在炼狱中的苦行。托马斯·阿奎那认为，为生者或死者发放的赎罪券具有相同的功效："赎罪券不仅对生活在尘世的人有益，对于去世的亡灵也有益"②。教会第一次为离开尘世的亡灵发放赎罪券是在1343年，而教宗为去世的亡灵发放赎罪券则始于西克图斯四世（Sixtus Ⅳ，1414—1484），时间是在1476年③。一旦将发放赎罪券的人群目标扩大到去世的亡灵，就意味着将罪恶的赦免延伸到炼狱中的灵魂，其理论前提是：处于炼狱中的灵魂也可以获得赦免。然而，赎罪券与炼狱是中世纪基督教最具争议的两项教义。教宗利奥十世出售的赎罪券，据称是专为处于炼狱或地狱中的亡灵准备的，而且是一次性的全面的赦免罪恶。正是利奥十世出售赎罪券的做法，引发了马丁·路德的抗议，并发展成为16世纪欧洲范围内的宗教改革运动。

实行"大赦年"（Jubilee year），开始于教宗卜尼法斯八世在位期间。卜尼法斯八世开创了大赦年制度，第一个大赦年是1300年。卜尼法斯在这一年宣布，凡是前往罗马朝拜的人，可以得到赦免。赦免的内容包括两个方面：一是免除一切人生罪恶；二是免除誓约，除了婚姻誓约与修道誓约外，其他的誓约都可以废除，不必履行。④ 每逢大赦年，教宗在罗马举行大赦仪式。卜尼法斯宣布的大赦年得到拉丁基督教世界的普遍响应，大批的人群从西欧各

---

① R. Levine (edited & translated), *The Deeds of God through the Franks：A Translation of Guibert de Nogent's Gesta Dei per Francos*, Woodbridge：The Boydell Press, 1997, p. 28; Louise and Jonathan Riley-Smith(edited), *The Crusades：Idea and Reality, 1095—1274*, pp. 55—56.

② R. N. Swanson (edited), *Promissory Notes on the Treasure of Merits：Indulgences in Late Medieval Europe*, Leiden：Koninklijke Brill NV, 2006, p. 34.

③ ibid., p. 33, p. 36.

④ Henry Charles Lea, *A History of Auricular Confession and Indulgences in the Latin Church*, volume Ⅲ, p. 199.

地涌向罗马，参加教宗主持的大赦仪式。

卜尼法斯曾经设想每一个百年（世纪）实行一次"大赦年"。但是在第一个大赦年之后，大赦年的间隔期一再缩短。教宗克莱门特六世（Clement VI，1291—1352）在1343年把大赦年的间隔期缩短为50年，在1350年又实行了一次大赦年。1350年正逢"阿维农之囚"时期，大赦仪式在罗马举行，然而主持仪式的已不是教宗，而是一位枢机主教。教宗保罗三世（Paul Ⅲ，1468—1549）在1470年又把大赦年的间隔期缩短为25年，在1475年实行了一次大赦年。大赦年的间隔期一再缩短，表明了拉丁基督教世界的信众对"大赦年"的需求很高。间隔期缩短到25年之后，基本上可以保证每一代人都有遇到大赦的机会。

赎罪券、大赦年都是教宗颁布的对于罪恶的一次性全面赦免。随着教宗赦罪方式的增多，有关教宗赦罪权的理论也日益完善。除了由"彼得的钥匙"而引发的"禁释权"一说外，经院神学家也发展起一套理论，称为"功德库"（the treasure of merits）。功德库理论认为：耶稣基督以及众多的圣徒，他们在尘世生活的时候履行过大量的悔罪苦行，其数量大大超过了他们个人的需要，因而积存下大量的功德；教宗作为使徒彼得的继承人，有权力把这些积存下的功德转送给需要赎罪的灵魂。发放赎罪券、实行大赦年，被认为是将"功德库"中积存的功德转送给教徒的方式。然而，基于"功德库"理论的集体性赦免罪恶，将赦免罪恶的前提条件忽略了，使赦免罪恶最终变成了一件非常容易、简单的事。教宗颁布一次性全面赦免的后果之一是，教会对苦行赎罪的控制松弛了。

第三节　罪恶程度的判定：忏悔司祭的作用与职业素质

在中世纪拉丁基督教的宗教礼拜仪式中，"忏悔礼"具有更为复杂的技术含量。这是因为，洗礼、圣餐礼有固定的程式和语言，主礼者只需依照规定的程式和语言逐一演绎就可以了。即使是讲经布道，具备一定认读能力的教职人士也可以照本宣科，因为有伟大的教宗格里高利一世撰写的布道词。与仪式化成分居多的洗礼、圣餐礼不同，忏悔礼最主要的特点是：（1）听取忏悔的司祭面对的不是大量的听众，而是单一的忏悔者。忏悔礼是在主礼者与教

徒之间一对一地进行，双方之间需要展开大量的心灵交流。(2)在每一次听取
忏悔的过程中，忏悔司祭面对的是不同的情况，需要针对忏悔者坦白的罪恶
进行个案处理。(3)忏悔礼还具有私密性的特点，忏悔的内容没有书面记载，
教会法也不允许教职人士泄露忏悔内容。(4)第四次拉特兰宗教会议要求基督
徒每年至少履行一次忏悔礼，这项规定使得忏悔礼具有经常性的特点，忏悔
司祭需要年复一年、经常性地逐一听取堂区内每一名教徒的忏悔。

一、忏悔司祭的作用：医治心灵

在主持忏悔礼的过程中，忏悔司祭的作用主要表现在四个方面：(1)倾
听；(2)询问；(3)评估；(4)宣布赦免。所谓"倾听"，是倾听忏悔者讲述自己
的错误或罪恶。"询问"是一个了解的过程，主要是了解忏悔者的日常生活，
以及罪恶发生的环境和后果。只有对上述情况有了深入的了解，才有可能对
忏悔者坦白的罪恶性质做出评判，对罪恶的严重程度做出评估，确定是属于
"轻微之罪"(venial sins)还是属于"导致灵魂死亡之罪"(mortal sins)。在此基
础之上，忏悔司祭依照罪恶的严重程度，以及罪恶实施时的实际环境，对症
下药，对忏悔者采取最为适合的救治措施，亦即规定恰当的悔罪苦行方式，
并且告诫忏悔者如何在此后避免类似的罪恶发生，此为"评估"。对于"轻微的
罪"，忏悔司祭可以在忏悔结束时就宣布上帝的赦免，无需要求忏悔者履行悔
罪苦行。对于"导致灵魂死亡之罪"，忏悔司祭应当在悔罪苦行结束时才决定
是否宣布上帝的赦免。

听取忏悔是一件劳神费力的事。15 世纪时，加尔都西修道团体(Carthu-
sian Order)的一位修士——克卢撒的詹姆士(James of Clusa)抱怨说：没有什
么是比听取忏悔更加"危险或困难的事了"。他还说，没有这种亲身经历的人
恐怕对此难以理解。[1]

在忏悔礼的实际运作过程中，忏悔司祭扮演着多重角色。首先是充当"警
察"，忏悔司祭对于人性中的弱点以及由此而导致的罪恶保持高度的警惕性，
他们需要一双明察秋毫的眼睛，在听取忏悔的过程中能够敏锐地发现问题。
在听取忏悔者的坦白之后，对罪恶的程度加以评估，做出准确的判断之后才

---

　① 　Thomas N. Tentler, *Sin and Confession on the Eve of the Reformation*，p.126.

可以决定实施何种程度的惩治措施。诸如此类的职业角色，似乎又赋予忏悔司祭某种"灵魂审判"的职能，承担着对于教徒的精神生活加以指导的重任。

正是从这一点出发，第四次拉特兰宗教会议把教职人士的职业责任定位于"灵魂医生"(doctors of souls)。第四次拉特兰宗教会议的决议更是把灵魂的疾病视为"本"(cause)，把身体的疾病视为"标"(effect)。在灵魂的疾病经过诊治之后，病人才有可能对医治身体疾病的医药产生良好的反应，所谓"原因消除之后，症状才可以消除"(条款22)①。这样的理念是出自于《约翰福音》关于耶稣对一个大病初愈的人说的一句话："你已经痊愈了，不要再犯罪，恐怕你遭遇的更加厉害。"②

忏悔司祭在履行职务的时候应当敏于事而慎于行，对忏悔者坦白出来的罪恶加以仔细的考量并展开病情诊断，从一切有可能采取的救治措施中，明智地选择对于罪恶之人给予何种忠告并采取何种治疗。第四次拉特兰宗教会议制定的教会法对于如何借助于忏悔礼"医治灵魂"有具体而形象的描述：忏悔司祭应当"悉心体察、谨慎辨别，如同经验老到的医生那样，在病人的伤口上涂抹酒和油，不厌其烦地对犯罪细节展开询问，以便明智地做出决断，应当给予忏悔者何种忠告，从多种医治疾患的方法中选取何种疗法"(条款21)③。

二、忏悔司祭的职业素质

忏悔司祭在医治心灵的过程中发挥如此重要的作用，扮演如此众多的职业角色，因此，教会对于他们的职业素质提出了更高的要求。根据中世纪流行于各地教会的《悔罪苦行手册》的要求，忏悔司祭主要应当具备以下几个方面的素质：

1. 学识

能否正确、恰当地主持忏悔礼，对于教职人士的学识水平与职业素质既是一个检验，也是一项挑战。教徒在对个人犯下的罪恶实行忏悔之后，是否以苦行赎罪，以何种方式的苦行赎罪，尽管教会法对此有规定，然而具体的

---

① Norman P. Tanner, S. J. (edited), *Decrees of the Ecumenical Councils*, volume one, p. 245.

② John, 5: 14.

③ Norman P. Tanner, S. J. (edited), *Decrees of the Ecumenical Councils*, volume one, p. 245.

运作依靠忏悔司祭的学识与判断力。听取忏悔是一项技术性非常强的事务，需要具备较高的学识，才能准确地辨明罪恶的性质并测量罪恶的尺度。正是因为忏悔礼对主礼司祭的学识水平提出了更高的要求，教会需要具有良好教育背景的教职人士担任忏悔司祭。这就是为什么在13世纪以后，教会派遣多明我修道团体的修道士（Dominicans）深入各地教区，巡回聆听忏悔。多明我修道团体注重研讨神学，深厚的学术气氛造就了众多具备较高学术造诣的学问僧。

在听取忏悔的过程中，忏悔司祭首先面临的一个难题是：如何对忏悔者坦白的罪恶进行定性、分类、测量。忏悔司祭需要加以判断的方面很多：教徒在忏悔中坦白的某种行为是否属于"罪恶"？如果确实属于罪恶，那么罪恶的程度有多深——是"轻微之罪"还是"导致灵魂死亡之罪"？忏悔司祭还需要对罪恶的性质做出判断，这就涉及众多关于"罪恶"的分类方法：思想之罪，言语之罪，行为之罪；触犯自然律法（natural law）之罪，触犯人定律法之罪；故意犯下的罪，由于疏忽而在不经意间犯下的罪。

在为罪恶进行分类和定性的时候，尤其需要注意的是：如何判定"导致灵魂死亡之罪"？根据中世纪基督教会通行的判定标准，只有《圣经》中谴责的罪恶才是"导致灵魂死亡之罪"。《圣经》谴责的罪恶可谓多矣，大致的分类包括以下内容：《旧约全书》中"摩西十诫"力图戒绝的行为；《新约全书》中耶稣以及众多使徒谴责的行为；基督教早期教父以《圣经》为依据总结概括的"七项永劫之罪"。

基督教世界流传的《悔罪苦行手册》虽然可以为罪恶的分类与量刑提供指导，但是还需忏悔司祭依照具体情况灵活运用，发挥的空间很大。举例说来，13世纪的一部《悔罪苦行手册》规定：忏悔司祭在为忏悔者量身订制悔罪苦行方式时，必须依据惩治的原则灵活运用。多种因素都必须加以考虑，除了罪恶的数量与严重程度，还需考虑犯罪的环境，其中主要的是家庭环境与社会环境。这部《悔罪苦行手册》说：如果一位悔罪苦行者正在忙于农耕，或者军役在身，或在商旅之中，从事这三种职业都需要付出一定的体力，因而不可以实施斋戒禁食；遇到此种情况，可以要求悔罪苦行者出资，或者用于赈济贫穷，或者用于修建教堂，或者用于修桥筑路，或者用于其他慈善事业；如果一位悔罪苦行者既不可以斋戒，也因过于贫穷而无力出资，就要求他（在理应实行斋戒的日子里)每日诵读 40 遍主祷文(paternoster)①。《悔罪苦行手册》还规定，如果忏悔者对于犯下的罪恶有所悔悟，可以免除公开的悔罪苦行。在这里有一个涉及执行的尺度问题：如果忏悔者有所悔悟，这种悔悟是否足以使之免于公开的苦行赎罪呢？

假如在听取忏悔的过程中，忏悔司祭意识到自己的学识不足，因而难以对忏悔的内容做出判断，通常的做法是暂时中止忏悔，待查询过《悔罪苦行手册》之后，再做出判断并决定采取何种救治措施。

第四次拉特兰宗教会议决议将定期的忏悔制度写入了教会法，法律的实施要求堂区住持必须掌握一定的学识，以便向悔罪苦行者提出忠告。世俗身份的教徒也必须有能力对罪恶的性质和严重程度加以辨别，才能配合主礼司祭使忏悔礼仪式顺利实施。出于现实的需要，各地主教开始着手制订实施纲要，要求堂区教职不仅自己具备必要的学识，而且向教区内的普通教徒讲解关于忏悔礼的知识。英格兰的坎特伯雷教省与约克教省有若干个 13 世纪与 14 世纪制订的实施纲要存留下来，其中最为著名的是 1281 年由坎特伯雷大主教约翰·佩汉姆(John Pecham，1279—1292 年在任)颁布的《兰贝斯教会法》(*Lambeth Constitutions*)。这部文献开篇伊始有一组词句表明了制定这部法规的宗旨，这组词句的关键词语是"司祭的不学无术"(Ignorencia Sacerdotum)。

2. 智慧

忏悔礼是主礼司祭与忏悔者之间心智的交流，其效果如何，在很大程度上取决于僧俗二人在学识与心智方面交流的深度与广度。一方面，人生阅历丰富的主礼者对于如何应对人生中遇到的难题有更好的把握，因而有可能更好地履行忏悔司祭的职责；另一方面，忏悔司祭也可能从忏悔者那里获得人生的经验。

忏悔者向教会披露心迹，将自己最为私密的事情坦白在教士面前，这是一件非常敏感的事情，忏悔司祭的任何一点疏忽都有可能对当事人造成伤害。面对如此重要的职责，忏悔司祭必须具备以下几点职业素质：熟练地掌握询问的技巧；准确地判断罪恶发生的环境以及后果；有能力采取最为适合的救

---

① Alexander Murray, Counselling in Medieval Confession, in Peter Biller & A. J. Minnis (edited), *Handling Sin：Confession in the Middle Ages*, p. 66.

治措施。

为了对忏悔司祭履行职责给予指导并加以警示，英格兰埃克塞特主教彼得·奎韦尔(Peter Quivel)根据自己早年向教区司祭忏悔的经历，而且在很大程度上是不幸的经历，在1287年发布了一项教区法规，对有关忏悔礼的相关事项做出具体规定。黑斯特巴赫的恺撒(Caesar of Heisterbach)曾经撰写过一部《关于奇迹的对话》(*Dialogus Miraculorum*)，文中讲述了几个故事，用以说明忏悔司祭的无知与欺骗如何在教徒中间引起混乱与愤怒。这篇文章带有乔叟的风格语调，或许不是十分真实可信，但却借助于一系列负面的事例说明了忏悔司祭应当具备的职业素质。

忏悔在主礼者与忏悔者之间一对一地进行，具有私密性的特点，不仅忏悔的内容没有文字记录，而且教会法严格禁止泄露忏悔内容。上述情况造成的后果是，史学研究难以揭示忏悔礼的深层内容，尤其是主礼者与忏悔者之间的关系与互动。史学家了解的是忏悔的后果，而不是忏悔的过程。

"尊敬的比德"在《英格兰民族教会史》中描述了卡思伯特主教与艾丹主教的传教经历，并以他们的事迹为例，阐明了一位优秀的忏悔司祭应当具有的品质：不畏艰难，谨慎，智慧。谨慎是什么？谨慎是一种智慧。具备这种智慧的人，才有能力将教会的制度与罪人特定的生活环境完美地结合起来。

"尊敬的比德"详细地讲述了艾丹主教的传教经历。应诺森伯里亚(Northumbria)国王奥斯瓦尔德(Oswald)的邀请，艾丹主教前往这个王国传教。在他之前，曾有一位爱尔兰主教在这一地区传教，因其性情过于严厉而失败了。"他向英吉利人传教一段时间，没有人愿意听，一事无成，只好回国。"公元635年，艾丹接受圣职授职礼，成为林第斯法恩主教。他以林第斯法恩岛上的修道院为基地，前往周边地区传播基督教，最终将源自克尔特传统的基督教植根于诺森伯里亚。有评论者认为：艾丹的传教活动是如此成功，以至于超过了奥古斯丁在坎特伯雷的传教活动。艾丹传教的主要经验是谨慎，不冒失。他曾经说过："不应当对无知的会众过于苛求……应当先用温和学说的乳汁喂养他们，直至他们在《圣经》的哺育下一步一步地接受更完美的事物，履行上帝更高的诫命。"艾丹的这一观点是基于使徒保罗的一句话："我是用奶喂你们，没有用饭喂你们。那时你们不能吃，就是如今还是不能。"①基于艾丹主教以及艾丹之前任在传教过程中成败两方面的经验，比德在《英吉利民族教会史》中提出：谨慎"是一切美德之母"②。忏悔司祭听取忏悔时最需要的品格是谨慎，过于严厉有可能造成忏悔者对于悔罪苦行的恐惧，从而使人们对此敬而远之。

在比德的笔下，艾丹的继任者卡思伯特则是一位不畏艰险的榜样。卡思伯特在诺林伯里亚传教时，走访路途遥远崎岖的小山村，这些山村因为贫穷与野蛮无知常令其他教士畏缩不前。卡思伯特却"欣然担负起这种神圣的工作，不遗余力地细心教导那里的人们；他经常离开修道院，整个星期，有时甚至两三个星期乃至一整个月不回来；他在那些山地里，不但以其高尚的榜样，而且还通过传教，把可怜的乡下人召到天上的事情中"③。

根据教会法的相关规定，流行于法兰西奥顿（Autun）主教区的一部《堂区教职手册》用通俗易懂的语言描述听取忏悔的规矩④：

　　　　司祭在教堂里宽敞的地方听取忏悔；
　　　　不要用眼睛凝视女人的脸部；
　　　　耐心倾听每个人的忏悔；
　　　　给请求赦免的人留有希望；
　　　　实施可以承受的悔罪苦行。

所谓"可以承受的悔罪苦行"，主要是顾及忏悔者的生活环境，不至于在悔罪苦行之后为当事人的生活带来持久的不良影响。譬如：一位已经缔结婚姻并且组成家庭的妇女，如果在忏悔时坦白了与他人私通的事实，如何既使其罪恶受到惩罚而又不致引起其丈夫的怀疑？最好的办法是，在一定的天数内实施一种隐性的、不引人注意的斋戒：每日虽然进餐，但是只吃很少一点，

---

① 　1 Corinthians，3：2.
② 　比德：《英吉利教会史》，陈维振、周清民译，第160—161页。
③ 　同上书，第295页。
④ 　Thomas N. Tentler, *Sin and Confession on the Eve of the Reformation*，p.95.

尤其是尽量避免肉食。实施这种方式的斋戒需要相当强的自律性，因而需要得到当事人的同意才可以执行。除此之外，还有其他的隐性悔罪苦行方式，如：干农活，朝拜圣地，服军役。

借助于忏悔礼的方式，堂区教职有机会对教徒的日常生活加以指导。在很多情况下，缺乏自省意识的忏悔者对自己的道德生活状况并不留意，需要忏悔司祭时时加以提醒。生活中的很多道德问题，也只有在经过忏悔司祭指点之后，才有可能引起忏悔者的注意。例如：有些教徒并不知道"通奸"、"酗酒"属于"导致灵魂死亡之罪"。遇有这种情况，忏悔司祭通常采用"询问调查"的方式，了解忏悔者的日常生活。忏悔司祭预先设计出一些涉及日常生活的提问，在忏悔的过程中要求教徒回答。在听取忏悔者的回答之后，忏悔司祭再一一指出回答的内容中哪些属于"导致灵魂死亡之罪"，哪些属于"轻微之罪"。借助主持忏悔礼的机会，堂区教职也可以采用教义问答的方式，向教徒普及最基本的教义与教理，如：向教徒讲述关于天堂与地狱，关于死后灵魂的归宿等知识。

明智的忏悔司祭有能力鼓励忏悔者在列举犯下的罪恶之后，对自己的罪恶加以思考、确认、分类。在很多情况下，坦承罪恶本身就是对忏悔者极大的心理安慰，有助于消除忏悔者的罪恶感。这是因为虔诚的基督徒大多持有良好的愿望，希望根除灵魂中的邪恶，促进美德的成长。由于教会在日常的宗教活动中已经向教徒普及了最基本的道德规范常识，从而使教徒有能力实行自我约束，一旦在行为上有越轨之处也有自知之明，并且有能力在大体上估计出所犯罪恶的严重程度。

3. 圣洁

忏悔礼不是群体性的礼拜仪式，而是在主礼司祭与教徒之间一对一地进行。因而在忏悔礼的实施过程中，有可能发生主礼司祭行为不端、道德败坏的情况，尤其是在一对一地面对年轻女教徒的时候。以至于有好事者建议，年轻女子在忏悔时应有父母陪同。流行于 15 世纪的《堂区司祭手册》(*Instructions for Parish Priests*)要求堂区住持在听取妇女忏悔时，不得直视忏悔者的面孔。[1]

听取忏悔的教职人士还需自己以身作则，以良好的行为举止增加说服力。

---

[1]　John Mirk, *Instructions for Parish Priests*，p. 27.

《堂区司祭手册》甚至不厌其烦地规定：忏悔司祭在听取忏悔时，要稳坐如磐石，不准咳嗽吐痰。[①] 事实上，教职人士作为基督教社区的信仰生活的指导者，其本人的道德行为，在很大程度上引领着所在社区的群体风气。职业的性质，对教职人士本人的道德修养提出了更高的要求——在人们的心目中，教职人士应当成为行为举止的楷模。

中世纪的拉丁基督教会将社会人群划分为两个等级——"宗教等级"（spiritual estate）与"世俗等级"（temporal estate）。教宗、主教、司祭、修道士等教职人士属于"宗教等级"（spiritual estate）；君主、贵族、工匠、农夫等属于"世俗等级"。"宗教等级"与"世俗等级"构成了中世纪基督教世界的二元社会结构。基于这样的等级划分，基督教会不仅试图将宗教权力置于世俗权力之上，而且试图将宗教等级置于其他社会等级之上，使之成为一种特殊的社会等级。在基督教会看来，教职界负有传达上帝的恩典、宣布罪恶是否得到赦免的权力。这项权力关系到众多灵魂永久的归宿，如果基督徒在离开尘世时尚有罪恶未得到赦免，其灵魂就不能升入天堂。肩负如此神圣职责的教职人士，是否应当过圣洁的生活，在个人道德修养方面有完美的表现？也就是说，在基督教世界是否应当奉行双重道德标准：教职界奉行更为严格的道德标准，而对于俗界有较为宽松的要求？对于这个问题，基督教会的思想始终处于矛盾之中。

拉丁基督教正统教义否认礼拜仪式的有效性与主礼者的个人状态有关联，即使是尚未洗清罪恶的教士主持礼拜仪式，也不能抵消礼拜仪式的有效性。这一立场的思想基础是：只有耶稣基督是礼拜仪式的真正主持者，主礼教士只不过是耶稣基督在尘世的代理，无力阻止上帝将恩典赐予教徒。拉丁基督教正统教义更为强调礼拜仪式的"正确"，亦即：正确的礼拜用品，正确的礼拜方式，正确的礼拜用语，正确的礼拜动机，认为这几个方面的"正确"，才是促使礼拜仪式发挥灵魂救赎作用必不可少的前提条件。

如此看重礼拜仪式的"正确"而非主礼者的"正确"，源自教会内的正统思想对多那特教派的批判。多那特教派认为，如果主礼司祭处于罪恶的状态，他所主持的礼拜仪式就不能发挥灵魂救赎的作用。在此后的华尔多教派

---

① John Mirk, *Instructions for Parish Priests*, p. 27.

(Waldensianism)与胡斯教派(Hussitism)的"异端"信仰中,都有多那特派的思想因素——将礼拜仪式的有效性与主礼司祭个人的道德状况联系在一起。

这种异端信仰的有害性在于,有可能以道德行为作为标准为教职人士分类,从而导致教会组织解体。预见到这一后果的严重性之后,基督教思想家对多那特派展开过严厉的批判,并且在公元314年的阿尔宗教会议上对多那特派的思想加以谴责。希波主教奥古斯丁有一段批驳多那特教派的著名言论:"……我们必须加以考虑的并不是由何人主持(礼拜仪式),而是主持何种(礼拜仪式);不是何人接受(礼拜仪式),而是接受何种(礼拜仪式)。"①奥古斯丁的这套理论其实非常简洁明了,简洁到仅凭一句话即可加以概括:礼拜仪式的有效性仅仅凭借"正确的演绎",而不是"演绎者的状态"。

然而在将多那特派判定为宗教异端以后,却使正统教会陷于一种取舍两难的矛盾境地。这种两难境地尤其表现在忏悔礼的问题上,因为忏悔司祭个人素质的高低,确实对忏悔礼的效果发挥着重要作用。堂区主持人是否有能力妥善应对忏悔礼中坦白的罪恶,不仅直接关系到对于忏悔者内心的安慰,而且关系到是否有可能在堂区内形成和谐的气氛。

尽管第四次拉特兰宗教会议将听取忏悔的优先权交给了堂区住持,如果某位教徒希望向其他司祭忏悔罪恶,他必须首先取得自己所在堂区司祭的许可。也只有各地主教有权力向本教区派遣托钵僧听取教徒忏悔。然而依照当时的价值取向,人们更乐于向修道士甚至托钵僧忏悔,因此,高素质的主教与托钵僧有能力吸引更多的教徒来到他们面前忏悔。当时库尔康的罗伯特(Robert of Courçon)指出:如果一位忏悔者有理由对主持堂区的司祭表示不信任,他完全可以向其他司祭忏悔②。这样的言论带有多那特派异端的嫌疑,为此,库尔康的罗伯特辩解说:忏悔礼毕竟与洗礼、圣餐礼不同;洗礼、圣餐礼不需要主礼者具备多高的学识,只需掌握仪式的程序与词汇就可以了,而忏悔礼要求主礼者具备明智、谨慎与劝告的能力③。

---

① 　Henry Bettenson(selected & edited),*Documents of the Christian Church*,p. 78.

② 　Alexander Murray,Counselling in Medieval Confession,Peter Biller & A. J. Minnis (edited),*Handling Sin*:*Confession in the Middle Ages*,p. 71.

③ 　ibid.,p. 71.

第　五　章

教会法庭的司法审判

　　教会以司法强制手段实现对基督徒日常行为的规范和管理，这是沿袭早期基督教会乃至古代以色列人的法律传统。经书中有大量言论涉及法律的重要性："诚命是灯，教诲是光，约束与指责是生命之道"①；"神的训词是正义，能欢愉人的心；神的诚命是洁净，能明亮人的眼睛"②；"每逢你（耶和华）在尘世行审判的时候，世上的居民就学习公义"③。

　　教会法庭关注于人的行为举止，其目的是造就"完美之人"，使徒保罗曾经在一封传道信中表达过这样的理念："……对那犯了罪的和其余的人说，我若再来，必不宽容。……我们求神叫你们一件恶事都不做。这不是要显明我们是蒙悦纳的，是要你们行事端正，任凭人看我们是被弃绝的吧！……并且我们所求的，就是你们作完全人。所以，我不在你们那里的时候把这话写给你们，好叫我见你们的时候，不用照主所给我的权柄严厉地待你们。这权柄原是为造就人，并不是为败坏人。"④

　　教会法把触犯宗教戒律的行为造成的后果形象地比喻成"不幸的灵魂受到禁锢"，认为触犯宗教戒律的行为越严重，灵魂受到禁锢的时间就越长。教会

---

　　① Proverbs，6：23.
　　② Psalms，19：8.
　　③ Isaiah，26：9.
　　④ 2 Corinthians，13：2—13：10.

法之所以把灵魂受到禁锢的时间长度与触犯宗教戒律行为的严重程度联系在一起，使之形成一种比例关系，是出于一个简单的逻辑关系推理："时间不能使罪恶减轻，只能使罪恶加重。"（条款50）①既然触犯宗教戒律的行为导致"不幸的灵魂受到禁锢"这样的后果，对触犯宗教戒律的行为实行司法审判和司法惩治就意味着将不幸的灵魂从禁锢中解救出来。越是尽早地解救，就越有可能阻断罪恶加重的进程。一旦将这样的理念付诸行动，教会法庭的司法审判与司法惩治行动就具有灵魂救赎的意义。

第一节 法庭获取案情的渠道：教区巡查与投诉

教会法庭实行司法审判的第一步是获取案例。中世纪时，各级教会法庭主要是通过两个渠道获取案例：一个渠道是教会自身提起的案例，在很多情况下是主教等教职巡查教区举行司法调查时获得的案情举报，这类案例称为"公务案"（office case）；另一个渠道是教区居民作为原告向法庭指控被告的案例，这类案例称为"起诉案"（instance case）。从这两类案例涉及的当事人与法庭的关系来看：在公务案中，法庭通常既是原告又是仲裁人；在起诉案中，法庭以原告、被告以外第三者的身份行使仲裁权。在教会法庭的记载中，经由不同渠道获取的案例归入不同的档案类别。

公务案涉及的主要是各类道德行为方面的过失，诸如教职人士不居教区、不履行圣职、男女行为不端，等等，大体相当于今日的刑事案。起诉案涉及的是原告、被告双方之间的争讼，诸如债务纠纷、名誉伤害、婚姻关系等。由于起诉案是应自认为受到不公正对待的一方的请求（at the instance）而立案，所以法庭用"instance"一词称呼这类诉案。起诉案大体相当于今日的民事诉讼。

但是公务案与起诉案在很多情况下只是提交给法庭的方式不同，案情的内容并没有严格的区分。同一类内容的案件既可能以公务案方式提交给法庭，又可能以起诉案方式提交给法庭。举例来说，涉及名誉伤害（诽谤）或婚姻的

---

① Norman P. Tanner, S. J. (edited), *Decrees of the Ecumenical Councils*, volume one, p. 258.

案情通常是作为起诉案提交给法庭的，但是由于这类诉案也涉及对某种不轨行为做出纠正，因此也可以依照公务案的方式提交给法庭。另一方面，也不是所有的公务案都与道德行为有关，也有许多案情涉及对教区的例行管理，诸如维修教堂建筑、提供礼拜用品与教士法衣、遗嘱验证等。诸如此类的诉案可以依情形或以公务案或以起诉案的方式提交给法庭审理，而法庭也仅仅是以获取案情的渠道、而不是以案情的内容分类。

巡查教区是法庭获取公务案的主要渠道。巡查教区是延续自早期基督教会的传统，法兰克国王查理曾经在公元781年发布敕令：当主教巡查教区的时候，当地的伯爵或代理人（sculdhais）应当给予协助，以便主教能够依照教会法充分地履行职责（条款6）①。第四次拉特兰宗教会议对巡查教区做出了明确而具体的规定：大主教或主教每年2次或至少1次巡查教区，可以亲自前往管辖之下的堂区巡查，也可以委托执事长或其他适当的教职巡查堂区（条款3）②。

依照宗教会议的制度设计，通常的情形是执事长每年至少巡查其辖区一次，主教每三年至少巡查其主教区一遍，大主教在其任期内至少巡查其教省一遍。如果某一个主教职位或执事长职位空缺，依次由上一级的大主教或主教代行巡查职责。有些教区也因习俗不同而奉行不同的巡查周期，例如：有些执事长辖区是在每年的复活节前后（四月初）与米迦勒节前后（九月底）各巡查一次，实际上是每年巡查教区两次。除此之外，司法审判飞地的持有者也对其属地进行巡查，一般是每年一次。这类巡查主要是为了对俗界加以约束，诸如对教徒出席礼拜仪式的情况，以及奉行宗教戒律的情况进行司法调查。

对于执事长、主教、大主教三级教会管理机构而言，所谓巡查教区，实际上是作为巡回法庭，以司法审判的形式实现对教区的管理。巡回法庭到达其管辖权之下的某一教堂后，召集当地具有"良好声誉之人"进行司法调查，其数量为3人以上，必要时甚至召集全体堂区居民。被召集之人以宣誓的方式揭发检举本教区的不良情况，其重点是指证本堂区内是否有异端活动，是

---

① Patrick J. Geary（edited），*Readings in Medieval History*，p. 283.

② Norman P. Tanner，S. J.（edited），*Decrees of the Ecumenical Councils*，volume one，p. 235.

否存在秘密宗教聚会或者在宗教信仰与日常生活方面表现殊异之人(条款3)①。

法庭在巡查之前,通常向属下的教区及修道院发布一纸训令(mandate),告之即将对某某地区进行巡查。教会档案中保存有大主教威廉·沃拉姆(William Warham,1503—1532 年在任)在 1551 年巡查坎特伯雷主教区时,向属下的各执事长发布的训令。训令要求执事长在巡回法庭到达时,召集执事长辖区内所有的教士到庭,无论是教区教士、还是修道院修士,无论是领取圣俸的教职、还是领取薪俸的教职,都不得有所遗漏。除此之外,坎特伯雷主教还要求执事长依照每一堂区的大小分别传唤 8 名、6 名或 4 名世俗身份的教徒到庭②。根据教会法庭的运行机制,这类巡查训令很可能是由法庭的传票送达官(apparitor,也称 summoner)递送的。

巡回法庭进行司法调查时,首先要求出席法庭的僧、俗两界人士宣誓不做伪证,然后再向法庭陈述本教区情况。陈述的内容大体包括:本区教职人士履行圣职和道德行为方面的情况;本区教堂建筑及其他各种宗教设施的维护情况;本区奉行宗教信仰和礼拜仪式的情况;世俗教徒的行为举止有无触犯教会法的情况……为了避免陈述不着边际,很可能由巡回法庭提供一个清单,上面列举着需要了解哪方面的情况,被讯问者依照清单所列逐条陈述并举报不良行为,法庭书记员将陈述的内容记录在案。也有一些巡回法庭不满足于这种口头上的陈述,在法庭调查之后,还责成教堂监护人写出书面报告。

在接受传唤的世俗人士中,最重要的是各堂区的教堂监护人。在执事长、主教巡查教区时,向巡回法庭报告本堂区的情况,是教堂监护人必须履行的一项职责。如果教堂监护人拒绝法庭的要求,不向法庭报告情况或敷衍法庭,他本人就有可能受到处罚。除了向定期巡回的法庭报告情况之外,教堂监护人还可以在平时随时向法庭提供情况报告,不过这是自愿而不是强制性的。如果教堂监护人确有要务在身,不能出席巡回法庭,他必须委托他人代为出

---

① Norman P. Tanner, S. J. (edited), *Decrees of the Ecumenical Councils*, volume one, p. 235.

② J. A. F. Thomson, *The Early Tudor Church and Society*, *1485—1529*, p. 122.

席。这些受教堂监护人委托出席巡回法庭的人，称为"side-men"或"quest-men"①。

法庭在巡查期间，有机会获得多种多样的案情举报，也有堂区居民趁此机会向法庭提交起诉案。林肯主教阿特沃特在巡查牛津执事长辖区的圣米迦勒教堂时，法庭记录中留下了以下几项案情：堂区住持不居教区；堂区住持助理（curate）既不讲道、也不访问疾苦；教堂对洗礼盆和圣油管理不善；本堂区出生了一个非婚生子；与迈克尔·克洛德同居的一名妇女恐怕不是迈克尔的妻子②。1494年4月，白金汉执事长在大密森登（Great Missenden）教堂对温多弗（Wendover）监理辖区（rural deanery）进行司法调查，当地居民揭发检举出的不良行为有：对教堂建筑与教堂墓地维护不善；一名堂区住持代理在他的教堂不供奉蜡烛；一名没有布道许可证的忏悔司祭在教堂讲经布道。除此之外，还有一些关于两性间行为不检的举报。除了上述举报，在温多弗监理辖区的两个堂区还有原告向法庭提交了起诉案，但是法庭档案中没有记录下这两个起诉案的细节。在另一个堂区，法庭接办了一件遗嘱验证案③。对于如此众多的案情举报，有些是可以由法庭当场责成当事人立即加以纠正的，譬如教堂建筑与教堂庭院的维护，礼拜用品的保管，督促堂区教职正确地履行责任等。对于那些案情复杂、一时难以做出裁决的案例，诸如非法同居、道德行为不检等，法庭还需在日后专门开庭审理。

除了教区巡查之外，法庭也通过其他渠道获取公务案。教区居民中间流传的关于某人、某事、某种行为的风言风语有可能引起法庭的注意，并且促使法庭采取行动，在调查核实之后对当事人进行惩处。由于教会法庭负有维护社会道德风气的责任，因此格外注重对这类流言的调查，尤其是当这类流言涉及教职人士时，实行司法调查与惩治就显得更为急迫。此外，堂区教职、教堂监护人、甚至堂区教徒也可以随时向法庭提供案情线索并报告可疑之处，法庭根据这些人提供的线索传唤被怀疑人到法庭接受讯问，或者到被怀疑人

① William Andrew Hammond (edited & translated), *The Definitions of Faith, and Canons of Discipline of the Six Ecumenical Councils: With the Remaining Canons of the Code of the Universal Church*, p. 267.
② J. A. F. Thomson, *The Early Tudor Church and Society, 1485—1529*, p. 123.
③ ibid., p. 124.

所属堂区调查核实。

对于那些需要在日后开庭审理的公务案，其司法程序的繁简程度也不相同。有些公务案案情明确，没有第三方牵扯在内，可由法庭自行提起指控（ex officio mero）。对于那些涉及第三方利益的公务案，需要日后在开庭审理时由教会代表第三方提出指控（ex officio promoto）。这两类诉案在司法审判程序上也稍有区别。一般来说，第三方指控的司法程序更为复杂，因为有第三方存在，法庭需要遵循一定的程序用以了解案情。这类诉案也比较庞杂，既可能事关遗嘱验证，也可能是有关教堂的维护和管理。有的时候，涉及性犯罪、触犯宗教戒律、不出席宗教仪式的起诉案，也以这种方式提交给法庭。起诉案由原告直接向法庭提起诉讼。一般情况是，原告向法庭提交诉状，或者将案情口头禀告法庭登录员，要求法庭传唤被告。法庭在接获案情报告或起诉之后，依照一定的司法程序审理。

教会法庭的司法审判程序经历过长期的建设和演变进程，最初的起源可以追溯到使徒时代。保罗曾经告诫门徒提摩太："控告长老的呈子，非有两三个人见证就不要收。"①保罗早年师从著名的犹太律法师迦玛列（Gamaliel）研习犹太律法②，深知在司法审判过程中证据的重要性。教会法庭不仅注重证据，也注重指控人的道德人品。这样做的目的，是防止道德败坏之人恶意起诉，尤其是恶意起诉教职人士。公元451年的查尔斯顿宗教会议规定：如果有人对主教或其他教职人士提出指控，为了防止有人无事生非，法庭应当首先对起诉人的道德人品展开司法调查，然后再决定是否接受该项指控（条款21）③。

基督教会在初期阶段即注重司法建设，公元397年的第三次迦太基宗教会议（Third Council of Carthage）与398年的第四次迦太基宗教会议（Fourth Council of Carthage）都做出过相应的规定。教会法庭最终形成的司法审判程序，在很大程度上是从罗马法借鉴而来，为教会法庭服务的法学人士也大多经过教会法与罗马法的双重训练。

---

① 1 Timothy, 5：19.
② Acts of the Apostles, 22：3.
③ Norman P. Tanner, S. J. (edited), *Decrees of the Ecumenical Councils*, volume one, p. 97.

在通常情况下，教会法庭无权将被告逮捕，只可以向被告发送传票，要求被告在指定的日期出庭。传票上一般写明法官姓名、开庭时间和地点、被传讯人姓名以及对被传讯人的指控。传票必须送达被告本人，或者将传票先送达给被告所在堂区的住持，然后由堂区住持将传票转送被告本人。传票送达以后还需返回法庭，作为法庭档案留存。

传票由法庭指定的传票送达官发送。通常情况下，每个监理辖区设一名传票送达官，较大的监理辖区设有多名。除了发送传票，传票送达官还承担着向法庭报告各类道德风化事件的责任。他们持有法庭的空白传票，必要时可以自行填写传票，传讯某人到法庭受审。传票送达官在某种程度上充当着法庭警察的角色，这一角色既引人注目，又不得人心。由于传票送达官握有传讯他人到法庭受审的大权，难免出现滥用职权的情况，例如敲诈勒索无辜，收受贿赂等。中世纪时，曾有教会法学家对这种现象有所议论，有人提议限制传票送达官的人数，并对他们的权力实行某种约束，但是种种建议并没有得到实施。直到宗教改革以后，英国国教会才采取有效措施，剥夺了传票送达官随意填写空白传票的权力。① 宗教改革以后，除非有原告向法庭起诉，否则不准随意传讯他人到法庭受审。

有的时候，送达传票也不是一件轻而易举的事，也可能遇到麻烦。1409年时，一位传票送达官在向一位忏悔司祭递送传票时，作为被告的忏悔司祭不仅拒不接受传票，还以箭射击这位传票送达官。② 遇到这种拒绝接受传票或者拒绝出庭的情况，法庭最终将以抗拒法庭的罪名将被告免职、处以"绝罚"，对于情节严重者，也可能要求世俗政府加以逮捕。但是法庭通常延迟这类判决，不轻易采取极端的措施。在一般的情形下，只是要求传票送达官"想方设法"，为被告提供再次出庭的机会。

在法庭立案之前或审理的过程中，原告、被告双方都可以指定各自一方的诉讼代理人（proctor），经法庭验定认可后，代表原告、被告当事人或与当

---

① William Andrew Hammond (edited & translated), *The Definitions of Faith，and Canons of Discipline of the Six Ecumenical Councils：With the Remaining Canons of the Code of the Universal Church*，pp. 276—277.

② Dorothy M. Owen, *The Records of the Established Church in England*，Cambridge：British Records Association，1970，p. 20.

事人一起出庭。除了诉讼代理人之外，双方还可以分别指定法律咨询人（advocate），以求得在法律上得到指点。

在开庭第一天，原告一方向法庭提交诉状（the libel）或口头叙述案情。如果是一般性的公务案，由法官逐条列举指控。如果是法庭代表第三方提起的公务案，则由第三方列举指控。

在此之后还有一个程序，就是由法庭决定是否可以立案。每逢这个时候，被告有机会就诸如审判程序的问题提出异议。在 1346 年的一个案例中，被告一方的诉讼代理人就在法庭审理的这一阶段提出：原告已被处以绝罚。依照教会法的规定，被处以绝罚之人禁止向法庭提交诉案。① 被告提出异议之后，由法官决定诉案是否成立以及法庭审理是否继续。如果被告提出的异议被否决，就意味着法庭立案了。

然后是法庭辩论。在辩论开始时，原告、被告双方举行诚实宣誓，承诺在法庭之上据实陈述与作答。宣誓之后，原告再次叙述案情，或再次宣读诉状。被告则通过他的诉讼代理人对原告指控中涉及的每一事实回答"是"或"不是"。必要的时候，法庭还要求原告与被告双方提出证人。先是传原告一方的证人到庭。证人照例先履行宣誓，承诺不提供伪证。然后由法官取证，根据案情疑点向证人提问。证人在作答时，主要是就法官提出的案情做出"是"或"不是"的回答，也就是对事实的真伪作证。法官也可以不亲自出面取证，而是指定某个人代他行使此项职责。这种情况多发生在证人因年老或体弱多病不能出庭的时候，法官指定代理人前往证人所在地取证。证人所作证词由法庭记录在案，原告与被告双方得到证词记录副本。接着是被告根据证词副本向法庭提出抗辩，指出证词的偏袒之处，或者就证人的人格提出异议。在这个时候，被告一方也可以提供证人，针对被告的抗辩举证。对于原告与被告双方来说，法庭辩论的目的就是力图推翻对方证人的证词，使自己一方的证据成立。法庭辩论有可能持续很长时间，而且有可能持续多个法庭开庭日。

作为基督徒，证人有义务出席教会法庭作证。如果原告或被告不能使各自一方的证人自愿出庭，可以请求法庭采取强制性措施，促使证人到庭。如果在采取强制措施以后，证人依然抗命拒绝出庭，就可能受到处罚，例如禁

---

① Dorothy M. Owen, *The Records of the Established Church in England*, p. 21.

止出席礼拜仪式等。在有些案例中，可以明显看出证人很不情愿出庭作证。例如在 1495 年的一起诉案中，被告一方的证人在履行诚实宣誓以后，尚未提供证词便擅自离开了法庭①。有的时候，当事人也提交一些文件作为物证，例如在有关遗嘱执行的纠纷案中，向法庭出示遗嘱和遗嘱认证证书。按照教会法庭的审判程序，原告与被告双方轮流向法庭提供人证和物证，最多可达到三个轮次。

在法庭辩论的过程中，如果原告对已确认的案情感到满意，可向法庭提出结案的动议并请求法庭宣布判决。如果是法官委托他人审理的诉案，在结案前，被委托人还必须向委托人(法官)报告案情细节。在这个时候，法官可以亲自宣布判决，也可以委托他人代行宣判。法庭判决书的内容并不复杂，首先是叙述诉状的内容，然后表示是接受还是拒绝原告一方提供的证据，最后是法庭判决词。

以上所述各个司法程序是根据约克大教堂(York Minster)的档案记载，实际上，只有少数诉案经历过如此复杂的审判程序，大多数诉案的审理程序要简单、快捷得多，简单到只需受到指控的人到法庭坦白承认犯下的过失，然后接受惩罚。稍微复杂一些的程序发生在被告否认他人的指控时，需要由堂区内的左邻右舍到法庭作证，为他"清洗"。法庭档案中记载的一起"买卖圣职"案就是依照这种程序审理的，这起案例的具体案情是：有人指控一位堂区住持在任现职前，曾向前任支付了 20 马克，以便使前任退职，改由他接任。这位堂区住持否认这项指控，他请来 12 位邻近堂区的住持到法庭为他"洗罪"，以便证明他是无辜的②。如果"清洗"的结果证明被告无罪，法庭将颁给被告一纸证明无罪的文书，以示"恢复名誉"。如果"清洗"的结果证明被告有罪，他也必须受到惩罚。有的时候，被告也可能向法庭申明，指控的过失业已经过法庭纠正，而且自纠正之后没有重犯这类过失。在这种情况下，他不仅需要有邻居到法庭为他"清洗"，而且需要向法庭出示证明过失业已经过纠正的文件。

① Dorothy M. Owen, *The Records of the Established Church in England*, p. 22.
② E. F. Jacob, *Oxford History of England: The Fifteenth Century 1399－1485*, p. 276.

也不是所有的诉案都以最终的宣判结案，有些起诉案在送达传票以后，可能是以庭外调解方式了结的，这种解决方式称为"庭外解决"。有的时候，法庭也可能中途停止对某一诉案的审理过程，改由中间人庭外调解。虽然是"庭外解决"，当事人双方也还是在一定程度上受到法庭约束。约克大教堂在审理纳辛顿（Nassington）堂区的伊莎贝尔（Isabel）与威廉·福斯顿（William Foston）之间的一宗起诉案时，于1413年11月27日要求当事人双方各指定2名中间人，在1414年1月6日之前做出调解。据教堂档案记载，伊莎贝尔与福斯特在得知这一决定后，在法庭上宣誓，表示服从中间人的调停，如有违背誓言的行为，自愿交纳100先令的罚款，其中50先令付给约克大教堂法庭，另50先令付给对方①。

无论原告还是被告，如果对法庭判决不服，可以向上一级教会法庭申诉。有的时候，法庭尚未宣布最后的判决结果，诉讼中的一方似乎就看出形势于己不利，从而提出上诉问题。准备上诉的一方需要向法庭申请一纸允许上诉的公文，称为"apostles"（译为"移送"）。一旦得到这一纸允许上诉的公文，就意味着这起诉案从一审法庭移交给了上一级法庭。一审法庭在需要的时候，有义务向上一级法庭提供案情。如果对上一级法庭的判决仍然不满意，还可以再上诉。从理论上说，一起诉案可以从执事长法庭分别上诉到主教法庭、大主教法庭，最终可以上诉到罗马教廷，也可以直接从执事长法庭直接上诉到罗马教廷。实际上，由于每一级法庭审理诉案都要收取费用，只有极其富有的家庭才有经济能力向上级法庭上诉。对于大多数案例而言，上诉的情况并不多见。

第二节 司法审判内容

在中世纪的西欧，教会法庭的司法审判内容非常广泛，深入到社会生活的许多方面，对僧俗两界几乎每一个人的日常生活都具有约束力。对于涉及宗教信仰的事务加以管理，对于由人性中的"恶"而引发的各类纠纷加以惩治，是教会法庭实施司法审判的宗旨。

---

① Dorothy M. Owen, *The Records of the Established Church in England*, p. 23.

一、不出席宗教礼拜仪式

教会法把出席礼拜仪式视为基督徒的宗教义务，教会法庭以强制性手段要求基督徒履行这项义务。教会不能容忍规避礼拜仪式的行为出现，第四次拉特兰宗教会议对于此种行为规定有严厉的惩治措施：未能履行一年一度忏悔礼以及擅自缺席复活节圣餐礼的人，终生不准进入教堂，死后不准埋葬在教堂墓地(条款 21)①。

教会要求基督徒严守礼拜日与其他的宗教节日，按时出席礼拜仪式。每逢举行公共礼拜仪式的日子，禁止教徒劳作和娱乐。这样的规定得到了世俗权力的支持，法兰克国王查理在公元 785 年发布的敕令中，要求臣民在礼拜日与宗教节日放弃一切世俗事务，出席教堂举行的宗教仪式，聆听上帝之言并且向上帝祈祷；除非遇有外敌入侵的紧急情况，否则不准举行世俗的公众集会(条款 18)②。

在现实生活中，尽管也有即使无所事事也不出席礼拜仪式的情况出现，但是在很多情况下，不出席礼拜仪式是由于在礼拜日从事了其他活动。例如：肉店店主在礼拜日继续营业；肯特郡的一位磨坊主在礼拜日开动他的碾磨机；林肯郡有两个人在礼拜日掷骰子赌博；白金汉郡的一位教徒在教堂的礼拜时间里钓鱼；一个名叫威廉·科尔森的人在使徒圣多马的祭日贩运煤……③

对于不守礼拜日与宗教节日的人，最常见的处罚是鞭笞三下。遇有情况复杂的案例，法庭也注意辨明情节轻重，给予恰当的处罚。1492 年 12 月，一个名叫伊莎贝尔·博温顿的妇女在执事长法庭受审时，承认她的三个儿子不遵守礼拜日。法庭显然认为这位母亲应当对儿子的行为负有主要责任，因此对她实施当众鞭笞的惩治，而对她的儿子处以其他方式的悔罪苦行。④

教会法要求教徒每年至少一次向堂区司祭忏悔，只有履行过忏悔礼的教徒才有资格在复活节弥撒礼上领圣餐。教会尤其重视一年一度的忏悔礼与复活节圣餐，把这两个礼拜仪式视为基督徒应尽的宗教义务。不按期履行这一

① Norman P. Tanner, S. J. (edited), *Decrees of the Ecumenical Councils*, volume one, p. 245.

② Patrick J. Geary (edited), *Readings in Medieval History*, p. 284.

③ J. A. F. Thomson, *The Early Tudor Church and Society*, *1485—1529*, p. 259.

④ ibid., p. 258.

义务，被认为是比不守寻常礼拜日与宗教节日更为严重的触犯宗教戒律的行为。第四次拉特兰宗教会议针对规避忏悔礼的行为制定了严厉的惩治措施：终生不准进入教堂，死后不准举行基督教的埋葬礼[1]。然而教会在执行法律的过程中，实际采取的惩罚措施可能更加严厉。教会档案的记载表明，教会法庭有时把此种规避行为解释为怀疑礼拜仪式的效力，从而作为宗教异端惩处。伦敦主教区法庭就审理过这样的异端案。1490年，一位名叫大卫·彻克的教徒因为未能出席复活节礼拜仪式而被怀疑为宗教异端。1498年，另一位教徒伊登·沃尔特斯被指控为异端，原因是他在复活节前的封斋期没有行忏悔礼，在复活节当天没有出席弥撒礼[2]。第四次拉特兰宗教会议规定的惩治措施，是将规避忏悔礼的人作为异己分子隔绝于宗教生活之外。而"宗教异端"则被视为"基督的敌人"，情节严重者有可能被交给世俗政权处以火刑。两相对照，关于宗教异端的判定当然是更加严厉的惩治。

教会法庭对于不出席宗教礼拜仪式的惩治有可能非常迅速快捷，表现出教会法庭及时发现问题与及时处理问题的高效率。1492年的复活节日恰逢4月22日，节日过后不久的5月4日，达勒姆主教区圣玛格丽特堂区的两名基督徒——约娜·皮尔森（Joanna Peirson）与阿格尼斯·约翰森（Agnes Johnson）就被传召到当地的执事长辖区法庭，起因是她们没有在所属堂区领受复活节圣餐。约娜·皮尔森向法庭出示了一纸证明，表明她在纽卡斯尔（Newcastle）的圣尼古拉斯教堂（St. Nicholas's church）领受过复活节圣餐。阿格尼斯·约翰森虽然自称在圣奥斯瓦尔德教堂（St. Oswald's church）领受过复活节圣餐，但是未能提供证明。法庭最终的裁决是：约娜·皮尔森无罪；阿格尼斯·约翰森分别在圣玛格丽特教堂附近与圣奥斯瓦尔德教堂附近受鞭笞3下[3]。

二、淫乱：性过失，通奸，卖淫

教会法庭审理的性犯罪案件，大体上可以分成三类。法庭在获取这三类案件时，或许是根据堂区内的各类传言以及邻居间的闲言碎语，但是在判定

---

[1]　Norman P. Tanner, S. J. (edited), *Decrees of the Ecumenical Councils*, volume one, p. 245.

[2]　J. A. F. Thomson, *The Early Tudor Church and Society*, 1485—1529, p. 260.

[3]　Margaret Harvey, *Lay Religious Life in Late Medieval Durham*, pp. 32—33.

这三类性犯罪行为时，基本上是以事实作为定罪的依据：或者是当事人在犯罪时被当场捉获；或者是造成一方怀孕的后果；更为常见的是当事人自己承认犯罪事实。

法庭审理的一类较轻的性犯罪行为可以称为"性过失"(fornication)。所谓"性过失"，指的是未婚者与未婚者之间的性行为，其中大多是婚前性行为。在这类性过失案中，有很多当事人之间已经订婚，只是尚未举行结婚仪式。对犯有这类过失的男女，法庭通常实行最简单的处理办法：要求当事人补行结婚仪式，结为正式的夫妻。之所以采取这样的处理方式，是出自于《出埃及记》的记载："人若引诱没有受聘的处女，与她行淫，他总要交出聘礼娶她为妻。"①

法庭审理的另一类性犯罪案件涉及与已婚妇女的性行为，可以称之为"通奸"(adultery)。教会法认为，虽然"通奸"与"性过失"同属于性犯罪行为，但是两者的严重程度不同，通奸比性过失情节严重，因为通奸行为对第三者——已婚妇女的丈夫造成了伤害。中世纪教会法学家威廉·林伍德认为，应当加重处罚通奸者，因为通奸行为在一定意义上亵渎了结婚誓言，违背了结婚契约，而性过失行为则不涉及结婚誓言与结婚契约问题②。法庭对通奸者最常见的处罚是当众鞭笞三下，并举行悔罪苦行以示诫于众。教会法庭档案中，对这类事例的记载很多。一个名叫威廉·卡德尔(William Cardell)的人与阿格尼丝·沃尔什(Agnes Walsh)通奸，并致使阿格尼丝怀孕，法庭在认定犯罪事实后，判处威廉·卡德尔受鞭笞三下，在教堂举行礼拜日列队行进唱诗时，手擎蜡烛、赤足光头走在队列之前示众，如此连续三个礼拜日，在第三个礼拜日的列队行进结束以后，把蜡烛供奉在教堂内圣母玛丽亚的祭台上③。有的时候，法庭也对当事人施以更严厉的处罚，例如对通奸者处以鞭笞四下。为什么对有些案例的当事人采取更为严厉的处罚，由于档案材料的记载不够详细，尚且难以做出合理的解释。

---

①　Exodus，22：16.

②　R. M. Wunderli, *London Church Courts and Society on the Eve of the Reformation*, p. 85.

③　J. A. F. Thomson，*The Early Tudor Church and Society*，1485—1529，p. 253.

　　教会法庭之所以对"性过失"与"通奸"两种行为采取不同的处理办法，在很大程度上与教会法奉行的家庭继承原则有关。依照教会法的规定，只有婚生子与合法(有效)婚姻的配偶才享有家庭财产继承权。在如何确定婚生子与私生子的问题上，教会法与普通法奉行不同的原则标准，由此而产生出不同的"私生子"定义。普通法强调缔结婚姻的日期，只要是缔结婚姻之后出生的子女，无论是婚内还是婚外，都是合法婚生子。教会法强调的是婚姻本身的合法性，只要是合法婚姻，其子女都是合法婚生——无论是婚前、还是婚后出生。从这一前提出发，教会法把婚外子女视为私生子。犯有"性过失"的一对男女，只要结为正式的合法夫妻，并不影响其婚前子女的继承权。而"通奸"产生的子女，则被教会法视为婚外私生子，不享有家庭继承权。这样的处理办法，体现了教会法庭对于婚姻管理的主旨——把婚姻视为一种不可变动的终生"契约"，维系婚姻与家庭关系的稳定。性过失并未违背这样的终生契约关系，也没有对家庭婚姻关系的稳定造成实质性的破坏，而通奸产生的婚外子女，则造成了家庭继承关系的混乱，理应受到惩治。

　　教会法尤其不能容忍公开的非法同居，因为公开的非法同居形同于公开的淫乱，构成了对于神的公开叛逆。在《创世记》的记载中，耶和华降下硫黄和火，毁灭了淫乱的所多玛(Sodom)和蛾摩拉(Gomorrah)两座城。"把那些城和全部平原，连同城里的居民，还有田地上生长的，全都毁灭了。"[①]《旧约全书》中的神以毁灭惩治淫乱者，足见对淫乱者痛恨之深。教会法也以最为严厉的措施惩治公开的非法同居者，第三次拉特兰宗教会议规定：如果正级神品的教职人士与他人同居，以剥夺教职和圣俸、幽禁在修道院实行悔罪苦行的方式加以惩治；如果是世俗身份的基督徒与他人非法同居，则处以绝罚，使之彻底隔绝于基督徒社团(条款 11)[②]。

　　天主教会禁止合法的婚姻解体，但是允许婚姻破裂的夫妻分居，前提条件是必须经过教会法庭的审理和批准。未经批准私自分居，在教会法看来是拒绝履行夫妻义务的非法行为，情节严重者有可能被处以革除教籍的惩罚。

---

　　① Genesis，19：24—19：25.

　　② Norman P. Tanner，S. J.（edited），*Decrees of the Ecumenical Councils*，volume one，p. 217.

教会法庭对于婚姻事务的管理，目的在于维系婚姻关系的稳定，避免淫乱的事情发生。主教、执事长巡查教区时，也注重听取对教区居民婚姻家庭状况的报告，并将得到的情况记录在案，以备进一步核实。法庭在审理婚姻案时，尽量要求夫妻双方履行婚约，法庭档案中记载有要求夫妻重新同居的案例。1493 年，法庭要求比肯斯费尔德（Beaconsfield）堂区的罗林·文森特（Rawlyn Vincent）与妻子和好，否则将受到处治。1520 年法庭强迫德雷顿（Drayton）堂区的玛格丽特·古特（Margaret Cutte）回到丈夫那里去，法庭同时也要求她的丈夫善待她；1528 年，法庭要求达比（Derby）郡的一名妇人回到她丈夫那里去，她在未经法庭批准的情况下私自离家出走①。

"窝娼"（bawdry）与"卖淫"是严重的性犯罪行为。不仅教会法庭，世俗法庭也参与对这类行为的审理和处罚。窝娼指的是居间经营卖淫活动以分取娼妓的卖淫收入，这样的经营者就是中国人俗称的"老鸨"。在宗教改革前的伦敦，亚历山大·埃尔沃尔德承认在他的住宅里有 2 名娼妓，他每星期可以得到 2 先令的收入。另一位娼主自称每星期有 4 先令的收入。还有一名叫艾丽丝·惠思（Alice Whith）的娼主，承认把一名叫伊丽莎白的娼妓卖给了一个西班牙人，得到了一笔 40 先令的收入。在伦敦附近米德塞克斯（Middlesex）的一个村庄里，一个女人承认曾促使她的侍女向一个法兰德斯人卖淫，她为此可以每夜获取 4 便士的收入。②

在 16 世纪宗教改革前，伦敦有依照城市法规合法经营的卖淫场所，城市的管理者把合法卖淫视为一种商业买卖行为。教会法庭并不对这些特定场所内的卖淫行为加以司法惩治，当教会法与世俗社会的法律发生冲突时，教会法庭采取妥协的态度。教会法庭处治的是非法的街头卖淫者，而且通常采取类似于对待刑事犯罪的惩治措施。以伦敦主教区为例，教会法庭采取的惩治措施是：娼主被处以枷刑，卖淫者游街示众，然后被驱逐出城。

三、不守约定

所谓"不守约定"（Fidei Laesio），指的是有约定在先但过后不执行约定的

---

①　J. A. F. Thomson, *The Early Tudor Church and Society*, 1485—1529, pp. 244—245.

②　R. M. Wunderli, *London Church Courts and Society on the Eve of the Reformation*, p. 93.

行为。在信守约定这个问题上，教会法奉行一个简单的原则：任何誓言或约定都具有法律的约束力。教会法甚至追溯最初的立约行为，把不执行约定的行为定义为立伪约（誓）。摩西律法规定："不可作假见证陷害人。"①由于《旧约全书》记载有这样的戒律，"不守约定"就成为一种犯罪行为，严重者甚至有可能被法庭处以绝罚。

法庭审理的不守约定案当然不是毫无价值或意义不大的约定，而是涉及立约双方各自权利和义务的规定。中世纪的教会法庭审理过大量这类诉案，在受理诉案总数中占有相当大的比例：坎特伯雷主教区法庭在 1416 年一共审理了近两百宗诉案，其中有 84 宗涉及"不守约定"（约 42%）；赫里福德（Hereford）主教区的教务总长法庭在 1472 年审理了 72 宗这类诉案，当年受理的诉案总数是 101 件（71%）；利奇菲尔德主教区在 1467—1468 年总共审理了 172 件诉案，其中有 44 件是不守约定案（26%）。除此之外，约克、奇切斯特、伊利、埃克塞特、伦敦、罗切斯特、巴斯与韦尔斯主教区档案中也都有大量这类诉案的记载。②

教会法庭在审理违约案时遇到的困难是，大多数违约诉案所涉及的是当事人之间私下里订立的口头约定，并没有经过法庭公证，也没有形成书面文字。只有少数案例是有据可查的书面约定，在教会法庭记录在案。约克主教座堂教士团法庭保存有大量这类契约，其内容涉及债务契约、延期付款协议、学徒契约，等等。

教会法庭审理的各类违约行为涉及范围广泛，大至转让地产、借贷行为，小至递送物品、造屋修路、嫁奁置备……试举一例：奇切斯特主教区在 1506 年审理的一起违约案中，原告要求被告按照事先约定的工资，作为仆人为原告提供服务。③ 违约诉讼还涉及因不守行会规章而引起的纠纷，在伦敦主教区，这类诉案通常是作为由教会提起诉讼的"公务案"、由"主教派出法庭"审理。在违约诉案中，最常见的是涉及银钱交易引起的纠纷，诸如因购买牲畜、

---

①　Exodus，20：16.

②　R. H. Helmholz, *Canon Law and the Law of England*, London: Hambledon Press，1987，p. 264.

③　ibid.，p. 282.

运送谷物、医治疾病、洗染布匹而拖欠的款项，或者就是简单的借贷纠纷。约克主教区档案记载，在 1511 年时，一个名叫乔治·查特(George Chart)的人状告奥利弗·福斯特(Oliver Foster)，要求他偿付因购买家畜而拖欠下的 5 英镑。①

严格地说，遗嘱执行也属于信守约定的范畴，因为遗嘱执行人有义务依照遗嘱的安排、处理立遗嘱人的财产和债务，这也是某种意义上的约定，可以算作是一种委托契约。教会法庭审理的违约诉讼中，有很多涉及遗嘱执行方面的纠纷，诸如状告遗嘱执行人不依照遗嘱偿还(立遗嘱人的)债务，或遗嘱执行人不依照遗嘱为立遗嘱人追索债务。

如果是涉及银钱交易的违约纠纷，通常情况下银钱的数额不大。由于教会法庭只以宗教惩治判罚败诉的一方，不能使受到损失的一方得到经济补偿，通常只有涉及违约数额较少的诉案由教会法庭审理。一般情况下，只有违约数额不超过 40 先令的诉案由教会法庭审理，超过 40 先令的违约诉案通常是作为"要求赔偿损失"(assumpsit)案由国王法庭审理。

如果是因银钱交易形成的违约诉讼，往往是卖方作为原告状告买方拖延欠款。在这类诉讼中，原告不仅要求买方如数交付购物款，而且要求买方承担各种额外的"费用"，法庭也将这些"费用"判给胜诉的原告。在某些案例中，"费用"的数额很高，如利奇菲尔德主教区在 1467 年审理的一宗诉案中，原告得到的"费用"高达 4 英镑。也出现过"费用"的数额甚至超过争议中的欠款数额的情况，坎特伯雷主教区在 1461 年审理的一宗诉案中，争议中的款项只有 18 便士，而法庭判决的"费用"竟达到 3 先令②。在这类诉案中，败诉的被告不仅要偿还欠款，还需支付数额不菲的"费用"。

违约诉案最终的审理结果，是要求立约人践约。判决的执行，以宗教惩治中的最高刑罚——绝罚作为威慑手段。在赫里福德主教区，此类诉案中的大多数是以这种方式结案，以至于法庭的判决词也形成了一种程式化的语句："法官要求……(被告)在上述日期之前履行约定，违者处以绝罚。"③教会法庭

---

① R. H. Helmholz, *Canon Law and the Law of England*，p. 270.

② ibid., p. 282.

③ ibid., p. 281.

有时也用"悔罪苦行"的办法惩治违约者，虽然这种违约行为并没有给对方造成损失。赫里福德主教区档案中有对违约者施行当众受鞭笞的记载。约克主教区审理的一起违约诉案中，法庭最终要求作为被告的违约者连续三个礼拜日身着悔罪衣，手持蜡烛，在堂区内行走示众，每一次行走示众结束后，将蜡烛供奉在堂区教堂的祭台上。①

教会法庭不是审理债务纠纷的唯一法庭，国王法庭、庄园法庭、城市法庭也都或多或少地参与对这类纠纷的审理。庄园法庭与城市法庭规模狭小，审理的债务纠纷有限，对债务纠纷案的争夺发生在教会法庭与国王法庭之间。英格兰国王亨利二世在 1164 年主持制定的《克拉伦登法律》(*The Constitutions of Clarendon*)禁止教会法庭审理债务纠纷，"债务诉讼，无论是违约纠纷还是非违约纠纷，均由国王法庭审理"(条款 15)②。15 世纪时，国王法庭也发布过一系列"中止令"(writ of prohibition)，但是都未能阻止教会法庭审理这类诉案。直至宗教改革时代的 16 世纪，教会档案记载的违约诉案日益减少，并最终在档案记载中绝迹。

四、名誉伤害

所谓"名誉伤害"(defamation)，大体上可以分为"文字中伤"(libel)与"言语中伤"(slander)两类。中世纪教会法庭审理的名誉伤害案，绝大多数属于言语中伤，文字中伤诉案极为罕见，这恐怕是中世纪社会中识字人口不多的原因所致。

教会法之所以规定有"名誉伤害"罪，是由于教会法庭在查访各类犯罪行为时，在很大程度上是以堂区内的各类传言(rumour)为线索。堂区之内邻里之间关于各类行为不端的传言一旦被教会获取，有可能引起教会法庭的关注，从而引发教会法庭的司法审判行动。教会法庭根据公众舆论发现犯罪行为，把名声不好的人列为司法审判对象。既然一个人在邻里之间名声的好坏是如此重要，人们当然很看重自己的名声，教会法庭就承担起澄清"名誉伤害"的司法责任。

---

① R. H. Helmholz, *Canon Law and the Law of England*, p. 281.

② Henry Gee & William John Hardy (edited), *Documents Illustrative of English Church History*, London: Macmillan, 1914, p. 72.

但是公众舆论对某个人的议论在很多情况下模糊不清，甚至是不准确的。教会法庭对各类传言并不轻信，而是持谨慎态度，在必要的时候对各类传言的准确性做出判断与核实。这是沿袭《旧约全书》的传统：耶和华声闻所多玛和蛾摩拉两座城的居民罪恶严重，决定前往这两地察看人们所行，并对传言加以核实。① 《新约全书》沿袭了这样的传统，耶稣曾经教导他的门徒：在听到传言之后需要向当事人询问。② 教会法庭还注重对传言动机的调查，对于出自恶意和怨恨的传言并不加以采信。③ 只有出自诚实可靠之人的言论才是可信的，这就意味着将传言的准确性建立在证人的人品素质之上。

教会法关于"公众舆论"的各项论述体现出一项重要的原则：把"传言"（public rumour）与"口碑"（public fame）加以区分。传言是一种主观断言，关于某人的不良传言本身并不表明这个人有不端行为。"口碑"则是堂区之内、邻里之间对某人一贯行为的评说，这种评说实际上是有大量事实作为依据。既然"传言"与"口碑"有如此的区别，教会法庭理应不轻信传言，而以口碑作为判断的依据。

在对公众舆论进行了多重过滤之后，教会法庭把"名誉伤害"限定在一个狭小的范围内，只有"以恶语中伤名声不坏的他人犯有罪行"才属于名誉伤害，教会法庭可以对这类名誉伤害行为提起诉讼并施行惩罚。由于教会法并未将针对某人的商业信誉和经济活动进行造谣中伤纳入"名誉伤害"，也未规定相应的处罚，因而教会法庭最初审理的"名誉伤害"诉讼仅仅涉及关于某人犯有某种罪行的传言，也就是判定制造这类传言的人是否属于"名誉伤害"。由于教会法把偷盗、通奸、杀人、亵渎神圣、作伪证等行为判定为犯罪行为，因此名誉伤害所涉及的，是造谣中伤他人有这类行为。

法庭档案中记载有形形色色的名誉伤害纠纷。坎特伯雷主教区在1411—1421年的10年间，一共审理过16宗名誉伤害案，其中有11件涉及中伤他人有偷盗行为，2件是中伤他人犯有性过失，此外还各有1件是中伤他人亵渎神

---

① Genesis，18：20—18：21.

② Luke，16：1—16：2.

③ G. R. Evans, *Law and Theology in the Middle Ages*, London：Routledge，2002，p. 126.

圣、患有麻风病、杀人①。肯特郡雷亚施(Ryarsh)堂区住持曾经受到辖区教徒的集体起诉，因为他曾经以"劳拉德异端分子"称呼他所在堂区的教徒，从而引起众怒。众教徒起诉这位堂区住持，认为这样的称呼使他们的名誉受到伤害②。

对于教职人士而言，伤害其名誉的传言大多是关于他们不守贞洁的性行为。一旦教会查访到有关某位教士不守贞洁的传言，往往采取"有罪推定"的原则，要求传言涉及的当事人提供证人为其洗刷名声，证明这类传言之不可信。1488年，有传言说艾弗堂区(Parish of Iver)的住持与一位名叫艾丽斯·吉贝斯(Alice Gybbys)的女人有染，并使吉贝斯怀孕。法庭听到这样的传言之后，责成这位堂区住持找到六名辩护人(其中有4名教士、2名世俗人士)，在他主持的教堂为他洗刷名声。这6名辩护人在法庭作证，最终否定了关于这位堂区住持致使艾丽斯·吉贝斯怀有身孕的传言。③ 还有一些诉案是教职人士主动向法庭提出，要求洗清名誉的。1514年，一个名叫理查·格洛弗(Richard Glover)的教士向法庭起诉：有传言说他是一个小孩的父亲。他要求法庭为他"洗罪"④。

教会法庭通常采取为传言当事人"洗罪"的办法来认定事实。在"有罪推定"的原则之下，如果当事人不出席洗罪仪式，法庭便可认定传言坐实。一旦涉及教职人士不守贞洁的传言坐实，法庭往往采取严厉的措施加以惩罚。德文郡(Davonshire)厄明顿堂区(Parish of Emington)住持在洗罪时承认与一名妇女有性关系，法庭对他的处罚是：或者在免去教职后被驱逐出当地主教区，或者在两座堂区教堂(其中一座是他所在的堂区教堂)举行悔罪苦行⑤。

法庭不仅对传言坐实者采取忏悔苦行的惩罚措施，对犯有名誉伤害罪的人也是如此。在一般情况下，法庭并不向"名誉伤害"的受害者给予经济补偿。教会法庭在处理名誉伤害纠纷时，采取的是一种息事宁人的姿态——以"洗

---

① R. H. Helmholz, *Select Cases on Defamation to* 1600，London：Selden Society，1985，p. XXVI.

② J. A. F. Thomson, *The Early Tudor Church and Society*，1485—1529，p. 44.

③ ibid.，p. 169.

④ ibid.，p. 255.

⑤ ibid.，p. 169.

罪"的方式为受害者澄清事实、恢复名誉，以"忏悔苦行"的惩罚给受害者以精神补偿。这样的处理方式，使教会法庭在实际上扮演的是堂区内邻里之间调解人的角色。

然而，这种局面只维持到 14 世纪末。在 1500 年前后，围绕着"名誉伤害"案的审理，发生了两项变化。首先是 1500 年以后，"名誉伤害"案的定义范围扩大了，不仅仅是关于某人犯有罪行的传言，其他各类传言都被划入"名誉伤害"的司法审判范围。国王法庭与教会法庭之间也逐渐形成一种职业分工，涉及犯罪行为的传言大多由国王法庭审理。其次，在 1500 年以前，"名誉伤害"诉案基本上是由教会法庭独家审理，1500 年以后，国王法庭也开始审理这类诉案。之所以出现这种变化，主要原因是国王法庭可以对因名誉伤害而受到的经济损失作出补偿，相比之下，教会法庭只是为受害者澄清事实、恢复名誉，对犯罪的一方处以精神惩罚，并不赔偿经济上的损失。受经济利益原则驱使，大量名誉伤害的受害者便改而向世俗法庭起诉了。但即使是在出现这种变化之后，仍有大量的名誉伤害案起诉到教会法庭。

五、遗嘱认证与遗嘱执行

遗嘱认证与执行涉及的是对财产（包括作为"负财产"的债务）的处理。在中世纪的英格兰，包括地产在内的不动产由普通法固化的顺序继承，遗嘱不能做出改变。涉及不动产的纠纷由国王法庭依照普通法审理，教会法庭只能对遗产中的动产实施遗嘱认证和执行。由此看来，教会法庭对财产案的审理权极为有限，大体上只审理两类涉及动产的事务：一类是对涉及动产的遗嘱实施认证并且执行；另一类是遗嘱涉及的小额债务纠纷。

到 1300 年时，教会法庭已经取得对遗嘱做出认证并批准执行的权利。在教会法庭的这项权力确立以后，庄园法庭与城市法庭也同时享有对于遗嘱的认证权、对于财产转移的监督权。但是相比之下，这两类法庭对遗嘱的处置权似乎都不如教会法庭发达。现存教会档案中有大量涉及遗嘱认证与执行的记载，例如：坎特伯雷大主教区掌管遗嘱案的"特权法庭"保存的文书档案，约克大主教区的法庭记录与遗嘱认证登录册。鉴于有大量涉及这方面内容的教会档案存在，甚至可以认为遗嘱认证与遗嘱执行是教会法庭最主要的职能。16 世纪以后，随着教会法庭对其他诉案的司法审判权日益衰落，它在遗嘱认证与执行方面的优势就显得更为突出。

　　教会法庭关于遗嘱的司法审判权主要包括三个方面的内容：遗嘱认证、遗嘱执行、对涉及遗嘱的争讼进行裁决。在审理涉及上述三个方面内容的遗嘱事务时，教会法庭的宗旨是确认并实施立遗嘱人的愿望。

　　"遗嘱认证"实际上是确认遗嘱的真实性与有效性。根据教会法的规定，只有经过法庭认证的遗嘱才具有法律的效力。由于遗嘱认证无需开庭，因此遗嘱认证实际上是由法庭登录员而不是由法官完成的。登录员除了承担着确认遗嘱的职责外，还有责任将遗嘱妥善保存在法庭档案之中。遗嘱经过认证以后，登录员在上面写上类似"已认证"的字样，然后将遗嘱原件归档保存。除此之外，登录员还需把遗嘱誊抄到遗嘱登录册上，以备日后检索方便。

　　遗嘱的执行也是处于法庭的管理之下。即使是遗嘱中指定的遗嘱执行人，也必须经过法庭确认与授权之后，才有资格合法地实施遗嘱中的各项内容。如果未经法庭确认或授权，擅自处置他人遗产，法庭有权追究责任并施加处罚。1493 年，伦敦司教总代理法庭传讯了一名叫琼·罗杰的女人，因为她未经法庭许可，私自处置了她已故丈夫的财产。①

　　如果遗嘱中没有指定执行人，或者根本就没有留下遗嘱，法庭有权力指定执行人，其法律地位与遗嘱指定的执行人相同。根据英格兰国王爱德华三世（Edward Ⅲ，1327—1377 年在位）在 1357 年制定的一项议会法令，在没有遗嘱或遗嘱执行人的情况下，由法庭指定血缘最近的亲属作为执行人、处置已故者的遗产（条款Ⅺ）②。议会在 1529 年制定的一项有关遗嘱认证的法令又规定，死者的遗孀既可以单独作为执行人，也可以与其他亲属一起作为共同执行人（条款Ⅰ）③。根据议会法令的这些规定，遗嘱继承人有资格成为遗嘱执行人，这种把遗嘱执行人与遗产继承人合二为一的作法，有利于最大限度地保护立遗嘱人的遗产，因为遗嘱的执行情况直接关系到执行人本身作为继承人的切身利益。但是，这样的安排也有可能使遗嘱继承人在执行遗嘱的过程中互相之间产生争夺。

　　1529 年的遗嘱认证法令还进一步规定了如何处置无遗嘱人遗产的细则，

---

①　J. A. F. Thomson, *The Early Tudor Church and Society*, *1485—1529*, p. 249.

②　31 Edward Ⅲ, Statute 1. *The Statutes of the Realm*, volume Ⅰ, p. 351.

③　21 Henry Ⅷ, c. 4. *The Statutes of the Realm*, volume Ⅲ, p. 285.

第一步是将遗产封存，由死者的遗孀或诉讼代理人、传票送达官、堂区教士妥善保管，然后再按照既定程序指定执行人（条款 I）①。议会法令之所以对遗产继承的操作细则做出规定，其主旨是保障死者的遗产能够依照法定顺序继承，避免出现哄抢或者非法争夺遗产的现象。

遗嘱执行人的主要职责是：依照遗产继承原则妥善处置当事人的遗产；收回当事人作为债权人的欠款；偿还当事人作为债务人的债务。依照英国的法律传统，遗嘱不能改变地产固有的继承顺序，也就是说，遗嘱不能对地产的继承或馈赠做出规定，遗嘱中涉及地产遗赠的内容无效。遗嘱执行人有权处置的财产限于地产之外的其他财产，包括家居用品、现金、餐具器皿、柴草、牲畜、农作物、土地或房屋的租金……这也意味着，教会法庭只能对立遗嘱人的动产做出处置。在这方面只有一种例外情况，那就是位于城市的地产可以按照遗嘱的规定继承或遗赠。但是这类遗嘱的执行通常处于城市法庭的管辖权之下，教会法庭难以行使权力。直至 1540 年，议会法令才放宽了对通过遗嘱遗赠地产的限制。

如果遗嘱的有效性受到怀疑，也就是出现了有争议的遗嘱，或者遗嘱的执行遇到障碍，使执行人不能有效地执行遗嘱，由此而引起的诉讼由教会法庭审理。教会档案中有很多这方面的记载，从中可以了解哪类遗嘱有可能引起争讼。诺里季教务总长法庭在 1503 年审理过一宗遗嘱纠纷案，据记载，法庭在审理的过程中出示了立遗嘱人埃德蒙·里奇曼（Edmund Richemen）的两件遗嘱，其中一件遗嘱指定他的妻子作为唯一的遗嘱执行人；另一件遗嘱指定另外两人作为遗嘱执行人，法庭档案中还保存有分别证明两份遗嘱有效性的证据。② 遗憾的是，由于档案记录不全，研究者无从知晓法庭最后的裁决结果。

也有私自篡改遗嘱内容的情况出现在法庭上。一个名叫约翰·比舍普（John Bishop）的忏悔司祭自称是艾丽斯·斯塔特（Alice Stutt）的唯一遗嘱执行人，但是法庭经过调查证实，遗嘱还指定了其他人作为执行人，约翰·比舍普并非唯一的遗嘱执行人。由于教职人士有权力监督遗嘱的执行，约翰·

---

① 21 Henry Ⅷ, c. 4. *The Statutes of the Realm*，volume Ⅲ，p. 285.

② J. A. F. Thomson，*The Early Tudor Church and Society*，1485—1529，p. 250.

比舍普是利用职务之便从遗嘱上抹去了其他执行人的名字。最后，法庭不仅取消了约翰·比舍普的遗嘱认证资格，而且对他处以绝罚①。

有关遗嘱的争讼在很大程度上是对遗产的争夺。所谓遗产，实际上包括已故者的财产和债务两部分。概括地说，教会法庭审理的遗产纠纷案涉及以下几个方面的内容：对遗嘱中提及的财产归属有争议；对已故者遗产的继承要求；债权人要求归还遗嘱人所欠债务；遗嘱执行人状告债务人归还债务。对于诸如此类的遗产纠纷，法庭档案通常只是简单地记录下诉案的性质，诸如"遗嘱诉讼"之类，有时也简要地记下审理程序，对案情的详细记载并不多见。现从法庭档案仅存的记载中，选举几例涉及善后债务的诉案。1374 年在坎特伯雷主教区，艾丽斯·贝克（Alice Baker）的遗嘱执行人状告威廉·威廉姆斯（William Williams）拖欠他的当事人艾丽斯债务。威廉在法庭辩解说，艾丽斯在遗嘱中要求他用这笔债款修整一条道路。对此，遗嘱执行人反驳说，艾丽斯后来又取消了遗嘱中的这一部分，威廉拖欠的债务依然存在。② 1517 年，约克主教区审理了一宗约翰·西姆森（John Symson）要求詹姆斯·福西特（James Fawcett）的遗嘱执行人偿还 5 英镑 6 先令 11 便士债务的诉讼，约翰提出，这笔债款是福西特生前欠下的一笔谷物款③。奇怪的是，法庭档案并没有记载最后的裁决结果。

国王法庭坚持将涉及债务的纠纷纳入普通法的司法权限，并且认为唯有国王法庭有权力审理此类事务。早在爱德华一世统治时期（Edward Ⅰ，1272—1307 年在位），国王法庭就审理过遗嘱执行人状告债务人、债权人状告执行人归还欠款的诉案。遇有教会法庭审理涉及善后债务纠纷的情况，国王法庭也可能发布"中止令"，将这类诉案截获到国王法庭审理。但是在相当长的一段时期内，国王的"中止令"并不能完全阻止教会法庭审理这类债务诉案。直至 15 世纪末 16 世纪初，涉及债务的遗产诉讼才完全由国王法庭审理。由于缺少史料记载，目前尚不清楚这种变化的方式和原因，可以肯定的是，这种变化是逐渐发生的，教会并未采取过任何措施以抵制这种变化的发生。

---

① J. A. F. Thomson, *The Early Tudor Church and Society*, 1485—1529, p. 250.

② R. H. Helmbolz, *Canon Law and the Law of England*, p. 313.

③ ibid., p. 315.

六、什一税征收

由于什一税征收的种类多种多样，其数量与征收方法也很不确定，造成了什一税征收的难度。什一税通常是圣俸收入的一部分，随着圣俸的出让和承租的情况频繁出现，围绕着"圣俸"形成了复杂的利益链条，因而涉及什一税归属权的争执也越来越多。所有这些因素都可能引起教职界内部、教职界与俗界之间在什一税征收与归属权问题上的诉讼。15世纪以后，随着以货币方式交纳什一税的做法越来越普遍，关于如何将什一税由实物折算成货币的争执也越来越多地见诸法庭的记载。

教会法对于什一税收入施予严格的保护，第二次拉特兰宗教会议禁止世俗人占有什一税收入。这次宗教会议明确地将什一税定义为"用于宗教目的"的收入，因而非法占有什一税收入者以"亵渎神圣"论处，触犯者将招致永久的谴责(条款10)[1]。如此严格的保护是为了保证教职人士获得足够的圣俸收入，为教会组织的存在和运行提供经济保障。然而由于圣俸的出让和承租，导致僧俗两界对于什一税收入的层层瓜分，其结果是堂区住持所占份额日益缩小。第四次拉特兰宗教会议指出了这一点：堂区教堂的恩主(patron)和其他相关人士都要求分享教堂收入，为教堂服务的教职只能从中获得很小的份额；在某些地区，堂区司祭从什一税收入中获得的份额甚至减少至十六分之一；如此之少的收入不足以维持堂区司祭的生活，最终导致的后果是该地区难以吸引到具有一定学识水平的教士在堂区任职(条款32)[2]。

在教会法庭有关什一税的记载中，大量的是对拖欠什一税的行为提起的诉讼，只有一小部分涉及关于什一税征收权归属问题的争执。出现这种情况的主要原因，是国王法庭把什一税的征收权视为一种财产权，认为涉及财产权的纠纷应由普通法法庭审理，大约从14世纪下半叶开始，很大一部分涉及什一税征收权的纠纷划入国王法庭审理。

对于拒不交纳什一税者，教会法庭除了采取绝罚的措施，也没有其他的强制性征收手段。对于什一税所有权的争讼，教会法庭通常是在争议双方之

---

[1]　Norman P. Tanner, S. J. (edited), *Decrees of the Ecumenical Councils*, volume one, p. 199.

[2]　ibid., pp. 249—250.

间进行调解，并不对争执中的任何一方做出处罚。

第三节 司法惩治手段

在教会的观念中，各种司法行动是对于罪人的"医治"而不是"惩治"。这一观念导致的直接后果是，教会法庭可以采取的司法行动相当有限。首先，教会法庭无权将罪人判处死刑或肢体伤残。依照天主教的神学理论，"人"作为上帝的创造物应当受到尊重，不得受到人为的干预或毁灭。出于同样的神学理论，天主教禁止教徒自杀、堕胎或者进行生物克隆。其次，教会法庭虽然有权力将罪人监禁，但是开设监狱之后，维持、看守监狱需要相当多的财政开支。出于经济上的考虑，教会法庭在通常的情况下并不对罪人判罚监禁。只是随着教会越来越关注对于宗教异端的惩治，教会法庭开设监狱以关押异端分子的记载才逐渐增多，这在很多情况下也是为了逼迫被监禁者公开表示放弃异端邪说。在历史文献中有很多关于将异端分子处以死刑的记载，这是由于世俗法庭的参与，而非出于教会法庭的判决与执行。

教会法庭最经常采取的惩治措施是"公开的悔罪苦行"（public penance）。"公开的"悔罪苦行与教徒忏悔之后实行的"私下里"悔罪苦行不同，实施这样的惩治除了对当事人的灵魂发挥救治作用，还可以借助对当事人的"当众羞辱"达到对其他人"惩一儆百"的作用。

公开的悔罪苦行采取多种多样的方式，最严厉的一种是当众鞭笞。当众鞭笞实际上是一种体罚，通过惩罚肉体以达到拯救灵魂的目的。"心灵比身体更珍贵"，这样的理念在第四次拉特兰宗教会议的决议中有明确的阐述（条款22）[1]。当众鞭笞通常是在教堂庭院或集市广场这类人群聚集的场合举行，接受处罚者常常是光头赤足，身着悔罪麻衣，在大庭广众之下不仅忍受皮肉之苦，还要受到颜面扫地之辱。法庭正是通过这种肉体和精神上的双重惩罚，来激发当事人对某种过失行为的悔恨。

公开的悔罪苦行还包括其他的方式：（1）圣地朝觐。1448年时，白金汉

---

[1] Norman P. Tanner, S. J. (edited), *Decrees of the Ecumenical Councils*, volume one, p. 246.

执事长辖区的一位堂区住持代理因犯有亵渎神圣罪，被法庭判处从他所在堂区赤足前往林肯朝圣四次，每次朝拜都必须在圣殿的祭台上奉献一支一磅重的蜡烛。① (2)在举行公众礼拜仪式时，当众站立背诵祈祷诗篇。(3)在教堂举行礼拜日列队行进唱诗时走在队列之前示众，或者是单独在堂区地域范围内行走示众。为了表明身份，悔罪苦行者通常身着悔罪衣、赤足光头、手擎蜡烛，在行走结束后，将蜡烛供奉在教堂的祭台上。无论何种形式的悔罪苦行，其共同特点是面向公众表示赎罪，这一方面是表示痛改前非的决心；另一方面也有公众监督的含义在其中。

在通常的情况下，公开的悔罪苦行不问身份和地位，教职人士、乡村士绅犯有过失也同样受到公开的悔罪苦行的处罚，法庭档案中关于这方面的记载很多。但是，教会档案中也存有以交纳罚款代替公开的悔罪苦行的记载。确有一些具备一定社会声望和地位的人，或者是出于自尊、或者出于对当众受辱的恐惧而想方设法规避悔罪苦行，甚至是规避绝罚。为了避免在基督教社区当众苦行有失脸面，改而向法庭交纳罚金是一条可能的出路。第四次拉特兰宗教会议在决议的第 49 款规定：禁止以货币的方式实施或者释放绝罚。这项条款还将以货币方式实施的禁释之权归因于"贪婪"②。联系到教会法的规定与现实中出现的以交纳罚款代替司法惩治的事例，研究者提出了质疑：这种现象是否表现出教会法庭的贪婪，违背了第四次拉特兰宗教会议的相关规定？③

但是也不可一概而论，对于某些以钱代罚的案例，就不可以指责教会法庭因为贪婪而不公正执法。在肯特郡发生过一宗道德过失案，一位名叫休·斯旺纳德(Hugh Swannard)的人承认追求约翰·泰勒(John Tailor)的妻子艾格尼斯(Agnes)，也许是为了避免泰勒夫妇失和，也许是不便于过分暴露个人隐私，法庭没有对斯旺纳德施加任何形式的公开处罚，只是要求他交纳 3 先

---

① E. F. Jacob, *Oxford History of England*：*The Fifteenth Century*，1399—1485，p. 276.

② Norman P. Tanner, S. J. (edited), *Decrees of the Ecumenical Councils*，volume one，p. 257.

③ E. F. Jacob, *Oxford History of England*：*The Fifteenth Century*，1399—1485，p. 257.

令 4 便士罚款。另一宗与女仆私通的道德过失案也未受到公开的惩处，而是判罚当事人——哈登汉堂区（Parish of Haddenham）的理查·帕斯（Richard Pers）前往北安普敦（Northampton）的一处圣殿朝觐①。从这两起事例中可以看出，教会法庭有时也出于保护当事人的目的而采取某种变通方式的处罚。

教会法庭可以采取的最严厉行动是绝罚。《马太福音》中耶稣的一段言论被认为是绝罚的神学依据："倘若你的弟兄得罪你，你就去趁着只有他和你在一处的时候，指出他的错来。他若听你，你便得了你的弟兄；他若不听，你就另外带一两个人同去，要凭两三个人的口作见证，句句都可定准。若是不听他们，就告诉教会；若是不听教会，就看他像外邦人和税吏一样。"②这样的记载意味着：对于那些一再触犯他人的人，可以将其视为基督社团之外的异己分子。使徒保罗在《哥林多前书》中也论及基督徒的社会生活界限，告诫人们不可与基督教社团中行为恶劣之人交往："……若有称为弟兄是行淫乱的、或贪婪的、或拜偶像的、或辱骂的、或醉酒的、或勒索的，这样的人不可与他交往，就是与他吃饭都不可。……你们应当把那恶人从你们中间赶出去。"③

绝罚通常分成两个步骤实行。第一步是对当事人实行宗教禁令（inter-dict），称为"绝罚初步"（minor excommunication）。受到这一处罚的人不得进入教堂，不得出席宗教礼拜仪式。在中世纪普遍的基督教环境中，有资格出席宗教礼拜仪式意味着群体的认同感，而被排斥在宗教群体之外，则意味着阻断"绝罚之人"与教职人士的联系，意味着在社区群体中的孤立境地。一位农民曾经向教会的巡查法庭诉说：当社区内的全体成员都在教堂里，唯独你自己被迫孤立在外；此时，你的朋友与亲戚们都明白，你不配领受圣餐④。"绝罚之人"被隔绝于上帝的殿堂门外，意味着他们不再是上帝的子民，而是被交给了魔鬼撒旦，死后注定入地狱。15 世纪的教会法学家威廉·林伍德形容"绝罚之人"是"魔鬼撒旦的爪牙"⑤。

---

① J. A. F. Thomson, *The Early Tudor Church and Society*, 1485—1529, p. 344.
② Matthew, 18：15—18：17.
③ 1 Corinthians, 5：11—5：13.
④ Elizabeth Vodola, *Excommunication in the Middle Ages*, p. 56.
⑤ R. H. Helmholz, *Canon Law and the Law of England*, p. 104.

如果在此之后被罚者不思悔改或不积极寻求解除判罚，则被视为无视甚至对抗教会法庭。此时，为了强化"绝罚初步"，教会为当事人举行一个"谴责"（anathema）仪式。经过了"谴责"仪式之后，当事人从"绝罚初步"状态转换到"绝罚深度"（major excommunication）状态。如果说"绝罚初步"阻断与社会的联系仅限于宗教活动，那么"绝罚深度"则意味着当事人被排斥在一切社会生活之外，实际上成为社会群体中的不可接触者。"绝罚之人"被隔绝于社区群体之外，成为社会边缘化人物，无异于遭到了社会的放逐。

在教会法看来，与"绝罚之人"来往是邪恶行为。社区成员对于"绝罚之人"避之唯恐不及，像躲避瘟疫一样躲避"绝罚之人"。有历史文献记载：曾经有人向一位"绝罚之人"提供了一餐饭食，紧接着看到的是他的妻子将自己的饭食移到另一个房间。① 基督徒在宗教活动中不希望与"绝罚之人"为伍，他们在内心深处对"绝罚之人"怀有排斥心理。"昌特的彼得"（Peter of Chanter）曾经对这一问题展开思辨：当一个人独自在教堂一隅祈祷或沉思冥想时，一位"绝罚之人"进入了教堂，这个人应当怎么办？"昌特的彼得"继而对这个问题做出回答：如果当即在这位"绝罚之人"的注视之下离开教堂，对"绝罚之人"有一种医治作用②。

然而，从社会群体甚至是家庭关系中彻底地被驱逐，意味着生存资源的枯竭，无异于将"绝罚之人"置于死地。由于教会判处"绝罚"的初衷是"治病救人"，为使"绝罚之人"获得生存资源，教会并不禁止当事人与其家庭成员、仆人或农奴之间来往。另外，"绝罚之人"也享有一部分民事权利。例如：可以订立婚约；在被"绝罚"之前签订的其他契约也可以继续维持有效；也可以立下遗嘱，对个人财产作出安排。对此，也有一部分教会法学家对这一点持有异议，认为"绝罚之人"即使立下遗嘱也无法得到法庭认证，因而无法执行。大多数教会法学家之所以主张为"绝罚之人"保留一部分民事权力，是考虑到不能使相关人士借机不履行契约、不尽家庭义务。

既然"绝罚"具有如此严重的后果，教会法庭在处以绝罚时往往慎之又慎。这种谨慎表现在以下几个方面：

---

① Elizabeth Vodola, *Excommunication in the Middle Ages*, p. 54.

② ibid., p. 54, p. 58.

第一，在一般情况下，法庭只对蔑视法庭、抗拒法庭的行为（例如拒绝出席法庭受审或拒不服从法庭判决的行为）判处绝罚。只是在极少的情况下才对作伪证、诽谤诬陷他人、对教士施暴、买卖圣职、亵渎神灵、宗教异端、妨碍遗嘱执行、拒绝交纳什一税等行为也施以这类处罚。即使是对于以上各种有可能判处绝罚的行为，法庭在定罪时也区分具体情况，表现得比较宽松。以对教士施暴的行为来说，如果某一教士在未穿法衣祭服、也没有任何标志其教职身份的情况下被他人施暴，或者某一教士理应受到其主人或家长的管束，在这几种情形之下都不以对教士施暴罪论处。

第二，某一特定的教会法庭只可以对其司法审判权管辖之下的教徒判处绝罚，不可以越权对隶属于其他教会法庭的教徒实行这一惩罚。此外，是否对某位教徒判处绝罚，应当完全出自教会法庭的动议，即使被告经过法庭验证确实犯有过失，原告也无权提出将被告判处绝罚的动议。与此同时，当某位基督徒由当地主教判处绝罚之后，只有当地主教有权力赦免此人的绝罚。教会法禁止为非本教区的绝罚者施以赦免，无论是主教、修道院长，还是其他教职人士，都不可以这样做（条款2）①。

第三，一般情况下，判处绝罚需要遵循严格的司法程序，法庭不得在接到他人指控以后、未经任何司法程序而直接将当事人处以绝罚。第三次拉特兰宗教会议规定：在宣布绝罚之前，法庭必须预先发出警告，以使判罚对象获得悔改的机会（条款6）②。判处绝罚必须有书面判决书，上面写清判处绝罚的原因，被判罚者持有判决书副本，这是给误判者寻求更正的机会。虽然一般的绝罚案需要经过如此这般的司法程序，但是这也不表明，不符合上述程序的绝罚无效。

第四，绝罚分两个步骤按阶段执行，对当事人的惩治程度逐步加深——先是在宗教生活中的与世隔绝，然后是宗教生活与社会生活中的与世隔绝。在"绝罚初步"之后，给予当事人悔过自新的机会。只对那些无视法庭判决、不思悔改之人，才以"绝罚深度"加以惩治。

---

① Norman P. Tanner, S. J. (edited), *Decrees of the Ecumenical Councils*, volume one, p. 190.

② ibid., p. 214.

从绝罚的过程可以看出，法庭一再给予审判对象改过的机会，为的是只对顽固不化、死不改悔者判处绝罚。除了前面提到的事先发出警告、分两步实行等措施外，在宣布绝罚之后，法庭还给予受处罚者四十天的悔改期限。如果在四十天以后有悔改表现，法庭可以取消这一处罚。如果在四十天以后没有悔改的表现，教会法庭也只能把他移交给国王法庭处理了。在进行法庭移交时，最常见的司法程序是：教会法庭出具一纸公文，上面写着请求国王向被处罚人所在郡的郡守（sheriff）发布令状、授权郡守将某某人逮捕之类的内容。一旦国王法庭接受了教会法庭的请求，"绝罚之人"受到拘捕，这个人只有在承诺交付"抗命费"（contumacy expenses），并对何时付清抗命费做出安排之后才能获释。虽然从理论上说，直至付清了抗命费才算是最终结束了绝罚的处境，但是在教会档案的记载中，很少有这类走向极端的绝罚案例。

绝罚具有更多的"治疗"功能，而不是惩罚功能；绝罚的最终目的在于医治，而不是加重"精神疾患"。教会法学家大多把绝罚描述成法庭为患有精神疾患的人开出的一剂苦口良药，希望受到这一处罚的人能够在苦口良药的作用之下恢复精神上的健康。为了达到治疗目的，法庭只是在所犯过失有纠正机会的情况下判处绝罚。以债务纠纷案为例，如果债务人因为贫穷实在无力偿还欠款，法庭充其量只是要求他宣誓，保证在经济状况好转时偿还债务，并不对他实行实质性的处罚。债权人也不可以向法庭提出将债务人判处绝罚。因为将一个穷困潦倒的债务人判处绝罚，如果这个人永远没有偿还欠款的能力，也就永远没有恢复正常状态的机会了。显然，如果对永无纠正机会的过失判处绝罚，就不是对精神疾患的治疗，而是对精神疾患的惩罚了。

绝罚的治疗性质还体现在，如果绝罚的治疗目的无法达到，即使当初判处绝罚是正确的，即使当事人并无悔改表现，法庭也可以解除这一判决，恢复当事人的正常状态。教会法学家将这种情况解释为，教会法的基本精神是"调和"，如果绝罚与教会法的这一基本精神有冲突，应以绝罚服从教会法的"调和"目标，"调和"是第一重要的。

在天主教的宗教神学看来，尘世判处的绝罚并不是终审判决，尘世的"绝罚之人"并不一定在死后进入地狱。有的时候，尘世判处的绝罚有可能是不公正的，这是由于法庭判决依据的是外在的证据，因而误判是不可避免的，但是上帝在末日审判时可以纠正尘世的不公正判决。

　　教会法庭的司法审判效力在很大程度上依赖于它所实行的宗教制裁与处罚，无论是悔罪苦行、还是绝罚，基本上都属于精神惩罚的性质，是通过对受罚者造成精神上的巨大压力来实现惩罚，从而达到对邪恶行为产生畏惧的目的。然而，一旦这种建立在"精神惩罚"基础上的惩治措施失去了精神上的威慑力量，教会法庭的效力也就减弱了。

　　曾几何时，由于种种原因，教会法庭实行的精神惩罚确实失去了它的威慑力量，法庭档案记载的绝罚案有很多不了了之，人们不再慑怕被绝罚。近年来，越来越多的历史学家注意到了这种变化，并试图对这种变化做出解释。

　　是什么原因使绝罚的惩治措施失去了原有的威慑力量？对这个问题的回答是多种多样的：教会法庭滥施绝罚，把绝罚用于琐碎的、世俗的目的，人们对"绝罚"也就"见怪不怪"了；教职界腐败现象加剧，使教会和教士本身受敬重的程度下降，教会法庭也失去了以往的威望；旧有的社会秩序被打破，社会发展的世俗化倾向促使宗教惩罚逐渐让位于世俗性的惩罚。事实上，绝罚之类的宗教惩治失效，不一定出自于某种单一的原因，很可能是多方面的原因合力促成的。

　　史学研究中探讨的另一个问题是：绝罚从何时起失去了在精神上的骇慑力量？人们从何时起不再把绝罚视为一种可怕的处罚？对这些问题的探讨旨在找出发生这种变化的确切时期。对这个问题的回答尚有很大出入，可以毫不夸张地说，无论是在中世纪教会史研究领域还是在宗教改革史研究领域，几乎每一位历史学家都在他们各自研究的特定历史时期发现了这种变化。如果对各家之说加以综合就可以发现：在宗教改革以前的很长一段时间内，宗教惩治的效力就已经在减退，在与罗马教廷决裂以后的动荡时期里，对宗教惩治的公开蔑视就更加普遍了。

　　教会法庭司法审判行为的某些缺陷也影响了法庭的效力，并且为法庭的腐败堕落提供了机会。这些缺陷既表现在法庭的司法审判程序方面、也表现在司法审判手段方面。

　　首先，法庭在确认事实时重人证而轻物证，在获取人证时也过分看重"誓言"的作用。在法庭审理刑事犯罪案时，只要受到指控的人自己发誓无罪并且有一定数量的证人担保，就可以无罪开释。虽然向何人取证是由法官确定的，但是在相对封闭的社会环境中，每一个人的社交活动区域都不是很大，这就难免由亲朋好友为当事人担保发誓，容易造成基于友情亲情而非基于事实的担保行为，或者是作伪证的行为。这种现象在婚姻诉案中表现得最为明显，由于婚姻纠纷往往是在家族之间发生，证人也往往与当事人有着密切的利益关系，几个人合谋作证就可以决定争议中的婚姻契约存在与否。诸如此类的取证手段，不可避免地使法庭裁决的公信力减弱了。

其次，法庭在审理名誉伤害案时，以"洗罪仪式"确定传言的真实与否，这种审理方式或许适用于环境相对封闭、人口相对静止的乡村，生活在那里的人们相互之间过往频繁、邻里之间相互了解，甚至法庭主持人也是他们所熟悉的人。但是以"洗罪仪式"认定事实的方法不适用于人口流动的城市，尤其是诸如伦敦这样的大城市，这就无怪乎宗教改革前的社会舆论对伦敦主教区法庭的抨击尤为激烈。

此外，教会法庭按地域划分权限，其司法审判行为也必定受地域的限制。如果某一个受到指控的人逃离当地法庭的司法审判区域，法庭便无法继续审理涉及这个人的指控。有的时候，法庭甚至故意放纵被告逃离教区，实际上是协助当事人逃避司法审判。

最后，无论是在公务案、还是在起诉案中，都有可能出现教会法庭既是被告又是裁决人的情况。在审理这类诉案时很难保证法庭公正执法，宗教改革前轰动一时的亨尼案就是这种情况。1511 年，伦敦商人理查德·亨尼（Richard Hunne）年幼的儿子去世，他拒绝向所在堂区交纳葬仪费（mortuary）。1514 年，伦敦主教以"宗教异端"的罪名将理查德·亨尼逮捕，最终导致这位当事人在狱中死亡。事发之后，伦敦主教企图以"异端"的罪名对理查德·亨尼的尸体实行审判，理由是理查德·亨尼实施了自杀。但是验尸团的检验结果认定，理查德·亨尼是在狱中被谋杀致死。检验结果公之于众，社会舆论哗然①。

面对教会法庭在惩罚手段与司法审判行为方面的种种缺陷，尤其是面对涉及债务与名誉伤害的诉案大量流失的现实，在 16 世纪 20 年代，教会法庭似乎尝试着进行某种改革，但是到了 30 年代对教会的抨击使改革一蹶不振。从亨利八世时代开始的宗教改革措施，似乎削弱了教会法庭对社会与道德的控制，尽管有证据表明，直到内战爆发，教会法庭对教职人士的约束始终没有松弛。

---

① Edward Hall, *Chronicle*, London: J. Johnson, 1809, pp. 573—579.

第　六　章

圣徒与圣徒崇拜：尘世生活的人生榜样

在中世纪天主教的历法书中，几乎每一天都是圣徒纪念日。除了某些圣徒有特定的纪念日，还有一个全体圣徒的纪念日：从公元 9 世纪中叶起，教会把每年的 11 月 1 日定为万圣节(Feast of All Saints)。在圣徒纪念日举行的祈祷仪式和追思弥撒，被认为对于灵魂得救具有特殊的意义。婴儿出生后也常常以某一位圣徒的名字命名，意味着这位圣徒成为婴儿终生的保护神。

圣徒崇拜不同于对上帝的崇拜。从严格的神学意义上说，对于上帝是"礼拜"(worship)，对于圣徒是"崇敬"(reverence)。在中世纪天主教的习惯中，每逢遇到上帝"降临"的时刻需要教徒跪拜，譬如在弥撒礼上天主教徒跪领圣餐，因为经过祝圣的面饼和酒已经变成了耶稣基督的"圣体"和"圣血"。与此形成对照的是，天主教徒在圣徒面前无需跪拜，因为圣徒不是神，也不具有赦免罪恶的权力。然而在现实的宗教活动中，普通的基督徒不一定有能力对此做出严格的区分，有可能把圣徒也视为"神"而加以跪拜。

圣徒崇拜的意义，在于为基督徒在尘世的生活树立了光辉的榜样。圣徒曾经在尘世有过"杰出"的人生经历，或者是"虔信者"(confessors)，或者是"殉教者"(martyrs)。他们以自己在尘世生活的亲身经历为普通基督徒树立了"入世"的人生榜样，堪称尘世生活的典范。

第一节　何为"圣徒"

所谓"圣徒"，指的是那些已经在天国亲睹上帝圣颜的灵魂。圣徒也曾经是尘世的衣食男女，然而与众不同的是，圣徒在末日审判来临之前，已经提前升入了天堂，得以亲睹上帝的容颜。依照基督教的教义原理，经过末日审判之后，一部分灵魂有可能进入天堂，享受永恒的快乐生活。这是仅就一般人而言，圣徒是例外的情况。圣徒之所以可以在末日审判来临之前升入天堂，是因为他们在尘世生活的过程中有过特殊的经历——或者因为曾经在尘世有过完美的表现，是"虔信者"；或者因为曾经为基督信仰而献身，是"殉教者"。圣徒在尘世逗留期间，或者以良好行为，或者以虔诚的信仰，洗清了自身的罪恶，因而可以在末日审判之前亲睹上帝的容颜。

圣徒的身份具有半明半暗的特点，这是因为有关圣徒的数量与圣徒的详情只有上帝掌握，所谓"天机不可泄露"。从这一前提出发，对于身居尘世的基督徒而言，有些圣徒是已知的，有些圣徒是未知的。因此，只可以对已知的圣徒划分类别。

一、使徒时代的圣徒

圣徒中的第一类是在《新约全书》中有记载的杰出人物，也称"使徒时代"的圣徒。圣母玛丽亚被认为是"使徒时代"乃至全体圣徒之中最伟大的圣徒。玛丽亚的伟大之处，表现在乐于服从上帝的旨意，与上帝合作，从而使"耶稣降临尘世"或"道成肉身"成为可能。根据《马太福音》与《路加福音》的描述：玛丽亚与约瑟夫订有婚约，然而在他们正式成婚之前，玛丽亚以处女之身因为圣灵而受孕；当天使吉百利（Angel Gabriel）把这个消息告诉玛丽亚时，她很乐于充当上帝儿子的母亲。[1] 从福音书的这段描述可以看出，玛丽亚作为耶稣的生母，在上帝与耶稣之间发挥了特殊的连接作用，这就造成了玛丽亚非同一般的身份。对此，托马斯·阿奎那评论说：她理应受到超乎其他人的尊敬（hyperdulia），因为只有她拥有作为上帝母亲的特权。[2]

---

[1] Matthew，1：18—1：25. Luke，1：26—1：38.

[2] Bernard Hamilton，*Religion in the Medieval West*，p. 79.

在中世纪基督教的文化环境中，女人的地位很低下。这是因为造物主以亚当的肋骨造就了夏娃，此举意味着上帝安排女人依附于男人，处于男人的统治之下。夏娃因为受到魔鬼的引诱而偷吃了智慧树的果子，并且试图说服亚当吃下禁果，这样的行为意味着女人容易上当受骗，并且充当魔鬼的工具引诱他人上当受骗。在基督教为女人设定的文化环境中，圣母玛丽亚是一个例外。虽然玛丽亚也是女人，但是基督教认为她是纯洁而伟大的人，对她的崇拜有助于灵魂得救。

有研究者从历史渊源上分析，认为玛丽亚的形象是古埃及文化与古希腊文化的结晶。具体地说，玛丽亚的原型是古埃及的伊西斯(Isis)女神与希腊女神的结合体。伊西斯是古代埃及的生育女神(goddess of fertility)，是欧西里斯(Osiris)的妻子，是荷鲁斯(Horus)的母亲。在古代埃及文化中，伊西斯女神的形象是怀中抱着荷鲁斯，为他哺乳。这一形象与玛丽亚在基督教文化中的艺术造型非常相似，因而有理由认为玛丽亚的艺术造型来源于伊西斯女神。基督教又把玛丽亚塑造成童贞女的形象，这样的形象特征来源于希腊女神。诸如雅典娜(Athena)之类的希腊女神大多保持着处女之身，基督教在为玛丽亚的形象定位时也沿袭了希腊文化的传统。

第一类圣徒中还包括《新约全书》记载的众多使徒。使徒包括两部分人：(1)耶稣的十二位门徒——彼得、安德烈、年长者雅各、约翰、腓力、巴多罗买、多马、马太、年幼者雅各、达太、西门、犹大。犹大在出卖耶稣后自缢，其位置由马提亚填补。(2)保罗以及保罗的门徒——马可、路加、巴拿巴。使徒的伟大之处，在于传播了耶稣的信仰和主张，《新约全书》讲述的宗教教义，即是以使徒的名义传授的。使徒传授的教义，主要包括两个方面的内容：四部福音书对耶稣生平与耶稣教诲的描述；保罗书信对耶稣生平与教诲的评论。

十二位门徒的传教活动以耶路撒冷城为中心。在这里，耶稣的门徒连同追随者在耶路撒冷形成一个团体，大约有120人，都是耶路撒冷城的犹太人①。这个团体在使徒彼得的主持下宣传耶稣的教诲，也模仿耶稣的榜样在一起进餐，共享食物，为贫病者提供救助。这个团体的成员被认为是历史上第一批基督徒，日后成为巴勒斯坦地区传播基督教的核心力量。在圣城耶路撒冷，犹太教的势力根深蒂固，新兴的基督徒团体经常受到犹太教势力的打

---

① Acts of the Apostles，1：15.

击与迫害，耶稣门徒彼得与约翰就曾经在犹太人法庭(Sanhedrin)上接受过审讯①。

保罗虽然未能位列十二位门徒之中，然而却是早期基督教一位著名的传教士。保罗对于基督教的贡献主要有两点：(1)把基督教信仰从以色列和犹太传到"外邦"，其中包括小亚细亚、希腊、罗马，可能还有西班牙；(2)在传教的过程中，保罗对耶路撒冷城的基督教加以改造，克服其中狭隘的民族意识，使之更加偏离犹太教，易于为其他民族所接受，从而使基督教开始走上"普世性"的道路。马可、路加、巴拿巴作为保罗的门徒，曾经随同保罗传教。公元64年，罗马发生了一次反基督教的暴动，暴动受到罗马皇帝尼禄(Nero)的鼓励。暴动过后，在罗马传教的保罗销声匿迹。据推测，保罗可能在这场暴动中遇难了，最终成为基督教的一名殉教者。罗马的圣保罗大教堂自称埋有保罗的遗骨。

二、殉教者与虔信者

在对圣徒的分类中，第二类与第三类圣徒生活在"使徒时代"以后。其中第二类圣徒称为"殉教者"，是为信仰而献身的基督徒。《使徒行传》记载的耶路撒冷城基督徒司提反，因为捍卫基督教信仰而被犹太教徒用石块击打致死②，因此而成为基督教历史上第一名殉教者。第三类圣徒是"虔信者"，他们虽然不曾为信仰献身，但是在生前有过极度虔诚的宗教事迹。盎格鲁—撒克逊时代的英格兰国王爱德华因为极度的虔诚表现而被称为"虔信者爱德华"，在1161年获得敕封"圣徒"。在这两类圣徒中，殉教者的身份比较容易确定，虔信者不大容易确定。然而虔信者是更易于为大众模仿的人生榜样，因为对虔信者的模仿不至于付出生命的代价。相比之下，殉教者的事迹是以生命为代价换取的，如此巨大的代价往往使人望而却步，一般人不敢模仿。

圣徒来自于尘世的各个阶层，每一名基督徒都有平等的机会成为圣徒，唯一的条件是在尘世或者是"虔信者"或者是"殉教者"。圣徒的这一特点表明，在天国没有等级的差别，机会面前人人平等。

---

① Acts of the Apostles, 4：13—4：21.

② Acts of the Apostles, 7：54—7：60.

三、原始宗教的自然神变身为基督教的圣徒

基督教的圣徒崇拜是一个庞杂的体系，除了《新约全书》时代及以后产生的圣徒之外，还有某些圣徒起源于古老的民俗传统，其原型是原始信仰中的神。日耳曼人在皈依基督教以后，一方面难以放弃原有的自然神崇拜；另一方面又必须接受基督教的神——"上帝"。在这种情形之下，原有的某些崇拜对象改头换面，成为基督教的圣徒。这是原始宗教的自然神崇拜与基督教的圣徒崇拜相结合的产物，这类圣徒最初由民间约定俗成，最终演变成一种自发的圣徒崇拜活动。

威尔士北部盛行对一口古井的崇拜，崇拜者称这口井为"圣井"（Holy-well）。古井之"神圣"源于古代克尔特人关于圣女威尼弗雷德（Winifred）的传说。相传在公元 7 世纪时，少女威尼弗雷德因为拒绝贵族霍华登的卡拉多克（Caradoc of Hawarden）的侮辱而被斩首。根据传说，就在威尼弗雷德人头落地的彼时彼处，奇迹般地涌出了一股清泉。清泉日积月累而成为圣井，被当地人视为威尼弗雷德的化身。更为神奇的是，关于威尼弗雷德的传奇并没有就此结束，圣徒比诺（St. Bueno）又把她的身首重新接合在一起，使她在尘世又生活了 15 年。在这 15 年间，威尼弗雷德作为院长主持一座克尔特人的修道院。[①] 显而易见，关于圣井及威尼弗雷德的传说是历经几个时代而最终完成的。可以设想，对于古井的崇拜最初是古代克尔特人的自然神崇拜，基督教传入不列颠以后，为了使古老的"异教"崇拜可以为基督教所接受，又在圣井的传说中添加上基督教的内容，因此才产生了威尼弗雷德死而复生并主持修道院的故事，克尔特人古老的自然神崇拜经过改头换面作为基督教的圣徒崇拜得以保留下来。

不仅在克尔特人中间存在这种文化现象，其他民族也有将本民族的原始宗教崇拜、民风民俗加以改造融入基督教的情况，例如，日耳曼人崇拜的瓦登（Waden）战神演变成了基督教传说中天国军队的指挥。正是由于来自不同民族文化传统的融入，天主教的圣徒崇拜演变成一个庞杂的体系。

在法兰西里昂主教区，有一个名叫杜姆贝斯（Dombes）的地方。当地妇女崇拜一位名叫吉尼福特的圣徒（St. Guinefort），认为这位圣徒能够显示奇迹，

①　Bernard Hamilton，*Religion in the Medieval West*，pp. 125—126.

为儿童治病。圣徒的祭坛设在当地的一片树林里。大约在 1261 年，一位多明我修会宗教裁判所的修士布尔本的斯蒂芬（Stephen of Bourbon）经过调查发现，这位圣徒的原型其实是一只身细腿长擅长奔跑的灰狗（greyhound），而不是一位成为圣徒的"人"。关于这只猎犬的故事起源于印欧语系居民（Indo-European）的民间传说：猎犬主人家的孩子遭遇到一只野兽的袭击（在圣徒吉尼福特的事迹中，是一条巨大的蟒蛇），猎犬为了护卫孩子打死了蟒蛇；但是猎犬的主人在事后却怀疑是猎犬咬死了孩子，把这只猎犬杀死了。了解到这些情况后，布尔本的斯蒂芬来到供奉圣徒吉尼福特的这片树林，挖出了这只猎犬的遗骨，放火烧了。①

布尔本的斯蒂芬不曾讲述过对这位圣徒的崇拜存在了多久，也没有解释为什么当地人把这只猎犬命名为"圣徒吉尼福特"。历史的事实是，圣徒吉尼福特原本是米兰主教区的一位殉教者。据分析，对圣徒吉尼福特的崇拜可能起源于原始宗教的多神崇拜。希腊教会就有一位头部是狗的形象的圣徒，称为"圣徒克里斯托弗"。布尔本的斯蒂芬放火焚烧了猎犬的遗骨，实际上是把对动物的原始崇拜当作宗教异端铲除了。在基督教信仰中，天使也被作为圣徒受到崇拜。除了九层天使外，天主教不允许崇拜其他动物形象。因此之故，布尔本的斯蒂芬将对猎犬的崇拜视为宗教异端。尽管这位圣徒的祭坛早在 13 世纪就被布尔本的斯蒂芬摧毁了，猎犬吉尼福特至今依然是杜姆贝斯地方崇拜的圣徒，表明传统的民俗具有强大的生命力。

四、封授圣徒的权力

确认圣徒身份并且敕封圣徒的权力由教会掌握。最初是各地主教在各自教区内掌握封圣的权力，此后由于教宗的介入而使这项权力逐渐向罗马教廷集中。到 12 世纪亚历山大三世（Alexander Ⅲ，1159—1181 年在位）任教宗期间，封授圣徒已经成为教宗独享的权力。第四次拉特兰宗教会议试图对圣徒崇拜加以规范，将认证圣徒遗物的权力授予教宗。鉴于此前各地主教经常受到各种虚假的圣徒故事与信息的蒙骗，第四次拉特兰宗教会议禁止将圣徒遗

---

① Bernard Hamilton，*Religion in the Medieval West*，p. 126.

物作为赢利的手段(条款 62)①。从严格的神学意义上说,教宗只是根据圣徒候选人在尘世的表现做出推荐,经由教宗推荐的候选人最终是否可以在天国进入圣徒的行列,却是由上帝决定的。

封授圣徒的过程也逐渐演变成为一套严格而复杂的司法程序。1234 年修订的教会法规定:首先需要由各地教会向教廷申报圣徒候选人,其中包括提交证据,表明候选人生前作为"虔信者"或者"殉教者"的事迹,以及离开尘世之后显现出来的宗教奇迹;然后由教廷审查、核实圣徒申请人的生平事迹,教会法庭将相关证人提供的见证记录在案;最后还需验证圣徒候选人的宗教奇迹。一切手续齐备之后,还需等候教宗批准对这位圣徒的崇拜。经教宗封授的圣徒,其纪念日就可列入教会历法书。②

从提出申请、法庭备案,到教宗发布敕封令,一套程序下来快则几年,迟则几十年、甚至几百年。由于手续的繁琐与严格,从 1200 年至宗教改革前夕,英格兰只有 6 位候选人经由教宗批准成为圣徒。在这 6 位圣徒中,有 4 位是主教——阿宾顿的埃德蒙(Edmund of Abingdon,1246 年),奇切斯特的理查(Richard of Chichester,1262 年),赫里福德主教托马斯·坎蒂鲁普(Thomas Cantilupe of Hereford,1302 年),索尔兹伯里主教奥斯蒙德(Osmund of Salisbury,1456 年);有 1 位是创立吉尔伯特修会的森普灵堂区住持吉尔伯特(Gilbert of Sempringham,1202 年);1 位是奥古斯丁修会僧侣布里林顿的约翰(John of Bridlington,1379 年去世,1401 年封授为圣徒)。

严格的审查程序在一定程度上也起到了防止滥封圣徒的作用,因为在有些情况下,人们推荐圣徒候选人不完全是出于宗教虔诚的目的。在 13 世纪率领贵族反叛国王并战死沙场的西门·德·孟德福(Simon de Montfort)曾经被推荐为圣徒,显然,推荐孟德福作为圣徒是出于限制约束王权的政治目的。兰加斯特王朝末代国王亨利六世也在被谋杀之后被推荐为圣徒候选人,这是出于把亨利六世树立为约克家族政治野心受害人的形象,以便使都铎家族登

---

① Norman P. Tanner, S. J. (edited), *Decrees of the Ecumenical Councils*, volume one, p. 263.

② R. N. Swanson, *Religion and Devotion in Europe*, c. 1215—c. 1515, p. 147.

上英格兰王位合法化。诸如此类的候选人最终未能通过审查并得到教宗批准。

但是在中世纪也存在许多深受教徒崇拜却从未得到教宗敕封的圣徒，各地圣殿供奉有这些圣徒的遗物与圣像，说明教宗敕封圣徒的权力并没有得到各地教会的普遍接受。这主要是由于，所谓"敕封"圣徒在很大程度上是"确认"已经存在的圣徒崇拜，在教宗下达对某一圣徒的敕封令之前，社会上或许已经盛行对这一圣徒的崇拜了。一旦这类自发的圣徒崇拜活动与古老的民俗传统结合在一起，其生命力就更显旺盛，教宗的权力不能完全阻止对这类圣徒的崇拜。

教宗偶尔也发布敕书，要求废除对某一位古老圣徒的崇拜，理由是没有足够的证据表明这位圣徒的神圣之处与宗教奇迹。但是教宗的禁令不能完全阻止民间的圣徒崇拜活动。尽管有相当数量的圣徒在身后没有留下足够的证据表明其是"虔信者"或"殉教者"，但是依然得到民间的崇拜。类似的情况表明，民间的习俗和传统具有强大的社会影响力。

第二节　圣徒之"神圣"

了解圣徒之"神圣"的渠道是多种多样的。首先是有关圣徒生平事迹的文献资料。教会法在13世纪规定了封授圣徒的程序，在此之后封授的圣徒都必须向教宗提交生平事迹，因而13世纪以后封授的圣徒都在教廷档案中留有文献记载。产生于13世纪以前的圣徒，其文献材料的品质参差不齐：有些是由同时代人撰写的生平事迹，这类材料还比较真实可信；有些是在圣徒去世几百年之后写成的，其真实的生平事迹已经演变成了传奇故事，其中虚构的成分很多。

中世纪的西欧社会，在民间有大量的"圣徒文学"流传。由于社会对圣徒的需求量庞大，讲述圣徒奇迹故事的文学作品大量涌现，由此而产生了中世纪天主教会的"圣徒文学"。圣徒文学的主要内容是"圣徒言行录"（hagiography），这类文字材料中虚构与夸大的成分很多，与传统历史学意义上的"传记"(biography)很不相同。福瑞金的雅各巴斯(Jacobus de Voragine，1230—1298)①大约在 1260 年写成了一部《圣徒行传备览》(*Legenda Sanctorum*)②，依照教会历法书中圣徒纪念日的排列顺序，汇集了 182 篇圣徒传记。这部圣徒传记在中世纪的基督教世界拥有持久的影响力和阅读量，在此后的印行中更名为《圣徒行传黄金备览》(*Legenda Aurea*)。

无论是哪一类圣徒，无论其生平事迹是真实的还是虚构的，在中世纪的天主教世界都广为流传。某些特定的场合(诸如圣徒纪念日)是宣传圣徒事迹的盛典，基督徒有机会在圣徒纪念日举行的礼拜仪式上了解到圣徒的事迹。在平常的日子里，教堂的彩色玻璃与壁画绘制有圣徒的事迹，而且往往是将圣徒事迹演绎成基督徒喜闻乐见的通俗故事。借助于教会的宣传内容，中世纪的基督徒得以了解圣徒如何成为"虔信者"，如何成为"殉教者"，今天的研究者有机会了解中世纪基督教会乃至整个社会的价值取向。

一、远离尘世生活的"虔信者"

所谓"虔信者"，最基本的价值判断标准是：远离尘世，极端的禁欲，沉思修行。这样的价值判断源自于对于人类本性的极度失望，也因此而涉及对于中世纪世俗社会的基本评价。根据圣徒传记的描述，中世纪的基督教在观念中蔑视尘世，因为尘世"不干净，躁动不安，变化无常，诡计欺诈，冷酷无情"③。

对于修士身份的圣徒，"圣徒行传"强调他们对尘世的弃绝，极端的苦修，禁欲和斋戒。早期教会时期产生的沙漠中的孤独修道者实际上是在展开意志与肉体之间的较量，他们竭尽全力地折磨自己的肉体，渴望达到"强迫肉体听从意志"的境界。从事这种较量的修士把自己称为"耶稣基督的运动员"。这种方式的苦修把修道行为中的苦行和禁欲的倾向发挥到极致，演变成一种病态

---

① 福瑞金的雅各巴斯于 1244 年加入多明我修会，历任修会的讲经师与管理人。1292 年起担任热那亚大主教。在他去世之后，教宗庇护七世(Pius Ⅶ)授予他谥号"Blessed"，多明我修会和热那亚教省奉他为"圣徒"，并以 7 月 13 日作为他的圣徒日。

② Legenda Sanctorum 意为"圣徒读物"。

③ Jacobus de Voragine (translated by William Granger Ryan)，*The Golden Legend*，*Readings on the Saints*，volume Ⅱ，p. 93.

的自我折磨，甚至有可能达到精神和肉体的癫狂状态。

与"旷野修道生活"几乎同时存在的，还有集体的修道生活。集体的修道生活需要有一定的生产和生活设施，以便容纳众多的修道士。公元3世纪时，罗马帝国东部出现了一些有一定规模的修道院，修道院不仅有房屋、地产，还附设有医院、学校。集体的修道生活在很大程度上不同于旷野的修道生活：(1)集体修道者并不故意地摧残自己的肉体；(2)集体修道生活中具有更多的理性成分，修道者在思想和行为方面是清醒的；(3)集体修道者从事体力劳动；(4)修道者在集体中间营造出一种家庭亲朋的气氛。

隐修的沉思生活尽管受到推崇，然而有勇气仿效者毕竟是少数。一方面是世俗社会的财富、权势、荣耀依然具有强大的吸引力；另一方面为生存而挣扎的普通民众也不一定具备进入修道院隐修的物质条件。因此对于大多数教徒来说，隐修的生活只是一种理想，而不是现实。

然而，停留在尘世过世俗生活的人，也有机会成为圣徒。这是因为，即使是世俗身份的基督徒，也有可能远离尘世的世俗生活，奉献于宗教的虔诚。神圣罗马帝国皇帝亨利二世(Henry Ⅱ，972—1024)在1002年继承王位，在1146年由教宗封授为圣徒。依照圣徒行传的塑造，亨利二世的圣洁之处有两点：第一，将他的一位姐妹加拉(Gala)嫁与匈牙利国王斯蒂芬(Stephen)为妻，因此而使身为异教徒的匈牙利国王本人和他的全体臣民皈依基督教信仰；第二，亨利与王后丘恩冈德(Cunegund)虽然缔结有婚姻，但是他们自始至终过禁欲的独身生活，并没有实际的婚姻生活，保持这种状态直至生命的终结。[1] 1200年4月3日，教宗因诺森三世封授丘恩冈德皇后为圣徒，其依据是这位王后显示的"宗教奇迹"与"高尚贞洁的行为"[2]。

圣徒行传将亨利二世塑造成一位虔诚的国王、君主的典范。实际上对于世俗君主来说，禁欲独身的生活并不一定是美德。虽然王后丘恩冈德在亨利二世之后也于1200年被封授为圣徒，然而他们的婚姻徒有虚名，由此而造成

---

① Jacobus de Voragine(translatd by William Granger Ryan)，*The Golden Legend*，*Readings on the Saints*，volume Ⅱ，p. 380.

② Michael Goodich，*Vita Perfecta*：*The Ideal of Sainthood in the Thirteenth Century*，Stuttgart：Anton Hiersemann，1982，p. 24.

的直接后果是没有后嗣,因王位继承乏人而引起社会动荡。

　　盎格鲁—撒克逊时代的国王虔信者爱德华也表现出这方面的圣洁。他一再推迟婚期,直至42岁才迎娶出身于埃塞克斯伯爵(Earl of Essex)家族的埃迪斯·戈德温(Edith Godwin)为王后。据传说,他在婚后拒绝与王后有夫妻生活。民间传说把爱德华在婚姻生活中保持贞洁视为神圣,然而这种行为的直接后果是:这对夫妻在婚姻维持的20多年时间里,直至爱德华去世,都没有能够产生子嗣。① 盎格鲁—撒克逊王统断绝之后,引发了埃塞克斯伯爵戈德温(Godwin)、丹麦国王哈罗德(Harold)、诺曼底公爵威廉(William,Duke of Normandy)三方争夺王位的一系列战争。

　　爱德华在生前即被人们视为"圣徒",最为人们称道的是他的谦卑、慈爱,以及作为预言家与宗教奇迹演示者的能力。② 1161年,虔信者爱德华成为"第一位经由教宗亚历山大三世封授的英格兰圣徒"③。

　　教会把虔诚者爱德华塑造成了"圣徒"的形象,然而在历史学家的笔下,爱德华的宗教虔诚中也包含有政治原因。12世纪编年史家玛姆斯伯里的威廉(William of Malmesbury,1095—1143)的解释是:爱德华因为对戈德温家族权势过大心怀不满,才对出自这一家族的王后表现出冷淡。13世纪圣奥尔本斯修道院编年史家温德欧弗的罗杰(Roger of Wendover)在《历史之精萃》中提出,爱德华之所以在婚姻生活中保持贞洁,是因为不希望产生出与戈德温家族有关联的后代。④

　　对于骑士身份的圣徒,即使没有进入教职界成为教区教士或修道院修士,圣徒行传也表现他们远离尘世的意愿。中世纪最为著名的骑士圣徒是奥兰治的威廉(St. William of Orange,755—812)。他与查理大帝有亲属关系,主要事迹是从摩尔人(Moors)手里收复了巴塞罗那,然后在格伦恩(Gellone)建立

---

　　① Donald Weinstein & Rudolph M. Bell, *Saints and Society*：*Christendom 1000—1700*，Chicago：The University of Chicago Press，1982，p. 77.

　　② ibid.，p. 78.

　　③ Ronald C. Finucane, *Miracles and Pilgrims*：*Popular beliefs in medieval England*，Totowa：Rowman and Littlefield，1977，p. 36.

　　④ Donald Weinstein & Rudolph M. Bell, *Saints and Society*：*Christendom 1000—1700*，p. 78.

了一座本笃会修道院，并在这座修道院里以虔诚的生活度过余生。

　　另外一位经历相似的圣徒骑士是欧里亚克伯爵杰拉德（Gerald of Aurillac，855—909）。杰拉德在年轻的时候希望成为一名修士，但是当地主教劝说他留在尘世，因为世俗社会需要公正的统治者。他因此而同意受封为欧里亚克伯爵，但是私下里秘密地接受了修道士的身份，发誓终身不娶保持独身。杰拉德还放弃了家族财产，用来修建修道院①。他因此而成为世俗统治者的楷模——在履行尘世职责的同时，也尽其所能地献身于教会。

　　不同身份的圣徒，具备不同的圣洁之处。对于主教身份的圣徒，圣徒行传并不否认他们居于尘世的生活，然而强调的则是他们远离尘世"沉思的"美德，圣安东尼斯（St. Antoninus，1389—1459），就是这样一位受到歌颂的圣徒。圣安东尼斯在 16 岁时加入多明我修道团，因为表现出来的宗教虔诚与聪明才智而在教会内历经升迁：先后担任几所修院的分院长，从 1431 年起更是直接为教宗服务，在 1446 年升任佛罗伦斯大主教（archbishop of Florence）。圣安东尼斯虽然因身居高位而有机会获得丰厚的物质待遇，却轻视物质享受：在大主教府邸只保留了 6 名仆役；没有马匹，无论去何处都是步行；把多余的个人收入送给穷人②。

　　世俗社会的女性也有可能被封授为圣徒，她们的事迹与男性圣徒有类似之处。圣徒伊丽莎白（St. Elizabeth，1207—1231）出身贵族，是匈牙利国王安德鲁（Andrew）的女儿。圣徒行传评论她"高贵的出身血统，更加高贵的是对于信仰的虔诚和奉献"③。

　　伊丽莎白在 14 岁的时候，遵从父命嫁给图林根（Thuringia）国王路得维格四世（Ludwig Ⅳ）。圣徒行传关于伊丽莎白婚姻生活的描述体现了教会推崇的婚姻观与性观念：只要有可能，就选择"沉思的生活"方式；伊丽莎白同意缔结婚姻，是为了遵从父命；夫妻之间的性生活不是为了满足性欲，而是为了

---

　　①　Bernard Hamilton，*Religion in the Medieval West*，p. 81.

　　②　ibid.，p. 81.

　　③　Jacobus de Voragine（translated by William Granger Ryan），*The Golden Legend*，*Readings on the Saints*，volume Ⅱ，p. 303.

生育用于侍奉上帝的儿女。①

伊丽莎白希望丈夫将贵族武装用于捍卫上帝的信仰，在她的敦促下，路德维格前往圣地，并且于 1227 年献身于十字军东征的事业。丈夫的故世，使伊丽莎白终于有机会重新过上守身禁欲的生活。伊丽莎白放弃了舒适的贵族生活，迁居到玛尔伯格(Marburg)，成为方济各第三修会(Franciscan Tertiary Order)的成员。她将自己得到的 2 千马克亡夫遗产用于济贫助困的事业，并且修建了一座济贫院(hospital)②。1235 年，教宗封授她为圣徒，玛尔伯格修建起一座哥特式主教座堂，里面收藏有她的遗物。

伊丽莎白作为圣徒之"神圣"，在于用自己的生命实践了基督教的伦理道德，圣徒行传尤其盛赞她用生命和大量的财产从事"七项善事"(seven works of mercy)③。基督教把善事归纳为七种：给饥者餐、给渴者饮、给陌生者(行旅者)以庇护、给赤身露体者衣、给疾病者以看护、给身陷囹圄者以关爱、给死者以葬。

女性圣徒的人生经历似乎都有很多相似之处：婚姻生活是社会生活之必需，并非出于女性当事人的意愿，夫妻双方也不必从婚姻生活中找到幸福的感觉；在丈夫去世之后，妻子一方终于有机会摆脱家庭的责任，以献身上帝的事业作为人生的最终归宿。在 1330 年之后出现的圣徒行传中，罗马的圣弗朗西斯(St. Frances of Rome，1394—1440)在年轻的时候希望做一名修女，但是迫于父亲的压力而出嫁。婚后生育了很多子女，有了一个大家庭，她是家庭中的贤妻良母。在丈夫去世之后，她终于从世俗生活中得到解脱，有了实现少女时代理想的机会，进入先前捐资修建的一所用于济贫的修道院，投身于上帝的济贫事业④。世俗身份的圣徒并不对入世的积极生活持否定态度，他们并不遁世，只是热衷于投身上帝的事业。圣弗朗西斯作为家庭主妇时，尽管每日都很虔诚地信奉上帝，但是并不疏于履行自己家庭主妇的职责。然而在圣徒行迹的作者笔下，他们总是被塑造成"不食人间烟火"的形象，随时

---

① Jacobus de Voragine(translated by William Granger Ryan)，*The Golden Legend*，*Readings on the Saints*，volume Ⅱ，p. 304.

② ibid.，p. 311.

③ ibid.，pp. 306—307.

④ Bernard Hamilton，*Religion in the Medieval West*，p. 81.

准备为了上帝的事业而放弃积极的生活。

同样的一个人，作为历史人物是一种形象，作为圣徒则被塑造成了另外一种形象。究其原因，历史著述追求的是人物的真实性，而圣徒传记追求的是圣徒演绎的"奇迹"以及圣徒对世人施加的教育和影响。法兰西国王路易九世（Louis Ⅸ，1226—1270 年在位）在 1297 年被封授为圣徒之后，就遭遇到这种情况。路易九世生前侍从乔伊维尔的吉恩（Jean de Joinville）曾经撰文描述他的生平事迹。这篇文章更似一部历史人物传记而不像圣徒言行录，因为著述中没有强调路易九世性格中远离尘世的特性，而是展现他执掌王权之公正，捍卫基督教之热忱，以及他的家庭生活。与之形成对照的，是教宗卜尼法斯八世在 1297 年关于封授路易九世为圣徒的布道词。卜尼法斯八世强调路易九世对于世俗事务的蔑视，将一切世俗都置于上帝的事业之下，强调路易九世"初始纯洁"，使之有能力抵御魔鬼的诱惑，有能力将肉体置于信仰的统治之下①。

虽然教会并不对婚姻、家庭等世俗领域的生活持否定态度，但是歌颂的是虔诚的宗教生活，这样的价值取舍在无形中表达了贬低世俗生活、鼓励放弃家庭生活的倾向。《圣徒行传》对圣阿历克修斯（St. Alexius）的描述，清晰地表达了这样的倾向。阿历克修斯是罗马元老院成员尤弗米努斯（Euphemianus）的儿子，接受过人文学科的教育，在哲学思辨领域有很高的造诣。在他年轻的时候，父亲选择一名皇族的女儿做他的妻子，并且为他举行了婚礼。然而，婚姻与家庭生活并非他的意愿。在成婚之夜，他用上帝之言说服妻子过纯净而贞洁的生活，然后潜出家门，搭乘渡船来到了叙利亚的埃迪萨（Edessa），在附近一座圣玛丽亚教堂的门廊中隐修。大约 17 年以后，他搭乘渡船准备去西里西亚（Cilicia）的大数（Tarsus），然而海上的风浪把渡船吹到了罗马的港口。他隐姓埋名，以朝圣者的身份住进父亲的宅邸，蜗居在楼梯下的壁柜中。当然，经过多年苦修的他此时已面目全非，无人能辨认出他是何许人了。阿历克修斯终日祈祷苦修，忍受宅邸中仆人的取笑和羞辱。在父亲

---

① André Vauchez (translated by Jean Birrell), *Sainthood in the Later Middle Ages*, Cambridge：Cambridge University Press，1997，pp. 359—360. Michael Goodich, *Vita Perfecta*：*The Ideal of Sainthood in the Thirteenth Century*，p. 186.

的宅邸中苦修了 17 年，亲人竟未能与他相认。在一个礼拜日，他的父亲尤弗米努斯、罗马皇帝阿卡狄乌斯与霍诺留斯、教宗因诺森等人，在上帝的指引下在楼梯下找到了他，然而此时他已过世。人们在阅读了握在他手中的自传之后，才恍然知晓他原来就是阿历克修斯①。

对圣母玛丽亚的描述也有同样的禁欲倾向。福音书说：玛丽亚有合法的丈夫，约瑟夫是一名木匠；除了耶稣外，玛丽亚还有四个儿子——雅各、约西、西门、犹大，还有两个女儿。② 这样的记载表明，生育过如此之多子女的玛丽亚不可能是处女之身。然而，收入《新约外传》的《雅各福音》(*Gospel of James*)③首次提到，不仅玛丽亚在生下耶稣之前是处女之身，而且玛丽亚终生都是处女之身④。对此，中世纪的圣徒行迹解释说，玛丽亚与约瑟夫之间并没有事实上的婚姻，"玛丽亚对丈夫的爱并未超过她的母亲对女婿的爱"⑤。他们的几个儿子和女儿(圣经中称为 *christadelphoi*，意为"上帝的兄弟")也不是玛丽亚所生，唯有耶稣是玛丽亚的独子⑥。圣徒行传关注的是玛丽亚与同时代其他妇女的不同之处，关注她如何以处女之身受孕生子。在基督教的观念中，女人只有保持处女之身才是圣洁的，玛丽亚被认为是"处女之中的处女"(the virgin of virgins)⑦。正是基于这样的理念，圣徒行迹对玛丽亚的日常生活描述不多。相比之下，约瑟夫更是不引人注意。约瑟夫虽然也在教会的历法书中列为圣徒，但是中世纪的天主教会在他的纪念日不举行宗教活动。

二、为基督信仰而献身的"殉教者"

基督教在欧洲各地传播的过程中，产生过大量作为"殉教者"的圣徒。这

---

① Jacobus de Voragine(translated by William Granger Ryan)，*The Golden Legend*，*Readings on the Saints*，volume I，pp. 371—372.

② Matthew，13：54—13：56. Mark，6：3.

③ 《雅各福音》被认为是写于公元 2 世纪的一部福音书，但是没有列入《新约全书》。

④ http://www. earlychristianwritings. com/text/infancyjames-roberts. html(2010 年 5 月 10 日 10：59)。

⑤ Jacobus de Voragine(translated by William Granger Ryan)，*The Golden Legend*，*Roading on the Saints*，volume Ⅰ，p. 157.

⑥ ibid.，p. 155.

⑦ ibid.，p. 154.

类圣徒往往具有地域特色，成为其传教以及殉教所在地的荣耀和标志。生活在罗马不列颠时代的圣奥尔本(St. Alban)，被认为是英格兰的第一位殉教者，"硕果累累的不列颠，出了个殉道者奥尔本值得称道"①。据比德的《英吉利教会史》记载：当君主们下令对基督徒进行迫害的时候，奥尔本还是一名异教徒；但是他把一名逃亡教士隐藏在自己家中，并且接受他的劝导成为一名基督徒；当国王的兵士来到奥尔本家中搜寻逃亡教士的时候，奥尔本扮成教士把自己交给了搜寻者，他因此而殉难；人们在奥尔本遇难的地方建造了一座教堂，"这个地方直至今天仍在不断地治愈病人或仁慈地创造许多异能"②。

每当各地之间的关系产生危机或出现冲突，作为保护神的圣徒往往成为各个地方之间互相攻击的工具。例如，意大利半岛的博洛尼亚(Bologna)以公元5世纪的一位主教佩特尼乌斯(Petronius)为荣，并以这位主教的圣名抵御米兰城市的威胁；而米兰则以使徒巴拿巴为骄傲，并且以这位使徒的圣名攻击佛罗伦萨③。

坎特伯雷大主教托马斯·贝克特也是一位"殉教而死"的圣徒，他曾经有过捍卫教会利益的经历。从10世纪末叶开始，克吕尼修会僧侣希尔德布兰协助教宗采取一系列措施振兴教权、加强教会的独立地位，以摆脱世俗权力对教会事务的干预，从而在西欧许多国家引起了教俗两界权力的斗争。在英国，这场改革所引发的教俗冲突发生在1162年托马斯·贝克特担任坎特伯雷大主教之后，冲突的起因是对犯罪教士的司法审判权问题。

在这一问题上，教会法奉行的原则是：有关教职人士的案件只能由教会法庭审理，世俗法庭无权干预。这种原则可以概括为"教职人士在俗界的司法豁免权"。托马斯·贝克特在1166年5月写给国王亨利二世的书信中明确提出："国王无权……将教职人士拖至世俗法庭受审。"④12世纪教会法学家格拉先(Gratian)也对教士享有的特权做出了阐述："……不得将教职人士带至国

① 比德：《英吉利教会史》，陈维振、周清民译，第33页。
② 同上书，第33—37页。
③ Alison Knowles Frazier, *Possible Lives：Authors and Saints in Renaissance Italy*, New York：Columbia University Press，2005，p.46.
④ David C. Douglas & George W. Greenaway (edited)，*English Historical Documents 1042—1189*，p.793.

王法庭受审，无论民事案件还是刑事案件，除非主教希望放弃对民事案件的审理，或者因为涉及刑事案件而将当事人贬黜。"①

　　英国国王亨利二世对教会法的这个原则提出异议，认为仅由教会法庭对犯罪教士实行免职的处罚尚嫌不够，"执法应当公正，不能由于某人是教职身份就得到赦免"②。1163 年 10 月召开威斯敏斯特大会议(Council of Westminster)上，亨利二世设计了对于犯罪教士的司法审判程序：一旦教职人士犯下的罪行得到确认之后，就应当剥夺教会对他的保护，并且移交给国王法庭审理。之所以对犯下罪行的教职人士实施这样的司法审判程序，亨利二世给出的理由是：除非在精神惩治之后再施以肉体的惩罚，否则当事人就更易于行恶。③ 这样的程序设计意味着，犯罪的教士在接受了教会法庭的处罚之后，还必须接受世俗法庭的惩罚，属于一次过失受双重处罚。托马斯·贝克特批评说，这样的审判程序有损于教会享有的不受世俗势力干预的独立司法审判权，否定了教职人士享有的"自由"，"不符合教父时代的教会法传统"④。

　　在 1162 年开始的教俗双方之间的冲突暂时平息以后，1164 年 1 月，亨利二世在克拉伦登召集大会议，试图对犯罪教士的司法审判权问题做出法律上的规定。这次大会议制定的《克拉伦登法律》(Constitutions of Clarendon)规定：国王法庭有权审理涉及教职人士的案件；犯罪教士的罪行一旦得到确认，教会法庭就不能对之加以保护(条款 3)⑤。但是托马斯·贝克特没有在最后的法律文件上署印，意味着《克拉伦登法律》没有得到英国教职界的承认。亨利二世对贝克特的态度耿耿于怀，以后又借故对贝克特进行审判。贝克特在向教宗上诉，取得教宗的支持后，越过海峡逃亡到法兰西。

　　在托马斯·贝克特逃亡期间，亨利二世无视一向由坎特伯雷大主教享有的权利，安排约克大主教罗杰(Roger，archbishop of York)为他的王位继承

---

　　① http://www.newadvent.org/cathen/02476a.html(2010 年 5 月 15 日 19：05)。

　　② David C. Douglas & George W. Greenaway (edited)，*English Historical Documents 1042—1189*，p. 762.

　　③ ibid.，pp. 762—763.

　　④ ibid.，p. 763.

　　⑤ Henry Gee & William John Hardy (edited)，*Documents Illustrative of English Church History*，pp. 69—70.

人亨利举行了加冕礼。史书记载：此举"违背了王国之内几乎每一个人的观念和期望"①。1170 年，托马斯·贝克特在与国王达成和解后返回坎特伯雷。但是双方之间的纠纷远没有解决，罗马教宗宣布对出席王位继承人加冕礼的英国主教处以停职的惩罚，贝克特也公开谴责对坎特伯雷大主教权利的侵犯。冲突的发展终于导致了一个极端事件的发生：4 名宫廷骑士于 1170 年 12 月 29 日在坎特伯雷主教座堂主祭台前将托马斯·贝克特暗杀。这场暗杀使贝克特成为一名极为荣耀的殉教者、一个极受崇拜的圣徒。罗马教宗在贝克特遭到暗杀的第 3 年(1173 年)即发布敕书，封授他为"殉教圣徒"②。如此迅速地对一名圣徒的身后奇迹做出验证，实在是罕见之举，研究者称之为"一次快速的晋级"③。

托马斯·贝克特被奉为"殉教圣徒"之后，虽然国王政府对教会法庭审判犯罪教士的权力做出过一些调整，但是教职界在俗界享有的司法豁免权基本上得以保留，这种局面一直维持到都铎王朝的第一代君主亨利七世在位时才有所改变。托马斯·贝克特以自己的生命为代价，在相当长的一段时期内，捍卫了教会的利益。

第三节　圣徒崇拜出现的原因

圣徒崇拜的出现，既有复杂的宗教原因，也有深刻的个体生命原因。圣徒崇拜的意义，就在于将人们在个体生命中面临的困境求助于宗教的解决方案。

一、人间有疾苦，上帝有恩典

首先是人间有疾苦，需要求助于某种力量排忧解难。最大的疾苦当然是个人在尘世生活过程中犯下的"罪恶"，亦即经由神学家总结概括的"七项永劫之罪"。依照基督教的神学理论，在尘世生活中积累的罪恶对灵魂的归宿有直

---

①　David C. Douglas & George W. Greenaway (edited)，*English Historical Documents 1042—1189*，p. 803.

②　ibid.，p. 827.

③　Ronald C. Finucane，*Miracles and Pilgrims：Popular Beliefs in Medieval England*，p. 37.

接的影响。天主教信条中关于"末日审判"的教义把人死后灵魂的归宿或者指
向天堂、或者指向地狱，死亡成为人生命运的转折点。这样的说教一旦控制
了人们的思维方式，不可避免地对人们的行为方式产生影响。基督徒对死亡
的担忧，实际上是对死亡之后灵魂归宿的不确定性的担忧。为了免于在死后
灵魂被罚入地狱，并且能够顺利地升入天堂，天主教徒在尘世生活中想方设
法寻求救助。向上帝祈祷被认为是寻求灵魂得救的有效方法，基督徒企盼着
上帝能够聆听到他们求助的声音，进而伸出救援之手。除了对于灵魂归宿的
考虑之外，人在尘世的现实生活中还经常受到生老病死、天灾人祸的困扰。
基督徒认为，祈祷也可以发挥从困境中得到救助的作用。

其次是上帝有"恩典"，上帝的恩典使人类的救赎成为可能。在基督教看
来，人类不仅仅罪恶深重，背负着与生俱来的"原罪"与尘世生活过程中个人
犯下的罪恶，而且是软弱的，软弱到甚至无力实施自我救赎。"原罪"与"个人
之罪"给人类带来巨大伤害，以至于人类无法借助于自身的力量战胜罪恶，只
能求助于上帝的恩典进行补救。上帝的恩典经由耶稣的"道成肉身"得以实现，
耶稣对上帝的服从，修补了亚当对上帝的不服从。

公元 412 年，奥古斯丁撰写《论灵意》(*De Spiritus et Littera*)。他在文中
强调：人由于始祖犯下的原罪而导致意志软弱，无力做出正确的选择，因而
随时随地需要上帝的帮助；只有上帝的帮助才能使灵魂得到拯救，而宽宏大
量的上帝也确实无偿地将他的"恩典"赠予人类。[①] 奥古斯丁强调上帝的恩典
在人类灵魂获救中的作用，认为人的自由意志是完全败坏的，根本不能实施
属灵的"善事"，人的得救完全依靠上帝的恩典。借助于上帝的恩典，人的意
志有机会得到更新以至于达到圣洁，离"恶"向"善"，生发信心。奥古斯丁关
于信仰的理论，包括自由意志论在内，都是从上帝的恩典出发。

抵御七项永劫之罪不能凭借人类自身的"善"，而是凭借上帝的"恩典"。
个人良好的行为不是来自于自身的能力，而是来自于上帝无偿给予人类的恩
典。教父学的另一位代表人物"伟大的格里高利"对恩典论展开了进一步的解
释：恩典是来自于上帝的神秘力量，这种力量使人类有能力放弃此前的罪恶

---

① Henry Bettenson (selected & edited), *Documents of the Christian Church*, p. 54.

之路，进入正义与善行的新路径。① 基督徒获取美德与良好的行为举止，需要上帝的恩典，需要自觉自愿地接受上帝的恩典，并且与上帝的恩典合作。

基督教神学经常引用一个典型的事例，用以说明上帝恩典的强大能量：保罗在前往大马士革的路上，受到上帝恩典的沐浴，皈依了基督教。② 在此之前，保罗是坚定的犹太教徒，曾经参与迫害基督徒司提反行动，被基督徒看做是亵渎神、迫害神的人。在蒙受到上帝的恩典之后，保罗成为一位谦卑并充满激情的基督布道者，为基督教的发展壮大做出了巨大的贡献。

二、祈祷的作用

一方面是人类的深重罪恶有可能受到永生永世的惩罚；一方面是上帝的恩典对人类灵魂的解救。如何使身在尘世、罪恶深重的基督徒获得上帝的恩典，从而使灵魂得到解救？基督教认为，祈祷是获得上帝恩典的有效方法。祈祷的作用，在于为罪恶深重的基督徒架起了一座通向上帝恩典的桥梁。中世纪天主教徒祈祷的方式也是多种多样的：定期出席在教堂举行的公众礼拜仪式，是基督徒必尽的宗教义务；贵族之家有财力在宅邸中设立小礼拜堂，有私家忏悔神父帮助祈祷；富有的人向教会捐赠遗产用于设立追思弥撒礼拜堂，以便在死后有人代为祈祷，争取亡灵早日脱离炼狱进入天堂。

在各种各样的祈祷活动中，耶稣基督当然是首选的求助人。依照《尼西亚信经》对耶稣基督的定义，耶稣基督是"神性"与"人性"的统一，具有完全的神性与完全的人性。作为"神"，耶稣基督是"三位一体"中的圣子，是上帝的化身之一。作为"人"，耶稣基督曾经被上帝派到尘世人间，由圣母玛丽亚所生。耶稣曾经降生为人，具有在尘世生活的经历。这样的人生经历在基督徒看来有一种亲近感，人们相信借助于耶稣基督的力量可以得到上帝的恩典，弥撒礼等宗教礼拜仪式就是以耶稣基督的名义向上帝祈祷的方式。天主教用"化体"说解释弥撒礼（弥撒礼上的面饼和酒经过祝圣以后"化"作了耶稣的身体和血），就是为了使教徒有机会与耶稣基督的身体和血"化"为一体，进而亲身体验上帝的恩典。

---

① Matthew Baasten, *Pride According to Gregory the Great：A Study of the Moralia*, p. 93.

② Acts of the Apostles, 9：3—9：18.

但是另一方面，中世纪的天主教过分强调耶稣的神性，以至于耶稣本质中的人性常常被忽略，在很大程度上甚至将耶稣等同于上帝。耶稣基督"三位一体"的神圣地位毕竟使教徒感觉有些遥远，除了耶稣之外，基督徒还需要向与自身更为接近的"人"寻求帮助，请求圣徒在上帝面前"言好事"，由此而形成了天主教信仰中对"圣徒"的崇拜。

为什么需要请求圣徒为尘世的教徒代为祈祷？第一个理由是，圣徒不是"神"，他们在尘世生活的时候曾经是普通的饮食男女，与基督徒大众更为贴近，似乎更能理解生活在尘世的教徒的疾苦。第二个理由是，圣徒曾经在尘世有"杰出"的人生经历，为普通基督徒树立了"入世"的人生榜样，是尘世生活的典范，以此赢得了基督徒的信任。人们相信如果向圣徒求助，他们一定伸出援手大力营救。第三个理由是，圣徒已经进入天国，他们就生活在上帝身旁，不仅得以亲睹上帝的容颜，而且可以随时向上帝进言。基督教原始教义认为，只有在末日审判来临的时候，所有死去的和活着的人才能站在上帝面前接受审判，决定其灵魂的永久归宿：或者是升入天国，或者是罚入地狱。这样的原始教义被后世宗教神学家做了一点发挥：圣徒以其在尘世的宗教虔诚和良好的行为表现已经洗清了罪恶，得以在末日审判来临之前提前进入天堂，这是圣徒的与众不同之处。圣徒得近水楼台之利，似乎更加便于请求上帝解除尘世教徒的疾苦。人们向圣徒求助，实际上是请近在上帝身旁的圣徒为尘世教徒说情，请求上帝帮助。圣徒的作用是双向的，他们既可以在天堂直接向上帝进言，又可以借助宗教"奇迹"的方式向生活在尘世的基督徒传达上帝的旨意。

圣徒可以为尘世的基督徒向上帝祈祷，以这种方式为尘世的教徒排忧解难。借助于上帝的恩典，基督徒相信，圣徒发挥的作用是巨大的，也是多种多样的：(1)为祈祷者医治疾病；(2)在各种自然灾害（如沉船事故，地震，洪水）中为祈祷者提供保护；(3)帮助穷困者摆脱窘境；(4)帮助意志薄弱者抵制诱惑；(5)保护祈祷者免受暴力袭击。圣徒也扮演着重要的社会角色。在一个充斥着暴力与敌意的社会中，圣徒被视为和平与秩序的维护者。在基督徒的心目中，圣徒在很大程度上是作为维持正义的法庭与公共警察的形象。

圣徒崇拜的目的，是请求圣徒代为向上帝祈祷。请求圣徒代为祈祷的行为称为"圣徒乞求神意"(the invocation of the saints)。圣徒崇拜活动中经常说的一句话是：“圣××，请为我们祈祷。”有时也把请求圣徒代为祈祷的事情直接说出来，例如，“圣××，请为我们的城市祈祷”。

身居天国的圣徒可以为身居尘世的人祈祷并且制造宗教“奇迹”，以此种方式显示圣徒的价值。使徒保罗在尘世传道的时候就曾经显示过奇迹，使一位天生瘸腿、两脚无力的人，获得了行走的能力。① 使徒行奇迹并非出于自身的力量，据《使徒行传》描述，当时在场的人将保罗制造奇迹的力量归之于神：“有神借着人形降临在我们中间了。”②公元 431 年召开的以弗所宗教会议承袭了这样的理念，认为使徒行奇迹是出自于“圣灵”的力量，耶稣基督升入天国以后，借助于圣灵彰显上帝的荣耀，表达上帝的意志。③

另外，上帝有时也派遣圣徒作为信使。每逢充当信使的时候，圣徒在尘世现身为人形，但是这样的显形没有肉身，只是一种幻影。与圣徒一样，生活在天国的天使也可以为尘世教徒向上帝祈祷，并且将上帝的旨意传达给尘世。

第四节　圣徒崇拜的物质载体：圣徒遗迹

圣徒可以把人间的疾苦传达给上帝，把上帝的恩典传达给人间。似乎身在天国的圣徒也具有某种超越时空的能力，既可以感知尘世教徒的求助，也可以向尘世发布信息，传达上帝的恩典。圣徒之所以具有超越时间和空间的能力，达到与尘世的对接，是因为他们在尘世留有“圣迹”。“圣迹”被认为是实现下情上达、上情下达的载体，这一观念的经典依据来自于《新约全书》。据《使徒行传》记载：上帝曾经在以弗所驱病降妖，用的是从保罗身上取下来的包头巾与围身布。④ 诸如此类的记载使基督徒相信，上帝可以借助于某种特殊的物质表达“神意”，显示“奇迹”。

由于有经书的记载作为依据，圣徒遗迹就成为圣徒崇拜活动的物质载体。

---

① Acts of the Apostles, 14：8—14：10.

② Acts of the Apostles, 14：11.

③ Norman P. Tanner, S. J. (edited), *Decrees of the Ecumenical Councils*, volume one, p. 57.

④ Acts of the Apostles, 19：11—19：12.

从本质上说，圣徒崇拜活动是借助于圣徒留在尘世的"遗迹"实现的。圣徒已经进入了天国，留在尘世的"遗迹"就是他们与尘世联系的物质载体。圣徒可以借助于留在尘世的"遗迹"感知尘世的求助，也可以借助于留在尘世的"遗迹"把上帝的恩典降临到求助者头上，圣徒遗迹被认为是尘世与天堂的连接点。

一、圣徒遗迹的种类

圣徒遗迹大致分为三种：圣徒遗骨与血迹；圣徒遗物，也就是圣徒在尘世使用过或者与圣徒在尘世生活相关的物品；圣徒行迹，也就是圣徒在尘世停留过或活动过的场所。

除了圣徒遗迹，耶稣基督在尘世留下的遗迹也被视为宗教遗迹。宗教遗迹中最为珍贵的，是《新约全书》记载的与耶稣基督在尘世生活有关的遗迹。其中最为著名的是在公元330年发现的耶稣遇难十字架，罗马皇帝"伟大的君士坦丁"(Constantine the Great)的母亲海伦娜(Helena)曾经主持对这枚十字架的发掘和清理。几个世纪以后，人们又发现了这枚十字架的残片，并且将残片运送到了西方。与此不同的另一种传说是：东罗马帝国皇帝查士丁二世(Justin Ⅱ，565—578年在位)曾经把据说是耶稣遇难十字架的残片赠送给位于普瓦提埃(Poitiers)的圣十字架修女院(Convent of the Holy Cross)。耶稣基督作为"三位一体"之神的显赫地位，促使各地教堂以保留有耶稣的神迹为荣，由此而难免造成各种虚假的神迹。欧洲的两座教堂——位于德意志的特里尔主教座堂(Trier cathedral)与位于法兰西的阿让特伊(Argenteuil)堂区教堂都宣称，保存有耶稣遇难时穿的一件长袍，然而这两件长袍的式样却完全不一样。

圣母玛丽亚被认为是基督教世界最伟大的圣徒，因而有关圣母玛丽亚的遗迹也是极为珍贵的。位于耶路撒冷城外的一座空墓，被认为是玛丽亚升入天堂之前的埋骨之地。根据传说，圣母玛丽亚的身体已经升入天堂，因而墓穴中没有尸身留存。类似的传说还有耶稣在耶路撒冷留下的空墓，以及墓中留下的一块裹尸布。玛丽亚在尘世生活过的地方，诸如"拿撒勒圣屋"(Holy House of Nazareth)，也被奉为圣迹。君士坦丁堡教会宣称，拥有圣母玛丽亚穿过的一件长袍。罗马城的圣玛丽亚·玛吉奥教堂(Church of St. Maria Maggiore)有一幅圣母画像，据说是圣母在尘世生活时由使徒路加绘制的。天主教徒相信，这幅画像有显示"奇迹"的能力。

此外还有《新约全书》记载的与众多使徒相关的物质。这类圣迹中有很多是后人"发现"并收集的出土文物，也有很多是来历不明的"圣物"。欧洲各地多处圣殿都宣称保存有施洗者约翰的头骨，致使朝拜者真假难辨。英格兰14世纪著述家杰弗里·乔叟曾经大胆揭露并辛辣讽刺制造假圣物的行为，他在《坎特伯雷故事》中写道：赦罪僧将"布片骨块"放在水晶长盒中冒充"圣徒遗物"，用一块"从犹太圣徒的羊群中得来的"肩胛骨为人治病。①

圣徒崇拜活动的热点也追寻着重要圣物的行踪。据《马太福音》记载，耶稣在伯利恒降生之后，有三位东方的博士前来拜见。② 1164年，传说中的东方博士遗骨移到了德意志的科隆大教堂，导致科隆大教堂迅速演变成为天主教世界的又一个朝圣中心。

耶稣基督与圣母玛丽亚的"圣迹"固然很珍贵，但是数量太稀少。基督教世界大量存在的，是其他圣徒的遗迹。产生于中世纪的圣徒，其遗物大多保存在与这位圣徒的生平事迹有关的教堂里。坎特伯雷大主教托马斯·贝克特的遗骨和遗物供奉在他生前主持的坎特伯雷主教座堂。研究者对此评论说："在现代人看来，这只是一具人体骨架，然而在西欧中世纪人的眼中，却是最为著名的遗迹之一，是一位无可争议的圣徒几近完整的遗存。"③林肯主教休（Hugh of Lincoln，c. 1140—1200）的头骨与遗物保存在林肯主教座堂，由主教座堂教士团的僧侣们精心供奉着。法兰西国王路易九世在十字军东征期间死于耶路撒冷，人们把他的遗骨从圣城移到巴黎的圣德尼教堂埋葬，这里不仅是墨洛温王朝历代国王的埋骨之地，也是他生前实行王权统治的中心地带。

二、搜求圣徒遗迹的手段

中世纪基督教徒热衷于搜求圣徒遗迹与遗物，一如现代人热衷于搜求社会名人的签名，以高价竞买社会名人的物品。两者相比，相同的是手段，不同的是动机。如果说现代人搜求社会名人的签名和物品是出于娱乐和商业投

① 杰弗里·乔叟：《坎特伯雷故事》，方重译，第239页。

② Matthew，2：1—2：2.

③ Ronald C. Finucane, *Miracles and Pilgrims*：*Popular Beliefs in Medieval England*，p. 10.

资的动机，那么中世纪基督徒搜求圣徒遗迹与遗物的动机，在很大程度上是获得向上帝祈祷、求助的介质。搜求者相信，向圣徒遗迹与遗物祈祷，圣徒一定有所感知。而圣徒已经提前进入天国，聚集在上帝周围，可以为祈祷者向上帝进言。

为了增进信仰的虔诚，防止异教或异端信仰的偶像侵犯基督教堂，教会要求各地教堂供奉圣徒遗物。第二次尼西亚宗教会议规定：经过祝圣的教堂必须供奉有殉教者遗物；禁止各地主教为尚未供奉殉教者遗物的教堂举行祝圣仪式（条款 7）①。教会法的此项规定在基督教世界造成了巨大的影响力，各地教堂争相搜救圣徒遗物，一场竞赛似乎在所难免。

各地圣殿获取"圣迹"的手段也是多种多样的，既有和平的也有暴力的。围绕着圣徒马丁的遗骨，在中世纪就发生过一场激烈的争夺。

圣徒马丁之所以皈依基督教、成为基督徒，出自于一个貌似偶然的因素。他出生在今已归属匈牙利的萨巴里亚（Sabaria）的一个非基督教家庭，在意大利的帕维亚（Pavia）长大成人。15 岁时，马丁加入罗马军队，为罗马政府效力。《圣徒行传黄金备览》的记载：在一个严寒的冬天，马丁在亚眠城门处偶遇一个赤裸身体的乞丐；他见无人救助，自认为是神把这样一个显示悲悯情怀的机会留给了自己，就把身穿的一件长袍割下一半披在这位乞丐身上；此事发生之后的第二天夜里，耶稣身披这半件长袍向他现身，并且向聚集在身边的天使讲述了这件事情；马丁感受到了耶稣基督的善意，心灵的感应使他接受洗礼成为基督徒②。然而，马丁成为基督教的一位圣徒，却是出自于他个人毕生的努力。马丁生前曾经在高卢的普瓦提埃成为主教希拉里（Hilary）的门徒，并且在普瓦提埃的利古日（Liguge）创建了一所属于隐修会的修道院，被认为是隐修会修道团体的创建者。马丁还曾经在都尔担任主教达 26 年之久，致力于传播基督教，吸引了大量的宗教皈依者，因而在历史上留名"都尔

---

① Norman P. Tanner, S. J. (edited), *Decrees of the Ecumenical Councils*, volume one, pp. 144—145.

② Jacobus de Voragine (translated by William Granger Ryan), *The Golden Legend*, *Readings on the Saints*, volume Ⅱ, p. 292.

主教马丁"，其声名远播至"高卢地区之外"①。

当都尔主教马丁在辖区内的康德村卧病的时候，普瓦提埃和都尔两地的居民就一起到来，为他送终。在他死去之后，两处居民为争夺他的遗体发生激烈的争吵。普瓦提埃人说："作为修道士，他是属于我们的，他是在我们那里当修道院院长的，我们要求把托付给你们的人归还我们。"都尔人反击的理由是："……在他就任主教之前，他身上的灵异比起后来要大得多。因此，他生前在我们这里所未完成的功业，就应该在死后予以完成，才是正理。上帝把他从你们那里取走，却给了我们。只要古时定下的习惯今天仍须遵守的话，他就应该按照上帝的意旨安葬在他被授予圣职的那个城市。"最终，还是都尔人乘普瓦提埃人在深夜困倦之机，将圣徒马丁的遗体偷偷运走，埋葬在他曾经担任主教的都尔城。②

人们在朝拜圣地的同时，也搜求圣徒遗物，带到西欧各地的教堂中供奉。十字军东征期间，西欧的天主教世界与地中海东岸的基督教圣地有了更多的接触，大量的圣徒遗物经由东征的参加者带到了西欧。1239 年，法兰西国王路易九世从十字军国家——位于君士坦丁堡的拉丁帝国皇帝手中购得"荆棘冠冕"，在巴黎修建了一座华丽的哥特式圣殿用来存放这个"荆棘冠冕"。"荆棘冠冕"一说出自福音书的记载：耶稣在十字架上受刑之前，执刑的罗马士兵用荆棘编了一个王冠戴在他头上，用以戏弄并讽刺他自称"犹太人的王"③。

也有抢劫圣徒遗物的事情发生。意大利南部诺曼人国家的一位商人巴里(Bari)，从位于小亚细亚西南部迈拉(Myra)的圣徒尼古拉斯(St. Nicholas)圣殿抢得圣尼古拉斯的遗物，带回家乡之后供奉在当地的主教座堂。尼古拉斯曾经在公元 4 世纪担任吕西亚的迈拉(Myra in Lycia)主教，意大利南部的这座新圣殿因为供奉着巴里带来的圣尼古拉斯遗物，在当时也被称为"巴里的圣尼古拉斯"。圣尼古拉斯是一位有着广泛价值的圣徒，被认为是俄罗斯人、海上航行的水手、儿童的保护者。有一个传说可以表明圣尼古拉斯如何成为儿

---

① André Vauches (translated by Jean Birrell)，*Sainthood in the Later Middle Ages*，p. 14.

② 格雷戈里：《法兰克人史》，寿纪瑜、戚国淦译，第 37—38 页。

③ Matthew，27：27—27：31.

童的保护者：托伦蒂诺的圣尼古拉斯（St. Nicholas of Tolentino）出生在一个老年无子嗣的夫妻家中；这对夫妻在得到这个珍贵的儿子之后，在睡梦中得到启示，要求他们到"巴里的圣尼古拉斯"朝圣；正是由于"巴里的圣尼古拉斯"的干预，这对夫妻才老年得子；为了感谢这位圣徒的帮助，这对夫妻为新生的儿子取名"尼古拉斯"，以圣尼古拉斯作为新生儿子在天国的护卫者。①

由于抢劫圣徒遗物的事情经常发生，以至于人们保持着高度的警惕性，防止圣徒遗物受到劫持。圣徒法兰西斯（St. Francis，1181—1226）由于创建了声名显赫的托钵僧团——圣方济各修会（Franciscan Order），生前即在天主教世界被奉为"圣徒"，有画像供奉在教堂之中。② 1226 年，他在意大利半岛诺西拉（Nocera）附近的巴格纳拉（Bagnara）一病不起，希望返回相距不远的故乡阿西西（Assisi）安息。为了使他在最后时刻（或他的遗骸）顺利返回故乡，阿西西市政当局派遣武装士兵前往巴格纳拉守护，免得遭到劫持。而巴格纳拉当地教会希望将法兰西斯留在当地，也派人守卫在法兰西斯临危的主教座堂门前，唯恐他临终之后的遗骸被来自阿西西的人们抢走。分属两地的人们守护在临终的法兰西斯身边，甚至毫不掩饰其急切地希望法兰西斯的死期早些到来的心情。③

为了持有圣徒遗物，还有更加极端的事情发生。大约在公元 11 世纪，比利牛斯山区（Pyrenees）的库哈（Cuxa）地方居住着一位享有盛名的隐修者圣徒罗蒙德。有一天，这位隐修者告诉当地的农民，他准备返回故乡意大利居住。当地农民唯恐失去他的遗迹，竟然试图谋杀这位隐修士。

也有伪造圣徒遗物的现象。乔万尼·薄伽丘（Giovanni Boccaccio，1313—1375）在《十日谈》（Decameron）中讲述过一个托钵僧的故事。这位托钵僧经常向人们展示一根羽毛，宣称是天使长加百列（archangel Gabriel）在向圣母报告耶稣就要诞生④时脱落的羽毛。一群学生为了捉弄他，趁他不注意的时候把

---

① André Vauches（translated by Jean Birrell），*Sainthood in the Later Middle Ages*，p. 507.

② ibid.，p. 449.

③ ibid.，pp. 430—431.

④ 由此而产生"天使报喜节"（Annunciation），时间在 3 月 25 日。

这根羽毛烧成了灰……①

　　对于那些生平事迹被载入了史册，其人、其物都有据可查的圣徒，可以认定在圣殿里供奉的遗骨、遗物具有高度的真实性。但是在很多地方的圣殿中也难免供奉着一些虚构的圣徒遗物，例如，伦敦万圣教堂（Church of All Hallows）保存着一块号称是圣大卫的遗骨。更为可疑的是牛津大学默顿学院在1489或1490年时得到了两件圣徒遗骨，一件据称是施洗者约翰的牙齿，另一件据称是科伦巴·克里斯蒂（Columpa Christi）的一段指骨以及套在上面的一个指环。这两件"圣徒遗骨"居然可以在大学赢得崇拜者，说明不仅没有多少文化的俗界盲目崇拜圣徒遗物，在学者圈子里也不乏被圣徒遗物所吸引的人。

　　教会不仅有确认圣徒的权力，也有确认圣徒遗迹的权力。经过教会批准的圣迹，可以供奉在圣殿里供教徒朝拜，这类圣徒遗迹具有更大的权威性。但是，与存在着未经教会批准的圣徒一样，各地的圣殿里也供奉着许多未经教会确认的"圣迹"。教会也有权力摧毁被认为是伪造的圣徒遗迹，多明我会宗教裁判所就曾经摧毁了位于里昂的一处圣徒遗迹。

第五节　圣地朝拜

　　在中世纪的西欧，大大小小的圣殿遍布西欧各地，用来供奉"圣迹"。所谓"圣地朝拜"，通常是经过长途跋涉前往重要的"圣迹"朝拜。"圣迹"记载着基督教信仰发展史上的重大事件，是基督信徒表达宗教虔诚的承载物，在追求罪恶赦免、灵魂救赎的历程中发挥着重要的作用。

一、耶路撒冷

　　圣城耶路撒冷以及周边的巴勒斯坦地区，在朝圣者心目中是最为崇高的朝拜之地，因为这里曾经是耶稣基督以及众多使徒在尘世活动过的地方，因为这里保留有耶稣及其使徒的历史遗迹，例如，耶稣被钉死在十字架上的受难之地，在岩石中凿出的耶稣坟墓。有机会站在这些圣迹面前睹物思"圣"，

① Giovanni Boccaccio (translated by James Macmullen Rigg), *The Decameron*, volume Ⅱ, Biblio Bazaar, 2008, pp. 126—127.

怀念耶稣基督以及众多使徒的生平事迹，是基督徒从事圣地朝拜的最高理想。这就难怪当教宗乌尔班二世以"武装朝圣"号召、发动十字军东征的时候，成千上万的教徒起而响应，动身前往巴勒斯坦圣地。

罗马教宗在 11 世纪末发动的十字军东征，很大程度上也是天主教世界的基督徒全民朝拜耶路撒冷圣地的运动。十字军国家占领耶路撒冷以及周边的巴勒斯坦圣地期间，欧洲天主教徒朝拜圣城的活动达到空前繁荣。只是在 1187 年耶路撒冷失守，尤其是 1291 年拉丁帝国陷落之后，这种盛况空前的朝圣活动才有所降温。

1291 年拉丁帝国陷落之后，统治耶路撒冷的马木路克穆斯林政权对朝拜圣城的季节和路线做出种种限制，只允许朝圣者经由海路在雅法(Jaffa)登陆。由于路途既艰辛又危险，"风萧萧兮易水寒"，许多朝圣者一去不复还。位于西奈山的圣凯瑟琳修道院(St. Catherine Monastery)，因为是希伯来人首领摩西接受十诫的地方①，也是重要的宗教圣地。在前往耶路撒冷朝拜的路途受阻之后，尽管朝圣者可以自由朝拜圣凯瑟琳修道院，然而修道院周边的自然环境很恶劣，朝圣者需要穿越沙漠地带，并且在很多情况下必须骑着骆驼才能到达这里，旅途的艰辛超越了人的体力极限。尽管困难重重，仍有西欧人百折不挠，前往东方朝拜。然而在 1291 年以后的一段时间里，西方天主教会与使徒时代圣地的联系仅限于西奈山的圣凯瑟琳修道院，以及意大利商人占领的一部分商站，东西方之间的交通在很大程度上依靠威尼斯商人的船队维系。

二、罗马

对于西欧的天主教徒而言，除了耶路撒冷与巴勒斯坦地区的圣地之外，第二重要的朝圣地是位于意大利半岛的罗马城。罗马之所以成为西欧的朝拜中心，有其特定的原因：(1)虽然耶路撒冷和巴勒斯坦的宗教地位更加重要，但是对于西欧的天主教徒而言，前往耶路撒冷不仅旅途遥远，而且艰险重重。相比之下，位于西欧的罗马是更加易于抵达的朝圣之地。(2)罗马有"殉教者之城"的美誉，是西欧天主教世界保存圣徒遗迹最多的地方。罗马不仅聚集着大量的宗教虔诚者与殉教者的遗迹，更重要的是保存有使徒彼得与保罗的坟

---

① Exodus，20：1—20：17.

墓。罗马皇帝君士坦丁在罗马修建了彼得教堂与保罗教堂，据说在教堂里保存有彼得与保罗的遗骨。

彼得曾经在小亚细亚的安条克、意大利半岛的罗马等地传播基督教，并且很可能于公元67年在罗马遇害，据传也被钉死在十字架上。彼得是否来过罗马？是否在罗马殉教？20世纪四十至六十年代的考古发现对这些问题做出了肯定的回答：在位于罗马的圣彼得大教堂（St. Peter's Basilica）下面发现了彼得的坟墓。这样的考古发现可以证明彼得确实来过罗马，并且就葬在罗马。彼得在罗马城的基督教传播和发展过程中发挥过重要作用，但是目前的考古发掘不能证明彼得在罗马活动时的身份和地位，因而也就不能为基督教传统中把彼得视为"第一任罗马主教"的身份定位提供证据，更何况在使徒时代尚未形成主教制度。

然而，彼得确实在基督教传统中占据着重要地位。耶稣曾经把"天国的钥匙"授予彼得，《马太福音》记载了耶稣说过的一段话："你是彼得，我要把我的教会建立在这座岩石上；地狱的大门不能胜过它。我把天国的钥匙交与你，凡是你在地上捆绑的，也将在天国捆绑；凡是你在地上释放的，也将在天国释放。"①根据福音书的这段记载，基督徒相信彼得在耶稣的众多门徒之中位列首位，不仅是天堂之门的守护者，而且掌握着尘世的禁释之权。

保罗曾经在公元61年到达罗马城。《使徒行传》在结尾部分记载：保罗在罗马城公开传教，并未受到限制和阻拦。② 公元64年，罗马城发生了一次反对基督教的暴动，暴动受到尼禄皇帝的鼓励。暴动过后，保罗销声匿迹了。据推测，保罗可能在这场暴动中遇难了，最终成为基督教的一名殉教者。

从公元4世纪末叶开始，罗马就开始吸引大量的朝圣者，蛮族的入侵只是在一段时期内暂时妨碍了朝圣者对于罗马的热情，不能完全阻挡朝圣者的脚步。根据"尊敬的比德"的描述，当不列颠的盎格鲁—撒克逊人还没有普遍接受基督教的时候，年轻的约克人威尔弗里德（Wilfred，634—709）就来到了罗马，在使徒的圣殿前"夜以继日专心祷告"，祈求上帝赦免他的罪恶。在罗马，威尔弗里德结识了博学的卜尼法斯，在他的指导下"系统地学习了四卷福

---

① Matthew，16：18—16：20.

② Acts of the Apostles，28：23—28：30.

音书，掌握了复活节时间的正确推算方法。……学到了在自己的故乡国度无法学到的许多其他有利于教会法规的事情"。在担任约克主教之后，威尔弗里德又先后两次前往罗马朝圣，祈求上帝保护他免受敌对者的迫害，并且向罗马教会提出申诉，捍卫自己的普世性宗教立场。①

罗马在成为西欧的朝圣中心之后，吸引了无数的朝圣者，其发展是如此的迅速，以至于前往罗马朝圣在不列颠教会内形成一种时尚。圣卜尼法斯（St. Boniface，680—754）在大约 7 世纪 30 年代写给不列颠一位修女院长巴加（Bugga）的信中提到：修女维斯博加（Wiethburga）在罗马朝圣期间，在"圣彼得的圣殿中寻找到了某种寻求已久但始终没有得到的平静生活"。然而，由于"近来在罗马出现的撒拉森人（Saracens）的反叛性袭击行为构成了威胁"，圣卜尼法斯奉劝巴加暂缓实施前往罗马朝圣的计划，并且呼吁对僧俗两界妇女前来罗马朝圣加以限制。②。

不列颠人不仅热衷于前往罗马朝圣，更有财力雄厚之人将罗马视为理想的埋骨之地，以至于在罗马形成了不列颠人的聚居地。撒克逊人国王肯里德（Kenred），布赫里德（Buhred），肯德沃拉（Ceadwalla），还有肯德沃拉的继承人艾纳（Ina）及其王后，死后就埋葬在罗马城的几座教堂里。

法兰克人对于朝拜罗马有着同样高涨的热情，而这样的朝圣热情往往是为了解决现实生活中遭遇的困难、医治或者排除疾患。《法兰克人史》记载：昂热有个居民由于发高烧，丧失了说话的能力和听觉，退烧后又聋又哑。这时正有一位助祭被教会从当地派往罗马，去取回神圣的使徒们和保护罗马的其他圣徒们的遗物。病人的父母听说此事，就请求他发发善心，带着他们的儿子一起去，他们相信只要他能瞻仰一下最神圣的使徒们的坟墓，他的病就可以得到及时的治疗。③

世俗君主们前往罗马朝拜也可能是为了达到某种政治目的。艾因哈德在《查理大帝传》中记载：查理曼在统治的 47 年间，曾经四次造访罗马，不仅是

---

① 比德：《英吉利教会史》，陈维振、周清民译，第 350—355 页。

② Ephraim Emerton(translated)，*The Letters of Saint Boniface*，New York：Columbia University Press，2000，p. 34.

③ 格雷戈里：《法兰克人史》，寿纪瑜、戚国淦译，第 287 页。

为了祈祷和履行誓言，也是为了达到政治目标——由罗马教宗加冕，成为"罗马人皇帝"①。更加显著的一个事例是，丹麦国王卡纽特在统治不列颠期间，曾经在 1027 年来到罗马，不仅是为了朝圣，也是为了借机向国王康拉德（Conrad，1024—1039 年在位）以及勃艮第国王鲁道夫（Rodolph）求助，使来自不列颠的朝圣者不致受到粗暴的对待。②

教会档案中存有大量的关于教职人士前往罗马朝圣的记载。1492 年，约克主教区批准两名追思弥撒礼拜堂司祭前往罗马朝圣，前提条件是：他们必须找到合适的人选在他们离职期间代为履行圣职。1500 年，韦尔斯主教座堂（Cathedral of Wells）教士团的一名具有堂区住持身份的教士尼古拉斯·马歇尔请下一年的长假，为的是前往罗马朝圣。教会档案材料记载，他在离职期间可以照常从供职的主教座堂教士团领取圣俸，只是不再领取他作为堂区住持名下的薪俸份额。③

三、圣地亚哥—德—孔波斯特拉

基督教的宗教圣地呈现出不断增多的发展趋势。如果说耶路撒冷、罗马是在基督教产生与早期发展过程中形成的圣地，那么位于伊比利亚半岛的圣地亚哥—德—孔波斯特拉、英格兰东南部的坎特伯雷、德意志的科隆则是在中世纪成长起来的宗教圣地。

公元 9 世纪，在圣地亚哥—德—孔波斯特拉"发现"了使徒雅各的遗骨。根据中世纪的传说故事：使徒雅各在 3 月 25 日圣母领报节遇害；其灵柩在 7 月 25 日移至孔波斯特拉；由于营造坟墓的工程从 8 月持续到 12 月底，因而使徒雅各直至 12 月 30 日方始下葬。④

自从关于使徒雅各的遗骨保存在圣地亚哥的故事在西欧各地流传以后，这里逐渐成为圣地朝拜的一个热点。1200 年以后，圣地亚哥已经位列天主教

---

①　艾因哈德，圣高尔修道院僧侣：《查理大帝传》，戚国淦译，第 29 页。

②　Henry Charles Lea, *A History of Auricular Confession and Indulgences in the Latin Church*, volume Ⅲ, p. 196.

③　J. A. F. Thomson, *The Early Tudor Church and Society*, 1485—1529, p. 327.

④　Jacobus de Voragine（translated by William Granger Ryan）, *The Golden Legend*, *Readings on the Saints*, volume Ⅱ, p. 5.

世界最重要的朝圣地之一。英格兰人大多是从布里斯托尔乘船前往这个位于西班牙半岛西北部的宗教圣地。根据埃克塞特主教座堂档案记载：1529 年时，这个主教座堂的教士团批准其成员詹姆士·特里梅利恩（James Tremy-lyon）前往圣地亚哥朝圣；在此之前的 1490 年，这个主教座堂也曾经准许一位名叫默顿（Merton）的教士离职朝拜。①

四、坎特伯雷

自从坎特伯雷大主教托马斯·贝克特于 1170 年 12 月 29 日以身殉教以后，坎特伯雷就成为英格兰境内首屈一指的宗教圣地。托马斯·贝克特是英格兰本土在中世纪造就的最负"圣"名的圣徒，他的圣殿就设在他遇害的主教座堂，这里保存有他的墓葬和遗物。亨利二世曾经在他的圣殿前忏悔苦行，以平息社会舆论对于托马斯·贝克特遇害的激愤不平。托马斯·贝克特因为以生命捍卫了基督教会的权益，这样的经历也促使他成为一名享有国际声誉的圣徒。他的圣殿不仅吸引着来自英格兰各地的朝拜者，而且是整个天主教世界的朝圣中心之一。为了满足各地朝圣者的需要，大约在 1520—1521 年，他的一件遗物被移送到萨默塞特（Somerset）郡的克罗斯科姆（Croscombe）堂区教堂供奉。丹麦女王曾经在 1515 年写信给亨利八世，请求尽快得到一件贝克特的遗物。圣托马斯·贝克特的圣殿在亨利八世宗教改革期间于 1538 年被毁，贝克特的遗骨被焚烧、遗物被扬弃。② 连同圣殿一起被否定的，是中世纪天主教关于圣徒与圣徒崇拜的全部神学理论与宗教实践。

五、科隆

科隆之所以成为著名的宗教圣地，是因为福音书记载的东方博士的遗骨在 1164 年迁移到了这里。大约距此 6 年之前，米兰的一座教堂坍塌，人们发现了埋葬在这里的东方博士遗骨，并且将之从米兰移至科隆主教座堂（Cathe-dral of Cologne）。关于东方博士的传说来自《马太福音》的记载：耶稣在伯利恒降生之后，有三位来自东方的博士前来拜见，为刚刚出生的婴儿带来了礼物——黄金、乳香、没药③。据说东方博士有能力通灵术，人们相信东方博

---

① J. A. F. Thomson, *The Early Tudor Church and Society*, 1485—1529, p. 327.

② A. F. Pollard, *Henry Ⅷ*, London: Longmans, 1919, p. 372.

③ Matthew, 2：1—2：12.

士的遗骨可以保护祈祷者免受巫术的伤害，这一点恐怕也是科隆之所以成为
圣地朝拜热点的重要原因。

六、区域性朝拜中心

以上是在整个天主教世界享有盛名的宗教圣地，此外还有一些宗教圣地
在某一区域内享有盛名，成为区域性的朝拜中心。其中最为常见的是遍布欧
洲各地的圣母教堂，例如，位于法兰西中部的罗加马多的圣母教堂，位于英
格兰诺福克的沃尔辛厄姆(Walsingham)的圣母教堂。

位于英格兰诺福克郡沃尔辛厄姆的圣母玛丽亚圣殿，建于十字军东征期间
的 12 世纪。据称是一位贵族在朝拜巴勒斯坦圣地以后，仿照玛丽亚在拿撒勒的
住房修建的。圣殿落成以后，迅速吸引了众多的朝拜者，成为英格兰境内最负
盛名的圣母玛丽亚圣殿。由于接受了朝拜者大量的捐赠，在 1535 年的英格兰教
产大评定中，这座圣母礼拜堂被认定是英格兰境内最富有的圣殿。沃尔辛厄姆的
玛丽亚圣殿之所以对朝圣者产生了巨大的吸引力，在很大程度上来自于基督教神
学对圣母玛丽亚身份与地位的描述。在天主教的圣徒崇拜体系中，玛丽亚由于与
圣父、圣子的特殊关系而位列众圣徒之首，是最受尊崇的圣徒。此外，沃尔辛厄
姆的玛丽亚圣殿以仿照拿撒勒的圣母住所相标榜，也提高了这座圣殿的威望。

对圣母玛丽亚的崇拜从 12—13 世纪开始流行于西欧，并且有愈演愈烈之
势，在 14 世纪至宗教改革前夕达到鼎盛。① 在几个世纪的时间内，各地纷纷
塑造圣母像，争相宣称他们的圣母像显灵了。在意大利安科纳(Ancona)附近
的劳瑞托(Loreto)小镇上也有一座所谓的"玛丽亚在拿撒勒的住房"，称为"洛
雷托的圣居所"(the Holy House at Loreto)。据传说，这座小屋是 1295 年由
众天使送到这里的②。12 世纪时，几乎每一座教堂都至少有一座圣母像。中
世纪晚期以后，大多数教堂设有圣母礼拜堂，或者设有圣母祭台。面对着圣
母崇拜的热潮，托马斯·莫尔(Thomas More，1477—1535)评论说，似乎展
开了一场圣母崇拜的竞赛。③

① Ronald C. Finucane, *Miracles and Pilgrims: Popular Beliefs in Medieval Eng-
land*, p. 196.

② R. N. Swanson, *Religion and Devotion in Europe*, c. 1215—c. 1515, p. 144.

③ ibid., p. 144.

在中世纪，不同的人群有不同的崇拜对象。这是因为，圣徒的影响力有大有小——有些圣徒得到整个教会的崇拜，有些是地方性的崇拜对象，有些圣徒得到特定人群的崇拜。天使长迈克尔是天国军队的指挥，是中世纪骑士——尤其是诺曼人骑士崇拜的对象。位于意大利南部阿普利亚（Apulia）的蒙特—高加诺与位于法兰克西部布列塔尼（Brittany）的圣迈克尔山设有天使长圣殿，是天使长崇拜的中心。

七、朝拜圣地的艰苦旅程

杰弗里·乔叟撰写的《坎特伯雷故事》，是以朝拜圣地为背景展开的故事情节。故事描述了一群人从伦敦出发前往坎特伯雷朝圣，一路上的所见所闻。乔叟的描述容易使人误解，以为朝拜圣地的旅途都是那样平安，那样舒适。伦敦与坎特伯雷两地之间相距不远，只有 60 英里。在杰弗里·乔叟生活的 14 世纪，这里已是英格兰境内经济发达地区，在乔叟的笔下是繁荣富庶的乡村风光。然而实际的情形是，朝拜圣地的旅途有时是极其艰辛的，尤其是远途的圣地朝拜。

朝拜圣地的旅途中可能遇到很多艰难险阻，以至于朝拜者在动身之时，难以预料何时能够返回故乡甚至是否能够返回家乡。前往不同的圣地朝拜，面临的艰难险阻有所不同。在欧洲境内的圣地朝拜，有可能遭遇盗匪的抢劫。有记载表明，在来往于罗马的路途中，不断有朝圣者与商人遭到抢劫的消息传来，以至于法兰克人皇帝路易二世（Louis Ⅱ，850—875 年在位）在 850 年下令，要求对此种现象加以制止。[①] 如果是乘船经海路前往圣地，也可能发生海难，葬身鱼腹。如果以上意外事件都没有发生，还有可能感染上瘟疫，病死他乡。然而，尽管朝拜圣地的旅途艰险重重，受宗教热情激励的基督徒仍然热衷于朝拜圣地，甚至把前往圣地朝拜作为自己终生的理想和奋斗目标。

为朝圣者提供食宿和旅途的便利，是中世纪西欧僧俗两界的共识。查理曼在公元 802 年发布的敕令中指出：法兰克王国境内的任何人，无论是富有的还是穷困的，都不应拒绝为朝圣者提供住宿、温暖、饮水（条款 27）[②]。查

[①] Henry Charles Lea, *A History of Auricular Confession and Indulgences in the Latin Church*, volume Ⅲ, p. 197.

[②] Patrick J. Geary(ed.), *Readings in Medieval History*, p. 300.

理曼向他的臣民提出这样的慈善要求，是基于基督教追求的"博爱"理想。根据《马太福音》的一段记载，基督教把这种"博爱"的理想具体化，归纳出七种善事：给饥者餐；给渴者饮；给行旅者以宿；给赤身露体者衣；给疾病者以看护；给身陷囹圄者以关爱；给死者以葬。耶稣基督曾经承诺，行此善事者将蒙受天国的酬报。① 然而，中世纪的社会为朝圣者提供的便利毕竟十分有限，朝拜圣地的旅途中需要的各种物质条件在相当大的程度上是由朝圣者自己承担。

朝拜者来自社会的各个阶层和各个年龄段，有能力为朝拜圣地承担的物质条件各不相同。富有的人可以想方设法使朝拜的旅途变得舒适，他们骑着马，一路上有吃有喝有住宿的地方。穷人则只能依靠自己的双脚，一步一步地丈量朝拜的路途。无力承担食宿的人甚至沿途乞讨、风餐露宿。对于那些由教会法庭判罚的作为悔罪苦行实施的朝拜者，则是另外一种情形。圣地朝拜作为宗教惩治的一种方式，无论是富人还是穷人，教会都可能要求朝拜者赤足光头，甚至身披枷锁镣铐。此种方式的朝圣苦行，更加突显了第四次拉特兰宗教会议阐述的"心灵比身体珍贵"的理念（条款 22）②。

远途朝拜有可能使农民荒芜了田园，商人延误了生意，教士则不得不暂时搁置自己的教职生涯。面对此种情况，衍生出的变通办法是由他人代替朝拜圣地。不能亲自前往朝拜的教徒，可以物质的方式资助他人代行朝拜，通常是数人集资由某一教职人士作为代表前往圣地。在 1492 年，伯里—圣埃德蒙兹（Bury St. Edmunds）地区一个名叫玛格丽特·奥迪汉姆（Margaret Odiham）的人在遗嘱中规定，以 10 英镑遗产资助一名教士前往罗马朝拜。这位教士在罗马度过了复活节前的整个大斋期，在圣殿为资助他成行的几位教徒举行了追思弥撒。③ 教会档案中有类似内容的遗嘱并不少见。同样是在伯里—埃德蒙兹地区，另一个名叫威廉·巴雷特（William Baret）的人要求他的遗嘱执行人选定一位神父前往罗马，为他的父亲和他本人祈祷，并且要求这

---

① Matthew，25：34—25：36.

② Norman P. Tanner, S. J. (edited)，*Decrees of the Ecumenical Councils*，volume one，p. 246.

③ J. A. F. Thomson，*The Early Tudor Church and Society*，1485—1529，p. 327.

位神父在从圣地返回后，继续为他的灵魂祈祷一年。①

　　已经去世的人需要为其亡灵祈祷，为的是使灵魂尽快脱离炼狱之苦。生活在尘世的人也可以委托他人前往圣地朝拜，同样是为了灵魂的救赎。亨利七世的王后伊丽莎白的私人账簿上记载着一笔详细的开支，是她的委托人在英格兰南部朝圣时，以王后的名义向各个圣殿捐赠的账目。这位朝圣者沿着泰晤士河向西北到达格洛斯特（Gloucester），然后再向东南折返，直至濒临英吉利海峡的多佛尔（Dover）。一路上不仅朝拜了经过教宗敕封的圣徒，而且朝拜了非经教宗敕封的圣徒，诸如兰加斯特王朝末代国王亨利六世的儿子爱德华王子，他的圣殿就设在1471年他战死疆场的图克斯伯里（Tewksbury）②。

　　现存有关朝拜圣地的文字材料是多种多样的，其中既有教会档案中保存的批准教职人士离职前往圣地朝拜的特许证书、各地圣殿保存的"奇迹"见证人名录与朝圣者捐赠记录、苦行赎罪者在圣地取得的朝圣证书，也有诸如朝圣纪实或圣殿朝觐指南之类叙事性文字，更有以朝圣为背景的文学著作，如杰弗里·乔叟撰写的《坎特伯雷故事》。总的说来，关于朝圣的档案材料具有三个特点：（1）大量记载的是有关教职人士朝拜圣地的情况，对普通教徒的朝圣活动所记不多。这是因为教职人士远途朝圣需要得到所在教区的批准，以便教会对他担任的职务做出临时安排。教会档案中这样的例子很多，如1528年，埃克塞特主教座堂准许其教士团成员爱德华·格根（Edward Gurgon）前往沃尔辛厄姆朝觐；达勒姆主教区保存的一封未署日期的信件（据推测写于1508年）中，记载着一位不知姓名的修道院长批准他属下的一名修士前往坎特伯雷的圣贝克特圣殿朝拜。③（2）着重描述的是朝圣者对于圣徒与圣殿、史迹与"奇迹"的感慨，主观印象多、客观记载少。（3）材料支离破碎、残缺不全，缺少有关圣地朝拜的完整统计数字。受档案材料所限，史学著述目前也难以做到对圣地朝拜的情况做出全面的描述。

---

①　J. A. F. Thomson, *The Early Tudor Church and Society*, 1485—1529, p. 326.

②　R. N. Swanson, *Religion and Devotion in Europe*, c. 1215—c. 1515, p. 168.

③　J. A. F. Thomson, *The Early Tudor Church and Society*, 1485—1529, p. 327.

第六节 宗教"奇迹"

圣徒之"神圣"首先是因为他们在尘世时曾经很"杰出"，其次是因为他们可以通过宗教"奇迹"传达上帝的旨意。人们不辞辛苦朝拜圣徒，实际上是期待着一种交换行为：以对圣徒的崇拜行动换来"奇迹"的降临，圣徒也必须通过显示其传达"奇迹"的力量来证实其无愧于教徒的崇拜。从这一意义上说，崇拜者与被崇拜者之间是一种互惠关系。

从崇拜者一方来看，他们对圣徒"奇迹"力量的期望值是无限大的：既希望圣徒帮助求助者拯救灵魂以便死后升入天堂；又希望圣徒帮助求助者摆脱尘世的水火、风雨、疾患等灾难；统治者甚至希望圣徒作为王权统治的保护神，使王统世系一代一代地传递下去。然而实际的情况是，能够一身兼负如此众多责任、具备如此众多功能的圣徒毕竟是有限的。对于那些不那么神通广大的圣徒，崇拜者安排他们专司一职，仅在某一方面发挥圣徒的"奇迹"作用。

圣徒阿波罗尼亚(St. Apollonia)是居住在亚历山大里亚的基督徒，一位纯洁的少女。在罗马皇帝迪希厄斯(Decius)迫害基督徒的行动中，阿波罗尼亚主动挣脱绑缚在身上的绳索，奋身跳入用于威慑基督徒的火堆，在《圣徒行迹》中被称认定是"无所畏惧的殉教者"[1]。对于这样的一位圣徒，崇拜者相信她具有医治牙痛的神力。圣塞巴斯蒂安(St. Sebastian)生活在公元3世纪的意大利米兰，在罗马皇帝戴克里先迫害基督徒时殉教。圣塞巴斯蒂安被认为拥有驱散瘟疫的能力，这一民间习俗起源于伦巴德国王贡巴特(Gumbert)统治时期。当时，意大利各地瘟疫横行。据《圣徒行迹》记载：人们自称受到神的启示，在帕维亚修建了一座存放有圣·塞巴斯蒂安遗物的祭台，正在肆虐的瘟疫"立即停息了"[2]。

由于圣徒们"各司其职"，在基督教世界形成了一些具有某种特殊"奇迹"

---

[1] Jacobus de Voragine(translated by William Granger Ryan)，*The Golden Legend*，*Readings on the Saints*，volume I，p. 269.

[2] ibid.，p. 101.

的圣殿，吸引着特殊的朝拜者。位于尼德兰布拉邦特地区的圣徒科尼利厄斯
(St. Cornelius)圣殿被认为可以医治疾病，约克主教区有一位名叫托马斯·
罗伯茨的教士因为患有一种莫名其妙的疾病，而且病情严重，前往这座圣殿
求医。因为朝拜圣地花费巨大，约克大主教请求其他教士资助他成行。① 林
肯主教座堂保存有林肯主教休的头骨与遗物，根据传说，这座圣殿对于精神
错乱者拥有特殊的疗效。② 诸如此类具有医疗功能的圣殿，对于朝圣者有着
历久不衰的吸引力。从林肯主教座教堂的捐赠记录中可以看到，直到"宗教改
革议会"召开期间的 1529 年，还有朝圣者向圣·休的圣殿捐赠了 4 便士。③

　　然而，在英格兰也有不十分景气的圣殿。伍斯特主教座堂设有盎格鲁—
撒克逊时代的圣徒——奥斯瓦德与伍尔夫斯坦两座圣殿，在整个 14 世纪期
间，这两座圣殿每年接受的捐献几乎从未超过 10 先令。可以设想，前来这里
朝拜奥斯瓦德与伍尔夫斯坦两位圣徒的人非常稀少。与此形成鲜明对照的，
是同一时期、在同一座伍斯特主教座堂中，向圣母玛丽亚圣像的捐款每年大
约可以达到 40 英镑。④

　　也有烛火鼎盛一时、以后逐渐衰落的圣殿。这种情况的出现恐怕与圣徒
崇拜的流行风潮有关，就好比某一首流行歌曲唱红一时、以后又逐渐被遗忘
一样。大雅茅斯教堂(Church of Great Yarmouth)在设置亨利六世圣像之初，
收到的教徒捐献迅速增加，但是一段时间以后，捐献的数量又逐渐回落。⑤
类似的例子在英格兰各地比比皆是，通常的情况是，圣母玛丽亚的圣殿与某
些新设立的圣殿易于成为大众朝拜的热点。这种现象所反映的只是朝圣者欣
赏趣味的变化，并不意味着大众宗教热忱的普遍低落。史学著述中把某些圣
殿的衰落解释成宗教热忱的普遍低落，是不全面的。

　　英格兰境内另外一个吸引朝拜者的圣地是格洛斯特郡的海尔斯修道院
(Hailes)，这所修道院因供奉有"圣血"(据传是从一块圣饼中流出的)而享有

---

① J. A. F. Thomson, *The Early Tudor Church and Society*, 1485—1529, p. 327.
② André Vauches (translated by Jean Birrell), *Sainthood in the Later Middle Ages*, p. 446.
③ R. N. Swanson, *Religion and Devotion in Europe*, c. 1215—c. 1515, p. 166.
④ ibid., p. 166.
⑤ ibid., p. 166.

盛名。经教宗特许，这所修道院从 1487 年起开始为朝圣者主持弥撒礼、举行祝圣活动。因为有教宗的授权，在这里举行的弥撒礼和祝圣活动就有了更加神圣的意味。但是由于这里供奉的"圣血"体现的是天主教神学的"化体"理论，这座圣殿在吸引众多朝拜者的同时也受到新教徒的抨击和敌视。

　　朝拜圣地所体现的，是对圣徒的崇拜。然而绝大多数圣徒已经离开尘世进入了天国，他们留在尘世的"圣迹"就成为他们意志的象征。朝圣者在圣殿中面向"圣迹"祈祷时，实际上是相信身在天国的圣徒对此有所感知。他们希冀借助圣徒的帮助，使上帝借助于"圣迹"演绎宗教"奇迹"，从而达到朝拜圣地的目的。为使圣徒获得感知，朝圣者需要在圣殿奉献蜡烛。如何使圣徒在圣殿众多的烛火中辨认出奉献者是何人？中世纪流行的主要办法是以蜡烛芯的长度作为奉献者的标记。如果是为个人祈求"奇迹"，就依照这个人的身高确定烛芯的长度，然后在圣殿奉献相应尺寸的蜡烛。如果是为一座城市祈求"奇迹"，诸如驱散瘟疫或解救城市于刀兵围困之中，就需要丈量城墙的周长，然后以城墙的周长作为烛芯的长度。

　　从受到崇拜的圣徒一方来看，有能力屡次显示"奇迹"的圣徒被认为得到了上帝的"青睐"，从而可以吸引更多的朝拜者和捐赠者。不能显示奇迹的圣徒自然是门庭冷落、逐渐被人们淡忘。就某一圣徒个体而言，他在离开尘世之后或者被世人追捧，或者被世人冷落，其命运在一定意义上也是受市场规律支配的。

结　语

　　"罪"与"罪的赦免",进而达到灵魂救赎的目标,是中世纪西欧基督教文化环境中"人"的基本生存状态,也是基督教信仰追求的终极目标。基督教的本质,是试图对人之罪恶加以扼制或约束,从而实现灵魂的救赎。基督教的一切宗教活动大体都是衍生于劝导人们洗清"罪恶",从而实现"灵魂得救"的目标。康帕内拉在《太阳城》一书中指出:"……基督教是一切要根除恶行的宗教中的真正的宗教。"①基督教思想家对这一点有充分的认识,从早期基督教神学家开始,基督教哲学始终把人之罪恶置于思辨的中心位置,"罪"与"拯救"成为基督教神学思想与神学教义的核心内容,由此而形成了一整套思想体系与行动体系。

一、人性中固有的"恶"源自人类灵魂的堕落

　　基督教哲学对人类本性中的"恶"有充分的认识,基督教哲学的核心问题即是"人性之恶",也就是"人生充满罪恶"。"人性之恶"定义的重要性在于,为教会规范人的思想与行为提供了理论前提。

　　人类的"原罪"被认为是由于灵魂的堕落。基督教神学认为,"原罪"造成了无穷的后患,人类在其后犯下的罪都是源自于此。从"原罪"的理论出发,基督教最终发展成"人生充满罪恶"的教义。人在尘世的生活中可谓"罪恶深重":首先是与生俱来的"原罪"。人一出生就有罪,这是从人类始祖那里继承下来的罪。其次是"个人犯下的罪"。人在尘世生活的过程中还有可能不断地犯罪,这是因为人类拥有自由意志。由于人类灵魂的堕落,人的自由意志有可能偏离上帝的意愿。

---

　　①　康帕内拉:《太阳城》,陈大维、黎思复、黎廷弼译,第54页。

二、人性中的"恶"应当并且有可能受到扼制

基督教哲学中有大量的论述涉及"罪恶"对人类灵魂的污染、对灵魂获救的障碍。由于人生充满罪恶，尘世生活的终极目标就是赎罪，只有赎清了罪恶才能使灵魂得救。这是基督教的人生观，也是基督教一切宗教信仰与宗教活动的出发点。

依照奥古斯丁的神学思辨，犯下了罪恶的灵魂"有权力在上帝的帮助下重塑自己，通过虔诚的辛劳获得一切美德，以致从困苦的折磨和无知的盲目中解放出来"①。既然罪恶的灵魂有重新塑造的可能性，有重新向"善"、洗清"罪恶"从而使"灵魂得救"的机会，这就为基督教规范人的思想与行为留有充分的运作空间。

三、如何使人性中的"恶"受到扼制？

基督教将尘世生命结束后人类灵魂的归宿或者引向天堂，或者引向地狱，或者引向炼狱。这样的生命前景，在基督徒的思想观念中打下了深刻的烙印。人生的罪恶与灵魂的出路，成为人们普遍关注的问题。基督徒希望在尘世生活结束以前，经过种种努力使人生的罪恶得到赦免。越是死期临近，人们的这种愿望就越是强烈。墨洛温王朝时代的努瓦荣（Noyon）主教埃利希乌斯（Eligius，641—660）曾经在一篇布道词中敦促人们，抓紧在尘世停留的时间忏悔人生的罪恶："我请求你们，我的兄弟们，趁着你们尚在尘世停留的时光，趁着你们的忏悔尚有可能被接受的机会，为你们犯下的罪恶忏悔吧。"②

基督教关于天堂与地狱的理论，使基督徒在尘世生活结束之后的归宿取决于在尘世的表现。基督教把教徒在尘世的生活与死后的归宿联系在一起，对于约束教徒在尘世的生活有重要的作用。对于地狱的恐惧，以及对于炼狱酷刑的恐惧，转变成为对于尘世生活的约束，为基督徒在尘世生活中实行自律平添了强大的动力。良好的行为举止可以在尘世生活结束之后有美好的前途，可以免于炼狱酷刑的折磨。奥古斯丁曾经论述过尘世法律的约束作用与末日审判的关系："主宰公民此生的法律会惩罚恶行，而余下的一切都不可逃

---

① 奥古斯丁：《独语录》，成官泯译，第197页。

② Oscar Daniel Watkins, *A History of Penance*, *Being a Study of the Authorities*, volume Ⅱ, p. 577.

避地由隐秘的神意来惩罚。"①

　　为了强化基督徒的自律，教会营造了强烈的气氛与环境。以教堂为中心相对封闭的堂区生活，易于基督徒之间在日常生活方面互相监督。堂区之内关于某人行为不端的传言，有可能对当事人构成一种无形的压力。集体性的宗教活动，使参与者身临其境，获得对于基督教价值观念与生活方式的认同感。教堂内外的基督造像艺术，在对教徒的视觉形成冲击力的同时，也难免对基督徒的心理产生深刻的影响。对地狱的恐惧与对天堂的向往，成为基督徒实现自我约束的强大动力。

　　促使基督徒实行自律的思想灌输与组织发动，来自于中世纪的天主教会。公元 12 世纪的教会神学家克莱尔沃的伯纳德（Bernard of Clairvaux，1090—1153）在一篇神学论文（*De diligendo Deo*）中，描述了基督徒获得信仰的四个阶段。在第一个阶段，基督徒表现出自我认知与自我热爱，但这仅仅是出于自身的考虑（se propter se）。在第二个阶段，基督徒认识到，仅凭自身的力量难以把持住自己，因而开始借助于信仰寻求上帝的力量。在这个阶段，虽然基督徒开始认知并且热爱上帝，但是当他们这样做的时候只是为了从上帝那里索取（Deum propter se）。在第三个阶段，基督徒全身心地参与教会的活动——礼拜上帝，祈祷，沉思默想，读经，逐渐增强了对上帝的热爱和服从，以至于上帝成为热爱的对象（Deum propter Deum）。在第四个阶段，基督徒进入忘我的境界，将一切的认识与热爱都寄托于上帝，并且完全以上帝作为最终目标（se propter Deum）②。在上述四个阶段的发展过程中，教会发挥了重要的作用。似乎没有教会组织的作用，基督徒不可能获得真正的信仰。只有在"全身心地参与了教会的活动"之后，基督徒才从以自我为中心转变为以上帝为中心，最终获得对于上帝的信仰。

　　教会并不总是启发、鼓励教徒实行自律，在现实生活中也并非人人都有意愿或有能力实行自律。法律与司法审判，也是教会对人性中的"恶"加以控制的重要手段。中世纪的天主教会拥有强大的监管手段，实现对基督徒日常

---

　　①　奥古斯丁：《独语录》，成官泯译，第 87 页。

　　②　Steven E. Ozment，*The Reformation in Medieval Perspective*，Chicago：Quadrangle Books，1971，pp. 145—146.

生活与行为的规范。教会在中世纪营造了一套完善的组织，从罗马教廷、大主教区、主教区，直至最基层的堂区，可以对每一名基督徒行使权力。中世纪教会的行政管理机构与司法审判机构合二为一，行政管理行为在很大程度上也是司法审判行为，教会对教区居民的管理大多是借助于司法审判行为实现的。依照中世纪天主教会的观念，法律首先是用来维持秩序；其次是用来调解社会冲突。在这一观念指导下，教会法庭的司法审判内容相当广泛，涉及社会生活的许多方面，其中不仅涉及教区居民的宗教信仰与宗教活动，也涉及个人道德行为规范，甚至某些经济活动与经济纠纷也被容纳进教会法庭的司法审判权限之内。

四、基督教文化的核心是对人类尘世生活的关照

基督教一方面对人类本性中的"恶"做出了充分的评价；另一方面也为"人"在尘世的生活设定了一个崇高的目标，从而使尘世生活具有积极的意义。对尘世生活的信心，是基督徒接受宗教行为规范的前提条件。

基督教对于尘世生活的意义与价值的界定，一方面表达了对于人性中"恶"的本质的失望；另一方面又以上帝的拯救作为人生的希望。这样的界定固然把进入天国作为人生追求的目标，然而也不是如研究者通常所认为的那样轻视尘世生活，尘世生活毕竟对实现人生的终极目标具有至关重要的作用。

表面上看来，基督教信仰以"神"为中心，一切思想与行动围绕着"神"而展开。然而在实际上，基督教的神是用来约束人的生活，用来战胜人性中的"恶"，因而在某种意义上，基督教信仰实则是以人为目的。

基督教关于"末日审判"的理论，貌似由上帝作为人类终极命运的审判者，实则在上帝审判的背后，决定的因素是生死簿对每一个人行为的记载。[1] 基督教神学中关于末日审判的描述，把灵魂的归宿与尘世生活的表现联系在一起，在尘世的表现不同，灵魂的归宿也不相同，或者是天堂，或者是地狱。由此看来，"末日审判"的根本原则是以"生"的态度，决定"死"的归宿。由于采取了这样的原则，尘世生活的归宿，何去何从归根到底是由基督徒自己选择的。

---

① Revelation，20：11—20：12.

五、灵魂拯救的背后，是"上帝面前人人平等"的观念

"罪"与"罪的赦免"，进而达到灵魂救赎的目标——这样一种普世性的人生目标，体现了基督教"上帝面前人人平等"的思想。

首先，基督教将其关于"人"的定义放之四海推及每一个人，一切基督徒无论在尘世生活中的身份等级如何，在上帝面前都是"罪恶之人"，既有与生俱来的"原罪"，也有可能在尘世生活的过程中犯罪。每一名基督徒在尘世生活的使命都是相同的：摒除一切傲慢，谦卑地承认自身的重重罪恶，并且穷尽一生的时间赎罪。

其次，基督教神学在针对灵魂救赎问题展开思辨时，并不以人的社会等级和社会地位作为加以考虑的因素，"罪"与"罪的拯救"是一切人在尘世生活中面临的普遍问题。依照托马斯·阿奎那为宇宙安排的秩序，一切人在本质上都是相同的，具有相同的优点，也具有相同的缺陷。人类虽然属于最高等级的生命——"智慧生命"，但是人的智慧在完美性方面不如天使，天使的智慧不如上帝。①

再次，每一个人死后的归宿是好是坏，是升入天堂还是被罚入地狱，不凭在尘世的权势，全凭上帝的审判。即使是在临时性的赎罪场所——炼狱，在这里停留的灵魂仅以犯下罪恶的严重程度分类，而且结束炼狱生活的标准与出路也只有一个：当进入炼狱的灵魂洗清了罪恶之后，就可以进入天堂见到上帝。

---

① Charles J. O'neil（translated），Saint Thomas Aquinas，*Summa contra Gentiles*，Book Four：Salvation，p. 81.

参考书目

一、文献史料

Roberta Anderson & Dominic Aidan Bellenger (edited), *Medieval World: A Sourcebook*, London: Routledge, 2003.

Augustine (edited & translated by R. W. Dyson), *The City of God against the Pagans*, New York: Cambridge University Press, 1998.

Henry Bettenson (selected & edited), *Documents of the Christian Church*, Oxford: Oxford University Press, 1967.

Giovanni Boccaccio (translated by James Macmullen Rigg), *The Decameron*, volume II, Biblio Bazaar, 2008.

Anthony Bonner (edited & translated), *Selected Works of Ramon Llull*, Princeton: Princeton University Press, 1985.

Gerald Bray (edited), *Documents of the English Reformation*, Cambridge: James Clarke & Co Ltd., 1994.

Norman F. Cantor (edited), *The Medieval Reader*, New York: HarperCollins Publishers, 1994.

G. R. C. Davis, *Magna Carta*, London: British Museum Publications, 1977.

David C. Douglas & George W. Greenaway (edited), *English Historical Documents 1042—1189*, London: Eyre Methuen, 1981.

Ephraim Emerton (translated), *The Correspondence of Pope Gregory VII: Selected Letters from the Registrum*, New York: Columbia University Press, 1932.

Ephraim Emerton (translated), *The Letters of Saint Boniface*, New York: Columbia University Press, 2000.

Edmund G. Gardner (edited), *The Dialogue of St Gregory the Great*, London: Philip Lee Warner, 1911.

Patrick J. Geary (edited), *Readings in Medieval History*, Ontario: Broadview Press, 1997.

Henry Gee & William John Hardy (edited), *Documents Illustrative of English Church History*, London: Macmillan, 1914.

King George Ⅲ (commanded), *The Statutes of the Realm*, volume Ⅰ, London: 1810.

King George Ⅲ (commanded), *The Statutes of the Realm*, volume Ⅲ, London: 1817.

Edmund Grarratt Gardner(edited & translated), *The Dialogues of Saint Gregory the Great*, London: Philip Lee Warner, 1911.

Edward Hall, Chronicle, London: J. Johnson, 1809.

William Andrew Hammond (edited & translated), *The Definitions of Faith, and Canons of Discipline of the Six Ecumenical Councils: With the Remaining Canons of the Code of the Universal Church*, New York: J. A. Sparks, 1844.

Hans J. Hillerbrand(edited), *The Protestant Reformation*, New York: Harper Torchbooks, 1968.

Paul L. Hughes & James F. Larkin (edited), *Tudor Royal Proclamations*, volume Ⅰ (The Early Tudors), New Haven: Yale University Press, 1964.

Samuel Macauley Jackson (edited), *Selected Works of Huldreich Zwingli*(1484—1531), *the Reformer of German Switzerland*, Philadelphia: University of Pennsylvania, 1901.

Benjamin Jowett (translated), *Politics Aristotle*, Kichener: Batoche Books, 1999.

B. J. Kidd (edited), *Documents Illustrative of the History of the Church*, volume. I, New York: Macmillan, 1920.

John Nicholas Lenker(translated), *Luther's Two Catechisms Explained by Himself*, Minneapolis: The Luther Press, 1908.

R. Levine (edited and translated), *The Deeds of God through the Franks: A translation of Guibert de Nogent's Gesta Dei per Francos*, Woodbridge: The Boydell Press, 1997.

Henry Wadsworth Longfellow (transtlated), *The Divine Comedy of Dante Alighieri*, volume I, Boston: Ticknor and Fields, 1867.

Katharine J. Lualdi (edited), *Sources of the Making of the West: People and Cultures*, volume I, Boston: Bedford & St. Martin's, 2005.

Bruce M. Metzger & Roland E. Murphy (edited), *The New Oxford Annotated Bible: New Revised Standard Version*, New York: Oxford University Press, 1989.

John T. McNeill & Helena M. Gamer(translated), *Medieval Handbooks of Penance*, New York: Columbia University Press, 1990.

John Mirk, *Instructions for Parish Priests*, London: Early English Text Society, 1868.

John Milton, *Paradise Lost: A Poem Written in Twelve Books*, London: printed by Miles Flesher for Richard Bently, 1688.

William G. Naphy (edited & translated), *Documents on the Continental Reformation*, London: Macmillan, 1996.

Jean T. Oesterle(translated), St. Thomas Aquinas, *On Evil*, Indiana: University of Notre Dame Press, 1995.

Charles J. O'neil (translated), Saint Thomas Aquinas, *Summa contra Gentiles*, Book Four: Salvation, Indiana: University of Notre Dame Press, 1975.

Pierre J. Payer (translated), Raymond of Penyafort, *Summa on Marriage*, Toronto: Pontifical Institute of Mediaeval Studies, 2005.

Raymond of Penyafort (translated with an Introduction by Pierre Payer),

Summa on Marriage, Toronto: Pontifical Institute of Mediaeval Studies, 2005.

Edward Peters (edited), *Heresy and Authority in Medieval Europe*, Philadelphia: University of Pennsylvania Press, 1980.

Boniface Ramsey, O. P. (translated & annotated), *John Cassian: The Conferences*, New Jersey: Paulist Press, 1997.

Eric H. Reiter (edited), *Stella Clericorum*, Toronto: Pontifical Institute of Mediaeval Studies, 1997.

Robert P. Russell (translated), *Saint Augustine: The Teacher*, *The Free Choice of the Will*, *Grace and Free Will*, Washington, D. C. : Catholic University of America Press, 1968.

Jacobus de Voragine(translated by William Granger Ryan), *The Golden Legend*, *Readings on the Saints*, volume I, Princeton: Princeton University Press, 1993.

Jacobus de Voragine(translated by William Granger Ryan), *The Golden Legend*, *Readings on the Saints*, volume II, Princeton: Princeton University Press, 1993.

A. Steimle(translated), The Eight Wittenberg Sermons(1522), *Works of Martin Luther with Introductions and Notes*, volume II, Philadelphia: A. J. Holman Company, 1916.

A. T. W. Steinhaeuser (translated), The Babylonian Captivity of the Church, *Works of Martin Luther with Introductions and Notes*, volume II, Philadelphia: A. J. Holman Company, 1916.

Norman P. Tanner, S. J. (edited), *Decrees of the Ecumenical Councils*, volume one(Nicaea I to Lateran V), London: Sheed & Ward, 1990, Washington DC: Georgetown University Press, 1990.

Norman P. Tanner, S. J. (edited), *Decrees of the Ecumenical Councils*, volume two(Trent to Vatican II), London: Sheed & Ward, 1990, Washington, D. C. : Georgetown University Press, 1990.

Robert Ernest Wallis(translated)，*The Writings of Cyprian*，Edinburgh：T & T Clark，1868—1869.

艾因哈德，圣高尔修道院僧侣：《查理大帝传》，戚国淦译，商务印书馆1979年版。

格雷戈里：《法兰克人史》，寿纪瑜、戚国淦译，商务印书馆1981年版。

康帕内拉：《太阳城》，陈大维、黎思复、黎廷弼译，商务印书馆1982年版。

但丁·亚利基利：《神曲》，王维克译，人民文学出版社1983年版。

比德：《英吉利教会史》，陈维振、周清民译，商务印书馆1991年版。

杰弗里·乔叟：《坎特伯雷故事》，方重译，上海译文出版社1995年版。

奥古斯丁：《独语录》，成官泯译，上海社会科学院出版社1997年版。

《新旧约全书》(神版)，中国基督教三自爱国运动委员会1981年印发。

《圣经》(神版)，中国基督教协会1996年印发。

《圣经》(神版)，中国基督教协会1998年印发。

《圣经》(串珠版)，中国基督教三自爱国运动委员会、中国基督教协会2003年印发。

文庸(编著)：《圣经文选》，今日中国出版社1999年版。

《圣经后典》，张久宣译，商务印书馆1996年版。

二、著述与论文

Matthew Baasten，*Pride According to Gregory the Great：A Study of the Moralia*，New York：The Edwin Mellen Press，1986.

Peter Biller & A. J. Minnis (edited)，*Handling Sin：Confession in the Middle Ages*，York：York Medieval Press，1998.

John Bossy，*Christianity in the West 1400—1700*，Oxford：Oxford University Press，1985.

J. A. Brundage，*Medieval Canon Law and the Crusader*，Madison：The University of Wisconsin Press，1969.

Caroline Walker Bynum，*Holy Feast and Holy Fast：The Religious*

Significance of Food to Medieval Women, Berkeley: University of California Press, 1988.

Jean Delumeau (translated by Eric Nicholson), *Sin and Fear: The Emergence of a Western Guilt Culture* 13 th—18 th Centuries, New York: St. Martin's Press, 1990.

C. Scott Dixon & Luise Schorn-Schütte(edited), *The Protestant Clergy of Early Modern Europe*, Basingstoke: Palgrave Macmillan, 2003.

F. Homes Dudden, *Gregory the Great: His Place in History and Thought*, 2 volumes, New York: Russell & Russell, 1967.

G. R. Evans, *Law and Theology in the Middle Ages*, London: Routledge, 2002.

Ronald C. Finucane, *Miracles and Pilgrims: Popular beliefs in medieval England*, Totowa: Rowman and Littlefield, 1977.

Alison Knowles Frazier, *Possible Lives: Authors and Saints in Renaissance Italy*, New York: Columbia University Press, 2005.

John B. Gabel & Charles B. Wheeler, *The Bible as Literature*, An Introduction, Oxford: Oxford University Press, 1986.

Michael Goodich, *Vita Perfecta: The Ideal of Sainthood in the Thirteenth Century*, Stuttgart: Anton Hiersemann, 1982.

Bernard Hamilton, *Religion in the Medieval West*, London: Edward Arnold, 1986.

Margaret Harvey, *Lay Religious Life in Late Medieval Durham*, Suffolk: The Boydell Press, 2006.

R. H. Helmholz, *Select Cases on Defamation to* 1600, London: Selden Society, 1985.

R. H. Helmholz, *Canon Law and the Law of England*, London: Hambledon Press, 1987.

Christopher Hill, *Society and Puritanism in Pre-Revolutionary England*, London: Secker & Warburg 1964.

E. F. Jacob, *Oxford History of England: The Fifteenth Century 1399—1485*, Oxford: Oxford University Press, 1985.

C. H. Lawrence, *Medieval Monasticism: Forms of Religious Life in Western Europe in the Middle Ages*, third edition, Harlow: Pearson Education Limited, 2001.

Henry Charles Lea, *A History of Auricular Confession and Indulgences in the Latin Church*, volume Ⅲ, New York: Greenwood Press, 1968.

Karl Leyser, Warfare in the Western European Middle Ages: The Moral Debate, in Timothy Reuter(edited), *Communications and Power in Medieval Europe: The Gregorian Revolution and Beyond*, London: The Hambledon Press, 1994.

Lester K. Little, *Religious Poverty and the profit Economy in Medieval Europe*, New York: Cornell University Press, 1978.

Peter Marshall, *The Catholic Priesthood and the English Reformation*, Oxford: Clarendon Press, 1994.

T. Mastnak, *Crusading Peace: Christendom, the Muslim World, and Western Political Order*, Berkeley: University of California Press, 2002.

Sophia Menache, *The Vox Dei: Communication in the Middle Ages*, Oxford: Oxford University Press, 1990.

George O'Brien, *An Essay on Mediaeval Economic Teaching*, Kitchener: Batoche Books, 2001.

Dorothy M. Owen, *The Records of the Established Church in England*, Cambridge: British Records Association, 1970.

Steven E. Ozment, *The Reformation in Medieval Perspective*, Chicago: Quadrangle Books, 1971.

Sir Maurice Powicke, *The Thirteenth Century 1216—1307*, Oxford: Clarendon Press, 1953.

A. F. Pollard, *Henry* Ⅷ, London: Longmans, 1919.

I. S. Robinson, *Gregory* Ⅶ *and the Soldiers of Christ*, History 58 (1973).

Miri Rubin & Walter Simons (edited), *Christianity in Western Europe*, *c. 1100—c. 1500*, Cambridge: Cambridge University Press, 2009.

F. H. Russell, *The Just War in the Middle Ages*, Cambridge: Cambridge University Press, 1975.

Hans Schwarz (translated by Mark W. Worthing), *Evil: A Historical and Theological Perspective*, Minneapolis: Fortress Press, 1995.

Louise and Jonathan Riley-Smith (edited), *The Crusades: Idea and Reality, 1095—1274*, London: Edward Arnold, 1981.

J. Riley-Smith, *The First Crusade and the Idea of Crusading*, London: The Athlone Press, 1986.

J. Riley-Smith, *The First Crusaders, 1095—1131*, Cambridge: Cambridge University Press, 1997.

Robert E. Rodes, Jr., *Lay Authority and Reformation in the English Church: Edward I to the Civil War*, Indiana: University of Notre Dame Press, 1982.

Jonathan Sumption, *The Age of Pilgrimage: The Medieval Journey to God*, New Jersey: Hiddenspring, 2003.

R. N. Swanson, *Church and Society in Late Medieval England*, Oxford: Blackwell, 1993.

R. N. Swanson, *Religion and Devotion in Europe, c. 1215—c. 1515*, Cambridge: Cambridge University Press, 1995.

R. N. Swanson (edited), *Promissory Notes on the Treasure of Merits: Indulgences in Late Medieval Europe*, Leiden: Koninklijke Brill NV, 2006.

Thomas N. Tentler, *Sin and Confession on the Eve of the Reformation*, New Jersey: Princeton University Press, 1977.

J. A. F. Thomson, *The Early Tudor Church and Society, 1485—1529*, London: Longman, 1993.

John V. Tolan, *Saracens: Islam in the Medieval European Imagination*, New York: Columbia University Press, 2002.

Walter Ullmann, *Law and Politics in the Middle Ages*, Cambridge: Cambridge University Press, 1975.

André Vauchez (translated by Jean Birrell), *Sainthood in the Later Middle Ages*, Cambridge: Cambridge University Press, 1997.

Elizabeth Vodola, *Excommunication in the Middle Ages*, Berkeley: University of California Press, 1986.

Oscar Daniel Watkins, *A History of Penance*, *Being a Study of the Authorities*, volume I (The Whole Church to A. D. 450), New York: Burt Franklin, 1961.

Oscar Daniel Watkins, *A History of Penance*, *Being a Study of the Authorities*, volume II (For the Western Church from A. D. 450 to A. D. 1215), New York: Burt Franklin, 1961.

Donald Weinstein & Rudolph M. Bell, *Saints and Society: Christendom 1000—1700*, Chicago: The University of Chicago Press, 1982.

R. M. Wunderli, *London Church Courts and Society on the Eve of the Reformation*, Cambridge: Cambridge University Press, 1981.

赵敦华：《基督教哲学 1500 年》，人民出版社 1994 年版。

刘城：《英国中世纪教会研究》，首都师范大学出版社 1996 年版。

彭小瑜：《教会法研究》，商务印书馆 2003 年版。

三、工具书

Juliet Gardiner & Neil Wenborn (edited), *The History Today Companion to British History*, London: Collins & Brown Limited, 1995.

Lavinia Cohn-sherbok, *Who's who in Christianity*, London: Routledge, 1998.

E. A. Livingstone, *The Concise Oxford Dictionary of The Christian Church*, Oxford: Oxford University Press, 2006.

New Catholic Encyclopedia, New York: Thomson Gale, 2003.

四、网址

http://en. wikipedia. org/wiki/Evagrius＿Ponticus(2009 年 12 月 15 日 9：55)。

http://en. wikipedia. org/wiki/Baptism＿of＿desire(2010 年 1 月 18 日 18：16)。

http://www. earlychristianwritings. com/text/infancyjames-roberts. html (2010 年 5 月 10 日 10：59)。

http://www. newadvent. org/cathen/02476a. html(2010 年 5 月 15 日 19：05)。

中英文译名对照表

A

弗勒里的艾博	Abbo of Fleury
押沙龙	Absalom
亚当	Adam
阿加德宗教会议	Council of Agde
艾格尼斯	Agnes
耶稣降临节	Advent
法律咨询人	advocate
艾丹主教	Bishop Aidan
阿拉里克	Alaric
圣徒奥尔本	St. Alban
亚历山大三世	Alexander III
亚历山大里亚	Alexandria
圣阿历克修斯	St. Alexius
但丁·亚利基利	Dante Alighieri
万圣教堂	Church of All Hallows
万灵节	All Souls' Day
尼古拉斯·瓦尔温	Nicholas Alwyn
安布罗斯主教	Bishop Ambrose
安科纳	Ancona
安德烈	Andrew
诺加里特的阿纳涅·圭劳姆	Anagni Guillaume de Nogaret

巴塞罗那宗教会议	Council of Barcelona
威廉·巴雷特	William Baret
弗雷德里克·巴巴罗萨	Frederick Barbarossa
巴里	Bari
巴拿巴	Barnabas
巴多罗买	Bartholomew
圣巴西尔	St. Basil
巴塞尔	Basle
巴斯与韦尔斯	Bath & Wells
圣班诺	St. Bavo
比肯斯费尔德	Beaconsfield
博利厄	Beaulieu
乔治·博西里	Beausire George
托马斯·贝克特	Thomas Becket
尊敬的比德	Bede the Venerable
本尼狄克	Benedict
本笃修道团体	Benedictine Order
圣俸	benefice
采邑	beneficium
约翰·贝尼特	John Benett
克莱尔沃的伯纳德	Bernard of Clairvaux
伯利恒	Bethlehem
主教	Bishop
约翰·比舍普	John Bishop
乔万尼·薄伽丘	Giovanni Boccaccio
卜尼法斯八世	Boniface VIII
博洛尼亚	Bologna
罗杰·卜尼图	Roger de Bonito
波尔多	Bordeaux
布伦	Boulogne

布立吞人　　　　　　　　　　　　Bretons

布里阿瑞俄斯　　　　　　　　　　Briareus

布列塔尼　　　　　　　　　　　　Brittany

布鲁日　　　　　　　　　　　　　Bruges

白金汉　　　　　　　　　　　　　Buckingham

圣徒比诺　　　　　　　　　　　　St. Bueno

巴加　　　　　　　　　　　　　　Bugga

雷金纳德·伯罗　　　　　　　　　Burro Reginald

布赫里德　　　　　　　　　　　　Buhred

伯里—圣埃德蒙兹　　　　　　　　Bury St. Edmunds

C

西塞留斯　　　　　　　　　　　　Caecilius

凯撒里乌斯　　　　　　　　　　　Caesarius

黑斯特巴赫的恺撒　　　　　　　　Caesar of Heisterbach

该隐　　　　　　　　　　　　　　Cain

圣烛节　　　　　　　　　　　　　Candlemas Day

教会法　　　　　　　　　　　　　Canon Law

坎特伯雷　　　　　　　　　　　　Canterbury

托马斯·坎蒂鲁普　　　　　　　　Thomas Cantilupe

威廉·卡德尔　　　　　　　　　　William Cardell

加默尔修道团体　　　　　　　　　Carmelite Order

迦太基宗教会议　　　　　　　　　Council of Carthage

加尔都西修道团体　　　　　　　　Carthusian Order

主教座堂教士团　　　　　　　　　cathedral chapter

杰弗里·乔叟　　　　　　　　　　Geoffrey Chaucer

肯德沃拉　　　　　　　　　　　　Ceadwalla

克尔特人　　　　　　　　　　　　Celts

查尔斯顿宗教会议　　　　　　　　Council of Chalcedon

乔治·查特　　　　　　　　　　　George Chart

夏尔特尔	Chartres
奇切斯特	Chichester
大卫·彻克	David　Chirche
科伦巴·克里斯蒂	Columpa Christi
圣诞节	Christmas
圣徒克里斯托弗	St.　Christopher
教堂监管人	Churchwarden
克莱门特六世	Clement Ⅵ
居于僧界的修士	Clergy in Regular
居于俗界的教士	Clergy in Secular
色勒斯丢	Coelestius
科隆	Cologne
科隆主教座堂	Cathedral of Cologne
杰·科伦比	Jean Columbi
主教派出法庭	Commissary Court
普通法	Common Law
任职评议费	Common Service
坚振礼	Confirmation
康拉德	Conrad
主教常设法庭	Consistory Court
伟大的君士坦丁	Constantine the Great
撒斯修斯·西普里安	Thascius Cyprian
卡普亚	Capua
迦太基	Carthage
约翰·卡西安	John Cassian
圣凯瑟琳修道院	St.　Catherine Monastery
西里西亚	Cilicia
丘恩冈德	Cunegund
君士坦丁堡	Constantinople
君士坦丁堡宗教会议	Council of Constantinople

E

复活节期	Easter Days
复活节前夜	Easter Eve
复活节礼拜日	Easter Sunday
伊甸园	Eden
埃迪萨	Edessa
阿宾顿的埃德蒙	Edmund of Abingdon
埃利希乌斯	Eligius
伊利	Ely
厄明顿堂区	Parish of Emington
以弗所宗教会议	Council of Ephesus
主显节	Epiphany
夏娃	Eve
埃德蒙	Edmund
虔信者爱德华	Edward the Confessor
爱德华一世	Edward I
圣徒伊丽莎白	St. Elizabeth
埃塞克斯伯爵	Earl of Essex
圣餐礼	eucharist
尤弗米努斯	Euphemianus
埃克塞特	Exeter
终傅礼	extreme unction

F

威廉·法斯特林奇	William Fastelinge
詹姆斯·福西特	James Fawcett
佛罗伦斯宗教会议	Council of Florence
圣徒法兰西斯	St. Francis
罗马的圣弗朗西斯	St. Frances of Rome
方济各修会	Franciscan Order

圣职躬耕田　　　　　　　　　　glebe

哈罗德·戈德温森　　　　　　　Harold Godwinson

托马斯·戈德韦尔　　　　　　　Thomas Goldwell

伯纳德·盖伊　　　　　　　　　Bernard Gui

诺根特的吉伯特　　　　　　　　Guibert of Nogent

圣徒吉尼福特　　　　　　　　　St Guinefort

贡巴特　　　　　　　　　　　　Gumbert

艾丽斯·吉贝斯　　　　　　　　Alice Gybbys

H

哈登汉堂区　　　　　　　　　　Parish of Haddenham

海因福德　　　　　　　　　　　Hainford

哈罗德　　　　　　　　　　　　Harold

哈洛　　　　　　　　　　　　　Harlow

海伦娜　　　　　　　　　　　　Helena

亨利一世　　　　　　　　　　　Henry I

罗马的赫马斯　　　　　　　　　Hermas of Rome

希尔　　　　　　　　　　　　　Hill

圣周　　　　　　　　　　　　　Holy Week

霍诺拉图斯　　　　　　　　　　Honoratus

霍诺留斯　　　　　　　　　　　Honorius

荷鲁斯　　　　　　　　　　　　Horus

理查德·亨尼　　　　　　　　　Richard Hunne

林肯主教休　　　　　　　　　　Hugh of Lincoln

胡斯教派　　　　　　　　　　　Hussitism

I

艾纳　　　　　　　　　　　　　Ina

因诺森一世　　　　　　　　　　Innocent Ⅰ

因诺森四世　　　　　　　　　　Innocent Ⅳ

朗格多克宗教裁判所　　　　　　　Inquisition of Languedoc

伊普斯维奇　　　　　　　　　　　Ipswich

艾弗堂区　　　　　　　　　　　　Parish of Iver

J

雅各　　　　　　　　　　　　　　Jacob

福瑞金的雅各巴斯　　　　　　　　Jacobus de Voragine

雅法　　　　　　　　　　　　　　Jaffa

雅各　　　　　　　　　　　　　　James

詹姆士·特里梅利恩　　　　　　　James Tremylyon

克卢撒的詹姆士　　　　　　　　　James of Clusa

年幼者雅各　　　　　　　　　　　James the less

贾罗修道院　　　　　　　　　　　Abbey of Jarrow

乔伊维尔的吉恩　　　　　　　　　Jean de Joinville

穆蒂埃—圣吉恩　　　　　　　　　Moutiers St. Jean

耶路撒冷会议　　　　　　　　　　Council of Jerusalem

圣杰罗姆　　　　　　　　　　　　St. Jerome

拿撒勒的耶稣　　　　　　　　　　Jesus of Nazareth

约押　　　　　　　　　　　　　　Joab

约翰　　　　　　　　　　　　　　John

约翰十二世　　　　　　　　　　　John XII

布里林顿的约翰　　　　　　　　　John of Bridlington

阿格尼斯·约翰森　　　　　　　　Agnes Johnson

约瑟　　　　　　　　　　　　　　Joseph

约西　　　　　　　　　　　　　　Joses

约书亚　　　　　　　　　　　　　Joshua

犹大地区　　　　　　　　　　　　Judaes

犹大　　　　　　　　　　　　　　Juda

犹大　　　　　　　　　　　　　　Judas

埃克莱诺主教朱利安　　　　　　　Julian of Eclanum

查斯丁	Justin

K

肯里德	Kenred
克里斯提尼	Kleisthenes

L

拉马克	Chevalier de Lamarck
拉特兰宗教会议	Lateran Council
利亚	Leah
教宗使节	legatus natus
累斯特郡	Leicestershire
封斋期	Lent
利奥一世	Leo Ⅰ
利奥三世	Leo Ⅲ
利奥九世	Leo Ⅸ
莱明斯特修道院	Leominster Abbey
圣徒莱昂纳德	St. Léonard
列浦伊	Le Puy
利奇菲尔德	Lichfield
列日	Liège
利古日	Liguge
里摩日	Limoges
林肯主教座堂	Lincoln Cathedral
林第斯法恩	Lindisfarne
劳瑞托	Loreto
洛林	Lorraine
罗退尔	Lothair
劳斯	Louth
伊格内修斯·罗耀拉	Ignatius Loyola

鲁西弗	Lucifer
卢德洛	Ludlow
路得维格四世	Ludwig Ⅳ
路易二世	Louis Ⅱ
路易九世	Louis Ⅸ
路加	Luke
拉蒙·拉尔	Ramon Lull
马丁·路德	Martin Luther
大利德福德	Lydford Magna
威廉·林伍德	William Lyndwood
林斯蒂德	Lynsted
里昂	Lyon

M

圣徒马塞林	St. Marcellin
马孔宗教会议	Council of Mâcon
曼图瓦宗教会议	Mantua Assembly
玛尔伯格	Marburg
圣玛丽亚·玛吉奥教堂	Church of St. Maria Maggiore
马可	Mark
马赛	Marseille
马大	Martha
圣徒马提尔	St. Martial
圣徒马丁	St. Martin
都尔主教马丁	Martin of Tours
玛丽亚	Mary
圣玛丽亚教堂	St. Mary Church
婚礼	matrimony
马太	Matthew
马提亚	Matthias

圣徒梅达	Saint Médard
默顿	Merton
弥赛亚	Messiah
圣徒麦斯里尔	St. Mestrille
天使长迈克尔	Archangel Michael
圣迈克尔山	Mount Saint-Michel
米德塞克斯	Middlesex
米兰	Milan
麦尔威斯	Milevis
伊丽莎白·米勒	Elizabeth Miller
约翰·弥尔顿	John Milton
约翰·莫克	John Mirk
杰·莫姆贝尔	Jean Mombaer
蒙特丘	Montcuq
西门·德·孟德福	Simon de Montfort
蒙特—高加诺	Monte-Gargano
蒙特—卡西诺	Monte-Cassino
蒙特马约	Montmajour
摩尔人	Moors
迈拉	Myra

N

拿撒勒圣屋	Holy House of Nazareth
尼布甲尼撒二世	Nebuchadnezzar II
尼禄	Nero
富尔克·尼拉	Fulk Nerra
聂斯托利	Nestorius
纽卡斯尔	Newcastle
尼西亚宗教会议	Council of Nicaea
圣徒尼古拉斯	St. Nicholas

奥托三世	Otto Ⅲ
约翰·奥弗多	Overdo John

P

棕枝主日	Palm Sunday
《失乐园》	*Paradise Lost*
保罗	Paul
保罗三世	Paul Ⅲ
底比斯的圣保罗	St. Paul of Thebes
帕维亚	Pavia
约娜·皮尔森	Joanna Peirson
贝拉基主义	Pelagianism
贝拉基	Pelagius
忏悔礼	penance
圣灵降临节	Pentecost
理查·帕斯	Richard Pers
西门·彼得	Simon Peter
圣彼得大教堂	St. Peter's Basilica
圣·佩特尼拉	St. Petronilla
佩特尼乌斯	Petronius
朱斯·彼得索恩	Joos Pieterseune
腓力	Philip
普瓦提埃	Poitiers
本丢·彼拉多	Pontius Pilate
埃瓦古修斯·本都古斯	Evagrius Ponticus
教宗	pope
司祭	priest
诉讼代理人	proctor
比利牛斯山区	Pyrenees

S

萨巴里亚	Sabaria
圣地亚哥	Santiago
圣地亚哥—德—孔波斯特拉	Santiago de Compostela
撒拉森人	Saracens
萨拉庇恩	Sarapion
撒旦	Satan
桑斯	Sens
七旬斋	Septuagesima
塞丽娜	Serena
西门	Simon
西奈山	Mount Sinai
西利西乌斯	Siricius
西克图斯四世	Sixtus Ⅳ
所多玛	Sodom
扫罗	Soul
太阳神	solar god
萨默塞特	Somerset
司提反	Stephen
布尔本的斯蒂芬	Stephen of Bourbon
斯蒂根德	Stigand
艾丽斯·斯塔特	Alice Stutt
代理主教	suffragan
传票送达官	summoner
休·斯旺纳德	Hugh Swannard
约翰·西姆森	John Symson
塞浦路斯	Syprus

T

约翰·泰勒	John Tailor
大数	Tarsus

W

瓦登	Waden
华尔多教派	Waldensianism
沃尔辛厄姆	Walsingham
韦尔斯主教座堂	Cathedral of Wells
威斯敏斯特大会议	Council of Westminster
理查·沃克	Richard Walker
艾格尼丝·沃尔什	Agnes Walsh
伊登·沃尔特斯	Eden Walters
弗雷维厄斯·万巴	Flavius Wamba
维斯博加	Wiethburga
玛姆斯伯里的威廉	William of Malmesbury
威廉	William，Duke of Normandy
奥兰治的威廉	St. William of Orange
威廉·沃拉姆	William Warham
威尔弗里德	Wilfred
威廉·威廉姆斯	William Williams
威尼弗雷德	Winifred
见证人	Witness
伍斯特	Worcester

Y

大雅茅斯教堂	Church of Great Yarmouth
约克	York
约克大教堂	York Minster

Z

佐西玛	Zosimus

后　记

　　本书的写作曾经得到很多方面的帮助，并且受益于中国、英国、美国几所大学的图书资料与学术交流。2004 年我接受英国文化委员会（British Council）的邀请，在爱丁堡大学高级人文研究所（Institute for Advanced Studies in the Humanities，University of Edinburgh）开始了本书最初的谋篇策划与资料收集。2004 年，获得国家社科基金的资助，本书的研究作为科研项目——"中世纪西欧基督教文化环境中'人'的生存状态"（项目编号：04BSS006）而启动。2005 年，获得美国学术院（American Council of Learned Society）的资助，得以在德克萨斯 A&M 大学（Texas A&M University）从事长达 6 个月的研究，为本书展开深度写作提供了必要条件。我在国外的同行——英国伯明翰大学的罗伯特·斯旺森教授（Professor Robert N. Swanson，University of Birmingham）与美国华盛顿大学圣路易校区的丹尼尔·伯恩斯坦教授（Professor Daniel E. Bornstein，Washington University in St. Louis）为本书的写作提供了图书资料并且开辟学术资源，在此一并致谢。

刘　城
2012 年 3 月

图书在版编目(CIP)数据

中世纪西欧基督教文化环境中"人"的生存状态研究／
刘城著.—北京：北京师范大学出版社，2012.3
(国家哲学社会科学成果文库)
ISBN 978-7-303-14230-9

Ⅰ.①中… Ⅱ.①刘… Ⅲ.①基督教史－研究－西欧
－中世纪 Ⅳ.① B979.56

中国版本图书馆 CIP 数据核字（2012）第 040962 号

本书的写作得到国家社科基金项目(04BSS006)的赞助

营销中心电话 010-58802181 58805532
北师大出版社高等教育分社网 http://gaojiao.bnup.com.cn
电 子 信 箱 beishida168@126.com

ZHONG SHI JI XI OU JI DU JIAO WEN HUA HUAN
JING ZHONG REN DE SHENG CUN ZHUANG TAI
YAN JIU

出版发行：北京师范大学出版社 www.bnup.com.cn
　　　　　北京新街口外大街 19 号
　　　　　邮政编码：100875
印　　刷：北京京师印务有限公司
装　　订：北京盛通印刷股份有限公司
经　　销：全国新华书店
开　　本：170 mm × 240 mm
印　　张：20.25
插　　页：3
字　　数：385 千字
版　　次：2012 年 3 月第 1 版
印　　次：2012 年 3 月第 1 次印刷
定　　价：45.00 元

策划编辑：刘东明　　　责任编辑：何　琳　肖维玲
美术编辑：毛　佳　　　装帧设计：肖　辉　毛　佳
责任校对：李　菡　　　责任印制：李　啸